U0136044

七七事變前後

李惠蘭　明道廣　　主編

蘭臺出版社

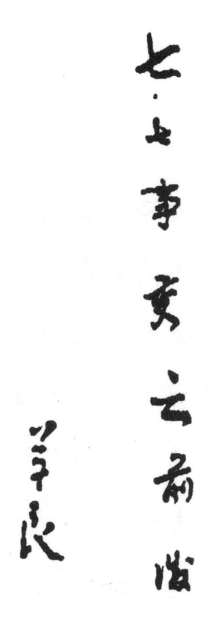

七・七事变六周岁

1997 年 5 月 15 日張學良將軍為本書題字

七七事變史既不是國民黨的歷史，也不是共產黨的歷史，更不是任何一位歷史人物的家史。七七事變史是國史，是中華民族的歷史，每個中華子孫都有權利去思考、去分析、去研究。

目　　錄

背景篇

七七事變前日本帝國主義
對華侵略的逐步擴大

姚洪卓

一、日本侵佔我東北後對華北的步步逼進

　　日本從明治維新後，迅速發展成為帝國主義國家。為了稱霸亞洲，躋身於世界列強，它把向外擴張侵略的矛頭首先指向了中國。

　　早在 19 世紀末，日本政府就提出了「大陸是日本生命線」的侵略中國理論。1927 年《田中奏摺》中說得非常清楚：「惟欲征服支那，必先征服滿蒙；欲征服世界，必先征服支那。」幾十年來，日本帝國主義就沿襲著這條對外擴張侵略的「大陸政策」對中國進行了一系列的侵略活動：1879 年吞併琉球群島；1894 年挑起中日戰爭，即甲午海戰，迫使中國清政府簽訂了喪權辱國的《馬關條約》，奪佔了中國領土臺灣和澎湖列島，勒索了中國大量賠款；1900 年參與八國聯軍對中國的侵略戰爭，取得了在中國的駐兵權和其他權力；1914 年趁第一次世界大戰爆發歐美列強無暇東顧之際，藉口與英國有同盟關係對德宣戰，強佔了德國在中國山東的一切權益；1915 年趁袁世凱稱帝之機迫使袁世凱接受了旨在滅亡中國的「二十一條」；繼之多次干涉中國內政，挑唆中國軍閥混戰，從中牟利；先後製造了上海、青島、濟南等地慘案和「大沽口事件」；1931 年為「征服滿蒙」發動了侵略中國的九一八事變。

　　九一八事變後，日本全力侵佔中國東北和在東北建立殖民統治，但其軍事進展並不順利。儘管英、美、法等國推行綏靖政策和蔣介石實行妥協退讓方針是其侵略中國的有利條件，但它卻遭到了中國人民的堅決反抗，中國軍民決心與日本決一死戰，國聯也作出限期要日本撤兵的決議。為了

轉移中國朝野視線，牽制退居平津一帶的中國東北軍收復失土，對抗國聯撤兵決議和速佔中國東北，1931 年 11 月間，日本在天津製造了一起便衣隊的暴亂事件。天津是華北經濟中心，中國北方工商業大都市，且有各國租界，天津一有暴亂，將波及華北、震撼中外。暴亂結果，日本的目的一一達到了，是年日軍佔領了整個中國東北。

鑒於當時的國際形勢，日本在東北只能建立由其絕對控制下的所謂「獨立國家」的傀儡政權，即「滿洲國」。此舉不僅遭到中國人民的堅決抵制，歐美列強也對其勢力過於膨脹而大加責難。日本為了把外國的注意力引開，使「滿洲國」易於獨立，而策劃了上海的一‧二八事變。

上海是中國最大的工商業大都市和最大的進出口貿易基地與金融中心，是當時中國首都南京的屏障，是溝通半個中國政治、經濟、東西交通大動脈長江的咽喉，是蔣介石政權賴以生存的基石。上海還是列強對中國進行政治、軍事、經濟、文化侵略的基地。所以在上海點侵略戰火既可迫使蔣介石屈服，又可使歐美各國為其在華利益計，以犧牲中國的局部利益促成中日妥協。果然，正當上海熱戰方酣，中外朝野熱衷於調解之時，日本就於 1932 年 3 月 9 日在長春宣佈溥儀為「滿洲國」的「執政」，鄭孝胥為「總理」，並舉行了就職儀式，以示「滿洲獨立成功了。」〔《日本帝國主義對外侵略史料選編》，上海人民出版社，1983 年版，第 53 頁。〕

「滿洲國」一出籠，日本就同其簽訂條約和協定，藉此對東北加以控制。1932 年 3 月 10 日，在雙方達成的密約中，「滿洲國」便把整個東北的政治、軍事、經濟、外交等主權都出賣給了日本，使日本成了「滿洲國」事實上的統治者和太上皇。9 月 15 日，日本還演出了承認「滿洲國」的醜劇，當天又簽訂了所謂《日滿協定書》，用條約形式將東北一切權力控制在手。不僅如此，《協定書》還規定「滿洲國」政府及其各部，必由日本人擔任顧問和次長，他們擁有「不同意」的否決權。可見獨立的「滿洲國」，只不過是日本的附庸而已。根據「條約」或「協定」，日軍、員警、憲兵、特

務遍駐東北城鄉，對東北人民進行血腥的殖民統治和鎮壓。

　　日本在東北剛建立殖民統治，就急不可待地把侵略矛頭指向華北，是有其政治、軍事、經濟目的。華北地處中國腹地，將其侵佔：軍事上，東可確保「滿洲國」安全，使日、「滿」、華聯成一體，共同防禦蘇軍擴展赤化；西能遏制西部各省；北不戰可得內蒙；南可進擊長江流域，威脅當時中國首都南京，至少可侵佔中國半壁河山，把華北變成其吞併全中國的基地。經濟上，華北的人口、購買力均爲東北所不及，是日本傾銷商品的理想市場。華北的農產和礦產資源更是東北所不能論比，其中尤以煉鋼用的優質無煙煤，高含量的鐵礦石和得天獨厚產量大、質量優的長蘆鹽更是日本獵取之物。這些取之不盡的戰略物資和工業發展原料是日本最急用的物資。所以，華北被日本視爲「第二條生命線」。當時關東軍司令官本莊繁聲稱：「日本如果不能控制平津地區，佔有重要的平綏鐵路，並支配北平西北察綏兩省四百多萬平方公里面積的鐵礦區域，將無法安心。而且，除非日本控制了黃河以南的全部中國領土，平津地區就不能安全。」〔薛誌前等編著：《八年對日抗戰之國民政府》。〕日本駐北平特務機關長松室孝良就華北對日本之重要性講得更爲露骨，他說：「九一八發動滿洲事變而佔據之（東北），一時帝國市場與原料得稍緩和，然而尙有若干原料問題不能解決於滿洲；……現在滿洲市場已臻飽和，短期間亦難再行擴大，即不能與帝國生產率之增進相調和。帝國爲確保滿洲並使萬全，不能不努力滿洲邊界地外區之緩衝設施。……然則帝國原料與市場問題解決，實不能不注視（易）於進攻的中國華北。……故華北誠我帝國之最好新殖民地也。」〔敬幼如編：《敵人大陸政策之原形》，中國編譯出版社，1940 年印，第 14-17 頁。〕這就清楚地表明日本之所以急於入侵華北的目的。

　　1932 年 6 月後，日本在「領土完整」、「國防安全」的叫囂聲中，聲稱熱河是「滿洲國」的領土，出兵相繼攻佔榆關、熱河並納入「滿洲國」版圖，接著舉兵西侵和南犯，揭開了入侵華北的戰幕，向華北步步進逼，長

城各口便成了日軍攻擊目標。中國守軍在蔣介石頑固堅持「攘外必先安內」的方針卜紛紛後撤，使日軍得以越過長城進逼平津，前鋒侵達塘沽、通州，大有攻佔平津之勢，中國政府被迫與其簽訂了中日《塘沽停戰協定》。

中日《塘沽停戰協定》是個徹頭徹尾的賣國協定，是個戰敗國臣服戰勝國的投降協定。《協定》中的所謂日軍「自動回到大致長城一線」一詞，便意味著「長城一線」是「滿洲國」的「國境線」了。長城以南等地區規定爲「治安維持區」即「非武裝區」。這個「非武裝區」日後就成了日僞軍出沒華北、製造事端與日朝浪人走私販毒的場所，爲日本入侵華北洞開了門戶。《協定》簽訂之後，日本便逼迫中國政府與「滿洲國」實現了通車、通郵、設關通商的三通要求，從而使中國政府在事實上承認了「滿洲國」。

日本入侵華北之初，其兵力和國力是不足以直接用武力侵佔華北的，又何況歐美列強亦難容忍他們的利益在華北丟失，而中國人民多次掀起的抗日救亡運動又給日本侵略者以迎頭痛擊，所以，日本在中日《塘沽停戰協定》後對華北的侵略採取了以軍事威脅、政治訛詐、外交欺騙、經濟侵略等一系列手段，逼迫中國政府把冀察平津兩省市的軍、警、憲、特大權拱手讓給了日本，使日本勢力深入冀察平津。

日本勢力控制冀察平津後，竭力對華北進行分裂活動，企圖在華北建立起第二個「滿洲國」式的傀儡政權——「華北國」。其策略是：一面高唱「中日兩大民族共存共榮」、「日華親善合作」、「東亞和平」；一面又極力推行「分而治之」、「以華制華」的策略；明著倡導華北民眾「自治」運動，暗地裡卻幹著「策反暴亂」。目的是要華北五省在政治上、經濟上完全脫離南京國民政府的管轄而「獨立」於中國之外。爲此，日本先後對華北地區的實力派、親日勢力和某些朝野軍政要人，如段祺瑞、吳佩孚、于學忠、孫傳芳等人進行了一連串的策反。由於西安事變的發生，中國政局和國際形勢的驟變，謀建「華北國」的陰謀破產，最後只得發動「七七」事變以達目的。

二、日本在華北的擴軍備戰

日本入侵華北和分裂華北的目的，是爲了在華北建起北攻蘇聯南滅中國的跳板與基地。爲此在華北地區積極進行了擴軍備戰活動。冀東僞政權出籠後，日本的擴軍備戰活動更加明目張膽地進行。

日本在華北的擴軍備戰，一是物資上的備戰，二是軍事上的備戰。

物資備戰，日本在華推行「以戰養戰」的戰備政策，和「工業日本，農業中國」的殖民主義掠奪方針，在所謂「平等互惠」、「經濟提攜」外衣的欺騙下，對華北經濟進行了一系列的侵略與掠奪活動。首先在天津成立了各種調查華北農業、礦產資源的組織機構，如侵略掠奪華北經濟的「興中公司」。在制定的《華北重要資源經濟調查方針及要項》檔中，就明確提出了要實現「使戰時我國（指日本）國防資源易於補充」的要求。爲此，日本在華北各地，尤其在平、津、青地區陸續興辦、擴建了一大批公司、企業和工廠。這批日本企業對華北的各項工業、商業、交通、農業、礦產進行了瘋狂的掠奪和滲透，並以投資、貸款、合辦、擴建、自建、收買等方式操縱或壟斷了津、青地區的經濟命脈。如壟斷了華北的棉花市場，強劃冀東幾萬頃土地作「植棉場」，控制了華北電力供應系統，操縱了機械、交通等企業，強佔了龍煙等煤鐵礦等等。總之，七七事變前的華北，尤其是平、津、青三市的重要企業多操縱在日人手中。不僅如此，日本每年還從華北掠走了大量的煤、鐵、鹽、棉、石油、羊毛等各種戰備物資和農副土特產品，以供戰備和工業發展之需。以鹽爲例，1936 年底就掠走 7 萬噸，翌年 25 萬噸，足見其對華北資源掠奪之驚人。

軍事備戰。首先，強化並完善作戰的軍事組織機構和指揮系統。日本在 1936 年 5 月將天津的中國駐屯軍擴編爲日華北駐屯軍，成爲與關東軍並駕齊驅的軍事單位，司令官同由天皇任命，兵力按三個師團擴建，承擔侵華指揮任務。1936 年前後，日軍大批入關，到年底兵力增加到一個師團，

連同在華北的日特、憲、警與日本浪人和漢奸隊伍，總兵力約近三萬人。所增之兵力多由日本國內各帥團抽調的精銳部分：裝備精良，訓練有素，戰鬥力強。兵種亦較齊全，一般備有騎兵、炮兵、守備兵、坦克兵、航空兵、化學兵、機械兵和汽車兵等各兵種。

日本華北駐屯軍是日本侵略中國尤其是華北的前線指揮機關，駐津總領事館及其駐華北各地的領事館奉命與之密切配合，關東軍在華北各地的特務機構亦歸其節制，天津日本員警總署及駐各地分署亦受其管轄，總之，日本在華北的一切侵略機構和人員統由日本華北駐屯軍統率，並迅速地將機構擴編，人員倍增，從而充實和完善了侵華軍事機器。

其次，對華北陸、海、空交通網線陸續加以控制。日軍大批入關後，沿北寧、平津、平漢、平綏等鐵路交通網線駐紮，強佔有利地形和軍事要衝。中日《塘沽停戰協定》又為日本控制遼東半島至華北沿海的海上交通提供了條件，日艦以該《協定》為由，在渤海海面任意遊弋和出沒華北沿海各口岸，從而控制了海上交通。為了戰事運輸快捷，日本在大沽口增建了海軍碼頭，積極擴建塘沽新港，籌建津石等鐵路。在塘沽設立了內河運輸公司，控制了河北內河航道。通過《中日華北航空協定》的簽訂及天津「惠通公司」的成立，華北的制空權就牢掌在日本手中，日機任意飛行華北上空亦可在華北地區各機場結集，並同日本本土與「滿洲國」組成聯航。

同時，在華北各地大肆修建各種軍事設施和戰鬥工事。如在平津等地新建和擴建機場、築工事、造營房、建軍事倉庫、設軍事通訊網線等，長途電話和無線電報遍及華北各省市，同東京、長春各備有直達線路。

軍事演習頻頻舉行。從九一八事變到七七事變的五六年間，日本在華北的軍事演習大小數十百次。其規模越來越大，間隔時間越來越短，參加人數越來越多，以奪取中國城市為目標的演習越來越明確。在數十百次的軍事演習中，以 1936 年 10 月 26 日至 11 月 4 日的所謂「秋操」演習規模

最大，駐華北的日軍幾乎全部出動，而且竟以奪取中國平、津兩大城市爲演習目標。陸、海兩軍的聯合演習也時有舉行，如 1934 年 8 月間陸、海兩軍聯合演習，14 艘軍艦在大沽口外炮聲隆隆，榆關、天津兩地的陸軍演習槍聲密如雨點，配合默契。海軍的單獨演習以 1937 年的 3 月間，由前海相永野海軍大將率領的大小 70 餘艘的聯合艦隊在膠州灣海面的演習最爲突出。

三、日本奪取華北的陰謀活動

九一八事變後，日本爲了奪取華北，採取了多種多樣的陰謀活動。

（一）成立特務間諜組織，刺探情報

日本在華北專門收羅了一幫不得志的軍人、政客、地痞流氓、三教九流等中華民族的敗類，組成「第五縱隊」，爲其侵華政策搖旗吶喊，充當打手，並策動他們在華北進行暴亂、顛覆和分裂活動。這些特務組織大部分設在天津的日本租界。先後計有：

「同文俱樂部」。這是由親日分子方若在日本駐津總領事館指使下，於 1914 年成立的專門網羅我國朝野要人、巨賈及土匪流氓，活動十分猖獗的一個特務組織。

「三同會」。它是由「日本士官學校同窗會」、「留日學生同學會」、「中日同道會」在天津的日本中國駐屯軍參謀部的捏合下建立的。其活動受日本華北駐屯軍指使。

「中日佛教研究會」。這是個披著宗教外衣，網羅下臺的軍人政客，鼓吹「中日親善」，製造侵華輿論，鼓動華北分裂的特務組織。它由天津日本中國駐屯軍參謀石井嘉惠所操縱。

　　「普安協會」。是日本「黑龍會」分子小向日與天津日本中國駐屯軍參謀三野友吉串通原天津《大公報》採訪部主任張遜之、大流氓袁文會以及原直隸督辦公署軍警督察處處長厲大森等，建立的一個封建性的特務組織。這個組織又網羅了一大批地痞流氓、幫會、惡棍、無業遊民，專門秉承日本特務機關的旨意，收集情報、散佈謠言、冒充「民意」團體、聚眾鬧事、擾亂社會、鼓吹賣國論調，為日本侵華製造干涉口實。

　　「青木公館」。隸屬日本關東軍領導，日軍大佐大造通貞主管，專門策劃華北偽政權的建立。殷汝耕冀東偽政權的出籠，「華北自治運動」的出現，敦促吳佩孚出山建立「華北國」的企圖，均係該組織所為。

　　「茂川公館」。它網羅了大批下臺軍人、政客和土匪，負有配合日軍侵略華北搖旗吶喊的使命和在日軍侵佔地方建立傀儡政權的任務。天津淪陷三天後，以高凌霨為會長的漢奸組織「維持會」的出現，就是這個「公館」幹的。它還在八里臺設有專門搜集南開大學抗日活動和附近中國駐軍情報的「南開農場」，以及專門搜集英、法租界情報的「同樂京劇社」。此外，它收買的天津《庸報》，成了日本侵華大造輿論的喉舌。所以，這個特務組織是日本在華北的各個特務組織活動中最為猖獗的一個。

　　日本為了在華北各地組建為其驅使的「第五縱隊」，特在華北各地派駐了特務機關。除天津外，關東軍在北平、通縣、保定、唐山、濟南、青島、太原、歸綏、張家口等城市設有特務機構，並派少佐、中佐甚至大佐的軍官擔任機關長，從而使「第五縱隊」散佈於華北各地。不僅如此，1933年間日本特務機關還唆使與三野友吉有特殊關係的白堅武等人在瀋陽成立了專門從事聯絡在職和下臺的軍政界中親日分子，以建立「華北國」為宗旨的反動組織——「正義社」。

　　日本在華北除了設專門特務機構，建立「第五縱隊」外，還建有以企業為幌子進行特務活動的齋藤、鑒村、邇宮等洋行。這些洋行多以經營商

業、貿易爲名，從事特務勾當。如齋藤洋行就擔負了東北淪陷後來津的原東北軍、政界人物的拉攏工作。

原北平市公安局檔案中就日本特務、間諜組織有關刺探情報等有關材料摘錄部分如下：

①1936 年 5 月 19 日

日本駐屯軍司令部，近在天津秘密組織便衣隊八十餘名，委華人許有志爲總隊長，專任刺探華方軍事及學校行動，許某曾於數日前來平與日使館館員鹿子田充接洽，擬將此批便衣隊化裝來平，指派以相當任務。

②1936 年 6 月 17 日

北平東交民巷某駐軍旅團長，近派密探多名，前往冀察平津省市管區內偵察駐軍實力及武器、教育情形。聞向平綏津浦各路沿線出發者，已有七起。

③1936 年 12 月 24 日

殷汝耕近派王仲元赴津，在日租界組織機密隊五隊，每隊十一人，現已招有三十餘名，擬分發天津、北平、保定、石家莊及平浦沿線等處，調查我方軍隊、軍械數目、駐地及主官姓名等項。

④1937 年 4 月 27 日

某方以僞冀東政府名義成立密探隊，偵察我方軍政情況。所有北平文武機關科長以上官職住址、自用汽車號碼均行秘密調查。

凡各汽車商行現有汽車數目、車輛種類，亦皆詳加記錄，更對官署差役、職員及高級官長私宅男女僕人，如被辭散，彼方亦將設法收容，或用金錢賄買機關職員，以便摸透我方軍政情況。

⑤1937 年 5 月 7 日

近由關東軍派情報處長掘原來平，與外人黃慕、嬰井等聯絡，共同組

織情報處，其總機關設在東交民巷特務機關內，專收容中國可靠之青年人當漢奸，施行間諜工作。現已收羅中國青年二十餘人，另有日本青年二十五人。

⑥1937 年 7 月 9 日

某方近由僞滿文教部選派漢奸三十名，於本月中旬前來華北投考學校，分佈於平津保察綏等處，目的在調查各省市學校之內部組織情形，及抗日分子之活動，與華北共黨之近況。

上述材料充分表明：日特組織在華北進行了猖獗的間諜活動。

（二）糾合民族敗類組織暴亂

日本爲速佔東北、侵奪華北、建立「華北國」，使用的一種特殊侵略手段就是策動「第五縱隊」暴亂。

首先它策動了天津便衣隊的暴亂。這一暴亂，是由日本關東軍駐瀋陽特務機關長土肥原賢二在天津的日本大特務三野友吉的配合下，夥同日本在天津駐屯軍共同導演的。日本在天津策動便衣隊暴亂絕非偶然：天津有日本駐屯軍、領事館和大批特務組織，策劃與指揮能力較強，有招之即來的「第五縱隊」等條件；在天津組織暴亂，可用聲東擊西的辦法把東北軍牽制在關內，轉移中國朝野對日本在東北軍事行動的視線，還可以津變爲由，保僑爲名，染指華北。天津是華北的軍事重鎮、經濟中心、北京的門戶，如有動亂將波及整個華北，爲日軍侵略華北製造口實，如果暴亂得逞，既可打擊張學良、王樹常、張學銘等將領在東北軍中的威信，迫使東北軍放棄收復失地的打算進而動搖軍心；又可順利侵佔中國東北。

基於以上各點，日特人員便指使張璧、李際春、袁文會、郝鵬、石友三、白堅武等人和一大批地痞流氓、白面鬼等社會渣滓，在土肥原和三野友吉等人的指揮下，用著日元，拿著日製槍炮，在日軍的尾隨下，1931 年

11月8日和26日先後兩次從日租界衝向中國地界，襲擊天津市的黨、政、軍機關，謀奪權力，搶奪民財，屠殺百姓，炮擊民房，給天津人民帶來了無窮的災難。但這幫烏合之眾的便衣隊一起事，就遭到天津保安隊的反擊，狼狽逃回日租界。敗北的便衣隊雖未給日本進一步製造染指華北的口實，但卻迫使中國當局接受向日道歉、取締反日宣傳、撤除防禦工事等三項屈辱條件，暴亂中劫走了溥儀，錦州被日軍侵佔，東北軍威信大減，試探了蔣介石的對日妥協絕對不抵抗的政策。隨之，日本就在上海發動了一・二八侵略戰爭，1933年又舉兵入侵華北。

天津便衣隊暴亂失敗三年多後，土肥原和三野友吉再次被指派去負責策動「第五縱隊」，進行另一場大規模的叛亂事件，這就是1935年6月27日的豐臺事件。這一事件的前臺人物是石友三和白堅武。他們以「正義社」為骨幹，擬在豐臺發動兵變後攻佔北平，進而宣佈「華北國」成立。為此，白堅武和石友三等人在津組織了「華北正義自治軍」，白自任總司令；策反北平軍分會所轄之鐵甲車大隊的第五、第六鐵甲中隊；指派潘毓桂在北平城內策應；派遣二三千便衣隊潛入東交民巷，令其在鐵甲車衝進前門炮擊西長安街軍分會時，衝殺出來攻佔軍分會和其他重要機關；約定駐東交民巷的日軍此刻立即出動示威，日空軍立即進行示威飛行。潛在華北各地的反動武裝屆時一齊暴動，攻佔機關。經過一系列周密佈置後，6月26日夜間，60多名日人、漢奸由天津乘快車到豐臺指揮督察這場叛亂。然而27日叛亂一發動就遭到了有準備的中國軍隊的迎頭痛擊，鐵甲車六中隊長段春澤等三人，被捕槍決，一場大規模的暴亂事件又以可恥的失敗而告終。

豐臺暴亂失敗後，天津日本中國駐屯軍司令官多田駿派他的乾女兒、日本女間諜川島芳子來津再一次策劃「第五縱隊」的叛亂。

川島芳子在津廣交人士，招兵買馬，被她先後收買的有滄縣劉佩臣、天津趙德謙、曹華揚、劉秀山、劉錕等為頭子的土匪隊伍。這幫匪徒後來成了日本侵華的「皇協軍」。

在多田駿的主使下，川島芳子糾合郭希鵬（北平軍分會前騎兵師長）、張權本（北平軍分會鐵甲車材料廠廠長、豐臺事件的主謀人之一），以及洪維國、馬金城（下臺軍人）等人於 1935 年 11 月上旬在津成立了「華北民眾自治委員會」。12 月又建立了進行叛亂的「華北民眾自衛軍」，川島芳子自任總司令，前熱河財政委員會副委員長關慶麟任副司令。其編制計劃：建立第一、第二兩軍（北平、天津兩支特種別動隊），轄七個支隊。計劃在 1936 年元旦前接管天津市、縣政權，佔領平津後再擴大到河北省各地，宣佈「華北國」建立。結果，這幫小醜在 12 月間佩戴「敢死隊」袖章衝上天津街頭狂叫「自治」時，被民眾打得抱頭鼠竄，狼狽而逃，使日本妄圖依其叛亂建立「華北國」的錦囊妙計又成泡影，不得不虎頭蛇尾地默默收場。

不難看出，日本為奪取華北、謀建「華北國」，不惜一切代價策動「第五縱隊」一次又一次地叛亂，其手段是相當卑鄙的。

原北平市公安局和冀察綏靖公署保存的檔案中有關日人策劃閒散遊勇擾亂社會治安的報告，特摘錄部分如下：

①1936 年 5 月 16 日

駐屯軍輔佐官濱田主張先由設法擾亂平津兩地治安入手，藉詞自由駐兵，以防中央與共黨合作抗日之實現。其辦法第一步即藉以諜報合作抗日為由，要求華北當局表明對中央態度及是否有徹底剿共決心。如無誠意，即唆使日韓浪人擾亂治安，以便藉詞保護僑民，進駐日軍於保定、石家莊、康莊等地，防備共匪北上。

②1936 年 9 月 16 日

日關東軍與殷汝耕協議圖謀平津計劃，決以金錢利用漢奸土匪，擾亂平津治安，造成恐怖狀態……組織秘密機關，雇用流氓，乘機向各機關拋擲炸彈（炸彈禁用日本造）。其擲彈代價規定：投入機關內者，賞洋 500 元；投於機關附近者，賞洋 300 元。復指派林世海、李三木為頭領，將潛伏津

南曹仲橋一帶之土匪 300 餘人，令其暗藏手槍，陸續化裝混匿天津，伺機實行擾亂，並派李文元負責破壞各處電燈、電話等交通機關責任（李係日電燈房工頭）。一俟市面混亂時，日方即藉口出兵，並以民眾要求自治名義，向各機關請願。另由趙電、鄭燕侯率戰區保安隊進據天津，援助便衣隊等語。

　　③1937 年 1 月 26 日

　　某方軍部近派前奉天員警廳督察長陳風濤率王廣生、祁子臣等百餘人，潛來平津及內地各縣秘密聯絡農工、市民、鄉團等，擬於綏東戰事再起時，即乘機擾亂地方治安，焚燒商店、工廠、學校並刺殺要人等工作。聞已化裝成學生陸續入關。

　　由此可見，日本為奪取華北所採取的手段是極其惡劣的。

　　（三）暗殺抗日人士及軍政要人

　　日本為奪取華北，還使用了卑鄙的暗殺手段，暗殺我抗日愛國人士及要人，尤其是社會知名人士。

　　原北平市公安局的檔案中就有關的偵察報告便有下列記載：

　　……

　　1937 年，有日本浪人武田南陽者，奉天津日特務機關命令，在北平組織暗殺機關。分偵察、暗殺兩部分，共 14 人。計團長、副團長、書記、組長各 1 人，團員 10 人，每月經費為 1500 元。其目的為暗殺華北地區有反日意識之要人、中央赴華北視察之大員及抗日分子。其預定計劃被暗殺的約有 70 餘人。由日特務機關給武田一本名冊，上注明被暗殺人之姓名、年齡、籍貫、住址、職業及特徵與照片……。武田等並擬接辦北平商報，改名為進報社。另覓地址，作為暗殺團之掩護機關。

　　又，1936 年 7 月間，日本憲兵隊長藤某及普安協會總務部長小某二人，

奉日本軍事機關密令，在津組織一健全之暗殺機關。該二人經積極籌備，於7月1日在普安協會內成立，定名為止誼社，並在日軍某部已領到德制建安式10響手槍500枝，分發200枝給各社員。該社主旨係暗殺抗日分子。

……

熱河失陷後，張學良下野出國，東北軍大部交由當時任河北省主席兼東北軍第五十一軍軍長於學忠節制，官兵為數達17萬人。這樣于學忠就成了當時華北舉足輕重人物，也成為日本妄圖分離華北，謀建「華北國」的首要策反和暗殺對象。

為此，日本特務機關的特工人員指使與余學忠有特殊關係的人物，多次鼓動余學忠宣佈河北省「獨立」，進而建立「華北國」，但被于所拒。這就激怒了日本特務機關，進而指派白堅武、何庭鎏策劃了三次暗殺余學忠的行動：第一次是收買了以王玉珍為首的三十餘名暴徒，欲趁余學忠赴省府（天津二馬路）途中予以殺害；第二次是收買了余的副官巫獻廷與司號官傅鑒堂伺機殺害；第三次是收買了被于學忠撤了職的部下曲子才，賄賂副官處勤務兵袁啓明在食物中下毒。然而三次謀殺陰謀均未得逞。

隨之日本特務機關又把暗殺對象直接指向了二十九軍高級將領。如：收買二十九軍副參謀長張克俠的司機，對張進行暗殺。由於司機的驚怕而自首，陰謀告吹。接著日本特務機關就對二十九軍軍長宋哲元將軍進行暗殺。為使這一陰謀付諸實現，日特探得宋哲元將軍將於1937年7月19日上午7時30分乘火車從天津返回北平，煞費苦心地設計了一個暗殺方案，即在這列火車必經之楊村大橋的橋墩上安裝炸彈，謀圖重演「皇姑屯事件」。由於計算有誤，火車過橋後才爆炸，殺宋未成。

（四）印刷偽鈔，擾亂金融，破壞經濟

中國政府在1935年11月實行幣制改革，推行法幣政策。這個政策卻

遭到了日本的強烈反對。11 月 5 日，日本藏相高橋稱：「如對華借款有引起政治發展之威脅，使中國入於國際共管一途，則日本將予以反對。」〔張蓬舟主編：《近五十年中國與日本》第二卷，四川人民出版社，1985 年版，第 108 頁。〕日本在華的正金、三井、三菱、臺灣、朝鮮、住友等銀行議決：反對中國幣制改革。提出：（一）華方事先未徵求日方諒解，而片面發布白銀國有令，作爲事實再求日方支持，實不能協力；（二）白銀之交易價格固定在一先令二便士半，與海外銀價相差四成，無何補償，則不能支持。如華方強行收回日本銀行現銀，則將以違反治外法權相對抗。與此同時，日本於 11 月 9 日，向宋哲元提出了《華北金融緊急防衛綱要》，要求冀察政務委員會禁止白銀南運，聲稱日本將以實力實現這一目的。同時，日本在制定的《華北高度自治方案》中，也提出了要華北脫離法幣制度另定五省通用華幣，並與日本貨幣發生通融。表明了日本控制華北金融的野心。

原北平市公安局保存的日僞在華北擾亂金融，破壞經濟情況的報告，現摘錄部分如下：

①1936 年 12 月 19 日

（A）僞滿中央銀行現決定著手擾亂華北金融，在平津收買銅元，每元按 450 枚算價，並電派僞承德中央銀行出賬員野溝昌雄來平。目前已收買崇內大街五昌銀號及新街口葦坑 8 號、絨線胡同路北 107 號瑞通祥洋貨兌換莊等，各小兌換攤亦代爲收買。以前市價每元可換 500 枚，現只換 480 枚。

（B）日人山元根及日使館特務課長飯島正隆之助，在平市東單西裱背胡同 51 號開設三府洋行，專事收買平綏察晉白銀，並撥發中交銀行，5 元僞鈔每百元售價 40 元。

②1937 年 6 月 4 日

近奉大藏省秘密囑托，著在華北組織威勝社，僞造我國交通、中央各

銀行鈔票，冀圖擾亂華北金融。由濱崎武雄自任社長，聘日大使武官今井為最高顧問，現已組織就緒。

足見日本破壞中國金融、使用了官方和非官方，分開與祕密等手段。

（五）拉攏名人、政客、叛徒公開從事「華北自治」活動

早在「七七」事變前，土肥原等就會同日本駐華北各地的特務機關長進行策劃，企圖利用冀察平津地區的宋哲元、山西的閻錫山、山東的韓復榘、河北的商震等來實現「華北五省自治」。1935 年 9、10 月間土肥原正式向宋提出建立轄有河北、察哈爾兩省的「華北防共委員會」，並允以軍事和經濟上的支持。11 月又拋出《華北高度自治方案》，要宋在 20 日前照其方案首先宣佈「自治」。天津日本中國駐屯軍司令官多田駿則聲言：土肥原的要求必須實現，無商量餘地。為此，多田駿親飛濟南引誘韓復榘，派人去保定詭稱宋、韓對「華北自治」已表同意，以脅迫在醫院治療的河北省主席商震返平「協商」事宜。日外相亦在各種外交場合上宣揚：對華北自治運動，無理由取消等等。日本駐華大使有吉奉命向蔣介石提出警告：「此時，中國中央政府如果不迅速採取適應華北形勢的態度，事態有日益惡化的危險。」〔《日本帝國對外侵略史料選編》，上人民出版社，1983 年版，第 189 頁。〕

在土肥原等人的策劃下，漢奸殷汝耕在 11 月 15 日致電宋哲元和韓復榘勸其接受「自治」方案，23 日在津宣佈停戰地區實行自治，24 日在通縣發表脫離南京國民政府的宣言，25 日在通縣宣佈成立「冀東防共自治委員會」，自任委員長。一個月以後，改稱「冀東防共自治政府」，自任政務長。這樣，冀東 22 個縣的大片國土就通過漢奸殷汝耕的傀儡政權置於日本的絕對控制之下。

由於日本侵略活動有增無減，繼續鼓動華北早日實現「自治」，對中國政府不斷施加壓力，中國政府被迫下令撤銷了北平軍分會，於 1935 年 12

月在北平設立了冀察政務委員會，任命宋哲元為委員長，但其政權仍隸屬於南京國民政府領導之下，對此日本則多次催促宋哲元脫離南京國民政府而獨立，與冀東偽政權合併組成「華北防共自治政府」。

催促宋哲元宣佈「獨立」的工作由日本駐北平特務機關長松室孝良負責，高橋武官和櫻井、松島參加。新任日本華北駐屯軍司令官田代皖一郎親自出馬對宋進行誘脅，1936年底邀宋到津會談。會談一開始，田代皖一郎便直截了當地向宋聲稱：「我認為現在救亡的辦法，第一是『倒蔣』，第二是『反共』。委員長（指宋）和二十九軍官兵，若能上下一心，脫離南京國民政府，宣佈『冀察獨立』，進而組成『冀察防共自治政府』，那麼，我日本國就可以與委員長簽訂『日中合作』、『共同防共』的協定。這不僅可以保持你的原有勢力，還可以支援你擴大勢力範圍。中國若能達到救亡圖存的目的，這不僅是中國的願望，也是日本的要求。」〔《天津文史資料選輯》第二輯，天津人民出版社，1979年版，第63頁。編者按：本文中所用的「正誼社」在史料中亦有用「正義社」說法。〕可見所謂天津會談，只不過是田代皖一郎對宋施加壓力，要宋及二十九軍叛國投日而已。為迫宋就範，日人還造謠中傷，製造了許多嫁禍於人的事件。1936年日本通過漢奸散佈宋接受了日本一千萬日元及武器，在所謂《華北防共自治協定》上已簽了字等謠言，以離間宋與部下關係，打擊宋的威信。日人還高價收買北洋軍閥餘孽程國瑞、趙文傑等人，組織恐怖團體，冒充共產黨人的名義破壞平漢、津浦等路的交通，擾亂平津治安，製造恐怖現象，以便以「防共」為藉口，武力脅迫宋哲元就範。

在迫使宋哲元就範的同時，日本對山東的韓復榘加緊了策反，對山西的閻錫山也進行了勸誘，脅誘他們宣佈「獨立」，共建「華北防共自治政府」，達到成立「華北國」之目的。然而這個卑劣的陰謀，遭到了宋哲元、閻錫山、韓復榘、商震及其部屬的反對，未能實現。

西安事變的發生，中國政局和國際形勢驟變。日本妄想建立「華北國」

的陰謀終於破產，最後只得以發動戰爭來達其侵華目的。

　　綜上所述，不難看出，七七事變絕非偶然。它是日本帝國主義推行對外擴張侵略的「大陸政策」的結果，是其「爭奪世界」、「獨霸亞洲」陰謀的進一步暴露。七七事變發生前，東京消息靈通的政界人士就已流傳出「七夕的晚上華北將重演柳條溝一樣的事件」，這正說明七七事變是日本帝國主義事先策劃好了的。所謂七七事變是「偶然」的說法，顯然違背了歷史事實，本書後文將以歷史資料充分加以論證。

中日《塘沽停戰協定》的簽訂

江紹貞

自北平當局與日軍方簽訂「覺書」後，蔣介石、汪精衛想避免簽訂成文協定已是欲罷不能了。日本關東軍方面是要「以絕對勝利者之地位，一鼓作氣完成純軍事的停戰協定，以此爲一般方針，貫徹到底」〔日關東軍司令部：《華北停戰交涉經過概要》。〕。27 日，日陸軍當局發表對華北局勢聲明，宣稱：「日軍現作和戰兩項準備，倘因中國一方不誠意而致交涉不能成立，或因其挑戰行爲再惹起中日兩軍間戰鬥之際，其影響之處甚大。」〔天津《大公報》，1933 年 5 月 28 日。〕所謂「不誠意」就是不屈從日方的全部條件。28 日，日關東軍參謀長親自起草了停戰協定的文本，並授權永津佐比重自行決定談判的日期與地點。何應欽、黃郛在日方的壓力下，向日方提交了中方代表名單。永津於 28 日向關東軍司令部作了報告。中方談判代表是何應欽、熊斌等人。何應欽說：「得日方通知，彼方代表人選已定，除全權代表外，另有代表四人，我亦應派同等人數，名單至遲今晚提出。」〔熊斌：《塘沽協定經過》，臺北《傳記文學》，第 12 卷第 6 期〕接著他提出以錢大鈞或熊斌兩人中以一位提任全權代表。錢首先表示：「我乃保定行營辦公廳主任，無委員長命令，我不能去。」熊斌也說：「我乃參謀本部廳長，無總長（蔣介石兼）命令，我亦不便去。」雖經張群「再三懇勸」，誰也不願擔負這一屈辱的使命，相持約半小時之久。此前何應欽、黃郛已提出錢、熊二人向蔣介石請示任擇其一，正相持中得蔣「以哲明兄（熊斌字）爲宜」〔熊斌：《塘沽協定經過》，臺北《傳記文學》，第 12 卷第 6 期〕的復電，熊斌只得服從，遂以軍事委員會北平分會總參議名義擔任全權代表。

熊斌，字哲明，湖北禮山（今大悟）人，1894 年生。早年畢業奉天講武堂，1911 年參與武漢光復之役，並任湖北軍政府北伐第一軍參謀、南京

臨時政府參謀本部參謀。1914 年入日本陸軍大學旁聽，回國後先後在西北軍馮玉祥部任軍官教導團教育長、國民第一軍參謀長、西北邊防督辦公署總參議、第二集團軍總參議。1928 年任國民政府軍事委員會委員、軍政部航空署長。1930 年中原大戰時任前敵總司令部參謀長。1931 年任文官處參事、國民政府參軍。1932 年 9 月任參謀本部總務廳長兼第二廳廳長。長城抗戰開始時「赴平佐何代委員長籌策，並周旋各將領間」〔熊斌：《塘沽協定經過》，臺北《傳記文學》，第 12 卷第 6 期〕。

　　除全權代表外，代表爲鐵道部政務次長錢宗澤、軍分會高級參謀徐祖詒、華北第一軍團參謀處長張熙光，以雷壽榮、李擇一爲顧問。

　　5 月 30 日晨，參加停戰談判的中方代表一行，隨同日方永津中佐、藤原海軍少佐、華北駐屯軍參謀大橋熊雄少佐及日公使館書記官中山詳一乘專車往塘沽。將談判地點選在塘沽，係因「該處爲我軍防地，日人有運輸支部在海岸，並有兵艦駐在，彼此皆有保障」〔熊斌：《塘沽協定經過》，臺北《傳記文學》，第 12 卷第 6 期〕。下午 2 時 5 分車抵塘沽。日方人員已於是日上午 6 時 30 分從大連乘驅逐艦「朝顏號」抵達，於是永津等往日方人員住地預作商討，中方人員留置列車內。下午 4 時，雙方在日陸軍運輸部辦事處會晤，先互閱雙方代表委任狀。日方全權代表爲關東軍參謀副長岡村寧次陸軍少將，代表爲關東軍參謀喜多誠一大佐、公使館陸軍副武官永津佐比重中佐、第八師團參謀河野悅次郎少佐、關東軍參謀遠藤三郎少佐及藤本鐵雄少佐、第六師團參謀岡部英一上尉。隨員有關東軍副官伊藤章上尉和幕僚附員柴芝幸憲上尉。藤原、中山、大橋則爲列席人員。

　　會議開始，岡村首先致詞說：「正式接受貴軍之停戰提議，而能在此地與貴國軍代表會晤舉行有關停戰之正式會議，實爲遠東和平之幸也。」並提出，「本日止於任命狀之交換及雙方隨員之介紹，明 31 日上午 9 時，在此提出有關關東軍所希望之停戰協定案，希請同意」〔日關東軍司令部：《華北停戰交涉經過概要》〕。接著熊斌致答詞稱：「今日中日雙方軍事代表相聚

共同商討停戰，各位自遠方前來，至為辛勞，為遠東之和平，吾人希望會中基於基本親善之原則，開誠商討，相信必能獲致圓滿結果。」〔日關東軍司令部：《華北停戰交涉經過概要》。〕嗣就新聞發布問題商定由日方指派喜多，中方指派張熙光、徐祖詒主管，並達成三點協議：（一）避免外交之疑慮，盡量採取發表主義。（二）關於發表之時間及其內容，則由雙方主管者協議決定之，同時以發表同一內容為原則。（三）除主管者之外，一切不發表。〔日關東軍司令部：《華北停戰交涉經過概要》。〕

第一次會晤於下午 4 時 30 分結束。熊斌等回到專車，「默念訓令所授原則，不得涉及領土及政治問題，萬一日方提出此等有關條件，則無法談判」〔熊斌：《塘沽協定經過》，臺北《傳記文學》，第 12 卷第 6 期。〕。於是由雷壽榮、李擇一不時向永津試探。永津故意將日方最初協定草案中有一附件的內容透露。該附件規定在中國地域內，限制中方員警機關的設置、人數及所擁有的武器。其實，此項內容業於 5 月 28 日經永津建議刪除。「永津中佐騙稱：本附文與代表協商之後，正請示軍司令官決定刪除與否，言畢分手。該夜予中方以我方之提案相當苛刻之印象」〔日關東軍司令部：《華北停戰交涉經過概要》。〕。

31 日上午 9 時，雙方代表舉行正式會談。岡村提出關東軍制定的停戰協定案，並作如下之說明：

（一）此次締結之協定，係所謂之停戰協定，直接與軍事無關之政治問題，一概不予討論。

（二）於此提出之協定案內容，僅止於純粹之軍事的事項，以前此永津中佐與貴方委員長代表所交換之備忘錄為基礎。為期完整計，修改一部分之字句，並補充若干之必要事項。

（三）以上所述之本協定案大綱，既獲雙方一致同意，深信必能獲致圓滿之解決，惟貴方可暫予檢討，如有疑問，當予答覆，暫時停會，以便

貴方商討。

至遲應予 31 日上午 11 時以前復會，貴方如準備完妥，請即示知。

惟本協定案，已屬最後之定案，不容改變，特此告知。〔日關東軍司令部：《華北停戰交涉經過概要》。〕

熊斌面對岡村寧次一派盛氣凌人的姿態，在致詞中竟說：「貴代表所說明之一切，甚有誠意，我方以爲非常滿意。」表示對日方提出的協定案內容，經研究後再作出答覆。隨後提出書面的《中國軍代表停戰協定意見書》，內容四點：

（一）爲恢復遠東和平，並改善中日兩國之關係，商討停戰協定，互以至誠相晤，互求諒解，共同排除前途之障礙，冀能達成此共同之目的。

（二）中國軍隊已退回約定之線，再向後撤以表示中國軍之誠意，今後在盡可能之範圍內，互相盡力避免中日雙方之衝突。

（三）希望貴國軍瞭解上述事實，爲表示誠意起見，盡早恢復戰區之原狀，以奠定和平之基礎。

（四）貴國軍基於以上之諒解，撤軍以後，在該區域內，如果發現妨礙治安之武裝組織，必須由中國軍予以處理時，希望貴軍勿因此而起誤會。

這份《意見書》不僅對撤軍等問題未表示任何異議，且「再向後撤以表示中國軍之誠意」，盡管如此乞憐，日方竟表示：中方對關東軍提出之協定案，僅作可否之答覆即可，一切聲明，必須等待停戰協定簽字以後再行商議。於是會談於 9 時 20 分休會。至 10 時 30 分，日方派永津探聽中方對停戰協定案的態度，中方提出三點：

（一）飛機之飛臨上空，使人民以爲戰爭之再度來臨，徒招無謂之困擾，可否予以適度之限制。

（二）協定內所指之長城之線，是否包括熱河省外遠西方之長城在內？

（三）如在協定線內產生以員警能力所不能制止之武裝團體時，請同意中國軍隊超越限制線，處理是等武裝團體。

永津對其中（一）（二）兩項，「根本不予受理，當場予以駁回」〔日關東軍司令部：《華北停戰交涉經過概要》。〕。待他向岡村稟報後，再往中方休息室，「告以是等質詢事項，得於簽印後，商談解決」〔日關東軍司令部：《華北停戰交涉經過概要》。〕。

上午 10 時 57 分復會，熊斌完全按日方的旨意，當場表示：「貴代表提出之協定文，中方已大致瞭解，中方雖尚有二三點煩請貴方考慮之事項，但留待簽印後再作商討」〔日關東軍司令部：《華北停戰交涉經過概要》。〕。於是，於上午 11 時 11 分，雙方全權代表正式簽署中日《塘沽停戰協定》。其全文如下：

中日《塘沽停戰協定》

——中華民國二十二年五月三十一日

關東軍司令官元帥武藤信義於昭和八年五月廿五日在密雲與國民政府軍事委員會北平分會代理委員長何應欽所派軍使該分會參謀徐燕謀正式接受停戰提議。

依此關東軍司令官元帥武藤信義，關於停戰協定，委任全權於該軍代表關東軍參謀副長陸軍少將岡村寧次，在塘沽與國民政府軍事委員會北平分會代理委員長何應欽所委任停戰全權華北中國軍代表北平分會總參議陸軍中將熊斌，締結下列之停戰協定：

一、中國軍即撤退至延慶、昌平、高麗營、順義、通州、香河、寶坻、林亭口、寧河、蘆臺所連之線以西以南之地區，爾後不越該線而前進，又不行一切挑戰擾亂之行為。

二、日本軍為確認第一項之實行情形，隨時用飛機及其他方法以行視察。中國方面對之，應加以保護及與以各種便利。

　　三、日本軍如確認第一項所示規定中國軍業已遵守時，即不再越該線追擊，且自動概歸於長城之線。

　　四、長城線以南及第一項所示之線以北以東地域內之治安維持，由中國員警機關任之。右述員警機關，不可用刺激日本感情之武力團體。

　　五、本協定蓋印之後，發生效力，以此為證據，兩代表應行記名蓋印。〔中央政治會議第三十二次臨時會議檔案，《革命文獻》第 38 輯，第 2232-2233 頁。中國國民黨中央委員會黨史史料。〕

　　下午 2 時舉行第二次會談。熊斌首先表示：「此次雙方開誠布公談判，順利完成簽約，為將來遠東和平，開辟坦途，頗值欣慰，冀望將來尚能更進一步，以收美滿成果。」接著提出中方之希望，說：「協定第四項中所規定長城以南之地區，以及限制線以北及以東地區，萬一出現以警力所不能制止之武裝團體時，擬以中國軍隊加以處理，處理完畢後，中國軍隊即退回限制線內。」岡村答稱：「此項要求顯然有背協定第一項之規定，貴代表當前所顧慮者，係丁強軍之存在，該軍原來與日『滿』兩國毫無關係，其中仍以對日軍持敵對態度之鄭桂林軍佔絕大多數，惟其標榜反國民黨，而對日滿軍並無敵意，故日軍不予理會而已。如在華北成立吾人所希望之親滿親日之新政權時，不妨將其納入其勢力範圍之下，而調往他處，日軍隨時願盡幹旋之勞。」〔日關東軍司令部：《華北停戰交涉經過概要》。〕

　　熊斌所提到的「以警力所不能制止之武裝團體」，指的是馮玉祥在中國共產黨幫助推動下，於 5 月 26 日在張家口宣佈成立的察哈爾民眾抗日同盟軍。岡村不明其意，熊斌解釋說：「中國之內情，如貴代表所熟知，極為複雜，不僅為了強軍而已，尚有各種反動分子，活躍於該地域之內，勢非以中國軍加以剿滅不可。」岡村已明瞭熊斌的意圖，便說：「例如共產軍出現於該區域內時，此為雙方之敵，在此種情形之下，日方自無反對中方處理之理由，屆時可否逐次協議解決之。」永津插話說：「如由中方軍隊處理時，

即是違反協定，故須在日軍之監視之下而行動。」熊斌開誠布公地說：「馮玉祥等部隊之出現於該區域，將使中方之立場，更為困難。」岡村回答：「馮玉祥部隊如出現該地區內時，日方亦將視之為中方軍隊，認為違反協定，自當予以攻擊之」，並說：「我所謂之中國軍，不論為何應欽之中國軍，或處反對立場之中國軍，一律視之謂貴國之軍隊。」由此熊斌提出交換備忘錄的要求。「亦即：如有上述狀況發生時，可否先與貴方商量後，再由我方處理之。」岡村則說：「日本根據協定第一項規定，絕對堅持不許中國軍隊存在於中間地域內之精神。如照貴方之意見實施時，萬一在該地域內發生排日團體，日本軍將出兵鎮壓，貴方可否同意？」

談判至 3 時 28 分，勢難統一，遂由岡村提議休息。在休息期間，由永津私下與中方代表聯繫。他「獲悉中方之真意係在表明中間地域之主權存在，並確保對馮玉祥之作戰自由。後者由於協定成文規定不準中國軍隊之進入，當然不能不慮」。經與岡村研究後，認為「作成另紙之備忘錄（使用撤兵地域之名稱，且避免協定附文，或例外協定之形式），採取高壓手段，迫其承認為有利」。遂由永津將日方制定之備忘錄內容告知中方。

復會後熊斌提出希望日方不亂派飛機在限定區域內偵察飛行，「以免刺激無知人民之情緒」，以及「中國軍或將有由協定線之遠後方向協定線前進之可能，屆時請勿誤會」。岡村表示對第一項「當予充分之考慮」，第二項表示「瞭解」，提出這兩項無作為備忘錄之必要。熊斌同意後，遂於下午 4 時零 5 分簽署備忘錄〔日關東軍司令部：《華北停戰交涉經過概要》。〕。

備忘錄

萬一撤兵地域有妨礙治安之武裝團體發生，而以警力不能鎮壓之時，雙方協議後，再行處置〔《中日塘沽會談記錄》，國民政府外交檔案部。〕。

備忘錄簽署後，岡村提出日方之希望事項，雙方發言如下：

　　岡村：目前熱河省豐寧西南方地區，尚有貴軍第二師進入其間，請即速撤退。

　　熊斌：關於熱河方面之細部配置，並不知情，調查後即予處置。

　　岡村：現在平津一帶約有四十個師之貴軍存在，其中大部分為對日軍不抱好感之中央軍，請即速處理，東北軍中亦有類似之情形存在。

　　熊斌：我方之情形極為複雜，實難遵照貴意辦理，隨貴軍之撤退同時，將盡力而為，請同情我方之苦衷。至於減兵問題，不必貴方費心，我方早有減兵之意。

　　岡村：在白河河口，設有陣地，並配有部隊，此不僅違反協定，且影響雙方之感情，請即撤除。

　　熊斌：當遵照辦理。

　　張熙光：白河河口之軍事配置，係於學忠恐懼日軍之登陸而配置者，如今業已簽訂協定，已無存在意義，自當迅速予以撤除。

　　岡村：雖非吾軍人所應提及之問題，但疏隔兩國人民感情之根本原因，在於排日之風潮。取締排日不在此次交涉範圍之內，希望貴代表盡力斡旋，請黃郛先生盡速舉行第二次交涉。

　　熊斌：雖非吾軍人之交涉事項，自當盡力而為，當代轉達。中方當以誠意遵守協定，但亦望日方盡速退回協定之位置。〔日關東軍司令部：《華北停戰交涉經過概要》。〕

　　按照雙方新聞主管者的商定，《塘沽停戰協定》全文於是日北平時間下午 4 時，東京時間下午 5 時同時發表。北平當局擔心人民群眾的反對，未敢將全文公諸於眾，《協定》第四項末句「右述員警機關，不可用刺激日本感情之武力團體」〔熊斌向北平軍分會報告「協定」條款的電報也刪節了此句，見沈亦雲：《亦雲回憶》一書電報影印件。〕，及「備忘錄」內容均未

公佈。熊斌對日方希望事項的口頭承諾，也一直秘而不宣。

　　塘沽會談結束後，熊斌將會談簡要過程及《協定》條款，直接電告蔣介石、朱培德、唐生智及參謀本部次長賀國光、軍政部次長陳儀。當晚返回北平後，除向何應欽、黃郛等人作口頭報告外，發表談話稱：「華北軍與關東軍間之停戰協定，完全屬於軍事範圍⋯⋯鄙人等受命於艱危之際，無任惶悚。惟有遵從中央意旨及何代委員長訓示，盡力折衝。幸到塘沽後，日方代表岡村少將以次，均以極誠懇親善之態度商洽，俾協定得以迅速成立。雖難期國民全體之諒解，然自問良心尚安，惟望雙方本此誠意，日臻親善，實所欣幸。」〔《熊斌談話》，《黃膺白先生年譜長編》，第569頁，臺北聯經出版事業公司，1976年版。〕

　　本文節選自江紹貞著《長城抗戰》。（河南人民出版社1995年186頁）本文標題為編者所加。

二十九軍和冀察政權

戈定遠

一、二十九軍的成立

　　1930 年，閻錫山、馮玉祥與蔣介石的戰爭結束，閻、馮失敗，馮部在河南一帶的部下，如孫連仲、梁冠英、吉鴻昌等，都紛紛投降蔣介石，只有零星部隊退入山西境內，散駐晉南一帶。這時蔣介石把華北交給張學良負責，張學良以陸海空軍副司令的名義，由瀋陽進駐北平。退到晉南一帶的西北軍，以張自忠、趙登禹、劉汝明等部比較整齊，其中又以張自忠部的人數較多，有幾千人。宋哲元、孫良誠也都退到山西，他們已經沒有直接掌握的部隊了。張自忠等的資望淺，而且他們和東北軍方面向無淵源，聯繫不上；宋哲元和孫良誠在西北軍中間資望較高，但都已失去實力。在這種形勢下，張自忠就成了舉足輕重的人物，他如擁護宋，宋就可以有軍隊做資本；他如擁護孫，孫便可以挾以自重。

　　在這裡要敘述一個同二十九軍的成立和發展有著極重要關係的人物，就是蕭振瀛。他是吉林扶餘縣人，民國初年在家鄉經商，但並無多大資本，只是買空賣空。後因幣值貶價，蕭經營的商業因虧空太大停業，無法償還債務，遂溜之大吉，逃進關內依附在西北軍當高級軍官的吉林同鄉門致中和石友三門下。西北軍的士兵和官佐，大多數是直、魯、豫的人，關外人當將領的很少，文職人員也不多。蕭由於門、石二人的推薦，在 1924 年當了臨河設制局局長。又於 1926 年南口戰役，西北軍被張作霖和吳佩孚聯合擊敗以後，蕭隨門致中到過蘇聯的西伯利亞。1926 年秋，馮玉祥在五原誓師北伐時，蕭振瀛被任為包臨道道尹，在後方籌餉。以後蕭隨宋哲元當幕僚，到 1928 和 1929 年間，宋任陝西省主席時，他曾任西安市市長。當 1926

年西北軍由南口撤退的時候，閻錫山在大同抄西北軍的後路，西北軍因而大敗，紛紛向包頭一帶潰退。這時石友三和張自忠曾一度降閻，等到馮玉祥由蘇聯回國以後，石、張又復回到馮處。在此期間，石和張發生仇恨。後來北伐進行順利，馮玉祥率部到達鄭州，張自忠當了馮的總司令部副官長，石友三帶兵當軍長。石恐怕張自忠不忘前仇，在馮前面陷害他，就託蕭振瀛代表他到鄭州，送「蘭譜」給張自忠，結為兄弟，以示和好。因此，蕭和張也發生了較深的關係。

這時宋哲元和孫良誠都在晉南，他們憑借各人的舊關係，拉攏張自忠和趙登禹。宋、孫二人都想用張、趙做資本，來向張學良請求收編。替孫良誠在張學良方面奔走的是鄭道儒（天津人，在馮玉祥西北邊防督辦署的外交處做過事，在蔣介石由大陸潰逃臺灣的時候，做過國民黨經濟部部長）；替宋哲元奔走的，是蕭振瀛。蕭先從張自忠處取得擁宋的初步同意後，就來到北平走張學良的門子。他利用關外同鄉的關係，找到了從前就認識的一個張學良的承啟官（傳達事務的人）。蕭對他大加拉攏並送了他一千元錢，請求他讓自己盡先見到張學良，而對於孫良誠的代表鄭道儒，則希望他託詞阻擋，不讓鄭先見張。由於這個承啟官的協助，蕭很快見到了張學良，收到了先入為主的效果。張學良允準宋哲元負責改編晉南的西北軍為一個軍，轄兩個師。等到孫良誠的代表進見張學良時，宋哲元擔任軍長的命令早已下達，成為事實了。

宋編軍之時，張自忠掌握部隊人數較多，當然編為一師，由張當師長。還有一個師長，張自忠力主由馮治安擔任，這其間又有一段經過。1926年馮玉祥由蘇聯回國後，對張自忠已不加信任，後來由於馮治安的力保，張自忠才慢慢地又得以重新帶上隊伍。馮治安在 1930 年馮玉祥中原大戰失敗的時候，全軍在河南被繳械，這時正在北平閒居。張自忠為了拉攏好友，擴大自己的勢力，同時又因為馮治安是宋哲元的嫡系，容易得到宋的同意，就竭力主張把馮治安由北平叫去當師長。馮治安並無一兵一卒，他和趙登

禹過去關係很好，於是就將趙登禹編在他的部下，作為一個旅，由趙當旅長，另外再撥一些隊伍，編成一個師。二十九軍成立了，宋哲元任軍長，張自忠任三十八師師長，馮治安任三十七師師長。這時晉南的西北軍，還剩下劉汝明一部分，劉的資格僅次於宋哲元，但劉自己沒有別的出路，就依附於宋，後來通過張學良的允許，劉以暫編師師長的名義，隸屬於二十九軍。

　　二十九軍的軍部，設於山西的陽泉，實際掌握兵權的，為張自忠，馮治安、趙登禹、劉汝明等人。通過蕭振瀛的秘密拉攏，他們商量決定，大家永遠一致擁護宋哲元為「頭兒」，張自忠為「二頭兒」，依次以下，為馮治安，為趙登禹，為劉汝明。劉汝明的資望本來比張、馮、趙高，但是因為這次編成二十九軍，由於張、趙擁宋出力最多，而劉汝明則是最後出於無奈，才依附二十九軍的，因此，劉的名次落在趙後。他們大家商定，以後如有發展，除了宋哲元永遠是首領以外，一定按照張、馮、趙、劉的次序，依次「升官」，絕不變更。就在這種情形之下，二十九軍在陽泉站住了腳，從事休整。

二、二十九軍由山西到北平

　　二十九軍既在陽泉得到立足之地，但是餉少兵多，經常鬧窮，於是由蕭振瀛出馬，向蔣介石方面找路子。當時宋子文為財政部部長，孔祥熙為實業部部長。宋子文最當權，但是他喜歡留學英美的人，誰不會說英語，誰就得不到他的歡心。因此，蕭振瀛對於宋子文的門路走不進去，只好走孔祥熙的門路。孔祥熙在 1924 年以後，曾跟著王正廷在馮玉祥處做過門客；北伐以後，孔和馮的往來更密。他和西北軍的人都有些熟識，而且這時他在蔣介石處沒有宋子文吃香，也很想和外邊帶兵的將領勾搭勾搭，作為他的政治資本，好在蔣介石面前挾以自重，增加身價。這樣，蕭走孔祥

熙的門路就自然比較容易走得通了。二十九軍很窮，但是為了走門路，特地挪借了兩萬元錢，買了些貴重物品送給孔祥熙。孔大為高興，就在蔣面前說說宋哲元的好話，因而蔣對宋哲元就有了較好的印象了。但是，二十九軍雖然有時候由蔣撥給幾萬元的補助費，仍舊解決不了問題。蕭振瀛揣摩蔣介石的心思，知道蔣最恨閻錫山，因為歷次華北反蔣活動，閻錫山總是操縱其間，而且閻閉關自固，蔣的軍隊開不進去，因而對山西無法直接加以控制。蕭於是向蔣獻策，表達宋哲元擁蔣的忠誠，並說明西北軍與閻是世仇，官兵恨閻入骨，宋願意率領部屬，以陽泉做根據地來監視閻錫山，替蔣效忠。蔣聽到此話，大加賞識，馬上下條子撥給二十九軍五十萬元，並增加每月的軍餉。二十九軍得到這項接濟，如同久旱之遇甘霖，從此添購軍械，擴充隊伍，一天壯大一天；宋哲元在華北的地位，也漸漸重要起來。

　　「九一八」事變以後不久，張學良離開北平，何應欽受蔣命到北平主持華北局面。這時蔣介石正在竭其全力對付江西的人民武裝力量，不肯把自己的嫡系部隊開駐華北。同時，蔣賣國求榮，怕日本人不願意，也不敢開軍隊到華北來。這時原來駐在華北而戰鬥力稍好一點的隊伍，就只有二十九軍了，於是一部分的二十九軍，就由何應欽從山西調到北平附近，駐防通縣、薊縣一帶。

　　二十九軍的一部分調駐平東以後，宋哲元跟著部隊離開山西，經常駐在北平。1933年春天，日軍在攻打熱河得手以後，向長城各口進軍，二十九軍擔任喜峰口方面的防務。日軍從「九一八」以來，侵略中國從未遭到中國軍隊的抵抗，簡直如入無人之境，氣焰極高。攻喜峰口的日軍，它的前頭部隊就在口外不遠的地方紮營。在一個月黑風高的夜間，旅長趙登禹帶著少數部隊突襲日營，日軍再也沒有想到二十九軍竟敢在夜間襲擊，出其不意，倉猝潰退，死傷甚多。由於蔣介石以主力在江西對工農紅軍作戰，華北兵力單薄，不久日軍就突破長城各要隘，兵臨北平城下。何應欽簽訂

了臭名遠揚的中日《塘沽協定》。從此宋哲元就以「抗日英雄」的姿態，出現在華北。當了察哈爾省的主席，而趙登禹也升爲師長。這時二十九軍轄四個師，師長是張自忠、馮治安、劉汝明和趙登禹。

三、二十九軍取得冀察地盤

1933 年間，在宋哲元當察哈爾主席的時期，馮玉祥由山東泰安北上到張家口，和共產黨人合作，組織「民眾抗日同盟軍」，抗擊日寇。宋哲元對於此事，左右爲難，軟硬不得。一方面，宋對同盟軍在他的地盤內抗日，內心是不贊成的，因爲蔣介石不願抗日，同盟軍若是在別處抗日，與他無關，現在偏偏在張家口發出號召，這一定會招致蔣介石對他的不滿，在他看來，這不是替他惹禍嗎？但是另一方面，馮玉祥是宋的老長官，宋是由馮一手提拔起來的，他們之間的封建關係極深，而且宋部下的重要軍官，全是馮的舊部，他們對馮表面上都甚爲尊敬，所以宋又不敢公開地制止馮的行動，於是宋只好避居北平而叫他的二十九軍副軍長佟麟閣在張家口代理主席，與馮敷衍。蔣介石通過他的駐北平代理人何應欽，幾次叫宋哲元約束馮的行動，不許馮在張家口抗日，宋始終拖延搪塞。後來何應欽一面叫宋哲元不要過問此事，一面命令駐北平附近的第四十軍軍長龐炳勛（龐曾受過馮玉祥的指揮，馮反蔣失敗後，龐投降蔣介石，這時駐軍北平附近），率部攻打張家口的同盟軍，何應欽答應龐，只要他打下張家口，驅逐馮玉祥，便發表他爲察哈爾主席。龐欣然受命，整軍待發。但是，這事如果實現，二十九軍就會失去察哈爾的地盤，所有全軍的糧餉就會馬上發生問題，這是關係第二十九軍生存的大事。於是就由宋部的師長馮治安出面，向龐警告，如果龐敢打張家口，二十九軍就幫馮玉祥打龐。這時二十九軍有四個師，人數在二萬以上，而龐只有幾千人，戰鬥力遠不如二十九軍，因此龐嚇得不敢動兵。同時，宋向何應欽表示，請何不要派龐去打馮玉祥，由

宋保證馮離開張家口。由於二十九軍的軍隊駐在平綏路一帶，直接控制著北平附近的形勢，何應欽雖然不滿意宋的做法，但仍不能不答應他的要求。在何應欽方面，只要馮玉祥離開張家口，同盟軍不活動，日本人不逼他，也就如願了。就在這種情形之下，由宋請馮停止軍事活動，離開張家口，護送他仍回泰安居住，此事遂告一段落。

這時，日軍在中日《塘沽協定》之後，對華北加緊侵略，勾結漢奸，偽造民意，派出所謂代表，向何應欽要求華北自治，嚇得何應欽連夜逃回南京，北平軍分會由辦公廳主任鮑文越負責。鮑眼看北平沒有兵，無法維持秩序，他束手無策，只好商請宋哲元調一部分軍隊到北平駐防。宋得此機會，就把他二十九軍的主力部隊，迅速全部南開，控制了北平、天津的形勢（經過詳見《「七七事變」紀實》一文），於是平津一帶，就成為二十九軍的勢力範圍了。何應欽在北平待了幾年，很懼怕日軍，而蔣介石的主力部隊正在江西對紅軍作戰，所有原來駐在華北的中央軍關、黃兩師和東北軍也在《何梅覺書》後調離了華北。因此，那時候除了一些零星部隊外，華北力量最大的駐軍，就算二十九軍了。蔣介石自己在華北不能立足，只得叫宋哲元當平津衛戍司令，而由宋推薦他的副軍長秦德純任北平市長。不久，蔣介石在北平設立冀察政務委員會，轄河北、察哈爾兩省和北平、天津兩市，任命宋哲元為委員長。這個委員會，就 1935 年 12 月在北平成立。隨後，平津衛戍司令部改組為冀察綏靖公署，由宋哲元兼任主任，原來的二十九軍軍長，仍由宋兼任。

宋哲元取得冀察政權後，以張自忠為察哈爾省主席，以蕭振瀛為天津市長，秦德純仍為北平市長，而由宋自兼河北省主席。所有華北較大的稅收機關，如統稅、關稅、鹽稅等等，都由宋哲元一一派人接收過來，提用稅款。南京政府管不了華北的事，在無可奈何的情況下，只得讓出稅收，因此冀察的軍政各費，不愁支絀。

宋哲元在冀察政委會和冀察綏靖公署裡，設置顧問、參議、諮議等一

二百人，每人每月送車馬費一二百元不等，還有送得更多的，凡是居住平津兩地的政客和下臺軍閥以及依附日軍的漢奸之類，差不多都網羅在內。宋哲元的意思，以為這樣每月花點錢養著這批人，讓他們有飯吃，有官做，不至於再去勾結日本人來反對他。這完全是採取收買的方法。但是事實上，宋這樣做法只有助長這些人的氣焰，讓他們可以拿著官的頭銜，來更方便地投靠日本人。

宋在軍事方面，將二十九軍所轄的四個師大加擴充，購買槍械，增募兵額，陸續把四個師擴充到五萬人以上，另外還增編騎兵師、保安部隊和獨立旅等等。日本人也賣些陳舊的槍械給二十九軍，二十九軍也從歐洲國家買些槍械。至此，宋哲元攫取地盤、擴充兵力的野心，已經如願以償了。

這時擺在宋面前最緊迫的問題，就是對付日本人的問題。關於此事，最初是由秦德純、蕭振瀛秉承宋的意思，和日本人接觸，而用漢奸陳覺生做翻譯。後來日本人扶植陳覺生，陳就當了北寧鐵路局局長。從此以後，日本人通過陳覺生直接和宋接觸，但秦德純還是參與其事。至於蕭振瀛，則由於張自忠的反對，逼得離開華北，到國外去遊歷。蕭的天津市長，由張自忠接任，另由劉汝明接任察哈爾主席。此外，宋把他自兼的河北省主席讓給馮治安。於是，二十九軍四個師長中，三個師長都有了地盤。

由於二十九軍的編軍，是在張學良手中辦理的，所以宋哲元對張學良甚表恭順。宋在冀察一段時期裡，對張學良留下的東北軍的軍政人員，盡量予以維持。從前何應欽北平軍分會的辦事人員，都是張學良的舊底子，宋哲元組織冀察政委會和冀察綏署，接收了軍分會，把東北軍的軍政人員全部容納下來。當時東北軍的劉哲（後來曾任國民黨監察院副院長）在冀察政委會任常委，幫著宋辦事，富佔魁（現任吉林省政協副主席）任冀察綏靖主任公署參謀長，而莫德惠則經常往來於西安、北平之間。宋哲元和張學良之間的關係，保持得很好。張學良在西安發動雙十二事變時，宋接張通電，感到驚異，復電中有「國事由國人解決」及「請保障委座（指蔣

介石而言）安全」之語。宋不贊成張學良如此做，但沒有明顯地反對他。

四、冀察政權的內訌

上面說過，二十九軍在山西陽泉成軍的時候，內部帶兵官張自忠、馮治安、趙登禹、劉汝明四人，曾經有過「分贓名次」的商定。大家約好，這四個人中間，無論何人，功勞再大，也必須按照這個次序，分別先後，享受「好處」。等到二十九軍到了冀察以後，有了地盤，勢力也擴大了，這時候，由於沒有完全依照從前規定的「分贓名次」來辦事，內訌就由此而起了。

冀察局面剛剛成立，在軍隊編制方面，就發生了問題。二十九軍擴充隊伍，擬定每師編制為六個團，但是張自忠自以為是「二頭兒」，主張他這一師要多編兩個團，就是要編八個團的兵力。馮、趙、劉三個師長都不願意張的勢力特大，但又不便面對面加以反對。由於這個「分贓名次」從前是由蕭振瀛通過宋哲元的同意而向他們四人宣佈規定的，蕭是原來的經手人，因此，由劉汝明出面找蕭，說明他和趙、馮等都不同意張自忠師多編兩個團，但他們不便自己提出，希望蕭在參加宋所召集的師長會議的時候提出反對，打消這個辦法。結果，蕭提出四個師當一樣編的主張，就把張的企圖給打消了。本來張自忠從前並不是宋哲元的嫡系，宋也不願意張的勢力太大，所以蕭一提出四個師編平等的主張，宋也就同意了。會議以後，張自忠以為這是違背「分贓名次」，不尊重「二頭兒」，對蕭振瀛非常憤恨，認為蕭從前捧他為「二頭兒」，是在愚弄他。不久，張自忠用其他理由，向宋提出撤換蕭振瀛。宋向來對張有所顧忌，張每有要求，宋總是敷衍照辦的，於是宋就把蕭免職，蕭隨即出國去了。

二十九軍的軍部，設在北平的南苑，馮治安的一師，駐在北平附近一帶，宋哲元有時去天津（宋的母親住天津），就叫馮代理軍長，這也是使張

自忠不快的原因之一。因為張總是認定自己是「二頭兒」，軍長應當由他來代理，現在宋叫馮代理，看來還是嫡系吃香，因而大為不滿。後來宋又把河北省的主席讓給馮治安，張更不高興，因為在冀察的兩省、兩市範圍內，河北省的位置似乎居於首位，張當時任天津市長，天津雖然重要，但是地面小，不能和河北省比，從此張對宋更加不滿了。

　　編者按：此文於 1960 年發表在《全國文史資料選輯》（第一輯），作者曾任二十九軍秘書長和冀察政務委員會秘書長。但是由於其中披露了當年張自忠一些不光彩的事情，引起了張自忠女兒張廉雲的不滿，張廉雲下令刪去了 1429 個字，就是以上有下劃線的文字部分。作者後代經十年訴訟，至全國最高法院裁決：不得刪改。但在 2011 年全國文史資料重印時，此文全部被砍掉。

回憶篇

「七七」回憶錄（一九三八年七月七日）

王冷齋[1]

一、有計劃的侵略

　　震動全世界的盧溝橋事變，發生於民國二十六年七月七日，至今年今日，整整一周年。這一年中，我們抗戰前線將士死傷達數十萬，人民生命財產損失更不可以數計。這樣的堅強禦侮，重大犧牲，不僅中國歷史上數千年來所未有，即放之歐洲大戰亦不遑多讓。現在我們雖然失地數省，但我全國軍民抗戰之力量愈益加強，而敵人則已精疲力盡，欲罷不能，長期消耗的目的總算達到，實出全世界人士意料之外。

　　盧溝橋事變發生的前後雖短短三星期間，而其交涉及抗戰經過，實歷史上之重要材料。現在值一周年紀念，根據我當時的筆記，作一個總括的報告，可知盧案並非偶然發生，敵人有計劃有步驟的侵略野心，在盧溝橋事變時，即也暴露無遺了。

　　事變的原因，導源於「九一八」，日閥不費一兵，不折一矢，將東三省攫到手中，六年來仍思沿用故技控制華北，造成所謂華北五省明朗化，以政治經濟侵略作前衛，以軍事侵略作大本營，而以分化中央與地方為惟一手段，不料中央軍隊南調之後，二十九軍開駐平津，當局抱定槍口不對內原則，一面雖審慎應付，一面仍絲毫不肯表示軟弱。土肥原奔走兩年用盡心計，卒至勞而無功，土去後繼以高橋、松室、松井諸人，仍思努力，但鋒勁已挫，仍然無所成就。敵閥之計已窮，乃不得不暴露猙獰面目，變更政治侵略而為軍事侵略。二十五年九月十八日豐臺事件，實軍事上第一步

---

[1] 七七事變時任宛平縣縣長。

之嘗試，我方爲顧全大局，始終保持和平態度，敵閥以爲輕而易舉，遂進一步作掠取盧溝橋的計劃。

二、盧溝橋乃兵家必爭之地

盧溝橋的地勢，扼平漢咽喉，當北寧平綏兩路衝要，不僅爲北平命脈，且亦冀察兩省的屏障。在鐵路未通以前，已爲古昔兵爭要地，當局知其重要，故將宛平縣府移設此間，現在行政專員公署亦設在該處，北寧路之豐臺，平漢路之盧溝橋，平綏之清河等重要車站，均在宛平轄境之內。平時駐軍，宛平城內及豐臺車站附近均有二十九軍一營，清河則爲冀保安隊駐守。豐臺事件發生後，我方駐軍他調，敵人遂以一木清真所部之一大隊（等於中國軍隊一營，惟人數較多約七百餘人）全駐該處，平時以演習爲名，常常在盧溝橋附近活躍，偵察地形，其初演習不過每月或半月一次，後來漸漸增至三日或五日一次。初爲虛彈射擊，後竟實彈射擊；初爲晝間演習，後來竟實行夜間演習，且有數次演習部隊竟要求穿城而過，均爲我嚴厲拒絕。如此者相處數月，因我方種種之應付及切實戒備幸未發生嚴重事件。

敵人除一方以演習示威外，復托北寧路局長名義，將豐臺至盧溝橋中間地帶六千餘畝實地測量，意圖購買作爲建築兵營及飛機場之用，即當時各報所載之豐臺圈地問題。該項地畝係於廿五年十月測量完畢，及我就職之後，日方即提出要求實行售與，一方並向地主們宣傳，願以最高代價購買該項地畝。松室且已將全部計劃及地價報請日軍部備案，決定勢在必行，當時事件日漸緊張。我奉令當折衝之責，在當局指示以不損領土主權爲原則，同時須兼顧不致將事態擴大的方針之內，曲予周旋。在天津日駐屯軍司令部與北平特務機關部雙方交涉不下二十餘次，日方計盡辭窮，乃以重利賄買該處少數地主，誘爲民意自動願賣。但該處全體地主均有不願售賣之呈文與手印，報請專署及縣府備案，真正民意如是，少數被誘者當然不

敢出面。日方以此事極感棘手，知非實行軍事侵略，終無法得我寸土，而演習乃逐漸加緊，遂有七月七日晚之變。

三、藉口士兵失蹤製造事端

事變發生於二十六年七月七日夜間十時，日軍一中隊在盧溝橋附近實行夜間演習畢，集合回隊時，突然揚言有日兵一名失蹤，在宛平城外到處尋覓不見，意圖進城搜索，並開槍數響示威。一方由北平日特務機關向我市政府及外交委員會交涉，謂日兵失蹤定被盧溝橋駐軍或該處土匪所害，應準日軍進城搜索，如有其他情形，須由我方負責等語。我當時接到各方電話後，即通知駐軍金營長對於城防切實戒備，一面並令員警保安隊代為搜尋，歷一小時毫無影響，乃親赴市府及外委會報告。當奉命赴日本特務機關部向松井機關長交涉，到達日軍機關部時已午夜二時左右，斯時外委會主席魏宗翰、委員孫潤宇、專委林耕宇、綏署交通處副處長周永業、日特務機關長松井、顧問櫻井均在座，當就本案與松井已得報告，謂失蹤日兵現已歸隊，惟須明瞭如何失蹤情形以便談判。我當反詰以如何失蹤只須詢明該兵即可明瞭，為周到起見由雙方派員調查亦可，當即決定我與周、林、櫻井，並日通譯齋藤五人前往。

正擬出發間，得報告駐豐日軍數百人全部武裝開赴盧溝橋，事態已漸嚴重，同時日軍聯隊長牟田口並請我同林耕宇前往一談，當即同林赴日兵營與牟接洽，牟見我即詢王專員此去能否負處理事件之全責，我答云頃間在機關部所商係負調查使命，事態未經明瞭，尚談不到處理，且此事責任應由何方擔負，此時亦不能臆斷。牟復謂假使事態明瞭總以當地處理為宜，日本方面現已決定由森田聯隊長全權處理。因為事機緊迫，勢或不及請示，閣下為地方行政長官，發生事件係在貴轄內，自有權宜處理之權。我仍以先事調查再談處理為原則，對牟所求堅決拒絕。如此談判約半小時，牟見

無法乃允先行調查。我同林出日兵營時見日兵三百餘人分載大汽車八輛已向盧溝橋出動，乃急會同周永業、櫻井、齋藤等出發，我與林二人在後一車中，當車抵宛平城東北角沙崗時（距城約一里），見該處已為日兵佔據佈防，士兵多數伏臥作射擊準備。

斯時突有日特務機關部輔佐官寺平奔至車前，阻止前進，並手出地圖向我云：現在事態已十二分嚴重，不及調查談判，應請貴員迅速處理，下令城內駐軍向西門外撤退，日軍進至東門城內數十米達地點，再行談判。我答云此來係在貴機關部商定先從調查入手，適間牟田口所求處理責任我已拒絕，貴輔佐官所云離題太遠，究奉何方命令本人實未明瞭。寺平當謂平日日軍演習均可穿城而過已有先例，何以今日演習不能進城，我當反詰謂恐爾來華不久，尚未明瞭此間情況（寺平係接濱田任不及三月），向來日軍演習均在野外，從未有一次準其穿城而過，爾所謂先例請指出某月某日事實以為佐證。寺平語塞，遂惱羞成怒云此項要求係奉命辦理，勢成長行，請君見機而作以免危險。

同時森田即請我與林君下車，指示日軍陣營，槍炮並列，意在對於手無寸鐵的我示威。森田並向林云要請王專員迅速決定，十分鐘內如無解決辦法，嚴重事件立即爆發，槍炮無眼，殊為君等危！我當時雖自揣身陷敵陣備受威脅，但責任所在，生死早置之度外。當即嚴辭拒絕，謂僅奉命調查，他無所知，危險更無所顧慮，且第一步調查辦法係在特務機關部決定，前後方不應矛盾如是，此處非談判之所，如君等（指森田寺平）依照後方決定原則辦理，即須在城內從容相商，否則一切責任應由君等負之。森田寺平見威嚇不成，乃自行商定由寺平同我及林君進城談判。

四、日軍開始向我射擊

進城後周永業、櫻井、齋藤等已先至，當在專署會客室繼續談判，未

五分鐘（時爲四時五十分）而城外槍聲突發，槍彈紛紛掠屋頂而過，據報日軍已開始向我射擊。我當以電話向北平報告開火情形，一面仍同櫻井等加緊談判。雙方射擊約一小時，森田忽派人持刺來請求派員出城面談，當經商定雙方下令停止射擊，由林耕宇君與寺平二人縋城而出與森田面商，旋據報告並無結果，林等即返平報告，而雙方復繼續射擊，日軍並以迫擊炮轟擊城內，雙方均有死傷。

迄午後四時，牟田口派人責書由城外鄉民繞道從西門轉遞進城，請我與吉團長星文或金營長振中出城親商，我與吉同以未便擅離職守卻之，五時牟復來函要求三事：（一）限即日下午八時止，我軍撤退河東，日軍撤退河西，逾時即實行以大炮攻城；（二）通知城內人民遷出；（三）在城內之日顧問櫻井通譯官齋藤等請令其出城。我當答以：（一）本人非軍事人員對於撤兵一節未便答覆；（二）城內人民自有處理辦法勿勞代爲顧慮；（三）櫻井等早已令其出城惟彼等仍願在城內談商努力於事件解決。斯時槍聲已停，雙方均抱沉靜狀態，以待事件之推演。

至午後六時時鐘甫鳴，我忽思及專署地點實爲攻擊目標，未便久駐，且櫻井等均係輔助辦理外交並非軍事人員，自當盡我力之所及，切實保護勿令罹難。因就附近另覓民房一所辦公，並請櫻井等同往，六時五分離開專署，各職員數十人亦同往，甫出大門約十米達，而敵人大炮已連珠而至，每炮均落專署之內，自專員辦公室起以及客廳職員房屋均被毀，牆屋倒塌器具粉碎，炮彈破片累累，營長金振中受傷。敵人此次突於沉寂空氣中，出我不意發炮轟擊，其用心之刻毒可見，幸我等先兩分鐘離開，否則數十人立即粉身碎骨。至是而後，劇戰達三小時，平盧電線爲炮火摧毀已不能通，命令報告均由豐臺轉達，斯時我西苑駐軍一旅由何基灃率領，已將回龍廟及劉莊一帶敵人驅走，敵軍傷亡倍於我軍，斯時接到北平命令謂已向日方提出交涉，限日軍即晚向豐臺撤退，否則我軍即行進攻，同時牟田口復直接致函與我，請派員協商停戰辦法，我因北平方面已決定原則，對牟

函不便答覆，十時以後戰況沉寂，惟時間聞斷續槍聲而已。十二時我軍實行夜襲，將鐵橋附近日軍殲滅殆盡，斬獲甚多。

五、談判與交涉經過

至九日晨三時由豐臺轉到馮主席治安秦市長德純電話，謂已與日方交涉妥協三項：（一）雙方立即停止射擊；（二）日軍撤退豐臺，我軍撤回盧溝橋迤西地帶；（三）城內防務由保安隊擔任，人數約二百名至三百名，定本早九時接防。我奉電後當即通知駐軍吉團長知照。乃至六時，日軍突以大炮攻城達百餘發，此為妥協聲中，日軍背約棄信之第一次。

我一面即電北平報告請向日軍交涉，經電詢日方，據云係掩護退卻，一切仍遵照北平所商三項原則辦理，並云日軍已開始撤退，我當派便衣隊警赴城外偵察。據報五里店日軍確已漸向大井村方面撤退，同時北平來電亦謂保安隊已於晨六時向盧溝橋出發，計程九時可到。但至十時保安隊仍無消息，經派員探明，謂該隊到大井村為日軍所阻不能前進，致生衝突，我方陣亡士兵一名傷數名。我當即電平請向日方交涉制止並履行諾言，至午後三時仍無結果。斯時北平所派雙方監視撤兵委員已到，計日方為中島顧問，我方為綏署高級參謀周思靖，外委會專委林耕宇亦偕來。抵縣後，即分兩組實行監視撤兵。甲組擔任回龍廟及鐵橋一帶，委員為周永業及櫻井；乙組擔任大井村五里店及東北角沙崗一帶，委員為周思靖及中島。雙方分途出發，至四時返城，均謂已監視撤退完畢，惟保安隊迄未進城，我當請周思靖赴大井村與河邊旅團長接洽，中島亦同往，嗣由周等帶進隊兵五十名請先行接防再議辦法。此為日方背約棄信之第二次。

我以北平雙方所定三原則內，接防保安隊人數係為二百名至三百名，今只到五十名，即連同本縣隊警亦不敷城防分配，當即拒絕接收，一面通知吉團長注意，一面並電話北平交涉（此時電話線已修竣恢復通話）。約半

點鐘得北平復電，謂已與天津日駐屯軍司令部交涉完妥，所有出發保安隊仍可全數進城，惟所帶機關槍則另派員押運回平，六時左右保安隊全部進城，惟仍不足二百名之數。據云每架機槍係由原隊兵三人運回北平故人數減少，該隊由團副王揮塵營長賈朗義率領，我與王賈面洽分配防務後，吉團全部移駐河西。斯時日軍河邊旅團長派笠井顧問廣瀨秘書及愛澤通譯官三人，攜香檳酒來縣向我面致慰勞，各人並面盡一杯以祝此不幸事件之得以短期解決，並盼以後永遠勿再發生。若按國際慣例雙方既飲香檳即屬和好之表徵，乃笠井等甫去未久，我即查明城外東北角沙崗日兵尚有若干未撤盡，且有去而復返者，數目約達三百餘人。我是時大為疑慮，除電話北平報告外，並通知吉團長王團副切實注意戒備，該處監視撤兵委員本為周思靖（現天津僞公安局長）與中島，乃周已返北平，中島亦匆匆欲行，我以此事恐有餘波，因堅留其在城內協助處理，且彼本係監視撤兵人員，今既發現日軍尚未全撤，則彼之責任尚未盡，自有留縣必要。中島意雖不詳，只得暫留，至翌晨二時二十分東北角日軍忽開槍射擊復圖攻城，此為日方背約棄信之第三次。

　　幸我軍事先已有戒備，我除電北平報告外，即向中島交涉。令其詢問實情並制止射擊。經中島電詢北平旅團部及聯隊部後，答稱日軍旅團部已聞報，實系雙方哨兵因誤會開槍，日方絕無攻城企圖等語。一小時後槍聲已停，接北平電話令與中島同往商決外交未了事件，我即於晨間七時與中島同車赴平，車過縣城東北角鐵路涵洞處，見日軍步哨未動，且有哨兵三人阻止前進，經告以赴平接洽停戰辦法始放行。

六、背約棄信　陰謀暴露

　　七時半同中島抵平即與馮主席治安，秦市長德純面晤，當報告日軍未肯全撤，非徹底交涉不能視為了結，嗣櫻並中島齋藤等均到秦宅會商，我

方為秦市長德純程旅長希賢周參謀思靖及我四人，日方為櫻井中島兩顧問及齋藤秘書三人，我首即提出東北角沙崗日軍未撤問題，請注意討論。據齋藤云：未撤日軍係為陣亡死屍兩具尚未覓得，故留此項部隊在附近搜索，並無他意。我當謂搜索屍體無需許多部隊，且更不必攜帶機關槍迫擊炮等兵器如臨大敵。齋藤云因恐我方射擊，就不得不多留部隊以資警戒。秦市長程旅長均謂倘係單純搜索屍體此事甚易，我方亦可幫同協理，當經商定組織搜索隊，委員六人我方由二十九軍冀北保安隊及專員公署各派一人，日方為櫻井、中島、笠井三顧問共同組織，並由二十九軍及保安隊各派士兵十名日軍派二十名，均係徒手由六委員率領，就盧溝橋附近各地盡量尋覓，限定時間，無論發現與否，日軍均應在限定時內撤盡，議定之後，雙方均表同意，定於午後一時出發。

乃櫻井、中島、笠井三人忽乘機離席往會客室說話，竟一去不返，同時各方報告接連而至，謂日軍已由天津、通縣、古北口、榆關、爾亭等處陸續開到，且有飛機、大炮、坦克車、鐵甲車等多輛開至豐臺，已將大井村五里店佔領，平盧公路業已阻斷，中外記者由平往盧者半途折回，是日方之所謂搜索屍體顯係飾詞緩兵，至此已暴露無遺，此為日方背約棄信之第四次。

我接各方報告，憤激欲絕，益以三晝夜未眠，遂致咯血一口，傍晚徇友人勸，入德國醫院醫治，經克禮大夫注射兩藥針，夜間稍能安眠，咯血亦止。翌日聞戰端再起，自念守土有責，戰中前後方事件均須親自主持，不能遵醫之囑稍事休養，即日從間道由長辛店返縣辦理一切，並率本縣隊警協助守城，自十二日以後，與日軍接觸數次，但僅有小衝突，因北平方面仍在努力於事件之解決，乃至二十日午後三時於和平聲浪正在彌漫之際，日軍復突以大炮攻城，且轟擊長辛店，共達數百發，宛平城內各機關及民房幾全被毀，死傷多人，長辛店附近落數十彈，死傷平民二十餘人，吉團長星文及縣保安大隊副孫培武均於是役受傷，吉裹創後仍奮勇殺敵，

始終不退。

七、盧溝橋棄守　抗戰開始

次日接北平電話謂和平協商仍在進行，雙方已集停止射擊。二十二日起平漢路試行通車，但盤踞盧溝橋車站及沙崗之日軍始終未撤，我方仍加緊交涉。如此相待三日，我三十七師與一百三十二師正在換防中，僉謂換防之後事件即可解決，乃日軍突於二十五日進佔團河，二十六日日騎兵向南苑附近偵察，經我哨兵阻止無效。雙方開槍，射死日兵一人，彼更有所藉口，竟以哀的美敦書要求二十九軍全部即日離開北平，限二十七日午前答覆，經當局嚴加拒絕，二十六日晚大井村附近日軍內約有二百餘人聲言回防，欲進彰義門，守城軍警加以阻止，復發生衝突，勢益嚴重，和平之望至此已絕。

二十九軍宋軍長遂決定進攻，以趙登禹為南苑指揮官，並令三十八師董升堂旅襲豐臺，二十八日經我奮勇猛攻，當將豐臺克復，同時我盧溝橋八寶山兩處軍隊在何旅長吉團長指揮之下，亦將五里店大井村附近敵人驅逐，猛向豐臺推進，我正擬乘鐵甲車赴豐臺撫慰人民並慰勞軍隊，乃聞南苑方面敵以全力猛撲，並以敵機二十架轟炸，該處駐軍無多，以致失利，副軍長佟麟閣師長趙登禹均於是役殉難。

因南苑失利之影響，致豐臺戰事功敗垂成，盧溝橋亦岌岌危殆。二十八日晚自九時三十分起敵復以大炮轟擊宛平城及長辛店，至翌晨黎明止約達五百餘發，宛平縣城之東北角城牆盡毀，我軍猶拼死撐持，當局為戰略上便利起見，遂令平津軍隊均向良鄉涿縣一帶集中，另行佈防。我於二十九日遂不得不忍痛向盧溝橋告別，當軍隊運動轉進時，敵人以十六架飛機送行，沿途擲彈、死傷軍民甚多，我在長辛店附近公主墳小村收容本縣保安隊及員警，被敵機九架認為目標，數次低飛狂炸，並以機槍掃射，該村

並無防空設備，自覺絕無倖免可能，乃竟不死，於是益加強我的意志，決定向石門營前進。因該處屬宛平所轄，雖軍隊已向南轉進，但我守土有責，未至命令放棄時期，不願立即離開轄境。

在向石門營的道中，經過大灰廠，適遇石友三雷嗣尙二君由北平行抵此間（石率保安隊全部在大灰廠集合），據云八寶山我軍亦已返退，日軍已向門頭溝方面出動。石門營密邇門頭溝，不能停留，僅剩殘餘隊警亦不易節節抵抗，勸我隨軍南行再定辦法，遂同雷君折往良鄉，當晚附搭軍用列車抵保定，向各長官報告後奉命在軍服務，我之本身責任至此暫告一段落。接著「八一三」滬戰發生，已展開爲全面的抗戰，至今日整整一周年。

我此篇的記載，完全係當時的事實，記載的意義。一、使世界各國明瞭戰事的責任，應由日方負擔；二、使國人明瞭日閥對華侵略係有系統有計劃有步驟，俾不得再受其欺紿；三、促醒我國堅強團結徹底奮鬥，必人人均具有犧牲的精神，方能謀取最後勝利。至我離開盧溝橋以後戰地的生活與目擊的戰役，因與此文無關，他日當別爲之論。

本文原載《抗戰建國第一年》，七七書店編印，1938 年 8 月重慶初版。

七七事變紀實

作者：

何基灃　　　鄧哲熙　　　戈定遠　　　吳錫祺

一

　　日本帝國主義者自從 1931 年以武力侵佔我東北三省，又在 1933 年以武力侵佔我熱河省以後，暫時改變了對我國的侵略方式。它一方面利用國民黨反動政府的屈辱外交，先後簽訂了《塘沽協定》〔1933 年 2 月底日寇侵佔熱河後，又大舉進攻長城各口，我國駐長城沿線各部隊曾進行抵抗。但由於蔣介石忙於進行「剿共」內戰，不派主力部隊北上援助，不久，日寇經灤東等地進逼平津。何應欽與北平政務整理委員會委員長黃郛遵照蔣介石指示，派熊斌於 5 月 31 日和日方代表岡村寧次簽訂《停戰協定》五款於塘沽。根據這一協定，國民黨政府實際上承認了日本佔有東三省及熱河省，劃綏東、察北、冀東為日軍自由出入的地區，並且把整個華北都置於日軍監視之下，為日本進一步控制華北、策動華北「特殊化」準備條件。〕和《何梅協定》〔1935 年 5 月 29 日，日本天津駐屯軍參謀長酒井及日本大

使館武官高橋，以中國當局援助東北義勇軍孫勇勤侵入非武裝區、破壞《塘沽協定》爲藉口，向國民黨政府要求華北的統治權，並有東北調遣大軍入關，威脅平津。6 月 9 日，日本華北駐屯軍司令官梅津美治郎正式向北平軍分會代理委員長何應欽提出強硬《覺書》。何應欽根據國民黨中央電令，於 7 月 6 日復函梅津，全部承認日本要求。這個協定取消河北省和平津兩市的國民黨黨部，撤退駐河北省的中央憲兵、中央軍和東北軍，撤換河北省主席和平津兩市市長，撤銷北平軍分會政訓處，取消河北省的反日活動。這個協定爲後來的「華北五省自治運動」、成立「冀東防共自治政府」等一系列的喪權辱國事件掃清了道路。〕，以攫得我國政治、軍事和經濟等各方面的主權；另一方面，積極扶植漢奸親日派進行拼湊僞組織的活動，於 1935 年 11 月唆使漢奸殷汝耕成立了所謂「冀東防共自治政府」，以便把這一地區完全地、直接地控制在它的掌握之內。

在《塘沽協定》和《何梅協定》簽訂之後，特別是冀東僞組織出現以後，河北省和北平、天津兩市，已經一步步地走向所謂「特殊化」。但是，日本帝國主義者並不以此爲滿足，它還要進一步使「特殊化」的範圍不斷擴大，「特殊化」的程度不斷加深。正在這個時候，蕭振瀛經二十九軍軍長宋哲元的同意，進行了倒黃（黃郛）擁宋的活動。

宋哲元在任察哈爾省主席期間，由於日寇的挑釁行爲，在 1935 年 1 月間發生了察東事件（詳附錄一），同年 6 月間又發生了張北事件（詳附錄二）。在親日派何應欽之流看來，宋哲元如果繼續主持察政，對於貫徹他們的屈辱外交政策是極爲不利的。當時何應欽是國民黨政府軍事委員會北平分會代理委員長，在張北事件發生後，日寇有意將問題擴大，何爲謀解決這一問題，曾赴南京商討對策，並向國民黨政府行政院院長汪精衛建議，以宋在察省不斷與日人發生摩擦，遲早終須易人，與其待日人提出而被動地撤換，不如由我主動撤換爲宜。汪接受了這個建議，於 6 月 19 日下令免去宋哲元察哈爾省主席職務，所遺察省主席一職，由察省民政廳廳長秦德

純暫行代理，同時，並準備將二十九軍調離華北，以免與日寇發生衝突。宋事前對此毫無所聞，以事出意料，得悉之後，頗為愕然，當立即於20日離張家口返回天津寓所。宋到津後不數日，蔣介石電召宋去重慶（蔣這時候在四川視察），宋因免職事對南京頗懷怨望，故稱病不往。

蕭振瀛是一個頗有野心的政客，由於他對二十九軍的建立和發展曾經出過力，故深得宋哲元的信任。這時，他正營謀在華北取得一個市長的位置（他的目的是北平市或天津市），宋既被免去察省主席職務，而二十九軍又將撤離華北，這就直接影響了他的活動。他希望二十九軍留在華北不動，但又不能違抗南京的命令。適於此時，在6月28日，北平城突然遭到漢奸白堅武便衣隊的襲擊（詳附錄三），引起了北平當局的驚慌失措。蕭振瀛乃立即抓住這個時機，利用他的北平軍分會委員的身份，以北平兵力單薄、防務空虛為詞，向軍分會建議將二十九軍之一部移駐北平，以鞏固城防。經軍分會負責人鮑文越同意後〔這時何應欽已與日寇簽訂了《何梅協定》，逃回了南京，蔣介石賴以在華北維持其血腥的法西斯反動統治的工具——中央軍黃傑部第二師、關麟征部第二十五師已撤離了北平；曾擴情主持的北平軍分會政訓處、蔣孝先部憲兵第三團和河北省及平津兩市的國民黨省市黨部等，也都隨之離開了華北；河北省主席及平津兩市市長均被撤職；東北軍於學忠部五十一軍也被迫撤離平津；北平軍分會由辦公廳主任鮑文越代行。〕，蕭即以電話通知了張家口二十九軍軍部。二十九軍三十七師得到開拔命令後，立即以緊急行軍的動作，在數小時內就由察省開駐北平四郊，控制了北平市。蕭振瀛造成了這一既成事實之後，就為他的進一步展開在華北的活動準備了有利的條件。但是，他又意識到，由《何梅協定》造成的華北駐軍的限制，如果不與日本方面妥協，二十九軍在華北仍然是站不住腳的。於是他就採取了假借日寇駐華北軍人的聲勢向國民黨政府施加壓力的手法，藉以為宋哲元要求更高的名義，為二十九軍索取更大的地盤。他一方面徑電蔣介石，申說日寇內侵，因見二十九軍拼命抵抗，

有所顧忌，才肯停戰，如將軍隊撤走，華北豈不斷送；並說黃郛甘心賣國，絕不容許，要保華北，必去黃郛。另一方面，他又由漢奸陳覺生的介紹，在天津與日本天津駐屯軍參謀長酒井隆及日本關東軍特務機關長土肥原賢二取得聯繫，說明前此相見以兵，彼此均係執行國家任務，現即簽約言和，便當捐棄前嫌，化敵為友；並說，黃郛不過是一個空頭政客，遭到軍人反對，他亦不能解決問題。日方亦知拉一黃郛，於事無濟，不如利用宋、蕭作為其統治華北的工具，遂同意支持蕭的主張。

蔣介石聞宋、蕭有聯日活動，即派親日分子張群以「局部妥協，不如全面妥協」為詞，遊說日本駐華大使有吉，要求日方壓迫宋、蕭接受撤軍的命令。蕭得此消息後，立即找酒井、土肥原要他們警告有吉拒絕張群。有吉接到警告後，即不再與張群見面。蔣見計不獲售，乃又派何應欽帶同熊式輝、陳儀分途北上。何、熊先到北平，陳取道天津，向日駐屯軍聯繫，仍企圖實現張群的計劃，又遭日軍拒絕，不得已始由熊式輝、陳儀同往會晤宋、蕭。蕭對熊、陳表示：「黃郛不去，一切都談不到」，並說：「中央如能相信我們，我們就支撐這個危局，決心死守華北，一切聽命中央。」同時，蕭並建議改組行政院駐平政務整理委員會，以宋哲元代替黃郛為委員長，並按照該會原來建制，轄華北五省三市。熊等看到勢已至此，別無解決途徑，乃攜蕭方案向何復命，經何請示蔣介石後，縮小範圍，只轄河北、察哈爾兩省和北平、天津兩市，並更名為冀察政務委員會，任命宋哲元為委員長。同時並任命宋哲元兼河北省主席，張自忠為察哈爾省主席，秦德純為北平市市長，蕭振瀛為天津市市長（後蕭被宋免職，天津市長由張自忠接替，劉汝明接替察省主席；以後宋又讓出河北省主席，由馮治安接替）。

冀察政委會雖然在名義上仍然隸屬於南京國民黨政府，但是，用人行政的權利完全掌握在宋的手裡，在財政方面，關稅、鹽稅、統稅和鐵路等收入，也完全由冀察政委會截留支配，並且用這些收入來擴充軍隊，購買軍械，實質上已經成了變相的自治。事後曾有人問蕭：「華北情況複雜而危

險，絕非長治久安之局，你們造成這個局面的目的究竟何在？」蕭答：「我們的目的是名利雙收，有了地盤，大家就有官可作，有財可發，這就是利；如果日本人壓迫我們，到了迫不得已的時候，就起來抗戰，這就是名。」冀察政委會就是在這樣投機取巧、行險僥倖的思想支配下產生的。

　　冀察政委會既然是在當時內外矛盾複雜交錯情況下的產物，因此冀察政委會的本身和宋哲元的思想和行動也就表現了各種矛盾。表現在對外關係上，宋哲元對日寇的態度，是既有妥協的成分，又有不妥協的成分。他的對付日寇的辦法，是「表面親善，實際敷衍，絕不屈服」；他的口號是「不說硬話，不作軟事」。他對依附於日寇的漢奸親日派，是既不倚重他們，又不得罪他們，而是用羈縻籠絡的辦法，防止他們搞亂。表現在對內關係上，他對南京國民黨政府的態度，是既要保持隸屬的關係，又要行使自治的實權，而一旦遇到不能解決的重大問題時，便又推到南京去解決。他對中國共產黨的態度，雖然一貫反共，但不贊成「剿共」，他的看法是，共產主義不適合中國國情，成不了大事，但主張「槍口不對內」，「中國人不殺中國人」。他對於在中共領導下的抗日救亡運動，雖不表示反對，不主張對遊行的學生採取血腥鎮壓的辦法，但也不同意在冀察範圍內舉行遊行示威，認為遊行示威不能救國，反而會招來麻煩。因此，他最初對學生遊行示威也曾採取過捕人、打散等方式，但不久就轉變為包圍封鎖和派人勸導的方式。

　　宋哲元為了使冀察這個局面能夠在矛盾重重的環境中存在，他就不可能站穩堅定的政治立場，不可能表示鮮明的政治態度，不可能確定明確的政治方向，因而也就不可能決定應付非常局勢的決策；他的思想情況，始終是矛盾的、動搖的。當然，他的這種態度也就遭到了日寇的極大不滿，認為他沒有與日本親善合作的誠意。因此，在當時的情況下，冀察的出路只有兩條：要麼就是向日寇投降，要麼就是與日寇決裂，敷衍是行不通的，更是不能持久的。

　　當時的矛盾情況也反映到冀察政委會內部，主要表現在兩個方面：一

個方面是，一小撮漢奸親日派，如齊燮元、潘毓桂、張璧、陳覺生等人，在日寇的促使下，盡力使冀察進一步地僞化，並且挑撥、分化二十九軍內部的關係，從二十九軍上層尋找可被利用的對象，作爲效忠日寇主子的資本。他們窺伺到張自忠在一些名義、地位、權力等問題上對宋有所不滿，於是乘機包圍張自忠，並且在張與日寇之間拉上了關係，這就使得張自忠一步一步地陷入了他們的圈套，成了被他們利用的工具。這是一個方面。另一方面，二十九軍絕大多數官兵都是有愛國思想的，特別是由於受到全國人民抗日救亡運動的影響，他們都有著不願意當亡國奴和抵抗日本侵略的情緒和要求。但是，其中又有程度上的不同。在上層人物中，有的人雖然也有愛國思想，也要抗日，但是他們又留戀於個人的名義地位，他們的抗戰意志並不堅決。唯有二十九軍的中下層，抗日情緒的表現最爲明顯，他們不論在任何時候、任何場合，在日寇面前從來沒有表示過畏縮和退讓，他們曾經和日本軍隊發生過不少次大大小小的衝突。

總的說來，冀察這個局面，是在當時歷史條件下形成的一個極其複雜、特殊的局面。它既不同於一般國民黨的行政區域，又不同於當時在日寇羽翼下的冀東僞組織。因而它的政治態度和行動上的表現，有它一定的特點。

所有這一切，正是冀察當局在七七事變發生後，對抗戰問題搖擺不定，終至因循坐誤，造成軍事上重大失敗的歷史根源。

冀察政委會成立後不久，漢奸潘毓桂、張璧等在日寇的促使下，擬出一個所謂「自治方案」和「自治政府」旗幟圖樣，送給宋哲元，宋看過後立即焚毀。日寇看到這條計策行不通，以後就著手進行經濟上的壓迫，陸續地提出了一系列有關經濟方面的問題，如：修築津石鐵路（天津到石家莊）問題、開發龍煙鐵礦問題、修改海關稅則問題、開闢航空線路問題、收購華北棉花問題、長蘆餘鹽出口問題，等等。宋對於這些問題，既不敢明確地拒絕日寇的要求，又不敢悍然地出賣國家的主權和民族的利益，於是就採取了敷衍推諉的辦法：首先是拖，到實在拖不下去的時候，就向南

京國民政府請示，藉以減輕自己的責任。如對長蘆餘鹽出口問題，就是經過南京財政部批准的。有的問題是採取了拖延的辦法，如對於設立航空公司的問題，經過長時期的反覆磋商，才委派了張允榮為「惠通航空公司」的總經理負責籌備工作，直至七七事變發生，亦並未正式開辦。在收購棉花問題上，還引起了日寇的不滿。日寇企圖在壓低收購價格的情況下，對華北棉花實行壟斷。當時天津商品檢驗局向宋建議發放大量棉農貸款，以抵制日寇的賤價收購。這對於日寇的壟斷政策，當然是不利的。此外，如開礦、修路等問題，因關係更為重大，都是一再推說須向南京請示後方能進行。以上這些問題，均系日寇以口頭向宋提出而進行商談的。宋對這些問題，是在既不敢拒絕、又不能同意的情況下，以模棱兩可的態度把問題擺在那裡。而日寇的企圖是不達目的不止的，宋的這種做法，招致了日寇的責難。於是在 1937 年 3 月間，天津日本駐屯軍司令田代皖一郎向宋提出了書面的所謂「經濟提攜」的條款。

　　當時日寇向宋提出這個條款的經過是這樣的：某天，漢奸陳覺生來見宋，謂田代司令官邀宋赴宴，但並未說明商談任何問題，宋即偕陳前往。宋到後，田代已預先備妥繕就的「經濟提攜」條款，請宋簽字。宋看到當時情形已成實逼處此情勢，於是就在這個條款上簽了字。宋歸後，在接見他的高級將領和幕僚時，神色異常，心情沉重。他說：「我們負有軍事責任的人，今後如赴日方的邀約，必須預先作好發生意外由何人來接替任務的準備，以免遭到要脅。」並說：「日本人提出這個條款，在被迫的情況下簽字，是完全無效的，我們對付的方法，就是拖而不辦。」宋當時並向南京國民政府報告了這一事實的經過。這個所謂「經濟提攜」的主要內容，都是過去已經提出過的問題，即修路、開礦、關稅、通航和收購棉花等問題。這次日寇提出的目的，就是把問題用書面的形式使之條約化，迫使冀察當局不得不履行這個條約。條款提出之後，日寇即不斷地逼促實現，特別是對修路、開礦兩個問題催促更急。宋不敢自作主張，即派戈定遠向蔣介石

請示。蔣的答覆是：「如萬不得已時，礦可開，路不能修。」第二次又派李思浩前往見蔣，蔣的答覆仍然是：「礦可開，路不能修。」宋因無法應付日寇的要求，而日寇對宋又愈逼愈緊，於是宋在窮於應付的情況下，於 1937 年 5 月 11 日避往山東樂陵原籍，藉以拖延一時，徐圖應付之策。

二

在冀察政委會成立後，日寇對冀察當局不僅實行以上的壓迫，而且在軍事上也實行步步進逼。1935 年冬，日寇指使劉桂堂匪部由察東向河北省竄擾，企圖在房山縣一帶建立盤據的據點，以威脅北平的安全。經我二十九軍三十七師何基灃旅擊潰，向南逃竄。1936 年 9 月 18 日，日寇步兵一個中隊在豐臺演習，在中途與我軍相遇，因讓路發生爭執，遂起衝突。經雙方派員前往調停結果，我駐軍由豐臺撤出。事態雖未擴大，但日軍竟以此為藉口，增兵進駐豐臺，並且進一步要求在豐臺至盧溝橋的中間地帶修築營房及機場，均被拒絕。1937 年 2 月，日寇又指揮冀東「民團」寧雨時部三千餘人，企圖通過昌平、南口之線向西活動，又由我三十七師何基灃旅包圍殲滅，並捉獲日人三名，供出他們企圖包圍北平西面和北面的陰謀。

在「七七」事變發生以前，北平外圍的形勢是：北寧路沿線，西起豐臺，東至山海關，均有日寇軍隊駐防；北平的東面，有完全聽命於日寇的冀東偽組織——「冀東防共自治政府」；北平的北面有在熱河省集結的敵偽軍；在西北面，有日寇收買的李守信和王英等土匪隊伍。僅有北平的西南面，尚為我二十九軍部隊所防守。

當時，北寧鐵路沿線既為日寇所控制，而位置在平漢路的盧溝橋就成了北平的唯一門戶。在軍事上，我軍掌握了這個據點，就進可以攻，退可以守；而一旦為敵人所掌握，則北平就變成了一個孤立無援的死城。所以盧溝橋這一戰略據點，就成為軍事上必爭之地。

　　日寇在當時的企圖是：伺機佔領盧溝橋，截斷平漢路，使北平陷入四面包圍的形勢，以便加深冀察的「特殊化」，然後以平、津作爲後方，進一步發動大規模的軍事侵略。

　　這時，二十九軍共轄四個步兵師、一個騎兵師和一個特務旅，並且把地方保安部隊編成兩個保安旅，作爲正規軍訓練使用，總兵力不下十萬人，分駐於冀、察兩省和平、津兩市。各部隊駐防的位置是：一四三師劉汝明部駐察哈爾省及平綏鐵路沿線（河北省境內）。一三二師趙登禹部駐河北省任邱、河間一帶。三十八師張自忠部駐天津附近韓柳墅、小站、廊坊、馬廠和大沽各地，並以一部駐南苑。三十七師馮治安部，師部駐西苑；何基灃旅駐西苑、八寶山、盧溝橋和長辛店一帶，劉自珍旅駐北平城內，陳春榮旅駐保定、大名等地。二十九軍特務旅孫玉田部駐南苑，以一團駐城內。騎兵第九師鄭大章部，師部和騎兵一團駐南苑，其餘兩團分駐固安、易縣等地。石友三和阮玄武的兩個保安旅，分駐於黃寺和北苑。

　　由於宋哲元一貫抱著與日寇相安無事、維持現狀的幻想，在軍事上始終處於毫無戒備的狀態。但是，日本帝國主義者早已在《田中奏摺》中確定了滅亡中國的國策，並且於 1936 年 8 月間，在日本首腦集團會議上又通過了一個叫作「基本國策」的檔，其中指出日本的意向是：對中國發動大規模的新的進攻，並且很快地就實行了國家規模的戰時動員。在這樣的情況下，日寇對冀察的壓迫也就一天比一天加緊。

　　中國共產黨在西安事變以後，建立了全國抗日民族統一戰線，鑒於冀察形勢的嚴重，對二十九軍上中層也積極進行抗日爭取工作。當時二十九軍內部有不少人與北平中共地下組織建立了工作聯繫，如三十七師旅長何基灃、二十九軍副參謀長張克俠等，當時均與中共建立了密切的工作關係，積極推動二十九軍抗擊日寇。宋哲元這時的處境，一方面是日寇對他施加種種壓力，一方面是人民以民族大義對他進行督促，雖然他對抗戰並沒有決心，但形勢逼著他不能不作抗戰的準備。有一天（時間約在一九三七年

四五月間），宋召集幕僚研究對日的對策，並要參謀人員提出方案。二十九軍參謀長張越亭（與南京接近）根據國民黨的主張，提出了一個「必要時撤出北平，保存實力，以待全國抗戰」的方案。副參謀長張克俠即向中共組織報告了此事的經過，中共組織立即決定由張克俠出面提出了「以攻爲守」的方案，其主要內容是：

（一）日本進佔華北、進一步滅亡全中國的國策，早已確定（詳《田中奏摺》），現正大量調集軍隊，準備向華北進軍，我們除了抗戰與投降二者擇取其一而外，別無他法可以挽救我軍之危機，應付只能是暫時的，絕無法滿足日寇之欲望。（二）我們的處境非常危險，日寇進逼，中央（指蔣介石國民黨中央政府，以下同）不管。蔣介石並令關麟征、黃傑等部集結新鄉一帶，扼守黃河北岸，意在與日寇夾擊，消滅我軍。如果我們撤退，將退到那（哪）裡去呢？黃河以北既由中央軍駐守，不會叫我軍退到河南；山西的閻錫山向來閉關自守，也不會讓退到山西；綏遠的傅作義也是如此。我軍如果撤出平津，只有在保定、石家莊平原地區挨打受氣，軍民怨恨，後援不濟，勢必形成日寇、蔣軍夾擊之勢，我軍將不打自潰，這是最危險不過的。（三）我軍愛國教育，素不後人，抗日士氣，極爲高漲。喜峰口之役，痛擊日寇，被譽爲抗戰之民族英雄。現平津各界及全國軍民，均希望我們能奮起抗戰，爲國爭光，此我軍報國立功之良機，絕不可失。爲今之計，不妨暫與日寇委婉應付，但必須作積極抗戰之準備，必要時以攻爲守，一舉攻佔山海關，縮短防線，扼守待援，號召全國軍民奮起抗戰，如此必能振奮士氣，得到全國人民之同情和支援。中央在全國軍民憤激情況之下，絕不敢袖手旁觀，不予支援，其夾擊消滅我們之企圖，必將不售。在我們發動抗戰後，只要能堅持一個時期，最後就是失敗了也是我們的勝利。如馬佔山在東北之抗戰，十九路軍之淞滬戰役，雖敗猶榮。在全國人民支援之下，我們還有重整旗鼓之可能。如不此之圖，不戰而退，必爲全國軍民所痛罵，將士離心，軍心渙散，群情激憤，後援無濟，我軍此時將退無可

退，守無可守，戰不能戰，和不能和，他人乘我
之危，分化瓦解，將何以自存，此最危險不過之
下策。

吉星文團長

宋對此方案極表贊成，即命張克俠本此方案
積極作抗戰的準備工作。張即根據中共組織的指
示，提出了如下的建議：第一，加強抗日思想教
育。當時二十九軍在南苑的軍事教導團還講授四
書五經一類的課程，張建議在此非常時期，應加
強抗日思想教育和國際時事教育，經宋同意，即
聘張友漁（中共地下黨員）和溫健公（進步教授）擔任教導團教官，他們
的講課，受到學員的熱烈歡迎。同時，教導團內還有馮洪國、朱軍（中共
地下黨員）等作組織工作，所以當時南苑的抗日空氣極為濃厚。此外，中
共組織還發動了一批進步的大學生（包括共產黨員和黨領導的民先隊員）
參加了在西苑舉辦的軍事集訓。大學生軍事集訓由何基灃負責，何對學生
講話表示抗戰決心，有時講的聲淚俱下，全體學生抗戰情緒極為高漲。第
二，加強情報工作。當時宋對敵情瞭解很少，張建議成立情報處，深入敵
後，到東北、熱河等地瞭解敵人兵力的部署及其
動向。經宋同意後，即派靖任秋（中共地下黨員）
任情報處長，積極進行情報人員的派遣工作。第
三，爭取偽軍反正。當時遼西、冀東、熱河及察、
綏等地，有不少偽軍到處活動，有的還想乘機反
正，應派人聯繫，積極爭取。此項建議，亦得到
宋的同意。

所有以上這些措施，還是宋到冀察後第一次
採取的在政治上、軍事上有積極作用的活動。後
來，宋在一個座談會的場合，曾對他的將領和幕

盧溝橋事變中，以一連
兵力抵禦日軍四個連
的高長森連長

僚表示：「我們要好好地訓練隊伍，充實力量，加強裝備，等到國際戰爭爆發的時候，我們就可以用一支兵力由察省向熱河出擊，拊敵側背，以主力從正面打出山海關，收復東北失地，我們要在那裡豎起一座高高的紀念碑。」宋之所以發出這樣的豪言壯語，並不是無因的。惜爲時已晚，不久七七事變發生，原計劃即被打亂。

中共北平地下組織爭取二十九軍積極抗戰的活動，除了通過二十九軍內部人員直接地影響二十九軍上層人物的抗戰情緒外，並且發動和組織廣大群眾掀起轟轟烈烈的抗日救亡運動的高潮，當時在中共領導下的中華民族解放先鋒隊、北平學生救國聯合會、華北各界救國聯合會、東北各界救國聯合會等團體，時常利用一切可以利用的時機，展開抗日救亡的宣傳鼓動工作，他們響亮地高呼「擁護二十九軍保衛華北」的口號，對二十九軍表示大力的支持。他們還經常乘著二十九軍部隊演習的機會（當時日寇駐東交民巷的部隊經常出城進行示威性的演習，二十九軍部隊亦不示弱，就在日兵演習的第二天在原地演習），派代表前往慰問，並講述抗日的重要意義。這些愛國青年的熱情，更加激發了二十九軍官兵的抗日情緒。

我國抗日民族統一戰線的形成，我國內部和平統一的實現，我國人民抗日救亡運動的空前高漲，使得日本帝國主義者在中國進行的分裂破壞活動遭到可恥的失敗。但是它絕不容許中國有一個休養生息的時間，它要斷然地實行它的「國策」，迅速地發動對我國的全面的軍事進攻。特別是當它得到了德、意法西斯主義者的支持以後，就越加暴露了它的法西斯主義者的瘋狂面目。

戍守盧溝橋頭的二十九軍戰士，引自李雲漢著《盧溝橋事變》。

華北的形勢一天比一天緊張，人民群眾抗日救亡的呼聲，也一天一天激昂。

盧溝橋的戰爭終於爆發了。

這時，二十九軍駐盧溝橋的部隊為三十七師何基灃旅的吉星文團，另一團駐八寶山一帶，旅長何基灃的指揮所設的西苑。

1937 年 7 月 6 日，日寇駐豐臺部隊要求通過宛平縣城（縣城在盧溝橋北端）到長辛店地區演習，我駐軍不許，相持達 10 餘小時，至晚始退去。7 日我軍接到報告說：日軍今日出外演習，槍炮都配備了彈藥，與往日情況不同。旅長何基灃當據以報告了正在保定的三十七師師長馮治安，並促

其速返。馮立即趕回北平，聽取了何基灃的情況報告，並與何佈置了應戰的準備。是日夜間，日軍在盧溝橋附近演習，11 時左右，忽有槍聲數響發於宛平縣城的東方，我城內守軍當即加以嚴密的注意。夜 12 時，日使館武官松井以電話向我冀察當局聲稱：「有日本陸軍一中隊，頃間在盧溝橋演習，彷彿聽見由駐宛平城內之軍隊發槍數響，致演習部隊一時呈混亂現象，結果失落日兵一名，要求進入宛平縣城搜索失兵。」我方因其所稱各點不近情理，顯係別有企圖，當即拒絕了他的要求。少頃，松井又來電話，聲稱：我方如不允許，彼方將以武力保衛前進，又為我方所拒絕。同時得報：謂日軍對宛平縣城已取包圍形勢。我軍政當局為防止事態擴大，當與日方商定，雙方立即派員前往調查阻止。我方所派為河北省第四區行政督察專員兼宛平縣長王冷齋、冀察政委會外交委員會專員林耕宇及冀察綏靖公署交通處副處長周永業等三人，日方所派為冀察綏署顧問日人櫻井、日軍輔佐官寺平和秘書齋藤等三人，於八日晨四時許到達宛平縣署。寺平仍堅持日軍入城搜索失兵，我方不許。正交涉間，忽聞東門外槍聲大作；頃刻間，西門外大炮機槍聲又起。我軍為正當防衛，乃奮起抵抗。我二十九軍司令部立即發出命令，命令前線官兵堅決抵抗，並有「盧溝橋即為爾等之墳墓，應與橋共存亡，不得後退」之語。在戰鬥開始不久，我平漢線的鐵路橋及其附近龍王廟等處曾被敵人攻佔，至 8 日下午，我軍從長辛店以北及八寶山以南齊向敵人反攻，並與敵實行白刃戰，復將鐵路橋及龍王廟等處奪回。

二十九軍官兵由於受到全國人民抗日救亡運動的影響，特別是受到當時黨領導下的北平各救亡團體慰勞和鼓勵的影響，他們深刻地懂得了日本帝國主義是中國人民當前最兇惡的敵人，不把這個敵人打敗，全中國人民就有當亡國奴的危險。在戰爭開始的第二天，中共地下組織即領導北平各界組織起北平各界抗敵後援會，發動廣大群眾援助二十九軍抗戰，並派人與吉星文團取得聯繫，鼓勵他們英勇抗戰，益加增強了他們至死不退的決心。因此，我軍官兵在劣勢裝備的不利條件下與敵作戰，士氣旺盛，人人

皆以大無畏精神頑強抵抗，有不少受傷官兵堅持不下火線。某天夜間，敵人以坦克向我陣地衝來，我軍以一連的兵力，冒著敵人的猛烈炮火，衝鋒前進，終於將敵人的九輛坦克全部打退。附近居民看到自己的軍隊英勇殺敵，在中共領導下的各救亡團體的發動下，紛紛地冒著敵人的炮火，參加救護工作，把受傷官兵送到醫院，送水、送飯、搬運彈藥的群眾，更是往來不絕。有的群眾，看到我軍傷兵，就感動得落下眼淚。長辛店鐵路工人為了協助軍隊作戰和固守宛平縣城，很快地就在城牆做好了防空洞和槍眼。所有這些生動感人的事蹟，益加振奮了前線的軍心。

我軍對日寇的堅決回擊，是出乎日寇意料之外的。他們見勢不妙，乃誆稱失蹤日兵業已尋獲，向我方提出和平解決的要求（實際是緩兵之計）。經雙方談判，於十一日商定停戰辦法三項：（1）雙方立即停止射擊；（2）日軍撤退到豐臺，我軍撤向盧溝橋以西；（3）我方城內防務，除宛平原有保安隊外，另由冀北保安隊（即石友三部）派來一部協同擔任城防。但在協議成立之後，日寇並未撤退，仍不時以炮兵轟擊宛平縣城及其附近地區，城內居民傷亡頗重，團長吉星文亦負傷。敵人並於是日佔領大井村、五里店等處，截斷了北平至盧溝橋的公路。

為了加強盧溝橋一帶的兵力，乃於 9、10 兩日先後將駐保定的陳春榮旅之一團、東北軍五十三軍萬福麟部之騎兵團及鋼甲車兩列開到長辛店一帶，計劃在十日夜間襲擊豐臺之敵。九日晚七時左右，張自忠以電話詢問何基灃前線情況後，對何說：「你們要大打，是愚蠢的。如果打起來，有兩方面高興：一方面是共產黨，符合了他們的抗日主張；另一方面是國民黨，可以借抗戰消滅我們。帶兵不怕沒有仗打，但是不要為了個人去打仗。」何答以「現在的情況，不是我們要打日本人，而是日本人要打我們。」張感到何的意志堅決，不易說服，而自己又不是何的直接長官，於是就叫軍部給何發布命令，嚴令「只許抵抗，不許出擊」。

本來何已經商得馮治安的同意，決定乘敵人大部兵力尚未開到的時

候，抓住這一有利時機，出其不意，予豐臺之敵以殲滅性的打擊，軍部命令到達後，這一計劃未能實行。從此，盧溝橋的戰事和其他方面一樣，就完全陷於被動。

三

事變發生後，中國共產黨中央委員會立即向全國發表了號召抗戰的宣言。宣言中說：「全國同胞們！平津危急！華北危急！中華民族危急！只有全民族實行抗戰，才是我們的出路。我們要求立刻給進攻的日軍以堅決的抵抗，並立刻準備應付新的大事變。全國上下應立刻放棄任何與日寇和平苟安的打算。全中國同胞們！我們應該贊揚和擁護馮治安部的英勇抗戰，我們應該贊揚和擁護華北當局與國土共存亡的宣言。我們要求宋哲元將軍立刻動員全部第二十九軍開赴前線應戰。我們要求南京中央政府切實援助第二十九軍，並立即開放全國民眾的愛國運動，發揚抗戰的民氣。立即動員全國陸海空軍準備應戰，立即肅清潛藏在中國境內的漢奸賣國賊分子和一切日寇的偵探，鞏固後方。我們要求全國人民用全力援助神聖的抗日自衛戰爭。我們的口號是：武裝保衛平津華北！為保衛國土流最後一滴血！全中國人民、政府和軍隊團結起來，築成民族統一戰線的堅固的長城，抵抗日寇的侵略！國共兩黨親密合作，抵抗日寇的新進攻！驅逐日寇出中國！」接著，7 月 13 日在延安召開了有全市共產黨員和革命機關工作人員參加的緊急會議。毛澤東主席號召：「每個共產黨員與抗日革命者，應沉著地完成一切必須準備，隨時出動到抗戰前線。」

中共中央和毛主席的這些號召，大大地激勵了全國軍民同仇敵愾、堅決抗戰的信心，全國人民一致要求堅決抵抗日本的進攻。從抗戰開始的第二天起，北平中共地下組織立即動員中華民族解放先鋒隊、北平學聯等救亡團體，組織戰地服務團，出動到前線救護傷員；組織勞軍團，攜帶大批

的慰勞品，分赴前線及醫院慰問；並進行了支援抗戰的各方面工作，如募集麻袋供作防禦工事等等。在這一時期，冀察軍政當局每天都收到全國各地發來的聲援抗戰的電報和信件；還有許多社會團體和個人匯來一批批的款項，作爲支援抗戰和慰勞前線作戰官兵之用；有不少國民黨的將領發出通電，要求開赴前方參加抗戰；海外華橋團體也紛紛電請南京國民黨政府出兵保衛祖國。盧溝橋的炮聲，已經激起了我國廣大人民的民族義憤。

正當全國廣大愛國人民一致聲援二十九軍、要求發動全面抗戰的時候，在北平、天津的一小撮漢奸也大肆活動起來。在他們看來，這正是爲他們的主子日寇效忠的大好時機。漢奸齊燮元（過去齊曾建議宋哲元恢復北洋軍閥政府時代的五色國旗）親到北平市市長秦德純寓所勸降，他對秦說：「如果與日方進一步地合作，就可以化干戈爲玉帛。」漢奸潘毓桂、張璧、陳覺生等，並且乘此機會秘密進行擁戴張自忠、逼走宋哲元、使冀察進一步僞化、以逐其賣國求榮之願的陰謀活動。

這時，一貫執行不抵抗政策和妥協投降政策的蔣介石，由於看到中國共產黨代表全國人民意志的團結救國的主張受到全國人民的擁護，由於在西安事變時被迫接受了聯共抗日的條件，又由於日寇對中國的不斷進攻日益威脅著英、美帝國主義在中國的利益，因而英、美帝國主義也希望中國對日作戰，他感到在這內外形勢的逼迫下，如果再公然地反對抗戰，就不能繼續維持自己的統治地位。所以在 7 月 15 日中共派代表與國民黨當局舉行盧山會議之後，蔣介石即於 17 日發表了對日態度比較強硬的談話。但是他仍然是動搖的，不堅定的，仍然表示「希望由和平的外交方法求得盧溝橋事件的解決」，並沒有真正的抗戰決心。他在談話中還表明了和平解決需要固守的四點最低限度的立場，即：（1）任何解決不得侵害中國主權與領土之完整；（2）冀察行政組織不容任何不合法之改變；（3）中央所派地方官吏不能任人要求撤換；（4）第二十九軍現在所駐地區不能受任何約束。就是在這幾點最低限度立場的涵義中，也仍然爲和平談判留有餘地。

蔣在盧山發表談話之後，先派熊斌到北平見宋，說明他的意圖，隨後又召戈定遠傳達命令給宋，大意都不出蔣在盧山談話的範圍，表示了對宋的信任和支持。至於是否準備抗戰，在軍事上應作如何佈置，特別是對於正向保定方面開動的孫連仲與原駐保定的萬福麟兩部應如何與二十九軍配合作戰等具體問題，卻一字未提。他依然抱著屈辱求和的幻想，一直到了非應戰不可的時候，才被迫抗戰。

當時宋哲元的態度，同樣也是由祈求「和平」而發展到被迫抗戰的。當他在樂陵原籍接到張自忠、馮治安、張維藩（二十九軍總參議兼平綏鐵路局局長）、秦德純等報告事變發生情況的電報時，雖然表現了驚訝與不安，但是他卻認爲事態不至擴大，有和平解決的可能。也在答覆張等的電報中，說明必須鎮定處之，相機應付，以挽危局。張、馮等在發出給宋的電報之後，並請鄧哲熙前往樂陵，促宋速返，主持一切。宋對鄧表示：目前日本還不至於對中國發動全面的戰爭，只要我們表示一些讓步，局部解決仍有可能。這時，南京方面主張宋應先赴保定，看情況發展如何，再決定是否回平。但是，宋幾經考慮之後，還是偕同鄧哲熙等先到了天津。當然，他去天津的目的，不是抗戰，而是求和。

宋於 7 月 11 日到達天津。這時，日寇因後續部隊尚未調齊，故在宋未到津之前，他們已向北平的軍政負責人提出了四項要求，與我方進行談判，藉以擺出和平解決的姿態，作爲緩兵之計。這四點要求是：（1）華軍撤離盧溝橋；（2）嚴懲華方肇事官員，正式向日方道歉；（3）取締抗日活動；（4）厲行反共。談判的結果，於 11 日雙方協議撤兵，恢復和平狀態。所以宋到天津的時候，從表面上看，情勢似已趨向和緩，於是宋就在祈求「和平」的思想支配下，於 12 日發表了如下的談話：「此次盧溝橋發生事件，實爲東亞之不幸，局部之衝突，能隨時解決，尚爲不幸中之大幸。東亞兩大民族，即是中日兩國，應事事從順序上著想，不應自找苦惱。人類生於世界，皆應認清自己的責任。余向主和平，愛護人群，絕不願以人類作無益社會

之犧牲。合法合理，社會即可平安，能平即能和，不平即不能和。希望負責者以東亞大局爲重。若只知個人利益，則國家有興有亡，興亡之數，殊非盡爲吾人所能意料。」

宋到天津後，二十九軍副參謀長張克俠接到何應欽自南京給宋打來的電話，何在電話中說：「日方增兵，我方應有準備，現在已命令孫連仲、萬福麟率部北開」等語，張克俠向宋報告後，建議集中兵力，斷然採取主動的攻勢作戰，經宋同意，張即將作戰計劃擬出。張自忠適於此時由平到津，並發表談話說：盧溝橋事件已和平解決，戰事不至再起。故張克俠所擬計劃未能下達實行。這時，天津日本駐屯軍司令田代皖已去職，接替田代的香月清司於 12 日到津。宋爲了對香月進行一些「摸底工作」，於是派張自忠偕同鄧哲熙往見香月。會面時，香月對當時華北的問題不表示意見，只是由他的高級參謀和知（鷹二）以傲慢的態度對張等說：「看看你們的歷史，北平從來沒有駐過兵」，意在威嚇我方撤退北平的軍隊，以實現他們的侵略計劃。18 日宋偕張自忠與香月作初次的會面，歸後對人表示：「和香月見面，談得很好，和平解決已無問題。」實際上宋的「摸底工作」是失敗了的，他受了日寇的愚弄。日寇真正的「底」是等待援軍開到、部署就緒後，即展開大舉進攻，並且在進攻的同時，迫使宋哲元離開冀察，並排除冀察內部一切不肯當漢奸的愛國分子，然後把冀察這個局面造成一個徹頭徹尾的傀儡組織。但是，宋哲元卻把問題看得很簡單，他認爲既然香月已經表示了態度，和平解決總不至有問題。不過他對漢奸包圍張自忠的情況已耳有所聞，所以在他離津回平之前，叫張留在天津，不讓他去北平。

宋於 19 日回平後，看到北平城內通衢各要路口均設有準備巷戰的防禦工事，當命令立予撤除，將關閉數日的各城門也完全開啓，並且在返平後的次日又發表了書面談話，其內容是：「本人向主和平，凡事以國家爲前提。此次盧溝橋事件之發生，絕非中日兩大民族之所願，蓋可斷言。甚望中日兩大民族，彼此互讓，彼此相信，彼此推誠，促進東亞之和平，造人類之

福祉。哲元對於此事之處理，求合法合理之解決，請大家勿信謠言，勿受挑撥，國家大事，只有靜聽國家解決。」這時，各方已陸續匯來大批的抗戰勞軍捐款，由於宋認為和平解決已有可能，竟通電表示謝絕。

宋回到北平後的開始幾天，盡量在言論上和行動上製造緩和的氣氛，似乎戰事不至再起。實際上，情況卻在急劇地向惡化的方面發展。當時日本國內的情況是，7月11日，日首相近衛文麿覲見了日皇，並且舉行了緊急閣議。16日即調派陸軍十萬來華。17日，東京五相會議，又決議動員侵華日軍四十萬。日本帝國主義早已確定了迅速實現它的滅亡整個中國的「國策」，一時的所謂和平談判，不過是掩護軍事行動的煙幕。因此，在中國方面，縱然不惜以重大的犧牲條件，來換取所謂和平的解決，但已經是完全不可能的了。

天津南開大學已成一片廢墟

從事變發生起，北寧鐵路每天都有絡繹不斷的兵車自東北開關內（北寧路局長是漢奸陳覺生，在運輸上是完全為日寇服務的），同時還有從海運而來的大批敵軍由塘沽登陸，熱河省的敵軍也經由古北口開至北平近郊。

在敵空軍方面，除了集結在天津東局子飛機場的飛機以外，還在塘沽附近修築了空軍基地，在這一時期內，每日派出飛機多架，輪番在北平上空和平漢路沿線進行偵察。當日寇援軍調齊之後，復於21日炮擊我宛平縣城及長辛店一帶駐軍。25日晚間，廊坊敵人以修理軍用電話為藉口，與我軍發生衝突，隨即向我軍射擊，我軍立即予以還擊。26日晨，敵軍以飛機十餘架和猛烈的炮火向我廊坊駐軍轟炸。26日晚，在北平廣安門外有三十餘輛汽車滿載敵軍，企圖衝進城內，因我軍奮勇抵抗，敵入城企圖未逞。27日〔實際為7月29日凌晨。〕，冀東偽組織的保安隊張硯田、張慶餘率部反正，並將漢奸殷汝耕捉獲（詳附錄四），於是立即遭到敵軍大部兵力的圍攻。敵軍並於同日向我南苑、北苑進攻，並且在當天的上午，在以軍事進攻的壓力下，向我冀察當局提出了最後通牒，限我三十七師（即馮治安師）於28日正午以前自北平附近退盡。當日本特務機關長松井持通牒往見宋哲元時，宋派張維藩代為接見，張將通牒送交宋哲元看過後，宋立即命張予以拒絕，並將通牒退還松井。同時，宋將情況報告了南京，並且表示「決心固守北平，誓與城共存亡」，隨即發出自衛守土的通電，電文是：「自哲元奉命負冀察軍政之責，兩年來以愛護和平為宗旨，在國土主權不受損失的原則下，本中央意旨處理一切，以謀華北地方之安寧，此國人所共諒，亦中日兩民族所深切認識者也。不幸於本月七日夜，日軍突向我盧溝橋駐軍襲擊，我軍守土有責，不得不正當防禦。十一日協議雙方撤兵，恢復和平。不料於二十一日炮擊我宛平縣城及長辛店駐軍，於二十五日夜，突向我廊坊駐軍猛烈攻擊，繼以飛機、大炮肆行轟炸，於二十六日晚，又襲擊我廣安門駐軍，二十七日早三時又圍攻我通縣駐軍，進逼北平，南、北苑均在激戰中。似此日日增兵，處處挑釁，我軍為自衛守土計，除盡力防衛，聽候中央解決外，謹將經過事實推誠奉聞，國家存亡，千鈞一髮，伏乞賜教，是為致禱。第二十九軍軍長宋哲元叩感。」同時，下令設立北平城防司令部，派張維藩為城防司令〔城防司令為馮治安，及田春芳、邵文凱等副司

令4人。〕，並配備了城防部隊，準備固守北平。在這天晚間，又派戈定遠
〔戈定遠與劉健群奉中央令，於7月28日晚到北平，說服宋哲元撤離至保
定坐鎮。宋哲元原則同意，但仍要堅守平津三日。兩人使命完成後，當夜
繞道門頭溝至盧溝橋後返保定。不久返南京復命。〕星夜馳赴保定，催促
孫連仲、萬福麟等督師北上，協同作戰。

28日，敵軍大舉向我南苑進攻。當時，二十九軍軍部已移駐北平城內，
駐在南苑的部隊共有四個步兵團和一騎兵團，兵力約七千人左右。這時一
三二師趙登禹部已由河間、任邱北調，向北平增援。宋於27日派趙登禹為
南苑方面的指揮官。趙於27日傍晚到南苑指揮部，以一三二師後續部隊已
過永定河，擬俟全部到達後再變更部署，不料敵軍於28日拂曉即由西、南
兩面向南苑開始進攻，另以一部切斷南苑至北平的公路，同時以飛機數十
架低空輪番轟炸，由晨至午，片刻不停。南苑由於事先未構築堅固的防禦
工事，僅以營圍作掩體，在敵人空軍的轟炸掃射之下，部隊完全陷於不能
活動的地步，且通訊設備又被炸毀，各部隊與指揮部之間的聯絡完全斷絕，
指揮失靈，秩序混亂。敵人從營圍東面衝入之後，南苑遂告失守。我二十
九軍副軍長兼教導團團長佟麟閣、一三二師師長趙登禹向城內撤退時被敵
人截擊，相繼陣亡。

當日寇節節向北平進攻的時候，我駐天津附近的三十八師，在副師長
李文田和旅長黃維綱等的策劃下，進行了作戰的部署，因師長張自忠去北
平未回，故尚在待命出擊中。至28日，得到日寇大舉進攻南苑的消息，同
時看到報紙發出二十九軍克復豐臺和通州（縣）保安隊張硯田、張慶餘兩
部已反正的號外，隨後又接到宋哲元發出的守土自衛的通電，於是，李文
田、劉家鸞（天津警備司令）和馬彥翀（天津市府秘書長）等，一面發出
通電，響應宋的號召，一面調集天津保安隊配合三十八師各路部隊分向海
光寺日寇兵營、北寧路天津總站、天津東站和東局子飛機場等處日寇進攻，
自夜一時開始，先後與敵接觸。<u>此時忽接張自忠由北平發來電報，謂和平</u>

有望，但是各處已在激戰中，亦無從制止。這時天津的戰況是：海光寺已被我包圍，因工事堅固，急切難於攻下；天津總站已經克復；天津東站，將敵人包圍在一個倉庫中；東局子飛機場僅攻佔一部分。指揮部自接到張自忠電報後，即停止軍事進攻，至二十九日晨〔實際是 7 月 30 日晨。〕，各方面進攻部隊均紛紛撤退，敵軍開始反攻，海光寺之敵以炮兵轟擊河東，敵騎兵闖進南開大學校園，將校舍全部焚毀。是役，我軍民死傷極眾，至午後戰事始停。

當宋哲元初回到北平的時候，雖然抱著和平解決的幻想，但是，由於日本國內的大規模軍事動員，由於日寇對二十九軍不斷的挑釁和進攻，由於二十九軍內部中下層抗戰情緒的高漲，由於廣大人民的全民抗戰的強烈要求，由於全國輿論對他的激勵和督促，他的態度逐漸地由主和轉變為搖擺不定，終至轉變為決心固守北平。當他在搖擺不定的時候，一方面仍然希望戰事不至擴大，以便繼續維持冀察這個局面；另一方面，又感到局勢的嚴重性，不能不作應戰的準備，但仍然表現了猶豫不決，當他對部隊發布命令的時候，並沒有作出全面的作戰計劃。而且在要求部隊「積極備戰」的同時，還提出了「盡量避戰」的附加條件。他雖然最後表示了守土自衛的決心，但是在倉猝應戰的混亂情況下，已處處陷於被動挨打的地步。

宋哲元在通電表示了守土自衛的決心之後，一方面進行了守城的軍事佈置，一方面催促孫連仲、萬福麟兩部迅速北上。這時，孫、萬兩部已開至保定以北，先頭部隊且已到達距北平不遠的良鄉一帶。在這個時機，如果採取緊急步驟，進行統一部署，集中兵力，相機出擊，猶能予敵以重創。但是，冀察內部的矛盾，又引起了一個突然的變化。

7 月 25 日，宋哲元忽然接到張自忠來平的報告，甚為愕然，並說：「我叫他留在天津，他來北平幹什麼？」張到平後，受到漢奸張璧、潘毓桂等的包圍，很少與外間接觸，忽於 28 日下午三時許前往見宋，並對宋表示：「如果委員長暫時離開北平，大局仍有轉圜的希望。」至此，宋已明白了

張的意圖，於是立即決定離平，並派張自忠代理冀察政務委員會委員長兼北平市市長。宋於當日夜間即偕同馮治安、秦德純、張維藩等離平赴保定。

在宋決定了固守北平的時候，北平中共地下組織決定發動群眾協助守城，當即通過張克俠向宋提出建議。因宋於這天晚間離開北平，這個發動群眾守城的計劃亦未能實行。

張自忠在宋離平的第二天，即到冀察政委會就職，將原冀察政委會委員秦德純、蕭振瀛、戈定遠、劉哲、門致中、石敬亭、石友三、周作民等免職，並用冀察政委會名義派張璧、張允榮、楊兆庚、潘毓桂、江朝宗、冷家驥、陳中孚、鄒泉蓀等為委員，同時發表潘毓桂兼北平市公安局長〔實際為警察局長。潘毓桂於 7 月 29 日晨蒞職視事。〕。張就職後，日寇即直接指使潘毓桂、張璧等辦事，而對張自忠則採取了置之不理的態度。緊接著，張又得到了三十八師在天津與日寇作戰的消息，始知大勢已去，全域皆非，乃立即隱匿於東交民巷（德國醫院），旋即化裝逃出北平。從這時起，他才清醒地認識到受了日寇和漢奸的愚弄，對日寇恨之入骨，後來終於在抗日戰爭中英勇殺敵，以身殉國。

二十九軍駐平各部隊及保安部隊，在宋離平後，均陸續經門頭溝向南撤退。因宛平至八寶山之線是掩護門頭溝這條交通線的陣地，故駐在這一線的何基灃旅，在掩護各部撤退完畢之後，方於 30 日晚間與當地人民群眾灑淚而別，撤退到長辛店。從這一天起，整個北平就完全陷入敵人之手，天津市亦於同日淪陷。

盧溝橋的烽火，揭開了抗日戰爭的序幕，全面的抗日戰爭便從此開始。

附錄一

1934 年冬，熱河省偽軍一部侵入察東獨石口，我駐軍劉自珍團當即將其擊潰，並繳獲步槍 30 餘支、子彈 1000 餘發。1935 年 1 月 2 日，熱河日

軍飛機突向我龍關、赤城一帶駐軍投擲炸彈。15日，黑河汛日軍司令森一郎又向我赤城駐軍提出警告，要求我龍門所駐軍撤退。我軍尚未答覆，日軍竟於16日向我軍進攻。因我軍防守得力，敵未得逞。這時，熱河境內大灘一帶駐有日軍1000餘名、偽軍2000餘名，並有一部向察東移動。宋哲元當即將情況報告給駐北平的何應欽，請其向日方交涉制止。24日，偽軍兩營向沽源縣推進。因情況日趨嚴重，宋又分報北平和南京，候令辦理。28、29兩日，日機又在獨石口、沽源一帶散發傳單，威嚇我軍撤退。經宋派蕭振瀛、秦德純在北平與日方交涉，日方提出雙方在大灘會商解決辦法。我方提出會商地點應在北平或張家口，日方則堅持在大灘會商。最後，終於接受了日方的要求，於2月2日在大灘舉行了會商。我方所派爲三十七師參謀長張越亭、沽源縣縣長郭育愷及察省府科長張祖德等三人；日方所派爲日軍第七師團十三旅團長榖實夫、第二十五聯隊隊長永見俊德及中佐松井等三人。會商在上午11時舉行，並口頭約定解決辦法如下：察東事件原出於誤會，現雙方爲和平解決起見，日軍即返回原防，二十九軍亦不侵入石頭城子、南石柱子、東柵子（長城東側之村落）之線及其以東地區。所有前此二十九軍所收繳之步槍37支、子彈1500粒，準於本月7日由沽源縣長如數送到大灘，交與日方。

附錄二

察省當局曾與日方商定，凡日人由熱河省前來察哈爾省的，須持駐張家口日領事館所發護照，經我方復驗並加蓋省府印信後始可通行。1935年6月某日，有多倫特務機關日人一名，三菱公司日人三名，經沽源縣到張北縣，我城門衛兵以其並未持有此項護照，不許通過。日人竟欲強入，雙方發生爭執，守軍即將其送往一三二師司令部。經師部詢明來歷並電省府請示後始放行。該日人認爲曾被侮辱，竟由駐張家口日領事橋本向我方提

出抗議，並故意將事態擴大，更由天津日駐屯軍土肥原和日使館武官高橋向二十九軍軍長宋哲元提出無理要求。宋當即將情況報告何應欽，並經秦德純與日方談判多次。日方要求：（1）處罰事件責任者，撤換一三二師參謀長及軍法處長；（2）張北等六縣（張北、寶昌、寶康、商都、沽源、興和）駐軍撤出，以地方保安隊維持秩序；（3）撤去察省國民黨黨部；（4）禁止排日行動。南京國民黨政府令何應欽以通知方式答覆日方，謂要求均辦到，逾此，如再有要求，請向中央政府交涉。

附錄三

1935 年 6 月 27 日晚，由天津開往北平的火車駛抵豐臺車站時，有匪徒百餘人下車，於 28 日 0 時 40 分匪徒突將車站佔據，把守電報電話，聲言組織「正義自治軍」，推白堅武為總司令。匪徒嗣即脅迫停於該地的鐵甲車向北平開動，1 時許抵永定門東缺口，企圖闖入城內，為城防部隊所阻。匪徒即向城內發炮十餘響，經城內及南苑駐軍夾擊，匪向通縣方面退去。

附錄四

冀東偽保安隊張硯田和張慶餘兩部，原為河北省主席于學忠的兩個團，在冀東偽組織成立以前，即在通縣一帶駐防。冀東偽組織成立後，于學忠有計劃地將該兩部留駐原地。于學忠與宋哲元為換譜弟兄，私交甚厚，於是張硯田、張慶餘又通過張樹聲（與宋為西北軍老友）幫會關係介紹前往見宋，宋勉勵他們好好訓練隊伍，候有機會時再為國家出力，並發給每人兩萬元。後來他們看到日寇大規模的向北平進攻，故於 7 月 27 日〔實為 7 月 29 日凌晨。〕在通縣反正，殺了不少日人，並將漢奸殷汝耕捉送北平。不料二十九軍已經撤退，情況已變，他們即率部撤退到西山一帶，後轉移

南下。

何基灃（1898-1980），字芑蓀。保定軍校畢業，二十九軍組建人之一，歷任二十九軍三十七師一一零旅旅長、第三十三集團軍第七十七軍軍長。抗戰初加入中國共產黨。1948 年與張克俠率部起義。1949 年後任中華人民共和國水利部副部長、全國政協委員等職。鄧哲熙（1894-1981），字仲芝，河北大城人。早年留學日本攻讀法律。後入西北軍，1933 年參加察哈爾抗日同盟軍，1936 年任冀察政委會委員、河北省高等法院院長。七七事變後轉戰後方。抗戰勝利後，繼續擔任河北省高等法院院長。新中國成立後，任全國政協委員。戈定遠（1901-1977），浙江衢縣人。曾任中國駐蘇聯特羅巴領事館主事，1926 年隨馮玉祥回國入西北軍，任馮秘書。馮部被收編後，任二十九軍秘書長。1933 年參加喜峰口抗戰。1935 年任冀察政委會秘書長。抗戰爆發後受遣策反汪偽軍。抗戰勝利後，任第三綏靖區司令馮治安顧問。新中國成立後，任中國國民黨革命委員會團結委員、全國政協委員。吳錫祺（1901-1982），字又祺，河北大城人。早年入日本陸軍軍官學校步兵科學習，1923 年入馮玉祥部，曾任西北軍總部參謀處處長、西北軍軍官學校校長，中原大戰後，進入南京國民政府任職。1937 年 10 月任第一集團軍高參，隨宋哲元參加抗戰。新中國成立後，在解放軍中任教員。

編者按：《七七事變紀實》是在 20 世紀 50 年代周恩來總理任政協主席時，讓七七事變的親歷者寫的一篇真實的回憶錄。這五位作者都曾在宋哲元身邊工作過（其中何基灃是守衛盧溝橋的親歷者）。他們經過集體回憶認真編寫而成。原文近 2 萬字，但是由於其中記錄了當年張自忠所作所為，引起了張自忠女兒張廉雲的不滿。自 1987 年對此文不斷刪改至 2000 年出版合訂本時，共刪掉 823 個字，這就使七七事變與張自忠無關了。2011 年在出版文史資料合訂本此文全部消失。本文引自 1960 年中華書局版《文史資料選輯》第 1 輯，第 5-33 頁。

宋哲元和蔣介石關係的始末

李世軍

宋哲元是一九三〇年中原大戰後馮玉祥部隊中最後歸附蔣介石的一員。三年之後，蔣介石交給他掌握了冀察平津的軍政大權。抗戰前夕，他在華北的態度和行動，頗為國人所注視。我在馮玉祥總部任職時，與宋哲元接觸不多。從一九三五年到一九三八年期間，曾給他擔任過與蔣黨中央聯繫的工作。他和蔣介石的關係，茲僅就個人片斷所知，述供參考。

馮蔣大戰後二十九軍在夾縫中生存

在一九三〇年蔣、馮中原大戰後，宋哲元殘餘部隊是從蔣介石對內對外反動政策諸多矛盾的夾縫中得到存在的。

宋哲元是馮玉祥部下，號稱「五虎上將」之一。（所謂五虎上將是：張之江、鹿鐘麟、宋哲元、李鳴鐘、劉鬱芬）他自從一九一〇年在陸建章的北洋左路補備軍隨馮玉祥營充任前哨哨長時起，到一九三〇年蔣馮之戰結束為止，歷任馮部營、團、師長等職。一九二六年馮（玉祥）張（作霖）南口戰爭時，任國民軍西路軍總司令；一九二七年北伐時，任國民革命軍第二集團軍北路軍總司令、第四方面軍總指揮。一九二九年和一九三〇年，在馮玉祥兩次反蔣戰爭時，先後任總司令、軍團司令及第四路軍總司令，並於一九二六年及一九二八年到一九三〇年先後任熱河都統、陝西省政府主席等職。他為人沉著倔強，善於服從長官，團結部屬，具有馮玉祥練兵作戰的傳統作風，馮玉祥視為忠實可靠。亦為蔣介石所賞識。蔣軍教導總隊隊長桂永清曾對我說過：「宋哲元是一個單純的軍人性格，政治上花樣比較少，老頭子（指蔣）說他是一個守本分的軍人，對他很重視。」

一九三〇年六月下旬，馮閻反蔣戰爭一開始，宋哲元指揮的第四路軍，

首先在蘭封、杞縣以東地區，疊予蔣軍陳誠等主力部隊以慘重打擊。蔣介石在歸德朱集車站督師時，幾被宋部俘虜。蔣在隴海路右翼的部隊曾幾次被迫退卻。迨八月下旬津浦線上閻（錫山）部敗退濼口以北後，八月攻勢隨之受挫，而南路第八方面軍總司令樊鐘秀被蔣機炸死，部下焦文典叛變，代理總司令鄧寶珊被扣，以致馮軍在隴海路右翼及平漢路兩側，陷於節節失利。同時，張學良於九月十八日通電主和，遣派大軍入關，與蔣軍相呼應。以汪精衛為首拼揍起來的反蔣政治同盟——北平「擴大會議」，隨之瓦解。反蔣軍總司令閻錫山悄悄溜回太原。馮軍內部立刻動搖。宋哲元奉命抽調少數部隊，星夜趕回洛陽，作退卻掩護部署。而馮部將領吉鴻昌、梁冠英、張印湘、王修身、孫連仲、張維璽及衛隊旅旅長季振同等已經先後紛紛投降或繳械。陝甘後方情況極為混亂。

為了及早脫離戰場，保存殘餘力量，宋哲元力主將所有尚能掌握的部隊，分頭從鄭州以西搶先渡河，佔領晉南，再作打算。馮玉祥則堅持要沿隴海路交相掩護，全部向陝西撤退。其時部隊電臺聯繫中斷，情況不明，而蔣軍已佔領龍門，進逼洛陽，守衛洛陽的主力葛雲龍師旋亦降蔣。宋於九月二十七日僅率田春芳、趙登禹、呂秀文等少數部隊，由洛陽突圍西去，孤軍轉戰黃河南岸二十餘日，於十月十六日始抵潼關。正擬佈防掩護陸續西退時，蔣介石一方面嚴令顧祝同、陳誠、楊虎城等部兼程向潼關正面及商雒側翼追擊，一方面接連派飛機投函招降，並誘以優裕安排。此時咸陽以西陝甘地方武裝蜂起反馮。西去既不可能，投降又無較多資本，躊躇難決，即被迫於十月十八日撤離潼關，連夜強渡渭河，轉向朝邑、韓城集結，擬與駐陝劉郁芳部會同渡河後，共謀出路，無奈追兵躡蹤，暴雨連日，而黃河渡船又盡為對岸晉軍所扣留。在饑寒交迫，四面楚歌中，不得已，只率少數護衛部隊，利用僅有的兩隻小木船倉卒渡河，到達臨晉，餘部損失殆盡。

宋哲元輾轉到晉南時，適張自忠、張人傑、鮑剛、張遂印、童玉振等

零星部隊，退到晉城一帶者約萬人左右，由垣曲突圍渡河到達運城之劉汝明、魏鳳樓殘部數千人，群龍無首，互不相屬。此時馮玉祥隻身由焦作到汾陽後，曾力圖掌握這些殘部，始而命令各零星部隊統歸孫良誠指揮未果，繼而親自出頭掌握。但部隊鑒於兩次反蔣失敗，潰敗之餘，接濟給養，毫無著落，認爲繼續隨馮絕無出路，均抱消極抗拒態度。宋哲元當時雖然對馮忠誠不衰，但眼看他很難東山再起，便利用部隊各不相屬的矛盾，分頭派人聯繫，結果各部均願歸其領導。經略事整理，即分駐臨晉、永濟、聞喜、曲沃、安邑、運城各縣，就地取食。時屆隆冬，困苦情況，幾似一群難民。風雲一時的馮系四十萬大軍，至此，遂成爲一場大火後的星星餘燼。不久卻又死灰復燃，成爲宋哲元爾後在冀察平津稱雄一時的政治資本。蔣介石在打敗馮閻之後，當時，擺在他眼前的問題是：繼續消滅馮閻殘部？還是移兵江南以全力進攻工農紅軍？「任何人只要他要官要錢，我就有辦法使他造不起反。」這是蔣介石消滅異己的一條秘訣。徹底消滅馮閻殘餘勢力，當時在他看來，已經是不成問題的了。惟獨中國共產黨領導的革命武裝，使他坐臥不安。因此，中原戰事大體告一段落時，他除了聲明馮閻必須下野之外，對其殘餘部隊的處理，統交陸海空軍副總司令張學良以辦理華北善後的全權，本「寬大政策」分別編遣。然後騰出手來，集中所有兵力，進攻工農紅軍。當他得悉馮玉祥與宋哲元之間發生了領導殘部的矛盾之後，便決定暫時利用宋以制馮而待機消滅的政策。隨即指示張學良從寬改編宋哲元部隊。

　　一九三一年一月，張學良由南京回到北平，擔任國民政府軍事委員會北平分會委員長，開始辦理華北軍事善後事宜。宋哲元偕門致中、蕭振瀛、秦德純等先後到瀋陽、北平向張學良輸誠。結果，張很快地決定將所有退到晉南的馮系殘部，統編爲陸軍第二十九軍，以宋哲元爲軍長。下轄三個師：三十八師師長張自忠，三十七師師長馮治安，暫編師師長劉汝明。隨即下令二十九軍軍部由晉南移駐正太路的咽喉——陽泉。蔣介石的用意，

顯然是使這一支不大不小而又是在絕境中得到生存的餓虎部隊，擺在正太路上，既可以使其靠近平津，便於張學良的控制；又可以利用其對閻錫山的夙怨以監視晉軍。同時也利用馮、張兩軍歷史上的矛盾，使張學良有所顧忌，而更馴服地服從「中央」。這是宋哲元從蔣介石對內矛盾夾縫中得以存在的第一步。

部隊番號名義有了，吃飯問題還沒有得到解決。每月只由張學良那裡領到五萬元，怎樣能維持兩萬多人的生活呢？！當時閻錫山還遲遲未離山西「下野」，馮玉祥又被閻招待在玉帶河作上賓，馮閻舊部重新聯合的傳說，甚囂塵上。蔣介石對此頗有戒心。宋哲元的「策士」蕭振瀛抓住這個機會，拼湊了幾萬塊錢，採辦了一批很重的禮物，跑到南京，通過送禮，得到孔祥熙的吹噓介紹，會見了蔣介石。他以逢迎而兼威脅的手法，除了代表宋哲元極力表示擁護「中央」及如何願為蔣介石效忠之外，又以第三者的看法，向蔣介石獻策，說明馮閻如何野心不死，宋對馮如何不滿，對閻如何憎恨等等。如果「中央」不及時對宋拉他一把，將來的情況，就很難說了。他又進一步提出，應如何信任宋，利用宋以制馮閻，如何使宋哲元成為「中央」在華北的一支忠誠可靠力量的種種建議。這一席話，的確打動了蔣介石的心事。因之蔣對宋有了初步信心。隨即下手令，除一次送給宋哲元五十萬作為「賞賜」外，並準予按照實有人數增發軍費。

蔣介石的「不抵抗政策」與二十九軍的發展

宋哲元部隊——二十九軍是從蔣介石對日本帝國主義「不抵抗政策」中，逐漸成長壯大起來的。

「九一八」事變後，日本帝國主義兵不血刃，佔領了東北三省。蔣介石堅持其「攘外必先安內」的民族投降政策，把主力部隊統統調到江西、湖南一帶「圍剿」中國工農紅軍。在蔣介石實行不抵抗政策下，東北軍退

入山海關內。一九三二年一月二十八日，十九路軍蔣光鼐、蔡廷鍇部的淞滬抗戰，使日本帝國主義折兵損將，敵酋白川大將戰死於上海。但日本軍閥看透了蔣介石嫡系部隊在全力對內時，絕不會抗日，便進一步侵略華北。

喜峰口抗戰

一九三三年一月三日榆關失陷，何柱國部退至灤河西岸，同時，日寇以三個師團以上兵力，向熱河推進。當時平津人心惶惶，「北平軍分會」不得不急調二十九軍的一部分，由陽泉進駐通縣、薊縣一帶，以資護衛。二月廿四日，日寇開始進犯熱河，十日之間，未受任何抵抗而佔領承德。防守朝陽、平泉、承德、淩源、古北一線之東北軍萬福麟、湯玉麟、王以哲各軍團，以及駐守多倫策應熱河的孫殿英部，先後潰逃。張學良被迫於三月十日下野出國，何應欽代理「北平軍分會委員長」。在舉國震怒之下，蔣介石不得已調其嫡系部隊十七軍關（麟徵）、黃（傑）、劉（戡）三個師，增防長城各口，其重點防禦在古北口方面。與此同時，二十九軍全部二萬二千餘人奉命集結通縣、薊縣、三河、玉田、遵化、喜峰口一線。其正面防線自冷口迤西的董家莊起沿喜峰口、羅文峪、馬蘭峪長達三百餘里。這是宋哲元在華北出頭露面的開始。

當日寇服部、鈴木兩旅團的步、騎、炮混合部隊及一部分偽軍由平泉向喜峰口前進，萬福麟部隊在約定由二十九軍接防而尚未到達時，即望風逃入喜峰口內，致使敵人先頭部隊，於三月九日拂曉佔領喜峰口的前沿制高陣地孟子嶺。宋哲元親臨督戰，限令三十七師趙登禹、王治邦、佟澤光旅，先後由百里以外，一夜之間，跑步行軍，趕到喜峰口。從三月十日拂曉到十一日夜晚，經過激戰陸續奪回喜峰口前方及左右的幾個制高據點，確保了喜峰口正面陣地。十一日黃昏，宋哲元除令王治邦旅固守正面外，另抽調趙登禹、佟澤光率 3 個團的主力，迂迴敵後，摸到敵炮兵主陣地後，

與正面部隊配合，殺聲四起，敵人從夢中驚起，倉惶應戰，被我大刀隊砍死約千人以上，將奪獲的大批大炮、坦克、彈藥輜重全部毀壞後，天明返回陣地。此次襲擊之成功，大大地振奮了人心，日寇稱之爲「皇軍的一次惡夢」。在喜峰口正面，戰事趨於膠著狀態的同時，敵人又出動兩個聯隊及一部分僞軍，在防守鷹手營的東北軍李福和騎兵聞風逃走之後，直向喜峰口左翼羅文峪猛攻。守軍劉汝明師，從十六日起到十八日經過兩天戰鬥，迫使敵人在慘重傷亡之下退走。喜峰口、羅文峪的兩次戰鬥中，敵人傷亡在三千人以上，擊斃大佐級指揮官二人。二十九軍總計傷亡胡重魯、蘇東元、王合春、李曾誌等校官以下官兵五千多人，師長趙登禹重傷督戰不退，事之壯烈，在抗戰史上留下了光輝的一頁，宋哲元博得了一時抗日英雄的榮譽。1933 年 4 月底當日寇向長城各口進攻的同時，又指使蒙奸德王、漢奸李守信等匪配合竄擾察東，察哈爾情況十分危急。二十九軍因作戰損失過重，亟待休整補充。

不久，隨著長城各口寨的接連失陷，日寇一方面在突破灤河防線佔領寧河、三河之後，由寶坻分頭向香河及距北平東四十里之通縣進逼；一方面沿順義、懷柔進至距北平西北五十多里的地區活動。五月二十四日何應欽本蔣介石的不抵抗政策，派徐燕謀向駐在順義之日寇關東軍指揮官西義一請求停戰，五月三十一日何應欽派熊斌與日寇代表岡村寧次在塘沽簽訂了中日《塘沽停戰協定》。

1935 年，日寇華北駐屯軍司令官梅津於六月九日又藉口進一步向何應欽提出限期完滿答覆的《覺書》。主要內容：（一）立即撤退河北省及北平、天津兩市的國民黨地方組織；（二）禁止上述地區的一切群眾反日活動；（三）立即撤退駐在上述地區的「中央軍」（指關麟徵、黃傑、劉戡各師）及中央憲兵部隊（指蔣孝先憲兵第三團）；（四）撤退所有駐在上述地區的東北軍；（五）撤銷北平軍分會政訓處；（六）撤換敵視日軍的河北省政府主席于學忠及北平、天津兩市市長。七月六日何應欽根據南京政府的指示，復函梅

津，全部予以接受。此即永遠爲中國人民唾棄的喪權辱國的《何梅協定》。

察哈爾主席的任免

1935 年 6 月，《何梅協定》之後，日本帝國主義認爲宋哲元的二十九軍是它的惟一眼中釘，便藉口所謂「張北事件」、「察東事件」直接對宋哲元不斷地施加壓力，意在逼使二十九軍離開華北。宋哲元到察哈爾之後，一方面力求與日寇和平共處，一方面盡力擴充勢力，準備抗敵。除原有三個師以外，總計部隊人數增加到四萬人左右。

一九三四年十一月十六日及一九三五年一月二日，日寇先後配合李守信等匪部，以陸空軍向察哈爾東部獨石口、赤城、龍關等地區進攻，均經擊退。日寇在所謂「張北事件」、「察東事件」結束之後，曾向何應欽提出張北八縣不得駐軍的種種要求，並一再聲稱二十九軍對「皇軍」威脅很大，應離開察哈爾。1933 年 5 月 3 日，南京行政院院長汪精衛在蔣介石授意下，派親日分子黃郛任「行政院駐北平政務整理委員會委員長」，專門在上海、天津一帶與日本勾結，力圖「中日親善，和平共處」。據說，何應欽爲了避免麻煩起見，曾請行政院「主動」更換察哈爾主席，並向蔣介石建議，調二十九軍到江西「剿共」。在軍隊調動命令尙未發表前，行政院於一九三五年六月十九日下令免去宋哲元察哈爾主席職務。遺缺由二十九軍副軍長、察哈爾省民政廳長秦德純繼任。宋因事前了無所知，得訊後憤而去天津「養病」。曾對人說：「誰再相信蔣介石抗日，誰就是傻瓜混蛋。」蔣介石在成都得悉宋鬧情緒，一再電召面談，表示安慰。宋託病未去，弄得蔣介石很不放心。事後，據蔣介石親信鄧悌對我解釋：「撤換宋的察哈爾主席，完全是汪精衛和黃郛爲了私恨而搞的把戲。因爲汪精衛曾電宋哲元保薦其改組派的某人任察哈爾省政府建設廳長，而宋未理睬。宋對駐北平政務整理委員會委員長黃郛的任何指示命令，從不買賬。因此，汪、黃對宋很恨。」

鄧悌還說：「蔣對汪精衛未經請示，而擅自更換封疆大吏很生氣。」不管怎樣，宋的去職主要是由於蔣介石實行不抵抗政策，屈服於日本的壓力，則確是事實。

冀察政務委員會──一個半獨立局面

在蔣介石的統一「妥協」政策下，他最著急的是怕地方當局分頭與日本妥協。他一方面派外交部長張群走訪日本駐華大使有吉，告以「中央」對日願意求得全面妥協，如與地方進行局部交涉，分化「中央」事權，損害兩國正常外交，會使兩國關係更加惡化。要求中日一切問題，應循正常外交途徑解決，切不宜進行局部談判（外傳張群曾請有吉令華北駐屯軍協助，壓迫二十九軍撤出華北，接受「剿共」命令），一方面命令何應欽偕同熊式輝、陳儀等北上。何先派陳儀至天津與酒井隆會晤，意在促使日本軍方放棄直接與宋哲元打交道的活動，結果不得要領。蔣介石深恐問題拖久了，夜長夢多，便採取拉攏的辦法，取消了二十九軍調離華北的打算，令何應欽及時處理宋哲元的安排問題。何令熊式輝、陳儀到天津，先後與宋哲元、蕭振瀛談話，除了表示「中央」對宋哲元的「信賴」之外，並徵求宋對處理華北危局的意見。宋只是敷衍了幾句，託病沒有深談就走開了，蕭振瀛拍著胸膛說：「中央如真的信任我們，我們絕對可以替中央分勞分憂，撐持這個危局，保證一切都聽命中央。」接著在大罵黃郛一番以後，建議改組行政院駐平政務整理委員會，以宋哲元代替黃郛。他說：惟有軍政事權能夠統一，對付日本才有力量。據蕭振瀛得意地對人說，他對熊式輝談話態度極為強硬而傲慢。熊式輝、陳儀將談話情形向何應欽匯報後，經何請示蔣介石同意，於十二月中旬，以行政院名義發表改組行政院駐平政務整理委員會為「冀察政務委員會」。縮小原來管轄範圍，改為河北、察哈爾兩省，北平、天津兩市。任命宋哲元為委員長兼河北省政府主席，張

自忠任察哈爾省政府主席，秦德純任北平市市長，蕭振瀛任天津市市長。1935 年 11 月 26 日，蔣介石又以軍事委員會名義，命令改組平津衛戍司令部爲「冀察綏靖主任公署」，宋哲元以二十九軍軍長兼綏靖主任。

當時南京方面有很多人認爲宋哲元勾結日本，爲什麼「中央」反而遷就他，重用他，這豈不是獎勵漢奸嗎？實際這是一種天真的看法，很顯然的是，蔣介石從蕭振瀛活動的反面中，相信宋哲元在華北不會給他在對日問題上惹出衝突的麻煩。在宋哲元口口聲聲高唱其所謂對日本「不說硬話，不做軟事，表面親善，絕不投降」和「對中央不說反對中央的話，不做蔣介石個人工具的事，隨機應變，效忠國家」的一套矛盾而含有深刻政治意義的口號，恰恰符合蔣介石對日不抵抗主義「先安內後攘外」的反革命政策。宋哲元對日本的表面親善，對中央的一時矛盾，正是蔣介石當時對日本帝國主義妥協政策上所需要的障眼術。

宋哲元從蔣介石對他「暫時利用，待機消滅」的總政策下，因緣時會地逐步發展起來。最後又巧妙地從蔣介石與日本帝國主義，及宋哲元本身與日蔣之間錯綜複雜的關係中，行險僥倖地利用《何梅協定》後華北「特殊化」的狀況，取得了他在華北的特殊地位。總攬冀察平津軍政大權，形成了名義上屬於中央政府，而用人行政等等，實際上是一個半獨立的局面。

當他得到冀、察、平津政權之後，便放手利用地方財政收入及截留「中央」收入的關稅、鹽稅、統稅、鐵路交通等收入，在準備抗戰的口號下，大加擴充軍隊，並通過種種方式向國外購買軍火。二十九軍人數除原有四個正規師外，又增編了一個騎兵師，8 個獨立旅和直屬特種部隊、保安部隊（保安部隊的編制裝備均與普通正規師同），至「七七」盧溝橋抗戰時，發展到十萬人左右。中原大戰後，宋哲元殘部的成長壯大，至此，到了登峰造極的時期。爾後，隨著抗日戰爭和反人民戰爭的消耗損失；在蔣介石不斷進行分化消滅政策下，到解放前夕，除以何基灃、張克俠爲首的過家芳等將領在淮海戰役時率領一部分部隊起義參加革命外，其殘部隨著蔣介

石滅亡的同一命運而煙消火滅。

蔣宋矛盾的經過

宋哲元與蔣介石之間的關係有矛盾有統一，從眼前利害上看來，矛盾很多，就其兩者總的政治方向和長遠利益上看來，那些矛盾則是次要的，而統一是主要的。

這些總的情況，從上述關於宋哲元部隊存在及發展過程中，已經可以看出一個輪廓了。以下先略述幾椿就我所知，雙方曾經發生的一些不愉快的主要事例。再談有關他們之間的統一。

一、擴軍經費與截留中央稅收

冀察政務委員會成立後，宋哲元與蔣介石之間，第一個發生的矛盾是關於擴軍經費問題。當時中央只按照軍政部原有規定番號發給軍費，宋哲元請求加發擴軍經費未準，便一怒而將中央在華北收入項下的關稅、鹽稅、統稅及鐵路郵電等收入截留使用。經中央一再勸阻無效，接著又先後要中央派他指定的人員任天津海關監督，長蘆鹽運使。特別是指派漢奸陳覺生接任北寧鐵路局長一事，南京方面為之嘩然。財政部部長孔祥熙叫嚷最兇，逢人便罵：「宋哲元當年在山西走投無路，等於叫花子，不是我姓孔的向委員長說情，發表他名義，給他軍費，他早已完蛋了。今天翻眼不認中央，截留國家稅收，首先欺侮到我頭上來，真是忘恩負義。」有一天，孔約我吃晚飯，何應欽也在座。一見面便喋喋不休地大罵宋哲元如何目無中央，如何不夠朋友，並且說：「你是中央監察委員，又是他的代表，應該去電罵他，應該彈劾他。」我聽得有點煩了，我說：「華北情況弄到這般田地，該彈劾那是監察院的事。孔先生對他既是有過大恩的人，還是按照您剛才的話，直接打電話責斥他好了。」他聽我的話有點刺兒，便言歸正傳地說：「我

和敬之（何應欽別號）都希望你辛苦一趟，到北平去勸說明軒（宋哲元別
號），不要隨便截留國家稅收，也不要隨便擴充軍隊，一切應該和中央商量
辦理。經費不夠，財政部可以派人去和他們研究研究後，再按規定手續撥
發。」何應欽在邊吃邊談中，也談了宋哲元擴充軍隊太多，國家負擔太重
的一類官話，空空洞洞地只希望我到北平走一趟。最後我說走一趟，試試
看也可以，不過「中央」對他的要求，總得有個較具體的指示，否則也是
空跑一趟。孔祥熙仍然說國家稅收必須由財政部統一收支，地方不能截留，
必需增加的經費，由財政部另外派人去研究決定。何應欽談得較具體，他
說軍政部可以核準二十九軍擴編一個或兩個獨立旅，槍支按現有庫存情況
核發，不過請你勸宋明軒多注意部隊的質量，否則數量多了沒有用處。他
們都托我帶信給宋哲元，並附帶了雲錦之類的禮品。

在我動身前往北平的前一天（大約是三月中旬，日期記不得了），蔣介
石約我到「陵園官邸」談話。這是我以宋哲元駐京聯絡人身份第一次見他。
他很客氣，問宋最近有無電報給我，對冀察政委會截留國稅事，故作「寬
容大度」地說：「宋主任替『中央』在華北撐持危局，他的困難很多，他的
困難，就是我的困難，一切我完全諒解。關於軍隊擴編和經費問題，我已
經告知何部長孔部長好好研究解決。『中央』一定會全力支持他的。聽說石
友三、阮玄武等人很活動，你告訴宋主任，這些人反覆無常，萬不可讓他
們帶兵。」聽了這一番不著邊際的「指示」之後，我說委員長對他的信任，
二十九軍全體官兵都很感激。有些事雖然手續上事前未向「中央」請示商
量辦理，這大半是出於疏忽，但是他的內心，對「中央」向來是掬誠服從
擁護的。當我談到宋對「中央」服從擁護時，蔣連連點頭，表示高興，我
也不著邊際地又說，宋主任處境困難，委員長知之最深。凡是有利於他應
付日本和加強防禦力量的事，在一定限度之內，「中央」宜盡量對他放寬一
些，不必過於注意形式。蔣介石當然聽出我說話的含意，他裝出很爽快的
態度說：「沒有問題，我很信任他，有困難，他可直接來電報給我。請你辛

苦一趟，宋主任有什麼意見，可盡量向我談談。」

我到北平時將蔣、孔、何對我談的話向宋匯報，並將京滬各地對二十九軍的種種議論，也大略地反映了。宋表示關於使用國稅問題，答應俟財政部派人來研究手續問題（財政部隨即派李毓萬到平接洽），關於擴編軍隊問題，他主要說明防區大，兵力單薄，萬一有事，分配佈置不夠，加之冀、察、平、津一帶有許多人原來參加過抗日活動，現在願意爲國家效力。特別談到這些人，就是平地不臥的人，如果不拉到一起，將來走了岔路，就來不及了。要我向蔣特別說明他的苦衷所在。談到外間對二十九軍的種種看法時，他有點激動。他說：「張學良走了，何應欽走了，華北就應該白白送給敵人嗎？『中央』要我負責，守大門，又要我本著『不抵抗政策』與日本敷衍，又罵我投降日本當漢奸，你看這日子怎麼過！」隨後他又笑著說：「不管人家罵我們是石敬塘也好，張邦昌也好，咱們自問不賣國，不降敵，問心無愧，管他媽的，愛怎麼說就怎麼說，不必理他！」我也談了些應付「中央」的意見。希望不要把關係搞得太僵，否則，我們的困難會更多。他說：「咱們對『中央』，絕不說脫離『中央』的話，對蔣介石絕不做他個人玩弄的工具；對日本力求表面親善，絕不屈服投降。隊伍練好了，有機會咱們打到東北，收復失地。」聽了他這一番話，我感到很高興。最後他說：「你在南京一定也很受憋氣，這是我想得到的。回去怎麼向他們說，和紹文（秦德純的別號）好好地研究研究。」

當晚，秦德純接我到他家裡吃飯。飯後，他一五一十地把蕭振瀛與日本來往的經過及宋哲元當時的情緒態度向我一直談到午夜，他著重地談了宋對日本，對中央的基本態度。總的精神，對日本是不說硬話，不做軟事，不惹麻煩，也不怕麻煩。本著中央既定政策，待機行事。對中央是絕對擁護，大事絕對服從命令，小事自己可以「權變」處理的就權變處理。希望中央真能體恤我們處境的困難，多加支持。千萬少給我們「小鞋穿」，使我們困難上加困難。意思大致與宋所談相同，只是把有關經費和擴軍問題的

經過談得較詳細一些。他希望中央同意冀察政委會的意見，不要使我們作難。他開玩笑地說：「仙閣（蕭振瀛別號）真是精忠報國的蕭何，咱們的老先人（指秦檜）雖然名譽不好，但我自問良心，對國家、對宋先生絕不走秦檜的道路。」我從宋、秦談話所得的印象，更確信二十九軍縱然由於處境有困難，政治上缺乏遠見和明確的態度，但不會屈服於日本是肯定的，我心裡得到一些寬慰之感。

我在北平與馮治安、張自忠、劉汝明、冀察政務委員會秘書長戈定遠及教育界、新聞界許多老朋友周旋了幾天，回到南京分別向蔣介石、孔祥熙、何應欽匯報了與宋哲元、秦德純等談話的結果。蔣介石聽了我的匯報後，表示很滿意，並問及二十九軍駐北平後軍風紀情況及冀察政務委員會成立之後，社會輿論如何。關於經費、擴軍問題，大致完全同意冀察政委會的意見。至於完成法定手續的經過，我知道得不大清楚。這是宋蔣之間曾發生的一次較大的矛盾。結果，蔣介石以「寬大諒解」的態度基本上對宋哲元作了讓步。

這一矛盾的發生與結果，對宋哲元說來，既解決了軍事財政上的需要，又使日本方面感到他與中央有距離，而可能一時緩和與日方的關係，在宋當然滿意。在蔣介石看來，只要宋哲元不脫離中央，在華北替他執行對日不抵抗政策，讓他全力從事於反人民戰爭，也樂得在既成事實面前，對宋表示「寬容大度」。

蔣介石、宋哲元盡管在對日妥協政策上，利害是統一的，但是殊途同歸過程中，仍然互不相信，各有各的打算，一遇到具體問題，就不斷發生矛盾。在這方面的事例很多，先從關於「金城銀行大樓事件」談起。

二、金城銀行大樓事件

大約在一九三七年春初，日本華北駐屯軍司令部，藉口北平王府井大

街金城銀行大樓建築過高，（實際是一幢半磚木半混凝土結構的四層樓房）對東交民巷日本兵營有威脅，要求宋哲元下令拆除。宋認為這是無理取鬧，置之不理。日本駐華大使館為此曾向外交部抗議。事為蔣介石所知，他認為這都是「末節小事」，不值得為此得罪日本。他要我轉告宋哲元說：「在軍事尚未準備好之前，宋主任對日本所提的問題，能忍讓就忍讓，不能忍讓，可推到中央來解決。即使中央決定可讓步的事，我也會仍讓宋主任出面答應，以和緩他與日本之間的關係。」但緊接著又叮嚀了一句說：「對日一切交涉，要隨時與中央商量辦理。」

乍聽起來，這表示蔣介石對宋哲元處境是多麼體貼入微啊！實際上是想把他所答應過的一切喪權辱國的「末節小事」，推到別人身上，讓別人在人民面前挨罵，「背黑鍋」。這是他無意中露出的陰險馬腳。因此，我追問了一句，究竟金城大樓是否要拆？他的回答：「由宋主任斟酌去辦。」宋聽到蔣介石這一番不負責的官話很生氣，罵他「真是一堆軟骨頭」。以後接連發生了其他更大的麻煩，如《中日經濟協定》等等，這件事是擱下不談了。

三、《經濟協定》與「準備作戰」

冀察政委會成立不久，日本首先對宋哲元施加政治壓力，指使漢奸張璧、潘毓桂、陳覺生仿照漢奸殷汝耕「冀東反共自治政府」的辦法，寫了一份所謂《冀察自治方案》和《自治政府組織法》以及旗號等等，送宋哲元決定。宋閱後，當面燒毀了。政治壓力沒有得逞，便進一步從經濟控制上繼續施加壓力。以「經濟提攜」為名，要求宋哲元答應日本修築津石鐵路（天津到石家莊），開采龍顏鐵礦，修改中日進出口海關稅率，開辟中、日、滿航線以及低價壟斷收購蘆鹽，收購華北棉花等等。此事在宋未向中央請示報告之前，蔣介石早知道日本的決心，曾囑咐我告知宋哲元注意少到天津去，避免和日本軍方應酬來往。一九三七年三月十七日，日本華北駐屯軍司令田代浣（皖）一（郎），果然在天津日軍司令部以請客方式，突

然拿出「經濟提攜」繕本，逼宋哲元簽字。宋事後心情極為懊喪沉重，決定藉口進行調查研究等等延宕辦法往下拖。蔣介石對此極為震怒，在給宋哲元的復電中，嚴厲地要宋拒絕執行，特別是絕對不能容許日方修築津石鐵路。

蔣介石為了在這個問題上，對宋哲元進行恫嚇，曾演過一齣裝腔作勢的鬼把戲。

大約是四月初的一天，「官邸」來電話，要我馬上去見「委員長」。一見面，他以埋怨的口氣說：我早已叫你告知宋主任少和日本人應酬來往，一個負重要責任的人，為什麼隨便到敵人兵營裡去吃飯？接著要我馬上去北平，向宋哲元傳達準備作戰的秘密指示。大意是：現在我們已經準備好了，如果日方堅持動工修路，我們就和它作戰。要二十九軍做好作戰準備，具體地指示二十九軍，迅速在北平東交民巷和天津海光寺、東局子、老西開日本兵營機場四周，秘密做好進攻掩蔽工事。做好在奉到命令後，二十四小時內能夠消滅上述地區日本駐軍的一切準備工作。到那時，我們另調大軍北上作戰等等。我說，我可以把委員長指示馬上向宋傳達，軍事上的打算，不是幾句話可以交代清楚的，最好另派專人去聯絡研究。他說：你先去，隨後另有佈置。當晚，何應欽約我談話時說：這幾天華北情況很壞，為了補充二十九軍，我已令軍械司馬上撥發步槍兩千支，叫他們來京領運（在這以前，二十九軍曾請發給向國外購買槍支護照未允，宋對此極不愉快），並且要我催二十九軍，速派參謀長攜帶有關作戰的必要材料，來南京開會。我聽了他們「準備作戰」的指示之後，興奮了一夜，天明乘飛機到了北平，即向宋一句不漏地作了匯報。

宋聽了我這一番嚴肅緊張的傳達之後，帶笑地哼了一聲，一面拿起他經常握在手裡的一根小竹爬兒，不斷地在背上抓癢，一面望著我問：「你看蔣先生說的是真是假？」我毫不遲疑地說：「我看是真的，他今天再不抗日，國家完了，他也完了。」我又從全國人民要求抗日情緒，和各方面對蔣介

石不抵抗政策的種種反映，以證明我認爲「是真的」理由。還談了一通二十九軍奮起抗日後果的種種光榮前途。談完了，他沉默了一下說：「你不要太傻了，蔣介石的話都是在騙人，是吹牛皮，是怕我執行『經濟協定』跟日本走，想故意拿這一套嚇唬我。要我解決東交民巷、海光寺幾千日本鬼子，我們能做得到。梅津一封信（指梅津給何應欽的《覺書》），關麟征、黃傑兩師乖乖地走了。今天說他馬上派隊伍北上作戰，是騙人的鬼話，是放狗屁！」接著就談到對日本最近在華北動態的看法，他說：看來我們是很難拖下去的，到時候南京不會管我們，我們也只有一拼了事。我從他長袍馬褂的身上，似乎看不出有什麼緊張。一席傳達匯報結束了，我回到南京只是向蔣回報說：「委員長的指示已經告知宋主任了。」蔣介石心裡有數，並未深問宋哲元的表示如何。有一天我問二十九軍派來開會研究「作戰計劃」的參謀長張越亭，在作戰計劃中，關於二十九軍的任務是怎樣規定部署的，他說方案的主要精神是「二十九軍在必要時撤離北平，力求保存實力，以待全面抗戰」。我才確信宋哲元說蔣介石是吹牛皮、是嚇唬他、是騙人鬼話一類的斷語。我的想法太天真、太傻，也等於替蔣介石作宣傳。

四、盧溝橋事件前後

《經濟協定》簽字後，日寇看到宋哲元不徹底執行的拖延政策，看到華北青年學生、工人、知識分子在中國共產黨的深刻影響下，抗日情緒的高漲，看到二十九軍官兵的同仇敵愾，便乾脆抽出刀來，發動全面軍事進攻，挑起盧溝橋事件。

日寇企圖一舉而消滅二十九軍，佔領華北。進攻盧溝橋的擴大戰爭行動，並不是偶然的，自從一九三五年底冀察政委會成立之日起，日寇對宋哲元固無日不在施加壓力中。壓迫的步驟，似乎是先之以政治，繼之以經濟，最後採取武力。實際上，在政治、經濟進攻的同時，早已「三矢」齊發，進行了接連不斷的軍事進攻。一九三五年多，宋哲元甫經就任冀察政

務委員會委員長時，日寇即指使漢奸劉桂堂匪部由察東向河北省南竄，希圖配合日寇威脅北平。經二十九軍三十七師何基灃旅擊潰後，接著於一九三六年九月十八日，日寇在豐臺演習中，藉故尋釁，與二十九軍演習部隊發生衝突。豐臺事件了結後，於一九三七年二月間，又指揮「冀東民團」寧雨時匪部數千人，企圖通過昌平、南口向北平西郊竄擾，以擾亂平漢鐵路交通，旋被何基灃旅包圍殲滅。上述竄擾失敗後，竟於一九三七年七月七日夜晚，日軍大規模向盧溝橋守軍何基灃旅及吉星文團進攻，逼使二十九軍奮起抗戰。盧溝橋畔的槍聲是中華民族偉大抗日戰爭的慷慨高歌的前奏。

　　盧溝橋事變前夕，在執行《經濟協定》問題上，宋哲元被日寇逼迫，拖不下去了。曾派秘書長戈定遠到南京請示同意後，先答應盧鹽出口，收購棉花（為了抵制日本低價收購棉花，冀察政委會曾採取銀行預向農民放棉貸辦法）。並派張允榮籌備成立通惠（惠通）航空公司以資緩和，但日方仍死盯著要立刻築路開礦。宋哲元感到無法應付，一方面指定冀察政務委員會委員齊燮元（漢奸分子，是宋哲元委任的未經南京政府同意）與日方鬼混，一方面於五月中旬，跑回山東樂陵原籍「養病」。一時京滬又盛傳宋被迫投降，及二十九軍內部發生分化，這時華北局勢的確陷於最混亂嚴重的階段。蔣介石對宋哲元放棄職守，指派齊燮元與日本進行勾結活動，表示很不高興；其時蔣從情報中得悉日本與漢奸及張自忠等有陰謀對宋下毒手的消息，曾疊電宋注意，並令迅速直接到保定，坐鎮部署，宋置之不理，蔣極震怒。雙方正鬧別扭時，盧溝橋戰事發生了，直到 7 月 25 日，宋日之間一切談判也就結束了。

　　盧溝橋戰事之初，各方面形勢對二十九軍極為有利，全國人民奮起聲援，北平廣大愛國群眾在中國共產黨的領導下，立刻動員起來，支持抗戰，給二十九軍官兵以極大鼓舞。宛平城郊及八寶山戰鬥曾予敵人以重大打擊，致使日寇曾要求暫時停戰，以待援兵。中共中央立即發表宣言，號召

全國團結抗日；要求宋哲元將軍立刻動員全部二十九軍奮起應戰；要求南京政府切實援助二十九軍；要求立刻動員全國陸、海、空軍準備應戰；要求立即開放群眾愛國運動以及徹底肅清漢奸賣國分子。七月十三日毛主席在延安幹部緊急會議上，號召所有共產黨員和所有革命抗日的個人、團體，完成一切準備，隨時出動抗戰。在全國轟轟烈烈的奮起抗戰高潮中，蔣介石於七月十五日，約請中共代表及全國各界抗日愛國代表人士，在廬山舉行緊急會議。在各方面策動支持下，蔣介石不得不發表對日態度較爲強硬的談話聲明。聲明中針對日寇企圖及當時漢奸在北平的種種活動，強調中日問題的任何解決，不得侵犯中國主權與領土的完整；冀察行政組織不容任何不合法的改變：中央所派地方官吏，不能任人要求撤換；二十九軍駐防地區，不能受任何約束。尾巴上卻綴上了：「和平未到絕望時，絕不放棄和平；犧牲未到最後關頭，絕不輕言犧牲」的祈求和平之詞。當時，總的形勢是很好的，無奈蔣介石不抵抗主義影響了宋哲元，而宋哲元軍事上毫無準備的苟安妥協思想也貽誤了二十九軍，貽誤了當時作戰機宜。

盧溝橋戰事發生後，宋哲元的行動，曾使蔣介石大爲惱火。

七月八日凌晨蔣介石親擬電報要宋哲元立刻到保定督師，並以命令口吻不準宋先回北平。七月十日下午，蔣未得到宋動身電報時，曾要我去樂陵當面告知宋不能回北平的理由，主要是怕二十九軍內部發生問題，使宋有失去自由危險。十一日下午我準備動身前，與北平電話聯繫時，得悉宋已於當天上午到天津了。十三日秦德純在電話上，告以軍事正在進行，宋馬上派人來向中央報告情況，請示一切，要我在京隨時與中央聯繫，暫勿北來。我在電話上，只用暗語把蔣關心宋安全的意思，請他轉告。

宋哲元到天津時，日寇後續部隊尚未調齊，日軍天津駐屯軍司令香月甫經接替田代，敵人爲了緩兵之計，曾向北平我方負責人表示願通過和平談判，結束盧溝橋事件。其條件：（一）華軍撤離盧溝橋；（二）嚴懲華方肇事軍政人員；（三）取締抗日活動；（四）屬行反共。雙方正在協議撤兵。

宋認為和平有望，十二日又發表了祈求和平的談話。當天何應欽在電話上通知二十九軍參謀長，告以日方源源調兵，應有準備。中央已命令孫連仲、萬福麟、龐炳勛等部分由平漢、津浦兩路北上增援等語。宋與幕僚正擬作戰計劃時，張自忠由平到津，並在報上發表了盧溝橋事件已經和平解決、戰事不會再起的談話。勸宋哲元與香月見面，以緩和緊張氣氛。宋的防禦計劃也就擱起來了。先派張自忠偕鄧哲熙與日方作試探性的接觸，未得結果。十八日宋哲元親自訪晤香月。宋中了香月緩兵之計，對人說他與香月談得很融洽，和平沒有問題。十九日由津回平，即刻命令撤除巷戰防禦工事，並取消一切戒嚴措施。

　　苟安不到十天，敵人援兵陸續到達廊坊、豐臺一帶後，於七月二十八日拂曉出動大批陸空軍，突向南苑營房、機場及小紅門、永定門一帶猛攻。不到兩天，具有政治、軍事、文化重大意義的故都北平，淪陷在敵人鐵蹄之下。副軍長佟麟閣，師長趙登禹在毫無準備的應戰情況下，奮勇抵抗，最後終於殉國。宋哲元上午甫經發出願與北平共存亡的通電，而下午四時張自忠突然離開天津跑到北平武衣庫宋哲元寓所見宋，宋愕然變色地問：「你來幹什麼？」（因宋在最後一次離津時，曾囑張自忠坐鎮天津，非有命令，不得離開，而張自忠竟於宋離開天津的第三天，秘密來平，與漢奸齊燮元、潘毓桂等暗中來往。）宋哲元聽了張自忠對他說「有人說委員長（指宋）如果離開北平，日本不會再打」的逼宮表示，宋面色蒼白，便一言不發地拿起筆來，寫了一張「本人離平，冀察政務委員會委員長交由張自忠接替」的手條之後，匆匆偕秦德純等二三幕僚，傍晚乘汽車離開寓所經頤和園、門頭溝繞道退往保定。

　　七月二十八日下午六時以後，南京與北平電話聯繫中斷，何應欽曾於當晚十二時以後，接連在電話上向我詢問，有無關於宋哲元的消息。直到黎明，我將宋已離開北平到保定的消息告知後，他好像松了一口氣似地說：「只要宋明軒平安離開北平到保定就好了！」言外之意，對宋的態度，到

此才放心。隨即任命宋哲元爲第一戰區第一集團軍總司令,指揮二十九軍在馬廠、靜海、滄縣一線作戰。

五、張自忠的安排問題

張自忠在漢奸褪恩撥弄下,逼走了宋哲元,當上了「冀察政務委員會」的「委員長」。正在夢想著仿效宋哲元當年與日本的「合作」以造成自己的局面,而其部下三十八師官兵卻不聽他的停火命令,仍在天津繼續作戰,包圍敵軍,斬獲甚眾。日寇利用張自忠的企圖失敗了,便把他一腳踢開。張自忠的幻想變爲一場惡夢,他只好化裝逃到濟南,經韓復榘向蔣說情後,於十月初來到南京。當時南京學生成群結隊地到二十九軍駐京辦事處,聲言要打死漢奸張自忠。我把他安頓在汽車房的小閣樓上隱藏起來,才算了事。

張自忠到南京後的安排問題,蔣介石宋哲元之間也有過一段的微妙經過。這裡需要插敘一下。

宋哲元得悉張自忠也是被迫離開北平來到南京,也隨之從前方來京,表示要向蔣介石替張自忠說情,但宋與張在南京始終沒有見面。

張自忠向來以二十九軍「二頭兒」自居,冀察政務委員會成立後,張對各師補充兵員及地盤分配問題上,對宋早懷不滿,宋對張亦有戒心。宋、張之間的矛盾,蔣是知道的。張在漢奸褪恩下逼走了宋哲元,他卻又被日本趕走來到南京,在蔣介石看來,張自忠還有很多用處。張在應蔣召見時,自度兇多吉少,臨上汽車時,神色倉惶,把隨身攜帶的幾萬元銀行存摺托秦德純轉交他的妻子。蔣介石看見張自忠,第一句話是:「噢,噢,你能夠回來就很好!」在講了一通「以死衛國,是軍人光榮天職」的官話之外,囑他暫時休養休養,並順手給他一部「總理遺教」,叫他好好閱讀。張向蔣請罪後,提出願回「軍前效力」,立功贖罪。蔣說:「你先到軍政部報到(發

表張爲軍政部部副），有機會，我再派你去。」以上這些是蔣介石侍從室人員對我談的。

張自忠見蔣介石在前，宋哲元見蔣介石在後，宋偕秦德純見蔣時，曾以請求準許張自忠仍回部隊的話，刺探蔣對張的態度。宋的用意，當然玩不過奸滑的蔣介石。蔣對宋故作嚴肅地說：「張自忠再不能讓他回部隊去！」宋、秦曾將蔣對張的態度，對二十九軍許多同事一再談及。宋回前防，張留南京。十二月初，日寇逼近南京，宋派他的專用列車，來接二十九軍在京人員，我們和張自忠同車到了鄭州。宋派鄧哲熙由道口到鄭州，向張自忠表示慰問之意。其時，張的部屬三十八師軍官聯名向宋請願，要求張回部隊。宋據此一面電蔣請示，一面約張來前防會晤。宋的請示，蔣介石馬上通知第一戰區司令長官程潛，復電照準，並令張自忠以三十八師師長原職兼代二十九軍軍長。隨即調往臨沂一帶參加臺、棗會戰。在臺兒莊戰役前不久，蔣介石認爲張自忠「軍前立功」，便下令將第一集團軍分割開來，交由張自忠、馮治安、劉汝明分別統率。從此，宋哲元便成爲光桿將軍。一九三八年七月間，宋借養病請假，悄然離開第一戰區司令長官邸到武漢住了一個時期，一九四〇年春抑鬱成疾，在四川綿陽逝世。蔣介石分化二十九軍的成功，也就是他與宋哲元之間矛盾的總結束。

張自忠自一九三七年十二月回到部隊後，協同馮治安、劉汝明奉命轉戰於魯、皖、豫、鄂各省四年有餘。一九四〇年五月十六日，棗宜會戰時在南瓜店東山崗壯烈犧牲。敵人在斂埋其屍體時，曾舉行軍祭，並標以「支那軍司令官張自忠將軍之柩」。這是二十九軍師長以上軍官在抗日戰爭中陣亡的第三人。

六、一連串的明爭暗鬥

除上述矛盾較突出的幾個問題外，宋哲元與蔣介石之間的矛盾，還表

現在下列一連串的明爭暗鬥。

　　自何應欽由北平回到南京後，蔣介石認爲北平早晚要陷入日寇之手，曾命令列政院會同有關各部會成立專門機構，分別將存在北平的國家檔案、古物、財政部印刷廠（當時是全國最新的套色印刷設備，能印花紋精細的紙幣等等，後來被日寇利用印刷僞鈔僞法幣）以及存在北平、天津各銀行的硬幣銀塊南運；宋哲元扣留不准南運。行政院秘書長翁文灝曾爲此事，托我向宋多方談明理由，請其放行。宋爲此對我大發牢騷地說：「中央對華北萬里江山都準備不要了，華北千千萬萬老百姓的生命財產，難道說不值故宮裡的壇壇罐罐？不值一堆廢紙？不值幾架印刷機？不值有限的一點銀塊嗎？我不是故意扣留它與中央爲難，我是認爲蔣介石根本不要華北土地人民而感到氣憤！他能多加一把力量支持我，守住北平，守住華北，豈不是什麼都用不著南遷了嗎？！」這一番話，的確很有道理，我也如實地向蔣轉達了。他只是「噢、噢」了幾聲，以不了了之。事後，這些東西是否南運，我不清楚了。

　　宋哲元在北平時，對一些在野的老政客、官僚、軍閥以及滿清「遺老」，凡是社會上「知名」的人，幾乎都給以名義，或按月送些錢。差不多天天在「進德社」裡和這些戴著瓜皮帽子的人物，在一起吃吃喝喝，談天說地。特別是宋對齊燮元、潘毓桂、陳覺生、王克敏等漢奸，以及桂系代表潘宜之、王季文等反蔣人物的任用或招待，使蔣介石很不高興。有一次蔣對我說：「宋主任好客，太忠厚，不過有許多人是另有陰謀，想利用他招搖搗亂，千萬不能相信他們。潘宜之、王季文、何益之等是李宗仁、白崇喜派到北平暗地裡與日本勾結進行搗亂的人，最好宋主任把他們驅逐出境。」我替宋解釋了幾句。我說：「宋主任爲人忠厚，念舊敬老，凡是過去在政治上有過地位的老人，或者有點沾親帶故的親朋同事，如果生活困難，求到他，他向來是很照顧的，並無別意。」後來，我向宋談及此事時，宋也表示很不高興。他說：「請你告訴蔣先生，這些人生活沒有辦法，窮極生變，沒飯

吃，就會搗亂。我姓宋的不敢想當孟嘗君，只是希望這些人能生活下去，無形中也是替他（指蔣）減少麻煩。」當然，我也得向蔣把宋的這一番存心用意轉述一番，蔣嘴裡盡管說：「很好、很好」，內心裡總是不高興的，而那些形形色色人物的政治背景，的確更使宋哲元政治面貌不清。

一九三六年冬，三十五軍在百靈廟擊潰蒙奸德王、李守信等匪和一部分日軍後，蔣介石令中央直屬騎兵師門炳嶽部進駐張北八縣，宋哲元為此，也很不愉快。

一九三七年春，日韓浪人在日軍包庇下，大量走私，財政部為此頗感棘手。宋的老部屬某（姓名我一時記不起）據說曾得宋的同意，在天津以南滄州，私設稅卡，許多日本走私者，逃避正式納稅走私，其中人造絲最多。聽說孔祥熙為此事又向蔣介石告了一狀，蔣雖未正式表示過不滿，但據其左右對我說：「老頭子對此很不高興。」

一九三七年五月，張自忠未經中央許可，率領一部分軍官「赴日觀光」。蔣介石認為「大夫無私交」，在中日關係緊張時，宋隨便同意張自忠的行動，當時蔣介石對此極表不滿。

上述事實，有的事在當時看來，比較上是小事小不愉快，但也很可以說明蔣、宋之間，在眼前利害問題上確是存在著不少的矛盾。

宋哲元其人

從上述諸矛盾中，已經清楚地說明蔣、宋之間的關係，就其長遠政治利益說，「大統一」是主要的。出現的「小矛盾」，不僅無損於「大統一」，有時正符合「大統一」的需要。

一、宋哲元的基本政治態度

　　宋哲元頑固保守的宗法正統觀念，雖具愛國情感而又安於現狀的對日妥協思想，以及一貫反對共產黨的種種反革命行動，是蔣、宋之間能夠「大統一」的根本因素。蔣介石很看中宋哲元在政治上這三個基本特點，因此宋哲元以馮玉祥手下所謂「五虎」之一的身分，在蔣介石排斥異己政策下，得到了生存成長；而且在解決許多小矛盾過程中，蔣介石總是採取「忍讓」、「遷就」態度。

　　宋哲元的政治態度，歸納起來是：（一）維護國家統一，擁護中央政府；（二）害怕打破苟安局面，對日妥協；（三）思想頑固，害怕革命，堅決反共。這三點總的精神是一個，就是企圖在維護蔣介石總的反動統治下，求得自己較大的利益。他們之間，政治上的狼狽關係，可以從下列幾件較大問題的態度行動上來證明。

　　一九三五年冬，宋哲元行險僥倖地獲得了冀察軍政地位，一九三七年七月二十八日，北平在沒有防禦準備下陷敵，以上兩事曾引起各方面的譴責，監察院舉行過兩次討論時局的緊急會議，曾紛紛認為宋哲元降敵辱國，建議政府下令嚴辦。蔣介石為此事先後直接間接向監察委員表示：宋哲元是「奉命於敗軍之際，受任於危難之時」，撐持華北危局，一切都本中央意旨行事。意在為宋哲元開脫辯護，使宋哲元在危疑震撼，物議紛紜中得到了安慰。這既可以說明蔣、宋在對日妥協政策上，是一唱一和，又可以說是蔣對宋的支援，宋對蔣的擁護。

　　一九三二年十月九日馮玉祥由泰山到張家口，進行抗日救國活動。在日寇進犯沽源、多倫時，張家口處於危急狀態，馮玉祥在中共及各方面抗日愛國人士支持下，於一九三三年五月二十六日發出通電就任民眾抗日同盟軍總司令。其時，南京政府發表宋哲元為察哈爾主席，宋對馮在張家口組織抗日同盟軍，既感到馮在他的管轄區內活動，會影響中央對他的「信任」，又因馮在其部隊中的影響很深，怕自己內部發生問題，宋在何應欽及蔣介石的壓力之下，終於一九三三年八月十四日，以「陪同護送出境」的

辦法，逼使馮玉祥在張家口的抗日同盟活動徹底失敗瓦解。蔣介石為宋哲元把馮玉祥從東山再起的臺階上推下去而感到滿意。

二、兩廣「六一」事變時的宋哲元

正當蔣、粵、蔣、桂軍閥矛盾不可開交，蔣介石在江西反共的戰爭疊遭慘敗，和全國人民一致要求抗日之際，一九三六年五月二十七日陳濟棠、李宗仁、白崇喜等聯名發出反對日本增兵華北的通電之後，六月一日又發出以抗日為名，反蔣為實的第二個電報。六月二日「西南執行部」電請中央出兵抗戰，並分別任命李宗仁、陳濟棠為中華民國人民革命抗日救國軍正副總司令。兩廣調兵遣將，以出兵北上抗日為名，準備與蔣介石決鬥，這一炮的確打中蔣介石的痛處。在外患深重時，蔣要公開「討伐」李、陳，輿論面前，文章確實不好做。六月八日蔣在「中央總理紀念周」會上，口口聲聲表示對兩廣事件，決本團結禦侮政策，和平解決。但暗中一方面向兩廣邊境調集重兵，準備討伐。一方面大力收買粵、桂系陸空軍大小頭目。兩廣「六一」事變與國內雜牌軍閥，事前都有勾結。李宗仁、白崇喜早在一九三六年初，就先後派楊靖宇、何益之（又名夏文遠）、潘宜之、王季文到北平拉攏宋哲元，宋表示很冷淡。當時蕭振瀛發現何益之同日本特務和知的翻譯，有替日本特務在華北活動的情形，事為宋知，便更避免接見。「六一」事變發生後，潘宜之到北平曾代表桂系一再要求宋哲元發表聲明，支持兩廣，未果。蔣伯誠向蔣報告，韓復榘已經準備好響應電報待發。潘宜之雖在拉攏宋哲元、韓復榘聯名發電通電，但實際上我深知宋對桂系成見很深，尤其「六一」通電的堂皇文章是「抗日」，這一點不論在宋的處境和對「中央」利害關係上，宋哲元更不會響應「六一」通電，因為早在「六一」事變前，在一次閒談中，宋就說過：「北伐時，白崇喜過新鄉，先生（指馮）請他吃飯，飯後，白回到車上對隨從人員指著我們演習部隊說：西北軍是將來我們革命的勁敵。桂系把我們當敵人，今天又想拉我們反蔣作政

治資本，是夢想。」

　　但是，宋、韓要聯名發通電的傳說，不知是粵、桂方面故意放出空氣，還是特務們的情報，確乎滿城風雨。當時我除了把「六一」通電後，蔣介石的態度去電告知宋哲元後，曾得到他一封簡單復電外，宋對此究竟怎麼看法，我當時並不清楚。大約是六月十六日上午十一時，蔣介石的秘書汪日章來電話約我即去陵園「官邸」見蔣。到時已近午時，客廳裡有張學良、陳誠、周至柔以及上海金融界的錢新之、王曉籟等人。一會兒，蔣在客廳與大家見面說：「先吃飯，吃飯後再談」。陳誠坐在西餐桌的蔣介石對面，似乎以半主人的身分不斷地發表大罵桂系的言論。給我印象最深的是他說：「白崇喜、李宗仁既要造反，現在卻又想和，這些東西，我在半月之內，可以把他們消滅掉。」又說：「他們以為和劉湘、韓復榘等人勾結起來，就可以嚇倒中央。那些東西都是開兵鋪的流氓，有什麼作用，說話還能算數嗎？」蔣始終沒有談到兩廣的事，只是談談他牙齒不健康的情況和治牙的經過。陳誠的罵大街，當時使我敏感到他是故意讓我聽聽：桂系是不經一打，告訴宋哲元當心，不要亂聽他們的宣傳。飯後，蔣先約張學良在小客廳裡談了片刻。張學良走了，叫我進去，第一句話就問：「宋主任這幾天有電報來嗎？你聽到宋主任對兩廣通電有什麼意見嗎？」我說：「沒有電報來，也沒聽到宋有什麼意見。宋主任向來和外間沒有來往，兩廣想以抗日為名而別有用意的打算，宋主任一定會看得出的，不會有什麼表示。」蔣連連說：「很好！很好！有人說韓復榘勸宋主任和他聯名發電報響應兩廣，我相信宋主任不會這樣。中央本著團結抗敵的精神，對兩廣絕不用兵，他們已經知道錯了，表示服從中央。請你到北平把中央處理兩廣問題的辦法告知宋主任。」接著他從衣袋中掏出一張在便紙條上親自用藍鉛筆預先寫好的電報稿，說：「請你看看，簽名後，由我這裡電臺發出。」電文大意是：「北平宋主任鈞鑒△密，今午蔣委員長囑世軍即來平面陳一切，兩廣問題，在未陳明真相前，祈勿向外發表意見。」

我在電稿上簽名之後，蔣把中央處理兩廣問題的「精神」略為談了幾句。主要是要宋千萬不能聽信壞人的話。對兩廣問題勿發表任何不利於「中央」處理問題的任何談話或聲明。我當天晚坐車動身，開車前蔣的隨從秘書毛慶祥趕到車站，送來蔣致宋哲元的親筆信，和給張自忠、馮治安、劉汝明各一封普通致意信。

到北平見宋哲元時，他首先說：「蔣先生是怕我響應兩廣嗎？」我將蔣的談話和南京的謠傳向他說了一遍之後，我問韓向方（韓復榘別號）是不是準備對兩廣有所主張？和宋先生是否對兩廣問題交換過意見？他說：「自己家裡應辦的事，都辦不完，誰管他們這些閒事。韓向方曾派劉熙眾來過，我勸他最好少管閒事。你告訴蔣先生請他放心：我除了贊成中央和平解決的辦法之外，沒有任何其他意見，也不會隨便被別人利用。」宋在談話中透露出對桂系的舉動的看法，他認為是無聊。他又說：「你要抗日，就來打日本好了。嘴裡光喊抗日，實際上想向南京討價還價，藉此要錢要官。」他對兩廣事變的態度，果不出我所料。從我和秦德純、戈定遠的閒談中，知道宋的確對兩廣事變表示不滿。我把宋對兩廣問題的態度向蔣匯報之後，蔣介石從此更放心了。對兩廣放手用威迫、利誘、分化手段，很快地逼使陳濟棠下臺了，李宗仁、白崇喜也乖乖地聽中央命令。宋哲元在這一場風波中，雖然對中央沒有發生積極支持作用，而打消了韓復渠的意圖，實際上也正是對蔣介石對中央的支持。回憶當時蔣介石的處境，能夠得到宋哲元的消極支持，對蔣介石說來，不能不認為宋是一個「能守本分的軍人」。

三、西安事變時的宋哲元

一九三六年十二月十二日午夜，張學良、楊虎城為了反對蔣介石反人民戰爭及對日不抵抗政策，在西安東四十里的臨潼，將蔣介石捉起來之後，宋哲元對「營救」蔣介石是盡了很大的努力，起了一定的作用的。

　　西安事變發生的當晚，張學良即電宋哲元速派代表來西安共商大計。宋從睡夢中被秘書長王式九叫起來，看到電報後，據說宋表示心情極為沉重。認為「背景複雜，是國家前途的嚴重問題」。在十三日高級將領幕僚會議上，決定了如下的應付辦法：第一，即日電張學良以國家為重，務請保護委員長的安全，國事應由國人解決，一切問題從長計議。第二，復電何應欽，認為張學良是被「赤色包圍」的叛變。表示願全力營救委員長出險。第三，為了「加強防共」，十二月十四日發表對時局聲明，主要內容是：全力維護冀、察、平、津地方治安，執行防共政策，不論蔣委員長是否在京，對中央一切命令，照常執行。日本方面認為聲明第三點不夠有力，勸其進一步採取措施，宋又於十六日向冀、察、平、津省市發布緊急治安命令，以防止一切不利於時局的活動。事變發生後，日本軍方不斷地找宋談話，宋曾對人說：西安事變，日本方面的注視，是異乎尋常的熱心。

　　事變發生前一天下午，我在臨潼被召見時，蔣介石囑我向宋轉告，張北八縣駐軍問題，決定調回門炳嶽部隊，要二十九軍接防，並囑宋哲元格外注意地方治安，意在怕學生請願抗日遊行。事變發生後，我搭乘的列車大約剛過潼關。十二月十三日下午到鄭州，正在準備換乘平漢路列車轉赴北平時，何競武跑到車站找我，面色蒼黃地問我西安情況如何，並謂蔣已被扣。我隨即向何應欽通長途電話，告以我奉命去北平轉達蔣的指示，問他對宋是否另有話說。他要我馬上先回南京。何競武命令列車遲到了半點鐘，我乘原車經徐州轉回南京。下車後，在孔祥熙家裡見了何應欽，他將事變情況大略說了幾句之後，要我打電報向宋哲元建議，希望他採取營救蔣介石的積極措施。他說：張學良受共產黨包圍，劉湘、韓復榘與張學良、楊虎城都有勾結。宋明軒一定要協力營救委員長。否則，他很難應付日本。正說著，宋復何的電報來了。從來電「西安駐軍叛變，張學良受赤色包圍」的詞句中，使何應欽、孔祥熙對宋的態度放心了。當時宋來電定要我在京隨時將情況告他。南京下令討伐張、楊之後，宋又派戈定遠來南京向「中

央」請示匯報。

與此同時，宋哲元與韓復榘之間也有接觸。韓的態度是積極支持張、楊。宋的態度與他相反，但對張學良，由於感念當年對二十九軍有過「雪裡送炭」之情，也不願公開指責。韓復榘在聯合宋共同行動不得要領時，於十二月二十一日發表了他致張學良的電報（馬電），稱贊張學良的主張行動是英明壯舉，並告以他的軍隊「奉命西開，祈勿誤會」。電文中的「奉命」究竟是奉誰的命，顯然另有用意。南京的反應很嚴重。宋對韓的電報也表示很不滿意，認為韓太冒失了。此時南京又盛傳宋、韓暗地裡有活動的消息，我曾將此傳說報告宋。大約是宋為了給老同事韓復榘轉換僵局，答應偕秦德純、鄧哲熙與韓復榘於二十二日在德州會晤。商定聯名發出電報（漾電），大意（一）維持國家命脈；（二）防止人民塗炭；（三）保護蔣委員長安全。對西安事變問題應採取沉毅與鎮靜態度，以求得政治上的妥善解決，並提出國事應由國人解決的口號。漾電大大沖淡了馬電的反應。過幾天張學良護送蔣介石乘飛機由西安經洛陽回到南京。蔣介石的回南京，主要是中共中央為了使蔣介石放棄反人民的內戰，建立國共合作抗日統一戰線而勸促的結果，有人說宋哲元的聲明及漾電起了作用，這是言過其實的看法；但宋在西安事變中，的的確確為蔣介石盡了極大的「忠誠」，擁護是肯定的。宋的「忠誠」，使蔣極為感激。蔣回南京轉赴奉化養傷時，宋曾派秦德純代表問安，表示慶賀「元首福康」之忱。舊曆除夕，蔣邀我到奉化，托我代向宋一再表示感謝在事變中對他的大力支持之意。

宋哲元與蔣介石之間關係的「大統一」，不僅表現在一系列重要政治關頭上的態度與行動，也可以從一些使人不大注意的地方，如派遣大批中級骨幹軍官來南京學習（吉星文就是參加受訓者之一）和一九三七年十月宋哲元第一次到南京見蔣時，曾鄭重其事地將冀察政委會時代留用國稅的開支，列賬面呈核銷等，處處都表示了宋哲元對中央對蔣介石的尊重服從。

蔣、宋之間，由於政治路線上的「大統一」，因此，無論從宋哲元反對

馮玉祥張家口抗日同盟問題和「一二九」鎮壓北平學生愛國運動的態度上也好，對兩廣「六一」事變和對「雙十二」事變的言論行動也好，總之，凡是遇到有關蔣介石根本政策與其生死存亡關頭的重大政治問題上，宋哲元與蔣介石政治上基本保持一致。

　　本文選自《江蘇文史資料選輯》第四輯。（1982 年）

　　李世軍：1937 年任二十九軍駐南京辦事處主任，是蔣宋之間的聯絡員，新中國成立後任國務院參事室參事。

憶七七事變

蕭振瀛

（前略）……

　　余於泊頭鎮與宋哲元相晤，二人握手，相對而泣。經傳達蔣委員長對戰局之部署、軍隊之整頓以及人事安排原則等後，余曰：「臨行前，蔣特囑轉告，以往不咎，惟在今後望好自為之。」宋聞而感慰曰：「一定效死疆場以報國家。」又曰：「責在自己。聞汝受命，略感安慰。」「如此巨變，非所預料，本正與日方談判中，潘毓桂、齊協民二賊忽然變臉恫嚇，云日寇松井令其等轉告，由張自忠代余，可了此局，我斥之。」「不料下午三點藎臣（張自忠）突然來平至余處，威脅要我離開，他有辦法。余與紹文遂即出走，家人均未得攜帶一同離平。幸仰之歸攏部隊南下。」嘆曰：「藎臣何至如是」。言下痛楚。秦德純言同宋語。因將領對秦有意見，軍總參議改由張維藩繼任。

　　馮治安、李文田、何基灃等與余相聚，皆痛哭。為趙登禹、佟麟閣之忠勇犧牲，已永別也。馮曰：「彼堅持下令抵抗，燃此民族抗戰聖火，雖死無憾。」又曰：「不在北平，張至平事不詳。」何曰：「彼率部隊在盧溝橋堅決迎戰完成大家及全國之共願矣。」李文田云：「正在天津指揮三十八師與日激戰冀東殷逆，部隊在張慶餘、張韻樓（硯田）率領下，即時起義，殺日人數百，生擒殷逆送平，而北平突然生變。現所說各異，惟藎臣之不滿已非一日矣。」

　　余與宋哲元、馮治安、李文田、鄭大章、何基灃等商議後，對人事安排，報呈蔣核准，並電劉汝明率部南來。後逐步將部隊擴編為七十七軍由馮治安任軍長，五十九軍由李文田代軍長，六十八軍劉汝明任軍長，騎兵第三軍鄭大章任軍長，宋任第一集團軍司令。

　　石友三於戰事起後，亦向日軍作戰，並擴軍較速。經報告其情況，准

擴編爲師。余向其懇囑曰：「今日民族聖戰，切望今後服從中央殺敵報國。」石表示甚爲堅決。

時原東北軍萬福麟、劉多荃、吳克仁，原西北軍龐炳勛、張蔭梧等部隊歸第一戰區，對部隊之擴編及人事安排，亦得以略盡心力。

於此聖戰，在使抗日志士得以效命疆場，有利抗日力量之壯大方面，得盡一己之力，余感自慰於心矣。

在犬牙交錯之戰場上，余穿梭其中曾一日遇險兩次。當余專車於泊頭鎮，受敵機掃射，余在車中未及下車躲避，衛隊戰士王長勝、姚金標受傷。當晚乘汽車赴前線，途中又遇敵便衣隊射擊，汽車中彈，人無傷亡。（中略）……

張自忠離北平至濟南。余即乘專車趕往相見。張抱余大哭曰：「對不起團體，對不起大哥。」余詢事之究竟。張曰：「宋一味圖與日本安協，七七戰起，軍隊已與日血戰，宋竟接受日本條件，故急至北平制之。」又曰：「潘毓桂明告，宋已接受日所有條件，日本認爲軍隊不聽從宋命令，故要余代之。余在問清談判情況後，方趕往北平，代之以控制局勢，不意演變如是。」余責之曰：「此漢奸之計也，宋並未接受，其錯在汝。」張痛哭曰：「此心可對天日。現百口莫辯矣。惟求蔣委員長容余死在戰場，有以自白。」余哭曰：「余當向委員長力陳，同進退，共生死。」二人相抱而哭。張在濟南，中央有令，已受軟禁待解中。故余即趕赴南京面蔣委員長陳請張事。蔣聽取之後，允予考慮。余遂即往見魏道明、鄭毓秀，謂之曰：「張自忠昔日在華北危機動盪之時，與馮治安及余曾兩次向中央表態：張垣、長城，北平香山均赤誠誓言服從蔣委員長之命令，人在華北在。今日張血誓請求容其死在戰場，以報領袖之大恩。敢請賢夫婦仰手相助，成其死志。」鄭慨然曰：「此應爲也。當全力成之。」後蔣赦張並派回部隊，此誠乃領袖之見也。張踐其言，一直與敵死戰，屢立勛功，終捨身成仁。此期間不斷與余書信

電報緊密聯繫。二十九年五月二十八日，余迎其靈柩於嘉陵江畔，哭不能禁也。

當余自京返前線，向宋哲元詳述張自忠之自責及求死之志，望予諒之，宋感動。宋在前線奮力指揮作戰，然全國輿論仍紛紛不諒。精神受迫甚重。在部隊撤過黃河上，略有延誤，錢大鈞持軍令來嚴限時刻。宋一時緊張，幾乎不起。余向錢曰：「如部隊違時，由余負責，承受軍法。」並即電蔣，詳呈情況，事方解。宋身體不支，要余報蔣，請予病假。余遂專程向蔣面陳，蔣批准。宋於二十七年初去衡山療養，後轉至四川綿陽。二十九年四月初病逝。余心哀傷。

在二十七年，秦德純、張維藩二人先後攜眷去香港。中央命余召二人返回參加抗戰。秦自香港歸。張則未歸，後回淪陷區，深為憾焉。

二十七年春，第一戰區司令長官改由程潛繼任。余仍留任總參議，得參加些重要戰役。二十七年冬武漢撤守，程潛調離第一戰區，余隨政府由武漢至重慶。二十九年夏請辭政府職務。除為原二十九軍及東北軍之人事以及四川軍政面陳蔣委員長或受命至成都、川西之外，余不參預其他。

三十一年初，劉航琛、潘文華、杜月笙等為助余之生活費用，給以大同銀行股份。宋哲元夫人以及袍澤老友等皆為之投資相助，遂任董事長名義，得以解決生活所需。並將所餘支付公益，為此時限，一盡心力。

閻寶航、高崇民、王化一邀余辦勝利建國會。為此，謠諑紛起。有謂之為政黨等，驚動朝野。蔣委員長召詢，余曰：「為勝利，為建國，千萬人死難矣。此會僅為此而矣。」

近患血壓病癒，每思宋、張、趙等患難弟兄均已生死永別，回憶華北往事之幕幕經歷，有感於應以紀實，故書此，留待百年。（三十三年九月十八日於渝郊西山新村）

　　本文節錄自蕭振瀛遺著《華北危局紀實》。1944 年完成於重慶西山新村 9 月 18 日。1990 年台灣世界書局出版。

一個行伍軍人的回憶

——劉汝明回憶錄

劉汝明

宋先生趕回北平，本來中央叫他先到保定，不必和日本人直接談判。宋這個人的短處，就是過於自信，自信的有些剛愎。他認為在這種時期，不回北平和部下在一起，是一種膽小的表現。

這時一三二師也在永定河以南集結完畢，宋先生命該師的石振綱接替北平城防。三十七師得以全部在城外集結，石旅的兩個團長，一個姓趙，一個是舍弟汝珍。

宋先生回來後，又召我到北平，商量萬一戰爭無可避免的作戰計劃。我們決定一三二師的一部守北平，其餘的和三十七師進攻豐臺和通州之敵。三十八師進攻天津海光寺。一四三師自南口出擊，進攻昌平、密雲、高麗營等地，遮斷古北口到北平的通路。到了七月下旬，秦紹文和日本人的交涉，雖然舌敝唇焦，但日方不可理喻，絲毫不肯讓步。堅持宋先生表明態度：一是脫離中央，一是離開北平。

這時有一部分日軍，自盧溝橋徒步開來北平，要自廣安門入城。舍弟汝珍的團擔任城防，當然拒絕他們進來。有一個日本軍官上來交涉，雙方一言不合。一位張營副用刺刀把這個日本軍官從城上捅下城去，城上城下立刻發生戰鬥。因為我軍居高臨下，日軍傷亡很大，不支退去。當晚在永定門外，也發生激戰。於是日軍人又得了「口實」，表示決定「強硬行動」。在北平的日僑在三千人以上，也武裝起來，集合在東郊民巷日使館兵營。宋先生打了個電話給我：「子亮，你趕快回去，照計劃做，八月一號行動。」這天是七月二十五日。我接了這個電話，便連忙回察。因為時間倉促，僅奉家母一人同行，其餘妻子均丟在北平，搭乘平綏路的特別快車回張家口。

不知消息如何走漏，火車一進沙河站，日軍便起而襲擊。所幸防軍阮玄武旅竭力抵抗，才能通過，到了南口我的防地。

本文摘自《劉汝明回憶錄》。臺灣傳記文學出版社 1979 年 3 月版。

劉汝明當時是二十九軍一四三師師長，兼任察哈爾省主席，駐軍於察哈爾省。

「七七事變」後實況

張克俠

　　「七七事變」發生後，黨中央發出了《中共中央為日軍進攻盧溝橋通電》，要求宋哲元立刻動員全部二十九軍開赴前線應戰。當時，宋哲元正在山東樂陵老家休養，張越亭又在南京，守宛平部隊的團長吉星文（吉星文後隨蔣軍逃到金門，在我炮轟金門時被擊斃）也在盧山受訓，部隊仍照平時一樣分散駐在各地，這些情況對作戰十分不利。因此，在北京的各負責人推舉鄧哲熙、趙登禹和我乘飛機到保定轉往樂陵接宋回來主持大計。

　　我們到樂陵時，宋已到天津了，我們又坐火車追到天津。宋到天津後，何應欽由盧山打來長途電話，宋不接，讓我來接。何應欽告訴我：接到中國駐日本大使電報，日本已頒布全國動員令，侵略已成定局，請宋即回北平準備作戰。我向宋報告後，他態度猶豫，我便借此機會，說服宋哲元堅決抗戰。我向他說：現在已到民族存亡關頭，不戰將成千古的民族罪人；戰而不勝雖敗猶榮。又告訴他：按現在敵我形勢，我佔優勢，可以在敵人增援前抓住戰機擊敗敵人。宋認為我講的有道理，很興奮地站起來說：「你給我寫個作戰計劃吧！」我連夜擬好了計劃，大致與上次給黨的計劃相同。第二天凌晨，我將計劃送去時，宋的態度突然變了。原來天津的漢奸及投降派包圍了他。他受到恫嚇和利誘，竟不顧民族大義和我懇切勸告，決定與日寇妥協。他先到日軍司令部弔祭病故的日本駐屯軍司令，然後乘日本為他準備的專車回北平，繼續談判。

　　宋哲元連日與日本代表談判，不再搞軍事準備，其原因是，他和他的一些主要將領及部分政府官員深恐戰爭打下去，冀、察、平、津地盤丟掉，個人的既得利益喪失。日寇恰恰利用宋哲元與他們討價還價的時機，一方面向關內運兵，一方面吃掉分散在豐臺、廊坊的駐軍。眼看大好時機喪失，成旅的駐軍被葬送，我實在痛心極了。為挽救危勢，我感到二十九軍軍部

仍在南苑，處於敵我雙方的中間地帶，已失去指揮作戰的作用。因此再三向宋提出，將軍隊按作戰要求重新部署，把軍部移至便於指揮、便於作戰的地位。但是，宋哲元深怕引起日本人懷疑我方準備打仗，一直不允許軍隊調動和軍部轉移。

七月二十七日傍晚，日寇逼近南苑。當時二十九軍在南苑的駐軍，有三十八師師部及不到一旅人；有騎兵第九師師部和騎兵一團；有特務旅、教導團、參謀訓練班等，單位很多，難以統一指揮。宋哲元住在北平城裡不到南苑來，副軍長佟麟閣根本指揮不動。我多次建議派一有威望的師長來南苑統一指揮，把軍部移進城裡，宋一直拖延不辦。直到二十七日日軍要發動進攻時，宋才匆匆下令軍部移進北平城內懷仁堂，命令趙登禹去南苑指揮部隊。晚六時許，趙到南苑，我向趙介紹了情況，他召集師、旅、團長開會，發布了口頭作戰命令，我就隨軍部進城了。夜間，日寇圍攻南苑，由於事先準備不足，未構築防禦工事，僅以營房暫作掩體，加之通訊設備被敵機炸毀，聯絡中斷，指揮失靈，部隊之間無法配合作戰，一時秩序大亂，紛紛突圍。佟麟閣陣亡，趙登禹坐汽車到大紅門時，被敵截擊陣亡。整個駐南苑部隊損失慘重。直到騎九師師長鄭大章突圍到永定門，城中才知道南苑失陷。這時，城防部隊是馮治安三十七師的一部分，兵力不足，城中人心惶惶。楊秀峰、張申府、張友漁等三位教授奉黨的指示來找我，談到城防空虛，準備發動群眾幫助守城。又因為傳說我軍收復了豐臺，他們提出利用這一勝利，召開一個慶祝大會，借此來激發抗戰的士氣，動員群眾參加抗日戰爭。他們怕城防司令不同意，所以讓我去說。這是黨的指示，我便答應照辦。

二十八日下午二時，宋哲元召開軍政首腦會議討論撤退問題，宋知道我是力主作戰的，所以沒通知我參加。我為落實召開慶祝大會一事，到會場向宋報告情況，宋卻說什麼軍隊都不能打，老百姓又能何為。他不相信群眾力量，表示不同意。我又找城防司令馮治安，他推說會後再談。我就

在休息室待著等他。結果，會上情況又發生了突然變化。張自忠在會上向宋表示，和談不成是由於日本人對宋有意見，並說：「如果委員長暫時離開北平，大局仍有轉圜的希望。」據說宋一聽，臉色都變了，立即決定二十九軍撤出北平，並馬上寫條子，委派張自忠代理冀察政務委員會委員長、冀察綏靖公署主任兼北平市市長。把三個職務一起交給了張，當晚即偕同馮治安、秦德純等帶領三十七師撤至保定。

那天散會後，馮治安還騙我說慶祝會可以開，閉口不提當夜撤退的決定。我很快用電話通知了楊秀峰等，要他們積極準備。不料，當我夜裡回到懷仁堂時，張自忠用電話把我叫去，告訴我：宋哲元和部隊已從西面繞過盧溝橋撤向保定了，要我通知軍部及從南苑逃進城內的人員急速出城追部隊，明天清晨日軍就要進城，來不及走就快換便衣藏起來。我聽了這些，猶如晴天霹靂，馬上集合在城內的人員說明情況，並立即把這一突變打電話告訴楊秀峰及其他同志。接電話的是劉清揚，我告訴他們慶祝會不能開，人還要躲起來，速作另外打算。面對著降臨的民族災難，眼看著大好河山不戰而失，我怒火中燒，忍不住痛哭一場。

宋哲元帶著部隊撤退時，留下兩個旅，一個是阮玄武旅，駐北苑，一個旅守天壇。日本侵略軍知道宋哲元撤走，二十九日進城後，將兩個旅繳械。日寇認為瓦解二十九軍的目的已經達到，對張自忠採取了置之不理的態度。由老牌漢奸殷汝耕等組織了偽政權。張自忠只得躲進東交民巷，設法逃到天津，乘船去山東。至此，這場抗日戰爭的序幕，由於蔣介石的不抵抗政策和親日派的賣國求榮，就這樣令人痛心而可恥地倉促結束了。

本文選自《文史資料選編》第 9 輯《在西北軍中從事黨的地下工作的經歷》。作者時任二十九軍副參謀長，是地下共產黨員。

1937 年北平血腥突圍錄

劉汝珍旅長　口述
胡應信　　　記

北平突圍的意義

一、和日寇清算總的血債

中國近百年史，簡直是一部中日外交痛史，而這部中日外交痛史，是蘸著血和淚來寫成的，殷紅的血痕，斑斑可考。遠之如琉球、臺灣、高麗的被滅亡，拆毀了中國四周的藩籬，漸漸地伸其血手於中國內部。近之如「五七」二十一條的提出，逼迫袁世凱政府承認；「五卅」出兵濟南，阻撓國民革命軍的北伐，慘殺我山東交涉員蔡公時及無辜平民等；槍殺工人顧正紅，造成「上海慘案」，以及蔓延到南京、蕪湖、九江等地的大屠殺。尤其是民國二十年「九一八」瀋陽事變，捕我官吏，殺我人民，佔我土地，掠我財源，破壞東亞的秩序，造成世界的恐怖。接著便是民國二十一年「一二八」侵略我東方巴黎的大上海，十九路軍起而抗戰，英勇的鬥爭了一個月零三天，結果是簽訂了《淞滬停戰協定》。民國二十二年長城抗戰，我二十九軍雖然在喜峰口獲得很大的勝利，但結果是於「五三一」在塘沽簽訂了所謂中日《塘沽停戰協定》。這些是比較大的事件，至於上海的「萱生事件」，南京的「藏本事件」等等，都是鬧得滿城風雨。像這類似的小小的血痕淚斑，真數也數不清，太多了。

至於非法出籠的冀東偽政權，由準漢奸殷逆汝耕沐猴而冠的扮演於冀東二十二縣，弄得河北半壁烏煙瘴氣。以混血兒出來，強爭硬奪去的張北六縣，也由叛逆德王和李逆守信認賊作父的拱手送給日寇，割得西蒙支離破碎。這是日寇準備演第二個「九一八」的前奏曲。到了「豐臺事件」的

發生,直是類乎「九一八」前夜的「萬寶山事件」,所謂跛子上高山,一步緊一步了。

自從甲午之戰,中國失敗以後,近百年來的奇恥大辱,真是「罄竹難書」。被日寇強佔的土地,等於三四個倭國本部的面積;被日寇殺害的軍民同胞,流血成渠,要比三島的日本海還要深;堆骨如山,要比三島的富士山還要高。「七七」盧溝橋的炮聲,正是第二個「九一八」北大營的爆炸彈,日寇的野心,完完全全的暴露於全中國、全世界的愛好和平人士之前,公開表明要滅亡我國家,奴役我人民。可是,於盧溝橋事變,神聖地首先回敬了第一槍,這便是中華民族要求解放的第一個信號,充分地表明瞭中華兒女到了民族生死的最後關頭,是再不甘受侮辱,誓死不當亡國奴,要和日寇拼個你死我活,也就是中華民族近百年來被日寇造成了許許多多的血債,要在這個回敬第一槍的神聖射擊之下,和日寇總的清算一下,替我們近百年來被日寇所殺害的同胞雪恥報仇!

「八一」二十七旅北平突圍,是緊接著盧溝橋事變二十五天後,出現於北平的最英勇的軍事行動,是緊接著我二十九軍親愛的戰友,跟日本帝國主義清算總的血債而獨在孤城與敵清算的最艱苦的軍事行動,索取了敵人償還的數十條生命。這僅是清算的開始,等到取得了最後的勝利,才是清算的總結。

二、樹立軍人應有的人格

當南苑失守、北平被圍、天津吃緊、宋公離平的時候,我二十七旅已孤軍困守城內凡七日,彈盡糧絕,戰既不能,降又不可。到了七月二十八日,日寇派中島顧問向我們蠱惑利誘,無所不至。當時情勢十分險惡,內無援軍,外無救兵,與其坐以待斃,不如起而殺條血路準備突圍。如突圍不能,則寧願率我三千戰友,同殉於千年古都的北平城,以留天地間的正

氣。

雖然當時的環境是十分惡劣十分危迫，但我們所憑藉的只是我們三千人所共有的一個大決心，為民族利益、國家利益而奮鬥，決為神聖的抗日事業而犧牲一切，不顧一切的艱苦危難，終於八月一日下午十時突破了敵人包圍得像鐵桶似的北平城，又於清河鎮及馬房突破敵之警戒線、主陣地，殺開了一條血路，向我們神聖的偉大的民族解放戰爭的康莊大道上邁進。

二十七旅於八月一日突圍北平，不僅單單的是軍事上的英勇行動，博得全國人士的贊揚，實實在在是樹立了中華民國革命軍人所應有的人格，是保持了中國立國五千年以來悠久傳統的天地間的正氣，是發揚了中國五千年以來「富貴不能淫，威武不能屈」的寶貴道德，是光大了三民主義的創立者、國民革命的導師孫中山先生的革命軍人「不妥協」「不投降」的寶貴遺教，是繼承了「只有斷頭將軍，沒有投降將軍」的千古不滅的全部遺產。

三、加強南口抗戰的形勢

平津既告淪陷，察綏因而感受威脅，因為敵人必須攻佔南口，控制北平外圍，才能防我察綏國軍的出擊。同時進而掠取山西，攫取西蒙，以斷我中蘇國際路線，這是敵人進兵察綏軍事上必然的趨勢。所以敵人於攻陷平津的不久以後，便轉其兇鋒，在陸空聯合的猛烈炮火之下，大舉進犯南口，當時南口的形勢十分危迫。我二十七旅突破北平包圍以後，如取南路經大紅門、南苑、固安、雄縣而至保定，與我二十九軍取得聯絡繼續抗敵，則因南苑已失、琉璃河已發生戰事、平漢北段的鐵道亦已被重敵兵控制，難以突破。於是，審時度勢，我旅決定經太行山脈，直趨居庸背側與我二十九軍之劉師（現在的六十八軍）會合，加強了南口抗戰的形勢。

北平突圍的事實

一、警備北平城

當「七七盧溝橋事變」的時候，我二十七旅佈防於任丘一帶，於七月十八日奉到軍部電令：「令該旅進駐固安，掩護平大公路，並掩護盧溝橋右側之安全。」

於是十九日到達固安，部署一切。二十日又奉軍部電令：「令該旅爲左地區右側支隊，以固安、龐各莊、黃村爲據點，北寧路爲軸線，左援協攻盧溝橋，另一部協攻豐臺，右與廊坊取切實聯絡。」

先是三十七師之二二一團與二二二團擔任北平城防，因爲民國二十二年長城抗戰，獲得喜峰口大勝利便是該兩團，因此，日寇要求將該兩團調離北平 40 華里，以一三二師調至北平擔任城防。我方一面答應日寇的要求，一面將該兩團換穿保安隊軍服，仍駐城內，僅將保安隊調離北平，以緩和日寇無理的要求。我獨立第二十七旅（當時撥歸一三二師節制），奉令由固安以急行軍進駐北平，石旅長振綱任北平警備司令，當時部署如下：

旅部及六七九團團部駐天壇，六七九團第一營警戒驟馬市、廣安門（通豐臺公路）、右安門之線；第二營警戒東便門（通通州及北寧鐵路）、永定門以東之線（主力配置於南缺口）；第三營爲預備隊，隨團部駐天壇。六八一團團部駐祿米倉，六八一團第一營警戒東直門、安定門之線；第二營警戒齊化門及東缺口之線；第三營爲該團預備隊，隨團部駐祿米倉。至於阜成門、西直門、德勝門之線，仍由三十七師之二二一、二二二兩團擔任警戒（臨時歸二十七旅節制）。駐於北平城內東交民巷之敵兵，約有五百餘人，附有坦克等武器。

當時北平城內，漢奸充斥，四處擾亂，時聞槍聲，既要警戒敵人的蠢動，又要防範漢奸的陷害，彰明昭著的敵人，尙易於應付，而神出鬼沒的

漢奸，則難於清除。因為民眾未曾動員，不能幫助軍隊肅清漢奸，以致軍事上的運動，反不如敵人的便利與靈活，這是抗戰開始的時候，感覺最困難的問題。

二、大戰廣安門

七月二十六日下午，日寇派中島顧問、櫻井顧問、佐藤茂書記官等到廣安門，與我劉（汝珍）團第一營第一連守兵接洽，適遇劉團長巡視城防，佐藤茂等便向劉團長說：「我們日本軍只有七八十人，想來觀光北平城，請你們開放城門，讓我們到城裡逛逛，並無別意。」劉團長一面暗自下令，叫弟兄們注意，準備廝殺；一面和佐藤茂說：「我們中國軍很歡迎你們貴軍，請他們來逛北平城吧，來到了，再開城門。」佐藤茂等信以為真，馬上跑回去引了一群獸兵來，約有五百餘人，附有坦克二輛；載重汽車十二輛，坐車五輛，浩浩蕩蕩奔向廣安門來，看見我們還沒開城，有的竟爬起城來。劉團長便下令一齊射擊，彈如雨下，只打得日本獸兵紛紛潰逃，佐藤茂書記官先受槍傷，後被我軍斬首，櫻井因逃跑失足陷落於糞坑中，後經熊少豪、周思靖（現均當漢奸）二逆將其領去，中島則已鼠竄遠去。敵兵陣亡三十餘人，受傷八十餘人，奪獲載重汽車三輛、坐車五輛，子彈十餘箱，擲彈筒十餘個，望遠鏡、照相機、文件等。擊毀敵載重汽車一輛，坐車一輛，又擊毀坦克車二輛，已被我奪獲，惜我無人駕駛，無法運回，旋又被敵奪去。我陣亡七人，傷重殉命五人，負傷十餘人，內有官長一員。殘餘的寇兵，潰不成軍，紛紛逃到我民家，作搖尾乞憐狀，口稱爺爺，請你們保護我的性命，不要叫中國軍把我的頭砍掉了，我今生不能報答你的鴻恩，等到來世變豬狗也得報你們的恩。後因奉到綏靖公署的命令，不准擴大事態，並准許日寇領事收容殘兵，收容了三四個鐘頭，還沒收容齊，可見寇兵怕死，躲在民宅，不敢出來，毫無戰鬥意志。敵傷兵亦准領回，並由日寇領事保證不再發生此等事件。我軍人以服從為天職，只得含淚收軍，忍

痛復員。

日寇先擬攻下廣安門而佔北平，因受我軍嚴重打擊，故於二十七日上午五時攻團河，由我一三二師之第四團猛烈抵抗，但敵機十八架，騎兵四五百名，步兵千餘名，大炮十餘門聯合進攻，我全團官兵生還者僅五百餘人，餘均作壯烈之犧牲。二十八日拂曉，敵步炮騎聯合兵種共三千餘人，敵機三十餘架，攻我南苑，並先以大炮轟擊，我佟副軍長（麟閣）、趙師長（登禹）率步兵二團、騎兵一團艱苦抵抗，終因傷亡太多不支，佟趙二公亦均於是役殉職。

三、血淚話當年

七月二十八日，宋公明軒奉令離平，誓師保定，張公藎忱，留平折衝，敵派中島遊說，以我二十七旅改為保安隊，仍負北平治安之責，但日寇其言愈甘，其心必愈毒，一因當時敵尚無力統治北平，便本其「以華制華」的毒計，企圖製造傀儡政權，以為過渡。一因二十七旅之劉團，曾於二十六日大戰廣安門，予以侵犯者以嚴重的打擊，敵人知我二十七旅不能以武力屈服，因此，欲以陰謀詭計，甜言蜜語軟化我官兵，使我們屈節乞降，以達其「以華制華」的陰謀。可是當時為了環境的逼迫，又因已被敵人層層包圍，如不延長空間，爭取時間，以為充分準備，恐怕突圍是不可能，如與敵作無謂之犧牲，事於無補，雖死奚益，於是飲恨吞聲，虛與委蛇。然我三千官兵之赤膽忠心，都被民族解放的火炬和國家獨立的烈陷燃燒得像熱鐵一般，準備以鼎沸的熱血，來沖洗北平的城門——突圍。

二十九日敵顧問中島率周逆思靖（現當漢奸）為翻譯，以獰笑的面目，在旃壇寺講話：「大日本和你們支那是同文同種，應該共存共榮，這次盧溝橋發生了不幸的事件，是你們支那不認識大日本在東亞的主人地位，誤解了大日本和你們支那提攜合作的意思，真是遺憾之至。現在你們二十七旅

負了北平治安的責任，我看你們都很忠實，想借重你們的力量，把你們改成保安隊，繼續維持北平的治安，保證對你們沒有惡意，請你們大家放心。26日你們在廣安門，把大日本的佐藤茂書記官打死了，還傷亡了許多日本弟兄，這不幸的誤會，更是遺憾，可是你們的主官是哪一位，我要和他見見面，做個朋友。」

上面這些荒謬麻醉的鬼話，任何傻子都不會去相信他，當中島賊追問到二十六日大戰廣安門部隊主官姓名的時候，我六七九團第一營的官兵們，首先便發出忍無可忍的最後怒吼，當時有人大叫：「是我們中華民國不願當亡國奴的英雄們，起來打你們的」，有人便叫：「你們打吃虧了，還想報仇嗎？要幹咱們馬上就幹」。聲勢洶洶，幾乎馬上要和他——中島拼個死活，官長們便都把暗藏在身上的手槍掏出來，士兵們也都把暗藏在身上的手榴彈掏出來，一齊瞄準日賊中島，將要發射和投擲，嚇得中島賊魂不附體，連忙作討饒的口氣說：「我是欽佩你們的英雄行為，問出你們官長的姓名，想和他做個朋友，哪裡敢想報仇呢，請你們不要誤解了我的意思。」顫慄抖顫地說完這幾句話，狼狽得很，抱頭鼠竄而去。我們的官兵，氣憤得痛哭流涕，怒形於色，我（按即劉汝珍氏，筆者）便說：「好男兒不要流淚，我們準備流血吧！」這是多麼有力的一句話啊。

四、突圍中的戰鬥

八月一日下午四時，石旅長振綱、張參謀長傅燾、劉團長汝珍、趙團長書文四人開軍事緊急會議，首由劉團長發言：「日寇欺我太甚，北平環境太劣，改為保安隊等於投降敵人，投降便是民族的罪人，我們寧死不屈。」張參謀長首先附議贊成，並以去就力爭。劉團長繼續又說：「我們馬上準備突圍，在突圍以前，先把北平城內的日寇殺個一乾二淨，殺一個夠本，殺兩個便是一雙，殺盡以後，再拼著我們的頭顱和熱血，突圍而出。」結果對於突圍，全體贊成，不過對於先把城內日寇殺盡以後再突圍，不但要毀

壞千年以來的北平文化城，恐怕對於突圍要造成更多的困難，於是前議作罷。最後議決突圍的方向，是南（經大紅門、南苑、固安、雄縣，到保定）不如北（經安定門、小關鎮、羊房，到南口），並決定分多路，走小徑，由安定門、小關鎮、報房、馬房、清河鎮，到羊房（距南口卅餘里）為主要道路，官兵不準放槍，士兵一律上刺刀，準備白刃戰。

散會後，即於下午十時開始突圍，六七九團在前，由劉團長汝珍（河北人，俄國基輔軍官學校畢業，曾於民國十七年任第二集團軍總司令部衛隊旅旅長）率領，六七九團第一營營長李延瓚留平未出，由營副張文賓（安徽人，第二集團軍軍官學校畢業，現任六七九團第三營營長）代領，第二營營長杜春堂留平未出，由營副梁學信（山西人，第二集團軍軍官學校畢業，後繼杜任本營營長）代領，第三營由龔營長乃強（安徽人，西北陸軍幹部學校畢業，後繼劉任六七九團團長，現任副旅長）率領，六八一團由趙團長書文（行至察省後，因病脫離部隊）率領，六八一團第一營由張營長聿堂（山東人，後任本團團長，現仍在職，所遺營長缺，由營副張華斌繼任）率領，第二營由營長田明祥（河北人，後任四二七旅副旅長）率領，第三營由營長陳瑞武率領。石旅長振綱（行至馬房，脫離部隊，折回北平）、張參謀長傅燾（安徽人，安徽炮兵學校畢業，後任本旅副旅長，現任六七九團團長），隨六七九團行進。

當時真是銜枚疾走，雞犬不驚，雪亮的刺刀上在嶄新的捷克式槍上，更顯得亮晶晶的比月亮還要光明，我們是朝著光明的大路上走，走向民族解放的戰場。我們像怒潮巨浪般地衝出了安定門，到了小關鎮，分路向目的地——羊房集結。在突圍前已將平郊電線割斷，障礙敵之消息，以遲緩敵之追襲，因北苑（為圍阮旅置有重兵）四周，敵有重兵，如被發覺，便不易突過，如能突過，而損失必大。因電線已被我割斷，城內敵人四處通話，都因此而發生故障，所以西苑北的敵人，尚未發覺，我們已經小關鎮、報房，衝過馬房（石旅長到此即脫離部隊，折回北平，由劉汝珍氏繼任旅

長），越平綏鐵道向羊房集結。

在馬房南有小河一道，上架一獨木橋，我先頭部隊當與敵在此發生戰鬥，被敵擊斃及負傷十餘人。我後續部隊趕到後，敵兵紛向村中逃去，並無多大戰鬥能力，被我田明祥營長奪獲戰馬四匹。小河上的獨木橋，敵亦未及破壞，我們過河時，還隱約可以看見村的東頭，架有機關槍，但是敵兵膽小如鼠，並不敢向我們發射，可見敵之戰鬥意志，甚為薄弱。到了清河機場與敵發生戰鬥，我陣亡排長魏萬清一員、兵三名，到清河鎮時又遇敵之主陣地，當又發生戰鬥，我傷亡百十人，被我奪獲三八式步槍二十餘支，子彈四千餘粒，輕機關槍三挺，尚有汽車等笨重物品，無法運走。我由馬廠向西北沿鐵道行進之部隊，與敵警戒部隊發生激烈戰鬥，敵之坦克車十餘輛，飛機二十餘架，追蹤襲擊，我傷亡五百餘人。到羊房集結後，才脫離危險界線。我到察省後，旋敵擬由青邊口（在宣化北三十餘里）偷襲宣化，妄冀不戰而下南口，當派我六八一團把守青邊口，機動出擊，當發生青邊口之激戰，計我傷亡三百餘人，敵傷亡約有千餘人，擊破敵之偷襲企圖。總計北平突圍，我全旅傷亡及失蹤者一千二百餘人，損失迫擊炮四門，步槍二百餘支，擲彈筒二十餘個，騾馬二百餘匹。總計敵傷亡約有一千一百餘人，奪獲敵之步槍二十餘支，子彈萬餘粒，輕機關槍二挺，戰馬四匹，載重汽車三輛，坐車五輛，擲彈筒十餘個，望遠鏡、照相機、文件等，擊毀敵之坦克車兩輛，載重汽車一輛，坐車一輛。

敵攻我盧溝橋、廣安門、團河、南苑，及追襲我突圍部隊，均係敵寇河邊旅團所屬之牟田口、萱島兩聯隊。（民國二十八年八月一日）

本文引自 1939 年 8 月 1 日陸軍第 29 軍獨立第二十七旅司令部所印文本。

編者按：這是 1939 年 8 月 1 日為紀念北平突圍兩周年而印行的小冊子，記述了二十九軍二十七旅於盧溝橋事變後守衛北平城，及淪陷後不甘

於被日軍收編而突圍抗戰的史實。從中可以瞭解到七七事變中北平城防部
隊的戰守情況，反映了二十九軍愛國官兵奮起抵抗的可歌可泣事蹟。

記北平七七事變前後的兩件事

劉自珍

朝陽門事件

　　七七事變前夕，駐北平的日軍有二百多名出城演習。盧溝橋炮聲一響，城內已宣佈戒嚴，這一部分演習的日軍當然不許進城。但他們出城時爲演習性質，未攜帶彈藥，日本旅團部裝了五卡車彈藥，想由朝陽門出城，但被守門衛兵扣留。冀察政委會委員齊燮元、張玉衡均向我說：中日友好與中國有利，與二十九軍有利，盧溝橋爲一時誤會，不是不能調解，你不要過爲己甚，爲將來和談多增麻煩。我很簡便地對他講你去找宋先生去吧，對我講沒有用。結果扣了三天仍放回日本兵營。

第 29 軍 37 師 111 旅旅長

廣安門事件

　　七七一聲炮響，駐城內的河邊旅團隊伍均加入了盧溝橋作戰。日方一面調關東軍增援，一面動員本國軍隊向華北集中。日本華北駐屯軍參謀長酒井隆（實爲橋本群）十分狡猾，見成事有利則乘勝進攻，一遇挫折則提出和談條件。我地方當局宋哲元等，貪戀地盤地位，也無作戰決心。一群漢奸委員，更是雙方拉攏，從中取利，在事變後二十多天停停打打，打打停停，使一班官兵莫明其妙。可是日本兵車晝夜不停向我方運輸軍隊。我軍民等均感到大禍將臨。

一九三七年七月二十六日晨張自忠打電話告我，日軍五百人由豐臺乘車35輛，回城內東交民巷日本兵營，由廣安門進城，叫我通知守門衛兵放行。我問他你與宋委員長談了嗎？他說委員長曉得。我感此事不對頭，當即到宋哲元處請示。宋說沒我的話不准進城。晨七時日軍即到城外，城門已經關閉，雙方如何交涉我不詳知。到晚上七時秦德純拿著宋哲元放行命令到來，二十九軍的日本顧問櫻井德太郎同來，我遂命守門部隊開門放行。日軍瘋狂成性，在城外露立一天，氣憤已極，一進城門在汽車上即開槍向我軍射擊，顧問櫻井也制止不住，腿部受傷。我守門部隊復把城門關閉，僅十車日軍進城，其餘仍留城外。已進城的日軍，因見街頭巷口均築有巷戰工事，到處挨打，寸步難行，真如熱鍋螞蟻，走投無路，復由日本使館出來交涉，由北京《小實報》經理管翼賢，領著這些日本兵回東交民巷日本兵營去。

七月二十八日以後，日寇即展開了全面進攻，二十九軍也捲入了長期戰場之中矣。

節選自《史料選編》上海市文史館，上海市人民政府參事室，上海市文史資料工作委員會合編，1987年第1期。

與張自忠在北平分別

阮玄武

當時北平以北地區的司令是石友三，指揮兩個保安旅；我任副司令，指揮 39 旅。那天我一直在忙著佈置作戰，沒來得及參加緊急會議。傍晚，我到石友三的司令部才知道宋已離平去了保定。恰巧這時張自忠打來電話，他把當天的情況扼要地告訴了我，叫我把 39 旅集合起來，恢復常態，避免敵人在和談中找藉口進行刁難。最後，他要我把隊伍安置好後速到他那裡。我和他晤面後，他把情況詳盡地說了一遍，並給我看宋留下的手諭。之後，他沉痛地說：「宋先生把我留下來，不是為了打，而是要我與日和談以掩護部隊撤退，免遭日軍包圍。現在大家都走了，就剩下我們兩人來維持這險惡的局面。敵人野心很大，平津的情況又很複雜，怎樣才能渡過這個難關？我們要好好商量。你多考慮考慮，幫我多出出主意，共同維持好這裡的局面。」我說：「事情已經到了這種地步，我遵照你的命令辦就是了。」話雖如此說，可是我卻整夜不能入睡，感到進退兩難。首先，我意識到在這種情況下，絕沒有什麼好結果，既想到自己的隊伍若不撤走會被敵人吃掉，也想到個人的安危……想來想去，我決定不徵求張自忠的同意，把隊伍拉出險境再說。

次日（29 日）我回到旅部，召集營長以上幹部把當前的嚴重情況說了一遍，又把留在這裡和把隊伍拉走的利害關係告訴他們。最後強調形勢惡劣，最好於當天傍晚就把隊伍拉走。當時沒人有異議，我就下達了撤離的命令。黃昏時分，我帶著隊伍輕裝出發。不料，前面的隊伍剛出動，營房那邊就響起了槍聲。我立即命令停止前進，把前面的隊伍召集回來。我知道這支隊伍帶不動了，因為這個旅的絕大部分都是跟隨張自忠多年的人，他們不願離開他。沒有張自忠的命令，他們是不會走的。於是我又把營長以上的幹部集合起來，嚴肅地對他們說：「剛才我已經把一切情況都講清楚

了，你們既然不願意走，將來產生什麼樣的後果，可不要怪我。」講完我就回到城裡。

翌日（30 日）中午，我去見張自忠，估計我要拉走隊伍的事他已知道，可是我們畢竟是多年患難之交，彼此心照不宣，都不提起。他還親切地對我說，和談的前景不會樂觀，敵人還在百般刁難，同時潛伏的漢奸潘毓桂、陳覺生等借機向他要挾，要當北平警察局長、平綏鐵路局長。他問我是否同意暫時擔任一下北平城防司令，我拒絕了。接著日軍又進一步要挾張自忠把各城門的警衛部隊撤掉。當時張自忠和我

阮玄武

的行動已被日方注意，一些大漢奸公然宣稱要張自忠通電獨立。在這緊要關頭，張找我磋商對策說：「事態發展越來越壞，你能否幫我緩衝一下，把當前的險關渡過？」我說：「我倆情同手足，凡是我能做到的，就堅決去辦，可是絕對不當漢奸！」他聽我這麼一說，就氣憤地說：你看我身上哪一點有漢奸氣味？我知道他當時的痛苦心情，更知道他是光明磊落的，就沒再說什麼。又過了幾天，駐北苑的第 39 旅在日軍的逼迫下解除了武裝。消息傳來，張自忠氣憤地對我說：「在這一段時間裡，我們已經盡力而為。時機到了，不宜再待下去，要設法脫離這個險境。」我當即表示贊同，兩人依依不捨，緊緊握手道別。8 月 8 日，我從東交民巷水營門前赴東站，搭上剛恢復的平津國際列車直達天津。不久張自忠也到了天津，然後輾轉到了南京。宋哲元又派石敬亭到南京，請馮玉祥向蔣介石說明原委，準張復職。不久張自忠即返回原部，重掌軍權。當時有些不明內情的人，對張自忠在北平那段經過有所誤解，經過宋哲元為他剖洗，方真相大白。

編者按：本文作者是 29 軍 38 師獨立 39 旅旅長，是張自忠的骨幹將領之一。

當時他率軍駐北平北苑，共 6000 人，全副武裝，未經戰鬥而對日軍投降。

蕭振瀛與張自忠的關係

張俊聲

蕭振瀛提出四大口號，當時認作謠言，事實發展，居然實現其三。拒馮（玉祥）、倒宋（哲元）、擁馮（治安）已如上述，惟有排張（自忠）一項沒有做到。這裡面的情況，也有一些曲折必須揭出。蕭振瀛投宋伊始，與張自忠、馮治安、趙登禹等，皆以患難相依，結為兄弟，義氣情感，親同骨肉。因張帶來的部隊較為完整，隱然倚為重心。蕭在南京奔走權要，到處為張吹噓，稱為傑出將才，因此孔祥熙曾至陽泉檢閱二十九軍，對張自忠特致嘉勉，實蕭遊揚之力。迨二十九軍回到冀察地帶，局面擴大，張自忠頗為自負，常覺二十九軍之有今日，主要憑借他的力量，總想翹出同儕之上。於是張對宋之倚重於蕭，和蕭之攬權怙勢甚感不平，因此對蕭常給以難堪，對宋亦傲然強就。蕭則與馮治安、趙登禹接近。一致戴宋而制張。蕭曾私語所親：「張自忠如敢叛宋，我即起而殺張。」然宋哲元對張故示優容，安其反側。例如別人請款一萬，宋只批八千；張自忠若請款八千，宋即批給一萬。故張對宋，亦不過為已甚。及蕭振瀛被張攻擊而失天津市長，蕭、張交惡，遂成不解之仇。七七事變，張自忠被漢奸包圍，逼宋下臺。蕭振瀛假公濟私，當然振振有辭，揮之門外。而馮治安亦因張在二十九軍中聲望高出己上，現在自己當了前敵總指揮。張的舊部已撥歸其節制，如張回任，頗覺難於相處，因此張之被排，勢所必然。

我同張自忠相知頗稔，知其終必不甘墮落，故在前方訪問李文田時，勸其設法把張救出。李等三十八師將領共寫一信，派副官周保衡潛赴北平，見張致意。張亦自悔失策，旋即逃出平津，浮海南下。張經由煙臺到達濟南，即電宋哲元、馮治安告其脫險。宋派秦德純，馮即派我同到濟南慰問，並各攜贈萬元，慰其羈旅。張一見我，極感痛悔，自言：「想不到鬧了這麼一下，好像被鬼所迷。現在惟願一死，身邊常帶安眠藥，隨時想吃下去。」

言下潛然流淚。我說：「你如此時死去，一切無以自明，跳下大海也洗不清，必須再幹一次，然後再死不遲，方能表明心跡。」他亦頗以爲然。後來宋哲元去世時，張自忠捶胸大慟，對人說：「宋先我而死，是天不許我有贖罪機會了。」從此死心益決，後遂殉國。

張自忠歸來後，欲上前線與敵一拼。經宋哲元、馮治安會商決定，派秦德純陪同張自忠先到南京請示蔣介石。蔣只叫他暫且休息。張到鄭州，遇見舊部三十八師的將領劉振三等，都盼張再回師領導。他們聯名要求鹿鐘麟與蔣去電，說張自忠尚爲舊部愛戴，宜令帶罪立功。蔣介石在「使功不如使過」的政策下，采納了鹿之申請，命張回任三十八師師長。蕭振瀛、馮治安雖不滿意，但對蔣命不能不勉強服從，故而排張口號不能實現。

本文引自《文史資料選輯》第 54 輯，83-94 頁，中華書局 1968 年出版

編者按：本文作者早年在西北軍任連長時，張自忠是他連裡的排長，1936 年張自忠任天津市長，張俊聲任特三區行署主任，兼公安分局長，張自忠任 33 集團軍司令時，張俊聲任該集團少將顧問，二人關係頗稔，爲莫逆之交。

對張自忠的初次印象

李宗仁　口述

　　此次臨沂之捷，張自忠的第五十九軍奮勇赴戰之功，實不可沒。張自忠部也在「雜牌」之列，他所以能造出這洋赫赫的戰功，其中也有很多有趣的故事：

　　張自忠原為宋哲元第二十九軍中的師長，嗣由宋氏保薦中央，委為北平市長。七七事變前，敵人一意使華北特殊化，張以北平市長身份，奉宋氏密令，與敵周旋，忍辱負重，外界不明真相，均誤以張氏為賣國求榮的漢奸。七七事變後，張氏仍在北平城內與敵交涉，因此輿論界對其攻擊尤力，大有「國人皆曰可殺」之概。迨華北戰事爆發，我軍失利，一部分國軍北撤南口、張垣，張部則隨大軍向南撤退。時自忠被困北平城內，縋城脫逃，來京請罪。唯京、滬輿論界指責張自忠擅離職守，不事抵抗，籲請中央嚴予懲辦，以儆效尤。南京街上，竟有張貼標語，罵他為漢奸的。群情胸胸，張氏百喙莫辯。軍委會中，也有主張組織軍法會審。更有不逞之徒，想乘機收編張的部隊，而在中央推波助瀾。那時我剛抵南京，聞及此事，乃就西北軍自忠的舊同事中調查張氏的為人。他們，尤其是張的舊同事黃建平，便力為辯護說，自忠為人俠義，治軍嚴明，指揮作戰，尤不愧為西北軍中一員勇將，斷不會當漢奸。我聽到這些報告，私衷頗為張氏惋惜。一次，我特地令黃君去請他前來一敘，孰知張君為人老實，竟不敢來，只回答說，待罪之人，有何面目見李長官。後經我誠懇邀請，他才來見我。當張氏抵達之時，間直不敢抬頭。平居中，常見犯人上堂見官，總是低著頭說：「犯人有罪，不敢抬頭。」對方則說：「恕你無罪，抬起頭來。」我以為這不過是扮戲而已，殊不知抗戰時期，北方軍人中尚有此遺風。

　　我說：「藎忱兄，我知道你是受委屈了。但是我想中央是明白的，你自己也明白的。我們更是諒解你。現在輿論界責備你，我希望你原諒他們。

群眾是沒有理智的，他們不知底蘊才罵你，你應該原諒他們動機是純潔的……」

張在一旁默坐，只說：「個人冒險來京。帶罪投案，等候中央治罪。」

我說：「我希望你不要灰心，將來將功折罪。我預備向委員長進言，讓你回去，繼續帶你的部隊！」

張說：「如蒙李長官緩頰，中央能恕我罪過，讓我戴罪圖功，我當以我的生命報答國家。」

自忠陳述時，他那種燕趙慷慨悲歌之士的忠藎之忱，溢於言表。張去後，我便訪何部長一談此事。何應欽似有意成全。我乃進一步去見委員長，為自忠剖白。我說，張自忠是一員忠誠的戰將，絕不是想當漢奸的人。現在他的部隊尚全師在豫，中央應該讓他回去帶他的部隊。聽說有人想瓜分他的部隊，如中央留張不放，他的部隊又不接受瓜分，結果受激成變，真去當漢奸，那就糟了。我的意思，倒不如放他回去，戴罪圖功。

委員長沉思片刻，遂說：「好罷，讓他回去！」說畢，立刻拿起筆來，批了一個條子，要張自忠即刻回至其本軍中，並編入第一戰區戰鬥序列。

自忠在離京返任前，特來我處辭行，並謝我幫忙，說，要不是李長官一言九鼎，我張某縱不被槍斃，也當長陷縲絏之中，為民族罪人。今蒙長官成全，恩同再造，我張某有生之日，當以熱血生命以報國家，以報知遇。言出至誠，說來至為激動而悽婉。我們互道珍重而別。

——唐德剛撰寫：《李宗仁回憶錄》（下）廣西人民出版社1980年版，第721-723頁。

李宗仁（1890-1969），字德鄰，廣西桂林人。時任第5戰區司令長官。

天津淪陷前的最後一戰

劉景嶽

　　1937 年「七七」事變爆發之際，冀察政務委員會委員長、北平綏靖公署主任兼陸軍第二十九軍軍長宋哲元，正在山東樂陵原籍掃墓及度假，當時張自忠任冀察政務委員會委員、天津市市長兼陸軍第二十九軍第三十八師師長。盧溝橋事變發生後，7 月 9 日張自忠由津去平，與其他將領會商軍務。到平後，他和馮治安、秦德純、張維藩等聯合急電宋哲元，報告事變發生情況，隨後又請鄧哲熙親赴山東樂陵促宋速回平主持一切。與此同時，一面和日方進行交涉，一面加緊整飭部隊，以防萬一。

　　1937 年 7 月 11 日，北平方面中日雙方通過商談達成協議，各自撤兵，恢復和平狀態。同日，宋哲元由山東樂陵到達天津。張自忠當即由平返津面宋報告事件發生的詳情，以及 7 月 11 日中日雙方達成協議的情況。宋見和平有望，慰勉有加。7 月 12 日新任天津日本駐屯軍司令香月清司到津，宋哲元派張自忠、鄧哲熙往見香月。7 月 18 日宋哲元又偕張自忠與香月會晤，歸來時滿面春風地說：「和香月談得很好，和平解決已無問題」云云。

　　1937 年 7 月 19 日，宋哲元由津回平。到平後，下令拆除通衢要道路障和防禦工事，並將關閉數日之城門打開，以示和平誠意。宋哲元於 7 月 20 日發表熱情洋溢的書面談話，略謂：「本人向主和平，凡事以國家為前提。此次盧溝橋事件之發生，絕非中日兩大民族之所願，蓋可斷言。甚盼中日兩大民族，彼此互讓，彼此互信，彼此推誠，促東亞之和平，造人類之幸福。哲元對此事件之處理，求合理合法之解決。請大家勿信謠言，勿受挑撥，國家大事，只有靜聽國家解決。」同時對各方寄來的大批抗戰勞軍捐獻，宋哲元均以局勢已平息為由，通電表示「謝絕」。

　　孰料日本帝國主義者竟以 7 月 11 日達成的和平協議為緩兵之計，從東北抽調大批援軍源源進關，在華北集結。7 月 21 日日方撕毀協議，炮擊我

宛平縣城及長辛店駐軍。7月25日晚，又以修理電話為藉口，與我三十八師在廊坊駐軍第一一三旅劉振三部發生激烈衝突，同時在大沽附近對我三十八師一一二旅黃維綱部之張宗衡團進行挑釁。7月26日三十餘輛汽車滿載日兵，企圖從北平廣安門外衝向城內，經我軍奮勇抵抗，未能得逞。

7月27日敵軍向我大興、南苑、豐臺等地展開全線進犯，此時日方除繼續施加軍事壓力外，並發出最後通牒，限我第三十七師於7月28日午前撤出北平。宋哲元立即將通牒退回予以拒絕，並將情況報告了南京政府。與此同時，設立了北平城防司令部，以秦德純為城防司令，準備固守北平。又於當晚派出戈定遠馳赴保定，催促孫連仲、萬福麟等部，星夜督師北上，協同作戰。當時天津已成「山雨欲來風滿樓」的局面。敵我兵力部署情況如下：

一、日本方面：（1）日本駐屯軍司令官是香月清司；（2）駐軍分佈在海光寺日本兵營、東局子飛機場及天津總站、東站等地區，總計步騎炮空聯合約三千餘人，炮十數門。東局子飛機場停著三十多架敵機，有一個步兵中隊扼守，天津總站、東站駐有一個步兵中隊；（3）大沽口外海域有敵艦和海軍陸戰隊；（4）山海關、廊坊均有日軍。日方估計天津有各國租界，在1902年7月1日，俄等六國交還天津的照會中，有禁止中國軍隊在天津20里內駐紮的規定，故市內駐軍不多，顯然空虛。

二、我軍方面：（1）我軍最高司令官是陸軍第二十九軍第三十八師師長張自忠；（2）所屬部隊在天津市區及其外圍駐地分佈情況：當時市內有六個保安大隊，每大隊兵力裝備相當一個步兵營，除一個大隊守衛市政府外，其餘五個大隊分駐各要路口街道，維護市內治安。〔關於天津保安總隊的編制，說法不一。有的文章說是三個中隊，本文係根據于麟章（曾任保安總隊副官長）提供的資料，為六個大隊。每一個大隊相當於步兵一個營，中隊僅相當於一個步兵連。〕此外，野戰部隊計五個旅，每旅兩個團，及師部、特務團等，其中第一一二旅（旅長黃維綱）駐小站、大沽一帶，守

備海防及南郊；第一一三旅（旅長劉振三，欠二二七團）駐廊坊附近，維護平津鐵路交通；第一一四旅二二八團（團長祁光遠）駐韓柳墅，拱衛北郊；獨立第二十六旅（旅長李致遠）駐馬廠、滄縣一帶，維護津浦路之交通；獨立第三十九旅（旅長阮玄武）駐北平黃寺大樓及通縣附近維護平津陸路交通之安全；師部特務團（團長安克敏）、第一一四旅（旅長董升堂）之二二四團（團長張文海）及一一三旅之二二七團（團長樊倫山），與一個學兵大隊（大隊長劉羽軍）等均駐南苑，從事訓練，統歸副師長王錫汀指揮。

7月下旬，張自忠師長離津，行前只有寥寥數語：「天津軍事由副師長李文田（兼任天津市公安局局長）負責指揮；關於市政府事務，由市政府秘書長馬彥翀負責辦理。」因為戰事吃緊，日軍疊有增加，天津地處國防前哨，是華北的大門，是陸海空交通樞紐所在，同時它也是我軍的駐紮防地，絕不能白白地使之落於敵人之手。當時，在全國人民的抗日高潮中，尤其是在天津人民保衛家鄉的迫切要求和廣大官兵義憤填膺、枕戈待旦的抗日情緒推動下，第二十六旅旅長李致遠一再請纓，最後始由李文田副師長下令調獨立第二十六旅於楊柳青以東地區集結待命。

在天津我軍可使用之兵力：天津市保安隊 3000 人，一一二旅約 3000人，一一四旅二二八團約 1500 人，獨立第二十六旅約 3000 人，合計在萬人以上，除黃維綱旅之二二五團在大沽堅守海防不能抽調外，其二二三團完全可以調進市區作總預備隊使用。

7月27日上午在李文田副師長家開會，計有一一二旅旅長黃維綱，二十六旅旅長李致遠，天津警備司令劉家鸞，二二八團團長祁光遠，保安總隊總隊長寧殿武等。大家一致認為，雖然現在還沒有上級命令，可是鑒於當前形勢，我們必須立即採取行動。日本人連日來向天津增兵，已佔領了天津總站、東站：廊坊失守，平津交通中斷。我們絕不能看著中國領土被敵人佔領，現在敵人兵力是三與一之比，如果現在不打，坐等日軍增多了，

就不好打了，因此決定馬上行動。

　　適巧，7月27日夜接到軍長宋哲元「自衛守土」的感電後，副師長李文田立即召集各旅長、團長、總隊長開會，部署作戰計劃，趁日軍重兵進攻南苑、豐臺、黃村之際，我師應以迅雷不及掩耳之勢，一舉攻佔敵人各據點，搗毀日軍巢穴（日租界），以策應北平方面我軍之作戰。當即分配戰鬥任務：（1）以二二八團及二十六旅六七八團之第二營（我當時是該營營長）、保安第一大隊（大隊長崔國光），會攻海光寺日本兵營並佔領之，由祁光遠團長負責指揮；（2）第二十六旅（欠六七八團第二營）附保安第二大隊（大隊長艾明綱）及保安第六大隊（大隊長劉照華），由旅長李致遠指揮，攻擊天津總站、東站及東局子飛機場，消滅各據點之敵，破壞機場之敵機及設施；（3）保安第三大隊（大隊長馬文漢）即在西站附近維護交通安全，防止敵人進入；（4）第一一二旅（欠二二三團）附保安第四、五兩大隊，堅守大沽海防；（5）一一二旅之第二二三團調至市區內為總預備隊，策應各方面之作戰；（6）各部隊決定於7月28日凌晨二時同時發起進攻。會議結束時，已是夜晚10時了，距發起攻擊時間，只有四個小時，時間非常緊迫，大家立即分頭行動。

　　這次天津戰役的主要戰果是：（1）第二十六旅六七八團朱春芳團長率第三營乘黑夜偷襲了天津東站，將敵壓迫在一個倉庫的樓上包圍而殲滅之，隨即佔領了總站；（2）東局子飛機場方面，因距離較遠，六七八團第一營挑選兩個排跑在最前頭，到達機場後，戰士們用大刀將兩個站崗的敵兵砍死，奮勇直前，一齊衝進了機場。敵人的飛行員都睡在飛機下，聽到槍聲，都準備起飛，戰士們撲向停機場的機群，將汽油倒在飛機上，用火柴引火時，因跑步流汗過多，火柴潮濕，結果只有七八架飛機著了火，大約有20架敵機起飛了。戰士們急了，有的用刀砍，有抓著敵機不放，飛機把人帶得很高，因之摔傷了三四名戰士，對沒跑掉的飛機，戰士們用刀砍，用槍打，用手榴彈炸，燃燒的飛機火光沖天，戰士們槍彈齊鳴；（3）保安

第六大隊在總隊長寧殿武率領下攻擊東站，用偷襲辦法，在兩小時內佔領了東站；（4）攻擊海光寺部隊，均接近到海光寺護城河外沿，敵人利用堅固的鋼筋水泥工事，向我部隊猛烈射擊，敵炮兵也向我前進路上施行攔阻射擊，因之我軍傷亡嚴重，雖經多次發起進攻，均未得手，但已將海光寺包圍，敵人也不敢出擊，一時呈膠著狀態。至中午時分，在海光寺上空有敵機 12 架向我軍民狂轟濫炸，並不斷低空掃射，煙火繚繞，遠處可見。

值得深深懷念的是天津的老百姓，多年來遭受日本帝國主義的蹂躪殘害，對我軍攻打日本鬼子，無不拍手稱快，熱情支援，送來饅頭、大餅、西瓜、酸梅湯等表示心意，有的還開來載重汽車，以供軍用。我軍官兵都深受感動。

7 月 29 日整天都在激烈爭奪戰中，30 日接到軍部撤退的命令。我營和其他部隊，隨即撤出戰鬥。向津南良王莊方向轉移。撤退時雖然已是深夜，附近群眾聞訊趕來送行，有的要求隨軍參加抗戰，有的眼含熱淚告別親人，一種依戀不捨的情懷，使官兵們相對流淚，甚至相抱痛哭。

同年 8 月初，日軍由天津沿津浦鐵路繼續南侵，我師在良王莊、獨流車站一帶，節節抵抗，後我主力部隊到達靜海縣後，積極組織防禦戰的作戰計劃。根據天津作戰的經驗教訓，因爲我們的武器裝備不如敵人，我們絕不能和日軍再打陣地戰了，必須改變方式打遊擊戰。派六七八團第一營守車站，第二營守縣城，但陣地放在城外。六七六團第二營放在良王莊至獨流之間打遊擊。六七八團主陣地第一、二兩營各派一個連在營的前方打遊擊，但不得進入六七六團第二營的區域內。主陣地每連派出一個班在主陣地與遊擊連之間打遊擊，這樣配置的結果，好像是勢孤力單，不能集中力量對敵，但陣前如此錯綜複雜的縱深配置，敵人來的少了，我們一下子就把他吃掉，敵人來多了，我們就躲在側翼，實行側擊，敵人越向前進，我們的部隊就越多，所以不管敵人來多來少，只要一進入我們的範圍以後，就到處挨打，要想生還是萬萬不能的。我們按照這個要領，敵人曾有七次

進攻，都未到主陣地就被我們消滅了，或者被趕跑了。就這樣，我們在靜海地區守了一個多月，後來由第三十七師的張淩雲旅接防，我旅退到馬廠減河以南地區休整及構築新的陣地。

9月上旬靜海失守後，我師與第三十七師部隊會合，旋奉軍部命令：決定在南趙扶、子牙河互馬廠減河之線防守，並確定作戰地境，為靜海、陳官屯、唐官屯、青縣津浦鐵路之線，線上屬第三十七師；我師奉命左接第三十七師，佔領馬廠減河南岸陣地，阻止敵軍南下。根據師部命令，旅、團決定派我營全營渡過燒窯盆村以西木橋，搶佔燒窯盆村。我營原駐地在減河以南之楊官店附近，接到命令後，即刻出發。當時正值雨季，平地水深尺餘，官兵們涉水前進，直奔木橋而來，到了木橋，原來橋寬兩米五，已拆除一半，僅餘一米多寬，幸當時地裡有高粱、玉米等作物，可以隱蔽，但木橋係在減河之上建築，在陳官屯敵人用望遠鏡窺視，還是看得清清楚楚。所以我命令第五連先派兵一排過橋後，對唐官屯方向佔領陣地，以為掩護，後續部隊然後以躍進方式渡過木橋，爾後再搶佔燒窯盆村。到達燒窯盆村後，我和副營長韓盛林，五連連長吳耀中、六連連長馮少文、七連連長李好義、八連連長侯炳榮等一同視察了地形，我說：「燒窯盆村西北距唐官屯約五華里，南距減河約里許，是一突出的據點，我營所處形勢，是『背水之戰』『置之死地而後生』的戰陣。但我營官兵自津戰以來，以愈戰愈強的決心，總算搶佔了這個據點。由此處可遙遙望見日寇沿津浦線開來的裝甲車和部隊移動的情況，這個在運河、減河交叉處的要點，確實是敵我在戰術上必爭之地。」接著，立即開始部署：以第五連（欠一排）到減河北岸佔領陣地，維護營與團之聯繫，負責彈藥糧秣之補給；以第六連佔領村東北部及村北一部陣地；以第八連佔領村北一部及西北部陣地；以第七連及第五連之一排為營預備隊，位置於村東南部，以策應各連之戰鬥。各連應選擇能利用之材料，即刻構築工事，嚴密監視敵人。我說：「敵人若來，我們是『背水之戰』，只有以死相拼，才能死裡求生，我與全營官兵相

處，已三年有餘，論感情親如骨肉，論義氣重如兄弟，這次作戰是民族戰爭，我們要拼到底，拼死算完，不奉命令，絕不後退，何況這裡無後路可退。所以我請全營官兵審時度勢，努力拼這一仗，萬一不幸拼死了，我們是為民族戰爭而死，即對得起國家，也對得起廣大人民。」

　　戰鬥一開始，就是爭奪戰。敵人白天從唐官屯的兩列鐵甲車上用火炮轟擊，隨後以步兵迫近，每次都攻擊到我陣地前沿，但我陣地迄未為動，我營官兵傷亡甚大，連長陣亡，排長接替指揮，有的連以司務長接替連長職務。如此戰鬥，我們進行了整整七個晝夜，全營官兵傷亡二百餘人，燒窯盆村百十戶人家，無一完整房屋，但我營終未使敵人「越雷池一步」，而且每晚我清掃戰場時，繳獲戰利品甚多。最後，敵軍見正面進攻不能奏效，遂由運河以西迂回至馬廠以南企圖切斷我營與減河南岸我主力陣地的通路，對我減河主陣地形成半包圍態勢。我師隨即奉命撤退，經由滄縣以東向捷地方向轉移整頓。至此天津戰役及其近郊戰鬥，暫告結束。

　　　選自《天津文史資料選輯》第三十九輯。
　　　劉景岳 1937 年任二十九軍三十八師獨立二十六旅六七八團二營的營長。

檔案篇

《國策的原則》

（1936 年 8 月 7 日日本內閣五相會議決定）

（一）國家的根本政策，是在大義名分之下，內求國基的鞏固，外謀國運的發展，使帝國在名義上和實質上都成為東亞的安定勢力，確保東方的和平，為世界人類的安寧和福利做出貢獻，以實現建國的理想。

帝國鑒於國內外的形勢，認為帝國應該確立根本國策是在外交國防密切配合之下，在確保帝國在東亞大陸上的地位的同時，向南洋發展，其原則綱要如下：

1・排斥列強對東亞的霸道政策，根據真正的共存共榮主義，共用幸福，是為皇道精神的表現，亦為我國在對外發展政策上和實質上確保作為東亞安定勢力的地位，應充實必要的國防軍備。

2・為謀求國家安泰與發展，使帝國在名義上和實質上確保作為東亞安定勢力的地位，應充實必要的國防軍備。

3・大陸政策的基本點是謀求滿洲國的健全發展，鞏固日、滿國防，消除北方蘇聯的威脅，並防範英、美，實現日、滿、華三國的緊密合作，以促進我國的經濟發展。在執行上述政策時，應注意保持與各國的友好關係。

4・向南洋，特別是外南洋方向，謀求我國民族的經濟的發展，力圖避免刺激其他國家，逐步以和平手段擴張我國勢力，並同滿洲國的建設相配合，充實和加強國力。

（二）以上述根本國策為基礎，統一調整內外各項政策，以期適應現今的形勢而全面革新政治。其綱要如下：

1・擴張國防軍備

（甲）陸軍軍備以對抗蘇聯在遠東所能使用的兵力為目標，尤其要充

實駐在滿、朝的兵力，使其能在開戰伊始，立即對蘇聯遠東兵力予以痛擊。

（乙）海軍軍備應以對抗美國海軍，確保西太平洋的制海權為目標，充實足夠兵力。

2‧我外交政策，應根據完滿施行上述根本國策的精神全面加以革新。為使外交機關的活動有利而靈活地進行，軍部應進行內部援助，避免出面活動。

3‧政治行政機構的革新和改進，財政經濟政策的確立，其他各種設施的經營管理，必須和上述根本國情相適應。為此，關於下列事項，應採取適當的措施。

（甲）指導和統一國內的輿論，使其在突破非常時局方面，鞏固國民的決心。

（乙）為了發展執行國策所必需的產業和貿易，應對行政機構和經濟組織，加以適當的改革。

（丙）在穩定國民生活、增強國民體力和健全國民思想方面，應採取適當措施。

（丁）為謀求航空和海運事業飛速發展，應採取適當措施。

（戊)加速制定國防和產業所需要的重要資源和原料的自給自足方案。

（己）在改革外交機關的同時，充實情報宣傳組織，加強外交活動的對外文化活動。

《1937 年度用兵綱領》

（1936 年 8 月）

當以中國爲敵時，依下列要領進行作戰：

根據華北、華中以及華南地方形勢，以擊潰必要方面的敵人，並佔領各主要地區爲目的。爲此陸軍應協同海軍擊潰必要地區之敵，並佔領各要地。海軍消滅敵艦隊，並控制中國沿海以及揚子江水域，協助陸軍佔領必要之要地。

參謀本部認爲，當行使武力時，固然要極力縮限於一個方面作戰，但鑒於中國方面軍備的改善和充實，我充當作戰的兵力如果仍按過去而不予增加，難以達到目的。

因此，決定在對華北作戰時，除過去的五個師團外，根據情況再增加三個師團，必要時還可能在華北五個省進行作戰。因爲當時按國策正在執行華北自治方針，爲應付這一點也須考慮用兵準備，而且出兵華北後，即使發生對蘇作戰，轉用兵力也比較容易。

對華中方面原來計劃以三個師團佔領上海附近，但是這方面的中國軍隊增加了兵力，構築了堅固的陣地網，因此考慮到作戰規模將會擴大時限定在這一狹小地區，對我戰略態勢顯然不利。因此，計劃調新編兩個師團從杭州灣登陸，從太湖南面前進，兩軍策應向南京作戰，以實現佔領和確保上海、杭州、南京三角地帶。對蘇關係緊張時，這樣用兵難以將兵力向北方轉用，因而是不利的。而萬一行動時，最少也須投入五個師團，否則是不能達到軍事目的。因此，在這種情況下，就不應該在華北以外的其他方面進行作戰。

對華南作戰計劃，仍按去年度計劃大致爲一個師團的用兵計劃。如此，

按去年度計劃充作對華作戰的兵力爲九個師團,而十二年度(1937 年)增加到十四個師團。

《昭和十二年度作戰計劃要領》

（1937 年）

日本陸軍在華北作戰時的訓令部分：

（一）日本陸軍在華北方面作戰時，暫定作戰要領如下：

1．河北方面軍（中國駐屯軍司令官管轄下部隊以外，包括關東軍司令官及朝鮮軍司令官派遣的部隊，以及從國內派來的部隊），以主力沿平漢鐵路地區作戰，擊潰河北省南部方面之敵，並佔領黃河以北的各要地。此時，按需要以一部自津浦鐵路方面協助山東方面作戰軍作戰。再根據情況向山西及綏東方面進行作戰。

2．山東方面作戰軍，在青島或其他地點登陸擊潰敵人，並佔領山東省各要地。

（二）帝國陸軍在華北作戰時，中國駐屯軍司令官之任務如下：

作戰初期若能以原有管轄下部隊在天津及北平、張家口作戰即能確保濟南等各要地，並使在華方面的陸軍初期作戰易獲勝利。

以後任務隨時確定之。

（三）於上述場合作戰初期之中國駐屯軍作戰地區是，獨石口以東滿華國境以南的地區，至於和山東方面作戰軍的邊界線臨時決定。

日本駐中國大使館武官喜多誠一等
向東京匯報中國形勢（要點）

1937 年 3 月上旬參謀本部將駐中國大使館武官喜多誠一少將、中國駐屯軍參謀和知鷹二中佐、關東軍參謀大橋熊雄少佐三人召回東京匯報現地形勢。三人的報告大致匯總如下：

一、蔣介石的抗日政策，仍是堅持在收復滿洲前不會改變。認爲在華北由於我方讓步，即可消滅抗日政策是不可能的；即使在其最有利的時候，也只不過是暫時的現象。蔣介石政權不論在表面上或實際上，正在堅決抗日的大方針下加強內部、充實軍備、依靠歐美以及積極促進南京和華北的一元化。日本應該對此有明確認識，然後作出根本的對策，要嚴加防止只看表面不顧本質。同時應銘記不論在任何場合，採取軟弱政策的結果，只會使現地形勢逐步惡化。

二、日華關係如此惡化，用一般的手段就能夠調整好是不可想像的，但另一方面若考慮我對蘇的關係就應該採取如下的緊急方針：

1·在我對蘇開戰的時期，蔣介石政府至少也不會參戰打蘇聯，這時調整對華邦交。

2·在上項不可能時，走在對蘇行動之前，首先對華一擊，挫傷蔣政權的基礎。在這時候，日本就有必要做好對蘇、中兩個正面作戰的精神準備。

3·不管在以上兩項的哪一種場合，目前最緊急的是在以敷衍調整對華關係下，促進充實對蘇、中的戰備。

日本內閣擬定的《第三次處理華北綱要》

（1937 年 4 月 16 日）

對華實施的策略

根據昭和十一年（1936 年）8 月 7 日決定的《帝國的外交方針》，並參照昭和十一年（1936 年）8 月 16 日有關各省所決定的《對華實施的策略》的實際成績，和中國國內形勢的趨向，目前關於對華政策採取措施如下：

一、對於南京政權措施

對於南京政權和該政權所領導的中國統一運動，必須用公正的態度加以對待，同時採取以下指導方針：努力消除中國方面採取侮日態度的根本原因，設法具體地促使該政權逐漸拋棄容共和依靠歐美的政策，而和帝國接近，特別在華北方面，使其自動地對實現日滿華提攜互助的各種措施進行合作。

在對南京政權採取措施時，應考慮該政權的面子，避免使該政權在國民面前不得已採取標榜抗日的措施。同時，特別致力於文化工作和經濟工作，以中國民眾為對象，在實際上體現共存共榮，以有利於日華兩國邦交的調整。並循著去年在南京進行的日華談判的過程，同時考慮以後中國政局的動向，利用機會，力求盡快地解決以下懸案：

1・取締排日言行。

2・招聘日籍顧問。

3・開始上海到福岡之間的航空聯絡。

4・減低關稅。

5・逮捕、引渡不法朝鮮人。

6．解決上海及其他地方的不幸事件。

二、對華北措施

對華北措施的重點，在於使該地區從實質上成爲防共、親日滿地帶，同時有利於獲得國防資源和擴充交通設施。一方面借此防備赤化勢力的威脅，一方面借此成爲實現日、滿、華三國合作互助的基礎。

爲達到以上目的，主要依靠促進經濟方面的各種工作，不進行謀求華北分治，或者可能擾亂中國內政的政治工作，一面努力消除內外疑慮和中國對日不安之感，一面加以指導使中國方面進而對經濟資源的開發、交通的發展、文化關係的提高等等進行合作。

三、對其他地方政權的措施

對地方政權採取措施之主要目的，在於和這些局部地區的政權取得實質性的合作，以求擴大我方權益，同時由此釀成整個中國總的親日傾向。因此，不採取助長統一或者策劃分裂的援助地方政權的政策。

四、對內蒙的措施

對內蒙政策的重點，就是收攬蒙古人心。在採取措施時，雖然最終目的在於，指導建設以親日滿爲基礎的蒙古人的蒙古，調整其對蘇聯的態度，但目前應專心致志地加強以錫林郭勒盟和烏蘭察布盟爲範圍的內蒙政權的內部。以上工作，應在內部進行，同時應該注意如可能與中國方面發生糾紛時，必須盡量用和平方式加以處理，以取得對蘇、對華政策上的協調。

指導華北的方針

方針

一、指導華北的重點，在於使該地區實質上成爲鞏固的防共、親日滿地帶，並有助於獲取國防資源和擴充交通設備，由此防備赤化勢力的威脅，成爲實現日、滿、華三國合作互助的基礎。

二、為了達到以上目的，目前首先主要把力量傾注於以華北民眾為對象的經濟工作。然而，在進行上述工作時，必須這樣進行指導：除了對華北政權進行內部指導外，對南京政權採取措施，使該政權實質上確認華北的特殊地位，並進而對日滿華提攜互助的各種措施進行合作。

綱要

一、關於指導華北的態度

我方對於華北的措施，由於該地區的地理特殊性，以前往往使中國和其他國家誤解，以為帝國有擴張停戰地區、擴大滿洲國的國界，並使華北獨立的企圖。為此今後對華北採取措施時，最緊要的是嚴禁發生這種無謂的誤解。同時，首先專心致志於進行旨在使華北民眾安居樂業的文化工作和經濟工作，有利於達到我方所期待的目的。在進行華北的文化措施和經濟開發時，應竭力採取開放的態度，一面謀求私人資本的自由參加，一面對於冀察政權或南京政權的要求中認為恰當而有關面子的，必須經常採取諒解的態度來對待。關於冀東地區的特殊貿易和華北自由飛航問題，應迅速設法解決。

二、對冀察政權的指導

在指導冀察政權時，必須以最公正態度來對待，特別要清算財政、經濟、軍事等一切事項，即清除軍閥的一切政治上的腐敗，形成明朗的地區，竭力收攬民心。

三、對冀東自治政府的指導

在指導冀東自治政府時，特別要竭力改善其內政，徹底進行產業開發，使之真正成為沒有軍閥的剝削和腐敗政治的、安居樂業的模範地區，竭力在事實上具體體現帝國對華北公正的真意。

在採取上述措施時，也應考慮冀東自治政府畢竟是不能單獨存在的，不採取有礙於指導華北各政權的措施。

四、對山東、山西、綏遠各政權的指導

對於這些政權，特別是對於山東的措施，重點在於逐步完成以日滿華的融合提攜爲目的的文化工作和經濟工作，使它們和帝國的連帶關係更加緊密起來。

在採取以上措施時，必須用最公正的態度來對待，避免徒然刺激民眾感情，並會被中國方面作爲排日抗日口實的政治工作。

五、關於經濟開發的方針

華北經濟開發的目的，在於一面使私人資本自由參加，以擴大我方權益，一面也誘致中國資本，形成以日人和華人共同一致的經濟利益爲基礎的日華不可分割的情況，以有利於保持華北平時和戰時的親日態度。特別是在國防上必需的軍需資源（鐵、煤、鹽等）的開發，以及與此有關的交通、電力等的設備方面，必要時應投入特殊資本力求其迅速實現。

在經濟開發中，既要使第三國尊重我方在華北的特殊地位和權益，又必須尊重第三國的既得權益，有需要時要利用這些國家的設備共同經營，並利用它們的資本和材料等等，和第三國，特別要和英美提攜互助。

日海軍情報官員向日海軍省
報告華北形勢

（1937 年 5 月 20 日）

在中國全國抗日、侮日的思潮和抗日戰備的進展情況下，不是全部讓步後退，就是決一死戰。如今進行什麼調整邦交、經濟擴張的方案都是不可能有成功希望的。「莫如以開戰來整頓一切戰備，和指導適應國際形勢的外交，乃爲良策。此次中央提示的方策，看起來即使在兩三年前按中國的現狀都已經晚了」。

一、教育總監部本部長香月清司中將前後一個半月在滿洲、華北對軍隊進行視察，六月五日就華北狀況作出如下報告：

華北形勢相當緊迫。因此，中國駐屯軍增強兵力很有必要，也許馬上還辦不到，最少希望增強熱河的兵力，以備華北方面使用。

華北駐屯部隊以對蘇作戰教育爲主對華作戰教育次之。其進展狀況大致適當。但練兵場、演習場不適用是最大缺陷。

二、5 月，曾到中國和滿洲與現地機關進行聯絡的陸軍省軍務課長柴山兼四郎大佐，談當時狀況如下：

日華邦交調整繼續在惡化道路上走著。首先一點，無論如何要撤銷冀東政府使華北明朗化，沒有這一點，日華融合是不可能的。5 月，決定陸軍省派出軍務課長柴山大佐、參謀本部派出第七課長永津佐比重大佐，帶著撤銷冀東政府的腹稿，一同到中國調查實情，並聽取上海大使館武官喜多誠一少將、中國駐屯軍司令官田代皖一郎中將，以及關東軍司令官植田謙吉大將的意見。5 月下旬，兩人到達中國，會見了各位官員，其結果，田代、喜多兩人同意撤銷冀東政府。但關東軍方面，田中隆吉參謀和富水

恭次參謀堅決反對，而東條參謀長也同意這些參謀的意見。結果，未等徵求司令官的意見就回國了。

這次旅行，特別對華北的視察很有必要，用了幾天時間在北平、天津會見了中日要人，徵求他們意見和感想。結果都認為中日雙方很緊張。頗有一觸即發之感。然而感到在駐屯軍內部卻毫無戒備。

關於撤銷冀東政府問題，未能得到關東軍的同意；但駐華各機關大都同意撤銷，並認為這樣做是可以緩和目前僵硬的日華關係的唯一辦法。所以，歸國後即向上司報告（6月9日），必須在適當的時機排除關東軍的反對，斷然予以撤銷。關於此事參謀次長和第一部長也都同意，但作戰課長武藤大佐反對，後宮軍務局長、梅津次官、杉山大臣都同意撤銷，田中軍事課長反對。

三、和柴山大佐同時來華的參謀本部第七課長永津佐比重大佐，於6月8日就中國形勢作如下報告：

長江一帶的排日風潮高漲，很激烈而且繼續持續下去，特別是以大學生為中心的這一運動，摻雜著強烈的反政府的赤色運動，政府也不想制止，如眾所周知，排日運動事實上有英美派官憲暗中煽動。

擔心華北不一定什麼時候，或什麼樣的事件要爆發。不久將來，華北萬一發生不測事態，最擔心的是青島一帶需要警戒。

平津方面表面看很平靜。但共產黨秘密工作已滲透城市的機關、學校、工廠，逐漸波及到農村。不定什麼時候會出事，不可麻痺大意。

四、5月中、下旬的兩星期間，在參謀次長今井清中將率領下，在滿洲進行參謀旅行演習，參謀本部第三課部員公平匡武少佐與井本熊男大尉，作為輔助官隨行。演習完了之後，命他們到中國旅行，以便瞭解各地情況。5月26日，兩位參謀到了天津。以後又到北平、張家口、歸綏、大同、太原、濟南、青島等地視察。井本參謀於6月18日回國，公平少佐還

到了華中，於 6 月底回國，井本參謀的視察所見報告如下：

中國排日、抗日、侮日形勢達到高潮。軍隊幹部、尤其下級幹部態度更加露骨。日本方面軍部派出的人員對中國的動向觀察大體一致，但在對策方面存在分歧。少數人的意見認為，應是日華平等互惠、和平共存，而大多數的意見認為，對中國打擊一下就能改變局勢。日本僑民身受中國挑釁，因而激起了對華的敵愾心。這種狀態還不明白是不是意味著中日戰爭。在通州的殷汝耕說，「山雨欲來風滿樓」，當時我對此話也很難理解。

五、石原第一部長對於流傳的這樣說法：「不久華北要發生什麼事」頗為憂慮；並認為對盧溝橋附近的形勢必須留意。省、部研究派軍事課高級課員岡本清福中佐到中國現地進行聯絡，6 月 18 日，決定其任務為：（1）再次傳達中央的既定方針，並嚴格指示不許搞謀略行動；（2）對於經常因步哨而發生糾紛的步哨問題要合理解決；（3）謀求和中國駐屯軍溝通意志的同時，適當地處理配備參謀人員問題。

六、當時擔任大使館陸軍武官輔佐官的今井武夫少佐談北平附近的動向：

（1）6 月 26 日，原西本願寺法主大穀光瑞來訪時，他分析了今春以來現地中國人發動的群眾運動的險惡的形勢，說「如果就這樣放任下去，擔心會爆發不祥事件。日本如果真的想避免出問題。那麼現在日本所進行的對華政策，特別對華北的『迅速要求經濟權益』有考慮的必要」。還有，最近來訪的岡本中佐也有同樣的意思，並詳細講了華北危險形勢。

（2）據說，6 月 19 日在滿蘇國境，蘇軍侵入乾岔子島附近，和滿軍發生衝突〔6 月 19 日，蘇軍佔領了中蘇邊境的乾岔子島，表示抗議日軍與之對峙。6 月 30 日，日軍對侵入滿洲水域的蘇軍三艘炮艦進行射擊，其中一隻被擊沉，一隻被擊傷。關東軍的強硬態度與日政府態度向左。日政府不願擴大對蘇事端，制止了關東軍的武力舉動。7 月 2 日，通過交涉，蘇

聯從乾岔子島撤走軍隊和艦艇〕。兩軍同時集中兵力，日、蘇兩軍形成對峙。中國方面預想日軍會屈服，而觀望等待。一時在華北流言蜚語，群情騷然。

（3）自6月26日起，冀察政權對北平實行夜間特別戒嚴，受三十七師師長馮治安指揮。實行特別戒嚴理由不詳，傳說不一。有的說是由於駐紮北平附近日軍頻繁演習，國民政府指示應加以注意；有的說收到情報，受日本人唆使的一些中國人要佔領北平，或者說北平市內要起暴動等等。

（4）我收到中國方面提出的關於「日軍6月29日夜，以夜間演習為名，向盧溝橋街裡進行實彈射擊」的抗議。於是，對本駐屯部隊進行秘密地全面地調查。但是，這樣的事實根本沒有。此外，「謎」一樣的事情經常發生。

（5）7月3日，接受三十七師師長兼河北省政府主席馮治安的招待，並隨同師長訪問保定，受到了非常友好的款待。但視察途中情況，在盧溝橋附近的永定河左岸中國兵在大舉演習，在保定北面構築有堅固的陣地。還有，突然訪問保定的中國兵營時，看到那裡進行著強烈的排日教育，給人以極大惡感。

日本政府派兵華北的聲明

（1937 年 7 月 11 日）

中國方面的侮日行爲接踵發生，中國駐屯軍對此正在隱忍靜觀之中。一向與我合作、負責華北治安的二十九軍，於七月七日半夜在盧溝橋附近進行非法射擊。由此發端，不得已而與該軍發生衝突。爲此，平津方面形勢緊迫，我國僑民瀕於危殆，而我方未放棄和平解決的希望，根據事件不擴大的方針，努力作局部地區的解決。第二十九軍雖曾答應和平解決，但於七月十日夜，突然再次向我非法攻擊，造成我軍相當傷亡，而且不斷增加第一線的兵力，更使西苑部隊南進，同時命令中央軍出動等，進行戰爭準備，對和平談判並無誠意，終於全面拒絕在北平進行談判。

從以上事實說明，這次事件完全是中國方面有計劃的武裝抗日，已無懷疑的餘地。

就帝國和滿洲國來說，維持華北的治安，是很迫切的事，不待贅言。爲維持東亞和平，最重要的是中國方面對非法行爲，特別是排日侮日行爲表示道歉，並爲今後不發生這樣的行爲採取適當的保證。由此，政府在本日內閣會議上下了重大決心，決定採取必要的措施，立即增兵華北。

然而，維持東亞和平爲帝國之夙願，因此，政府爲使今後局勢不再擴大，不拋棄和平談判的願望，希望由於中國方面的迅速反省而使事態圓滿解決。關於列國權益的保全，當予以充分考慮。

日本中央統帥部對華作戰計劃

參謀本部決定（1937 年 7 月 29 日）

一、作戰命令

擊潰平津地區的中國軍隊，設法使該地區安定下來。作戰地區，大概限定於獨流鎮之線以北。

根據情況，以一部分兵力，在青島及上海作戰。

二、兵團的兵力編制及任務

（一）平津地區　以中國駐屯軍的四個師爲基幹，擊潰平津地方的中國軍隊。

（二）青島附近　大概以一個師爲基幹，佔領青島附近，以保護僑民爲主旨。

三、指導作戰要點

（一）以中國駐屯軍進行作戰，在平津地區，特別是在以上作戰地區，對中國軍隊盡力加以沉重打擊。

（二）在情況不得已時，對青島及上海附近進行作戰。

（三）由於戰況的演變，特別是由於和第三國的關係，應以低限度的兵力，派到，佔領平津地區，並策劃持久佔領。

四、對第三國，應嚴密警戒，逐步動員必要的兵力，派到滿洲。

五、另外以五個師歸中央直轄，可以適應形勢變化，作好準備。

七七事變《停戰協定第三項誓文》

（1937 年 7 月 19 日夜 11 時－20 日凌晨 3 時）

張自忠、張允榮對日簽訂的七項條款
（史稱「香月細目」）

　　為實現 7 月 11 日簽訂的協定中的第三項，約定實行下列各項：

張允榮

　　一、徹底彈壓共產黨的策動。

　　二、對雙方合作不適宜的職員，由冀察方面主動予以罷免。三、在冀察範圍內，由其他各方面設置的機關中有排日色彩的職員，予以取締。

　　四、撤去在冀察的藍衣社、ＣＣ團等排日團體。

　　五、取締排日言論及排日的宣傳機關，以及學生、群眾的排日運動。

　　六、取締冀察所屬各部隊、各學校的排日教育及排日運動。

民國二十六年七月十九日

第二十九軍代表　張自忠　張允榮

　　又，撤去在北平城內的第三七師，由冀察主動實行之。

　　以上內容因雙方約定對外不發表，所以駐屯軍只總括地發表，「根據約定第三項就取締共產黨和其他排日的具體方法達成協定」的聲明。

　　在此之前，19 日 14 時 40 分在南京的國民政府外交部長代表董道寧對日高參事官提出如下公文。這是對日高參事官提議的回答，拒絕了日方的要求：

「中國政府在事件不擴大方針下，力求和平解決。中國方面的軍事行動，不過是對於日軍增兵平津一帶的當然的自衛準備。中國政府未過問。而今竟突然主張我方和冀察政權的對話，必須經過承認，完全是故意為圓滿解決事件設置新的障礙。目前事態惡化的原因，在於南京政府一面阻礙現地協定，一面不斷調中央軍北上。當此時機南京政府倘不幡然醒悟，解決時局將全然無望。」

香月清司
日本華北駐屯軍司令

在這以前，蔣介石於 17 日在盧山作了「最後關頭之談話」，表明最大決心（19 日發表）。蔣介石談到對日開戰很難避免的形勢時，強調「最後關頭一到，我們只有犧牲到底，抗戰到底」，「便只有拼全民族的生命以求國家生存」。然而仍然不拋棄和平希望，列出了四項和平解決的條件：（一）保持領土和主權的完整；（二）中央政府對冀察政權的統治權不可侵犯；（三）確保中央政府對地方官吏的人事權；（四）拒絕對第二十九軍現在駐紮地區的干涉。

這個聲明發表以後，日本方面的一般理解是中國決心要對日作戰。而如此下去，很明顯事態勢必惡化。

陸軍中央接到國民政府的答復後，強硬論驟然成為支配性的論調。特別重視 19 日晚中國軍隊對一文字山的射擊。參謀本部第二部當天分發了《關於決定帝國態度的意見》，主張「為確保《何梅協定》，掃除事變根源，以安定華北，要求堅決使用武力」。為此，「（一）陸軍中央部在決心行使武力的同時，著手進行動員及其他各項準備。（二）立即中止天津軍對冀察的交涉，轉為作戰行動。」

慎重派的河邊第二課長，也於當夜對軍令部橫井大佐說：「鑒於南京政府的態度及第二十九軍連續的不法行為，單方面無論怎樣希望締結協定並

付諸實行，最後平津地方 不能得到安定。這種情況長期下去，單從兵力關係看，爲了自衛也已經是不能再忍受的了。所以，我認爲已經是下定決心的時候了。」〔海軍方面認爲：過去在處理對華問題上一直抱著對立觀點的陸軍兩派有聯合的表現，這將使整個陸軍的態度一致起來。但是，僅在出兵的戰略問題上，還不是那麼簡單，陸軍內部的意見對立和動搖越發深刻。〕

值得注意的是，當天夜半在天津實施協定簽字之前，陸軍中央部的態度強硬起來。其主要原因是南京政府的答覆。並且中央部把現地的細小糾紛看得過大，對協定的簽字並沒有那樣的決心。中央部和現地軍之間在對形勢的認識上，存在著不小「分歧」。

本文引自：中華民國史資料叢稿（譯稿）第五輯，中國事變陸軍作戰史，第一卷第一分冊，日本防衛廳防衛研究所戰史室，田琪之譯，宋紹柏、郭林校。中華書局。1979 年 10 月。

毛澤東致宋哲元的信

明軒主席先生勛鑒：

劉子青先生來，知先生情殷抗日，曷勝仰佩。曩者日寇入關，先生奮力邊陲，慨然禦侮，義聲所播，中外同欽。況今日寇得寸進尺，軍事政治經濟同時進攻，先生獨力支撐，不為強寇與漢奸之環迫而喪所守。對華北民眾運動，亦不復繼續去冬之政策。果然確立抗日決心，一面聯合華北人民群眾作實力之準備，一面恢復一九二五至一九二七年西北軍光榮歷史時期曾經實行之聯俄聯共政策，一俟時機成熟，實行發動大規模之抗日戰爭，則不但蘇維埃紅軍願以全力為先生及二十九軍助，全國民眾及一切抗日力量均將擁護先生及貴軍全體為真正之抗日英雄。目前日寇圖綏甚急，德王蠢蠢欲動，蒙古第二傀儡國之出現，大抵為時不遠，冀察政委會漢奸成分之增加，著著向先生進逼。然弟等甚望先生能於艱難困苦之中堅持初志，弟等及全國人民必不讓先生獨當其難，誓竭全力以為後援。近者國內統一戰線大有進步，紅軍主力漸次集中，國際聯繫已有把握，凡此均非徒托空言，而有實際力量，足以資為抗日之用者也。惟具體實施步驟，必須規劃周詳，方免貽誤。茲遣張金吾前來就教，請予接談。如荷同意，即以張為敝方長駐尊處之聯絡代表，一切通信聯絡均以秘密出之。魯韓綏傅晉閻三處，弟等甚願與之發生關係，共組北方聯合戰線。先生必有同心，尚祈設法介紹。臨書不勝屏營翹企之至。專此，即請勛祺。

弟

毛澤東　拜啓

一九三六年八月十四日

引自《毛澤東書信選集》40 頁，人民出版社 1983 年出版。

蔣介石致宋哲元親筆函

明軒吾兄主任勛鑒：

戈參事來廬，接誦手書，感慰無涯。中夙信兄公忠體國不負中央付託之重任，茲聞近狀，益信兄苦撐精神久而彌篤，幸爲自慰。冀察之事，盼兄酌情處理，此間只有爲兄負責設法解除困難，絕不使兄獨任其難，獨受群謗，一切望沉著應付，努力前進，成敗毀譽，願與相共，外間挑撥離間之言，別有作用，此後必更加甚。唯在彼此心照，均不置信而已。總之，中央倚畀吾兄之重有加無已，而中對吾兄公私俱切，更不待言。長城在望，吾無北顧憂矣。余托由卓超參事面達，一切專此布復，即頌

近祉

中正　手啓

二十六年　六月二十二日

引自《宋故上將哲元將軍遺集》上冊 629 頁，臺灣傳記文學出版社，1985 年 7 月出版。

中共中央為日軍進攻盧溝橋通電

（1937 年 7 月 8 日）

全國各報館、各團體、各軍隊、中國國民黨、國民政府、軍事委員會暨全國同胞們：

本月七日夜十時，日本在盧溝橋，向中國駐軍治安部隊進攻，要求部隊退至長辛店，因部不允，發生衝突，現雙方尚在對戰中。不管日軍在盧溝橋這一挑戰行動的結局，即將擴大成為大規模的侵略戰爭，或者造成外交壓迫的條件，以期導入於將來的侵略戰爭，平津與華北被日軍武裝侵略的危險，是極端嚴重了。這一危險形勢告訴我們：過去日本帝國主義對華「新認識」、「新政策」的空談，不過是準備對於中國新進攻的煙幕。中國共產黨早已向全國同胞指明了這一點，現在煙幕揭開了。日本帝國主義武力侵佔平津與華北的危險，已經放在每一個中國人的面前。

全中國的同胞們！平津危急！華北危急！中華民族危急！只有全民族實行抗戰，才是我們的出路！我們要求立刻給進攻的日軍以堅決的反攻，並立刻準備應付新的大事變。全國上下應該立刻放棄任何與日寇和平苟安的希望與估計。

全中國的同胞們！我們應該贊揚與擁護馮治安部的英勇抗戰！我們應該贊揚與擁護華北當局與國土共存亡的宣言！我們要求宋哲元將軍立刻動員全部二十九軍，開赴前線應戰！我們要求南京中央政府立刻切實援助二十九軍，並立即開放全國民眾愛國運動，發揚抗戰的民氣，立即動員全國海、陸、空軍，準備應戰，立即肅清潛藏在中國境內的漢奸賣國賊分子，及一切日寇偵探，鞏固後方。我們要求全國人民，用全力援助神聖的抗日自衛戰爭！我們的口號是：

武裝保衛平、津，保衛華北！

不讓日本帝國主義佔領中國寸土！

為保衛國土流最後一滴血！

全中國同胞、政府與軍隊團結起來，築成民族統一戰線的堅固長城，抵抗日寇的侵略！

驅逐日寇出中國！

中國共產黨中央委員會

1937 年 7 月 8 日

國民政府外交部重要聲明

（1937 年 7 月 11 日）

　　申明如下：據所得報告，日軍不遵照雙方約定之停止軍事行動辦法，拒絕全部撤至指定地點。首則遺留部隊二百餘名於盧溝橋東北之五里店，繼則調動大部軍隊千餘人集結於盧溝橋東北三里許大瓦窯，於十日下午六時起連續向我盧溝橋駐軍猛烈進攻。同時並調集日本國內外大軍絡繹向平津進發，意圖作大規模之軍事行動，而貫徹其最初目的。至是盧溝橋事件遂又趨於嚴重。其責任自應由日方負之。查此次事件發動於七日深夜日軍在盧溝橋非法演習時聲言演習兵士一名失蹤，要求入城搜查，經我方拒絕，彼遂發炮攻我，致起衝突。其為日方有計劃有作用之行動至為顯然，而盧溝橋原非條約所許外人可駐軍演習之地，其行為之不合法猶無疑異。我方除由盧溝橋駐軍守土自衛奮勇抵抗外，一面由外交部向日本使館提出嚴重抗議，要求立即制止日軍之軍事行動，並聲明保留一切合法要求；一面由地方當局與日軍代表折衝，期事件之早日和平解決，我方維護和平苦心，可為舉世共見，差幸八日晚雙方議定辦法：（一）雙方停止軍事行動；（二）雙方出動部隊各回原防；（三）盧溝橋仍為我軍駐守。方謂事件於此可告一段落。初不料所謂撤兵辦法竟係日本緩兵之計，毫無和平解決之誠意。中國國策對外在於維護和平，對內在於生產建設，舉凡中日間懸案，均願本平等互惠之精神，以外交之方式，謀和平之解決。深盼日本立即制止軍事行動，遵照前約，即日撤兵，並為避免將來衝突起見，切實制止非法之駐軍與演習，庶使事態好轉，收拾較易。否則一誤再誤，日本固無以自解其重責，遠東之安寧或將不免益趨於危險，恐猶非大局之福地。

宋哲元發布戰字第一號命令

（1937 年 7 月 16 日）

　　陸軍第二十九軍爲確保北平及迅速撲滅盧溝橋、豐臺之敵下達作戰命令

　　民國二十六年（1937）七月十六日

　　陸軍第二十九軍作戰命令　戰字第一號

　　一、軍爲確保北平重點及其附近地區對敵抗戰，同時以一部迅速撲滅盧溝橋、豐臺之敵，以使後方兵團之進出容易。

　　二、部署：

　　（一）總指揮官　第三十七師師長馮治安。

　　（二）區分：

　　右地區隊：

　　指揮官　　騎兵第九師師長鄭大章。

　　副指揮官　第三十八師副師長王錫釘。

　　　　　　　軍官團團長徐以智。

　　第三十八師特務團第二二五團（欠第一營）。

　　第二二六團第二二七團教導大隊。

　　特務旅（欠第一團團部及第一營）。

　　騎兵第九師第二旅（欠第五團）。

　　軍官團。

　　軍士訓練團。

左地區隊：

指揮官　　　冀北保安司令石友三。

副指揮官　　獨立第三十九旅旅長阮玄武。

冀北保安第一旅。

冀北保安第二旅。

獨立第三十九旅。

城防守備隊：

指揮官　　　第一一一旅旅長劉自珍。

第三十七師第一一一旅。

第三十八師第二二五團第一營。

特務旅第一團（欠第二營）。

河北省保安第一旅第二團

右側支隊：

指揮官　　　獨立第二十七旅旅長石振綱。

獨立第二十七旅。

總預備隊：

指揮官　　　總指揮官兼任。

第三十七師（欠一一一旅）。

三、指導要領：

（一）右地區隊對各方向所來之敵，須均能抗戰。應佔領由永定門附近起，經平苑大道——南苑營房亘團河附近。並於通敵各道路附近，利用地形，對各方向配置所要之兵力。以主力集結於中間要點，待敵接近，即

依機動夾擊及逆襲等手段擊滅之。對南苑至北平城之交通線，應特別注意保護。第二二六團附工兵一部，先在廊坊附近竭力防害前進。並相機破壞敵人之交通，至不得已時，退歸地區隊。

為使地區守備部隊之戰鬥容易起見，應以騎兵主力，在地區守備部隊前方廣行活動，並破壞被敵利用之交通線，隨時隨地牽制擾害之。

（二）左地區隊佔領由北平城東北角經北苑亙昌平車站附近，應在通敵方道路，利用地形，於第一線配置所要之兵力。以主力集結於後方各要點，誘敵進至不利之位置，即以機動夾擊之手段擊滅之。對於懷柔、昌平方向前進之敵，應與南口附近守備部隊確保連擊，協力殲滅之。

（三）北平城防守備隊按城防計劃固守之。

（四）右側支隊確實佔領黃村、龐各莊至固安大道之各要點，並以黃村附近鐵路線為活動基礎。對於天津方向之敵，掩護我右側；對於豐臺方面之敵，協同總預備隊殲滅之。

（五）南口駐津軍應負責掩護左地區隊之左側。

（六）總預備隊協同各地區隊及右側支隊，由各方面包圍盧溝橋、豐臺之敵，應於最短時間迅速撲滅之。

（七）各部在作戰期間，應多派有力小組便衣遊擊隊，盡力擾害敵之行動。

（八）各部應即完成準備，候令開始行動。

軍長　宋哲元（印）

第三十七師師長馮治安（印）

下達法：召集命令受領者印刷交付

蔣委員長批示：存。

本文引自秦孝儀主編《盧溝橋事變史料》（上冊）148 頁 1986 年出版。

蔣委員長對於盧溝橋事件之嚴正表示

（1937 年 7 月 17 日）

——民國二十六年七月十七日於第一期盧山談話會第二次共同談話會講

　　各位先生：中國正在外求和平、內求統一的時候，突然發生了盧溝橋事變，不但我舉國民眾悲憤不置，世界輿論也都異常震驚。此事發展結果，不僅是中國存亡的問題，而將是世界人類禍福之所繫。諸位關心國難，對此事件，當然是特別關切，茲將關於此事件之幾點要義，為諸君坦白說明之。

　　第一，中國民族本是酷愛和平，國民政府的外交政策，向來主張對內求自存，對外求共存。本年二月三中全會宣言，於此更有明確的宣示。近兩年來的對日外交，一秉此旨，向前努力，希望把過去各種軌外的亂態，統統納入外交的正軌，去謀正當解決，這種苦心與事實，國內都可共見。我常覺得，我們要應付國難，首先要認識自己國家的地位。我們是弱國，對自己國家力量要有忠實估計，國家為進行建設，絕對的需要和平，過去數年中，不惜委曲忍痛，對外保持和平，即是此理。前年五全大會，本人外交報告所謂：「和平未到根本絕望時期，絕不放棄和平；犧牲未到最後關頭，絕不輕言犧牲」，跟著今年二月三中全會對於「最後關頭」的解釋，充分表示我們對於和平的愛護。我們既是一個弱國，如果臨到最後關頭，便只有拼全民族的生命，以求國家生存；那時節再不容許我們中途妥協，須知中途妥協的條件，便是整個投降，整個滅亡的條件。全國國民最要認清，所謂最後關頭的意義，最後關頭一到，我們只有犧牲到底，抗戰到底，唯有「犧牲到底」決心，才能博得最後的勝利。若是徬徨不定，妄想苟安，

便會陷民族於萬劫不復之地！

　　第二，這次盧溝橋事件發生以後，或有人以爲是偶然突發的，但一月來對方輿論，或外交上直接間接的表示，都使我們覺到事變發生的徵兆。而且在事變前後，還傳播著種種的新聞，說是什麼要擴大塘沽協定的範圍、要擴大冀東僞組織、要驅逐第二十九軍、要逼迫宋哲元離開，諸如此類的傳聞，不勝枚舉。可想見這一次事件，並不是偶然。從這次事變的經過，知道人家處心積慮的謀我之亟，和平已非輕易可以求得；眼前如果要求平安無事，只有讓人家軍隊無限制的出入於我們的國土，而我們本國軍隊反要忍受限制，不能在本國土地內自由駐紮，或是人家向中國軍隊開槍，而我們不能還槍。換言之，就是人爲刀俎，我爲魚肉！我們已快要臨到人世悲慘之境地。這在世界上稍有人格的民族，都無法忍受的。我們的東四省失陷，已有了六年之久，繼之以塘沽協定，現在衝突地點已到了北平門口的盧溝橋。如果盧溝橋可以受人壓迫強佔，那末我們百年故都，北方政治文化的中心與軍事重鎮的北平，就要變成瀋陽第二！今日的北平，若果變成昔日的瀋陽，今日的冀察，亦將成爲昔日的東四省。北平若可變成瀋陽，南京又何嘗不可變成北平！所以盧溝橋事變的推演，是關係中國國家整個的問題。此事能否結束，就是最後關頭的境界。

　　第三，萬一真到了無可避免的最後關頭，我們當然只有犧牲，只有抗戰！但我們的態度只是應戰，而不是求戰；應戰，是應付最後關頭，必不得已的辦法。我們全國國民必能信任政府已在整個準備中，因爲我們是弱國，又因爲擁護和平是我們的國策，所以不可求戰；我們固然是一個弱國，但不能不保持我們民族的生命，不能不負起祖宗先民所遺留給我們歷史上的責任，所以到了必不得已時，我們不能不應戰。至於戰爭既開之後，則因爲我們是弱國，再沒有妥協的機會，如果放棄尺寸土地與主權，便是中華民族的千古罪人！那時便只有拼民族的生命，求我們最後的勝利。

　　第四，盧溝橋事件能否不擴大爲中日戰爭，全繫於日本政府的態度，

和平希望絕跡之關鍵，全繫於日本軍隊之行徑，在和平根本絕望之前一秒鐘，我們還是希望和平的，希望由和平的外交方法，求得盧事的解決。但是我們的立場有極明確的四點：（一）任何解決，不得侵害中國主權與領土之完整；（二）冀察行政組織，不容任何不合法之改變；（三）中央政府所派地方官吏，如冀察政務委員會委員長宋哲元等，不能任人要求撤換；（四）第二十九軍現在所駐地區，不能受任何的約束。這四點立場，是弱國外交最低限度，如果對方猶能設身處地爲東方民族作一個遠大的打算，不想促成兩國關係達到最後關頭，不願造成中日兩國世代永遠的仇恨，對於我們這最低限度之立場，應該不至於漠視。

總之，政府對於盧溝橋事件，已確定始終一貫的方針和立場，且必以全力固守這個立場。我們希望和平，而不求苟安；準備應戰，而絕不求戰。我們知道全國應戰以後之局勢，就只有犧牲到底，無絲毫僥幸求免之理。如果戰端一開，那就是地無分南北，年無分老幼，無論何人，皆有守土抗戰之責任，皆應抱定犧牲一切之決心。所以政府必特別謹慎，以臨此大事；全國國民亦必須嚴肅沉著，準備自衛。在此安危絕繼之交，唯賴舉國一致，嚴守秩序。希望各位回到各地，將此意轉達於社會，俾咸能明瞭局勢，效忠國家，這是兄弟所懇切期望的。

本文引自秦孝儀主編《盧溝橋事變史料》（上冊）專載 1986 年出版。

事變後國民政府軍事機關長官會報

（第一至十六次會議記錄）

　　盧溝橋事變爆發後，國民黨政府軍事機關主要長官、幕僚及有關人員逐日在軍政部部長何應欽官邸舉行會報，並由何主持，從七月十一日至八月十二日，共進行三十三次。其所形成的記錄，對盧溝橋事變爆發後國民黨政府的和戰方略、軍事部署等均有反映，具有重大史料價值。特先將第一至第十六次會報會議記錄，公佈於後。

　　出席會議人員，除何應欽外，有參謀總長程潛、訓練總監唐生智、軍事會議院院長陳調元、軍委會秘書長張群、資源委員會副秘書長錢昌照、軍委會辦公廳主任徐永昌、航空委員會主任周至柔、中央宣傳部部長邵力子、交通部部長俞飛鵬、江西省主席熊式輝、軍政部次長陳誠、軍政部次長曹浩森、參謀本部次長熊斌、軍政部軍需署署長周駿彥、軍政部兵工署署長俞大維、軍政部總務廳廳長項雄霄、參謀本部第一廳廳長龔浩、參謀本部第二廳廳長徐祖貽、軍委會辦公廳副主任吳思豫、劉光、軍委會銓敘廳廳長林蔚、軍政部軍務司司長王文宣、軍政部機械司代司長陳東生、軍政部交通司司長王景錄、軍政部兵工署製造司司長楊繼曾、軍政部兵役司司長朱爲珍、外交部情報司司長李迪俊、軍委會侍從室第一處主任錢大鈞、憲兵司令谷正倫、陸軍軍官學校教育長張治中、航空學校校長黃鎮球、軍委會侍從室參謀李昆崗、軍政部會計處會計長陳良、軍政部參事佘念慈、參謀本部第二廳處長尹呈輔、軍政部科長羅澤愷、譚道平等。在閱讀時請對照，不另加注解於文後。

（1）盧溝橋事件第一次會報

　　時間：二十六年（1937年）七月十一日下午九時

地點：部長官邸大客廳

出席人員：唐總監　陳院長　劉副主任　周主任　曹次長　熊次長　周署長　俞署長　項廳長　王司長　陳代司長　端木委員　佘參事　羅科長　譚科長道平

主席：部長

會商事項：

（一）羅科長宣讀情報。

（二）委座諭：在熊、曹二次長中派一人赴北平。部長意，以熊次長為宜。

（三）已到新兵器之使用。

1．3.7 戰車炮就已到者，隨十五日以前分發指定之部隊，其未完成之車輛，由軍務司長與交通司洽商，速撥載重汽車代開。2.3.7 高射炮及 21—高射炮，亦速按已定計劃編成，以便隨時分發使用。3.8.8 高射炮已到者，決定裝於江陰，限星夜趕築。

（四）彈藥檢討：

俞署長報告，長江北岸各地存儲共約六千萬發，武昌約四千萬發，南京約一萬萬發。步機槍彈，共有五萬萬發，其中三萬萬發為庫存，二萬萬發分在各部隊。步炮彈藥五十萬發，3.7 戰車炮彈約三十萬發，山野炮彈、葡福式山炮彈約十二萬發，克式野炮彈約十萬發。合計以二十個師計算，可供作戰三個月之用。應先將一部運過黃河，分散屯儲。

（五）航空：

周主任報告，現在可使用於第一線之飛機約二百架，航空根據地，擬設在太原。

（六）糧秣：

現有五十萬人、十萬匹馬糧秣一個月份，應速購二月份，一面將一部糧秣推進至黃河北岸存儲。

（七）燃料：

汽油現存三百萬加侖。飛機汽油現存二百五十萬加侖。

（八）部隊：

1.各部速就國防位置解除其勤務，最爲重要。2.十六師調至蕪湖、宣城一帶，並換發其槍枝。3.韓部之74D（師），先發漢造新槍二千枝。4.可使用之部隊，由軍委會再加檢討。5.陝西孫蔚如部可調一師。6.57D應否回嘉興原防。7.劉建緒部應準備抽調一師，隨時可以接延平3D之防務。8.另擬動員計劃。

（九）通信兵團調一營至新鄉、一營至徐州待命。

（十）防空兵器，統屬於軍政部或航委會。部長意，以屬於軍政部爲宜，因必與陸軍聯繫作戰也。

（十一）醫院，應調一部過黃河準備。

（2）盧溝橋事件第二次會報

時間：二十六年（1937）七月十二日下午九時

地點：部長官邸大客廳

出席人員：何部長　程總長　唐總長　徐主任　曹次長　熊次長　劉副主任　林廳長　周主任　周署長　俞署長　項廳長　王司長（文宣）　王司長（景錄）　陳代司長　佘參事　端木委員　羅科長　譚科長　張署長健

會商事項：

（一）派趙部附巽於明（十三日）乘飛機將盧溝橋工事圖送往保定，

交馮主席治安轉送前方應用，並攜公函及密電本，以後即留保定作連絡參謀。

（二）熊次長北上案：

1.到達地點：先乘飛機到鄭州，再換乘火車赴保定。2.隨行人員：楊處長宣誠同行，並派方高級參謀徑赴天津，保宋主任即日到保定，與熊次長會面。3.任務：宣達中央意旨，即本委座所示不挑戰必抗戰之旨，如宋主任環境關係，認爲需要忍耐以求和時，只可在不喪失領土主權原則之下與彼方談判，以求緩兵，但仍須作全盤之準備，盧溝橋、宛平城不可放棄。如二十九軍需要子彈與軍需，中央可以源源補充。

（三）以後情報及新聞之發表，由佘參事負責審查，另由參部派人協助。

（四）部隊準備案：

1.照劉副主任擬案，另加檢討修正。2.15D王東原部，先令開武漢待命。3.第一次使用於第一線部隊，不可全用調整師，應將稍差部隊夾用。4.令各邊區主任，就目前各邊區情況，可以抽調部隊若干，迅速具報，以憑統籌計劃。5.令各部隊於奉到命令後幾小時可以出動，速具報備查。6.令各省保安團隊，演習維護後方交通之勤務。7.津浦路車北上之開行，應不露痕跡，將車輛逐漸南移。8.可通知粵、桂、川省等部隊準備，必要時抽調部隊北上，其正在整編者迅速整編。9.必要時發動綏東之戰爭及察北僞軍之反正。10.必要時令第三者〔指中國共產黨領導的抗日軍隊。〕出綏東侵內蒙，以擾敵之側背。

（五）後方勤務事項：

1.醫院應準備推進，由軍醫署速擬計劃。2.彈藥之推進，照軍械司所擬辦法辦理。3.糧秣之推進，照軍需署所擬辦法辦理。

（3）盧溝橋事件第三次會報

時間：二十六年（1937）七月十三日下午九時

地點：部長官邸大客廳

出席人員：何部長　程總長　唐總監　徐主任　劉副主任　俞部長
俞署長　周署長　張署長　林廳長　曹次長　項廳長　王司長（務司）　王
司長（交司）　陳代司長　佘參事　端木委員　尹處長　吳副主任思豫　羅
科長　譚科長

會商事項：

（一）部隊調動之檢討：

1.戰鬥序列，照劉副主任擬案，由四長官加以指正，於明（十四日）
修改後，再提出決定。2.調 2D補充旅（鐘松）至江南，並以一團防守上海。
又龍華飛機場，須另籌撥軍隊二個營防守。3.調 57D回嘉興原防。4.95D
羅奇部已由劉主任調至鄭、汴集結待命，將來擬調津浦南段守備，並將現
在滁縣之教總隊一團歸還建制。

（二）情報之通電與通報：

仍由部長辦公廳名義，每日匯集發表一次，重要者隨時通報。（行政院
各部部長、行院秘書、政務處亦須送一份）

（三）兵站準備事項：

1.戰時各部隊經費標準案（軍需署擬）與戰鬥序列攸關，留待戰鬥序
列確定，再審核決定。2.來津以第一線部隊為限，並以現品為宜，不可用
代金，亦俟戰鬥序列決定再定。

（四）外交謀略。

日武官大神戶請見部長，先由次長代見，探其意向，如確有誠意，亦

可與之談判。

（4）盧溝橋事件第四次會報

時間：二十六年（1937）七月十四日下午九時

地點：部長官邸大客廳

出席人員：何部長　程總長　唐總監　徐主任　劉副主任　曹次長　吳副主任　林廳長　周署長　俞署長　項廳長　王司長（務司）　王司長（交司）　陳代司長　尹處長　端木委員　佘參事　羅科長　譚科長

會商事項：

（一）羅科長報告今日所得各方情報。

（二）曹次長報告：頃接熊次長電話云：已於一小時前到達保定，寓省政府。得天津方面電話，知方高級參謀已到天津。孫連仲部已過石家莊。據保定軍事長官云，因保定無防空設備，希望中央軍緩開保定，現天津日本飛機甚多，如中央軍倉促開到，恐被其不意之轟炸。又津浦路北端甚空虛，甚願中央軍能由津浦路北上到滄州等處云云。

（三）部長報告：委座有電到外交部，囑發表申明書。頃研究甚久，但覺頗難著筆，因據外交界確實消息，十一日晚，宋已簽字，承認日方條件。現中央並非申明宣戰，仍須說明和平願望，而地方政府已與對方簽訂和平條件，中央尚不知底蘊，仍在調兵遣將，準備抗戰，是中央與地方太不聯繫，故發表宣言，甚難措辭，研究結果，以電話告錢主任，請轉陳委座核示。

又：據北平消息，日方及漢奸對宋部大肆挑撥，謂日軍此次行動，係擁護冀察利益，拒止中央軍來佔冀察地盤，又對張自忠部下，則謂僅打馮治安部，不打張部等語。

又：英國領事及新聞記者曾見宋，宋發表談話，謂代表所簽字承認之條件，係敷衍日方面子。日方興師動眾，非得一點憑據，面子不好看。現在日本全國僅二十師人，用於平津者不過五六萬人。現中央交四個師歸我指揮，絕不怕日軍之壓迫等語。

但據北平私人電話，宋為親日分子齊燮元、張自忠、張允榮、陳覺生四大金剛所包圍，確已於十一日晚簽字，承認日方之條件如下：1.道歉並懲辦此次事變責任者；2.取締共產黨、藍衣社激烈分子排日抗日等運動；3.永定河以東、西山以西，不駐中國軍隊。（按此條有南北二百餘里、東西百餘里地方又形成冀東狀態）但秦德純致牯嶺電話，不承認有上敘事實，謂並未簽訂任何條件。

（四）關於戰鬥序列：

1.照劉副主任案尚須再加研究與檢討。2.各級主官各稱，可分二案，請委座核定。

A.陸海空軍大元帥：各方面軍總司令；各集團軍司令官；以下軍長師長。

B.陸海空軍總司令：各方面軍司令長官；各集團軍司令官；以下軍長師長。

3.大元帥幕僚長，仍稱參謀總長。4.預備軍中李宗仁與方面軍同等稱呼，其他各預備軍，則與集團軍同等。又第五預備軍以何成濬為司令官，陳辭修副之。5.炮兵及機械化兵，須妥為分配。6.空軍以直屬大元帥為原則，依其必要，可分屬於各方面軍。7.素質不良部隊，寧可列入後方警備部隊之中，以便在後方整理，不宜列入第一線，以免耗費。8.後方警備部隊，須同時擬定計劃。9.重新檢討戰鬥序列時，最好先列出立案之原則與綱領，如作戰計劃內，第一線預計使用若干師為合理，及重點使用於何方，集中於何方面為適當，先有此種前提，方可產生細節之戰鬥序列也。（按昨晚之

戰鬥序列，多違反此前提，且與以前曾經委座批准之作戰計劃大有出入）10.大本營編制，亦應檢出擬定。11.平漢、津浦之間空隙甚大，中央軍不可置於第二線，宜用一部於第一線，而填補空隙，並免韓、宋等之懷疑（曹次長所提）。

（五）關於長江封鎖：

1.注意不失時機，撤除長江之燈塔航標。2.與陳季良次長接洽，請其妥定海軍使用計劃。3.張教育長主張鞏固陣地，且在南通劉海沙設堡壘。4.決定將鎮江湍臺舊炮，移裝劉海沙。5.江陰新炮，限期完成，並先使能單炮射擊。6.另到之八八炮四門，本擬裝於海州，但目下主炮未到，僅裝八八炮四門，無甚效力，可先將此四門裝於南通或劉海沙或漢口，以任腰擊及防空之用，由小組會議研究之。

（六）關於謀略與外交方針：

1.徐主任意見：現在我準備未周，開戰難操勝算，必在此最困苦關頭，能忍耐度過，若日方真如其宣傳，確不欲事態擴大，則我似應抓住其意向，表示可以妥協，最好由中央給予宋明軒以妥協標準，使其便於商談。

2.程總長意見：現在我們希望緩兵，以完成我方準備，所謂完成準備，即對長江設備完成，可以確實控制長江之安全，而保長江之樞紐，則無論實行持久戰或殲滅戰，乃有把握。但目下之準備與軍隊之動員，仍不可忽。

3.唐總監之意見：現在宋明軒已在中央許可範圍以外，從事妥協之運動，如中央再給以和平妥協之意圖，則前途將不可問，冀察必非我有，故目前中央宜表示強硬，而任宋明軒之妥協運動之進行，如結果不超出中央期望之外，則中央可追認之，否則，中央仍予以否認。至軍事準備尤不可忽。

（七）晉閻、川劉之表示：

1.熊次長電話云：閻主任派張蔭梧赴天津，有最懇切函致宋明軒，勸

其接受中央軍之援助，協同抗戰，不可妄聽漢奸之挑撥，並謂如前歲「赤匪」入晉，中央派軍援晉，彼時持反對論者甚多，余（閻自稱）力排眾議，決定歡迎中央軍入晉，結果始能擊退「赤匪」，而中央軍在晉並無其他作用，可為例證云云。

2.川劉湘頃有通電，請纓抗日，並謂遵令整軍待命等語。已囑中央新聞檢查所緩一二日再決定發表與否。

（5）盧溝橋事件第五次會報

時間：二十六年（1937）七月十五日下午九時

地點：部長官邸大客廳

出席人員：何部長　唐總監　蔣主任鼎文　俞部長飛鵬　徐主任　劉副主任　何參議競武　吳副主任思豫　林廳長　谷司令　曹次長　張教育長治中　黃校長鎮球　周署長　俞署長　張署長　端木委員　項廳長　王司長（務司）　王司長（交司）　陳司長（械司）　尹處長呈輔　佘參事羅科長　譚科長

會商事項：

（一）羅科長報告本日情報。

（二）防空計劃：

1.黃校長報告現有防空兵器及所擬分配使用計劃。2.現在牯嶺之二公分高射炮十門，速電調返京，控制使用。3.各要地防空處及監視所，應速令成立。4.首都防空司令部秘密成立，以谷司令兼任防空司令，黃校長、王廳長兼任副司令。5.3.7高射炮至少須控制二門，隨航空根據地行動（劉副主任報告，閻主任同意在太原設航空根據地，請航委會全權辦理）。6.洛陽不必派3.7炮，武漢則分配3.7炮四門。7.石家莊可少派二公分炮一連，將

此連控制於南京。石家莊之一連先在開封待命。8.保定派二公分三連（36
D僅抽二連）。9.到保定三連，先開彰德，歸 10D 控控之。10.下命令節約
高射炮子彈，可定一簡單規則。11.明日下午由林廳長召集兵工及防空有關
人員商討防空兵器之分配及子彈庫設置地點。（子彈庫須分區設置並合乎作
戰要求之地點）

（三）部隊之調動及戰鬥序列，明日軍委會長官會報時再研討。

（6）盧溝橋事件第六次會報

時間：二十六年（1937）七月十六日下午九時

地點：部長官邸大客廳

出席人員：何部長　程總長　唐總監　徐主任　劉副主任　吳副主任
林廳長　龔廳長浩　徐廳長祖貽　曹次長　黃教育長　周署長　俞署長
張署長　項廳長　王司長（務司）　正司長（交司）　陳司工（械司）　端
木委員　尹處長　佘參事　羅科長　譚科長

會商事項：

（一）情報報告。

（二）電北平綏署及宋、秦等，告以日軍動員及輸送情形，二十九軍
在平之危險態勢，請速擬日軍奇襲時之應付計劃見復。

（三）江寧要塞區Mg作高射用，仍用在要塞區內。

（四）31D之Mg據云均無高射架，兵工署查明發給。

（五）李及蘭師長云：該師所領漢造步槍彈無彈夾。兵工署查明原委，
並研究各種步槍彈可否通用於各種槍。

（六）德Hakro公司索付一千萬馬克案，再電委座請示。

（七）今日行政院會議提出。對日作戰是否全部化，或局部化，及絕

交或宣戰之手續與步驟如何，定於明（十七日）上午八時，在外交部會商，研究其利害得失，派參謀本部第二廳徐廳長燕謀出席，並帶明瞭國際公法者一人同往。

（八）普通醫院之徵用，已由軍醫署、衛生署及全國紅十字總會會同組織一機關統籌辦理中。

（九）彈藥庫之存儲及數量，照林廳長審定案辦理。

（十）炮七團仍令在彰德待命（委座之意仍須北開）。

（十一）戰鬥序列呈委座核定，不必再研究。

附錄：戰爭全部化或局部化之意見

陳院長：按實際一經開戰，則僑民下旗歸國，未有所謂局部化。

程總長：依現在實際狀況，僅能局部化，第一步似不能談絕交，但如青島、海州發生戰爭，則我在上海方面，似應先有所動作。

唐總監：絕交，則長江腹地到處開炮，我甚不利，但僅局部化，則敵仍可處處自由行動，敵亦有利。現在最宜考慮者，如果被奸人包圍，簽字撤兵，二十九軍內部分化，中央如何辦理？（程總長主張中央應嚴申紀綱）

部長：1.如局部化，日軍對二十九軍攻擊時，中央當然參加，此時其他地方均不動。2.敵如在青島上陸，則我拒止之，又發生戰爭，惟此時是否仍僅限於北平與青島，其他各處仍如「九一八」時官民照常往還，照常通商，或此時全部化，實行絕交宣戰。3.如全部化，則絕交宣戰，對敵之租界、兵艦、商船、居留民等，如何處理？4.現我須全部準備，但究竟局部化與全部化，何者於我有利，在國際公法上手續如何，均須詳為研究。

（7）盧溝橋事件第七次會報

時間：二十六年（1937）七月十七日下午九時

地點：部長官邸大客廳

出席人員：何部長　程總長　唐總監　徐主任　俞部長　劉副主任吳副主任　曹次長　林廳長　周署長　俞署長　黃校長　龔廳長　徐廳長項廳長　王司長（務司）　王司長（交司）　陳司長　尹處長　佘參事　端木委員　譚科長道平　羅科長澤愷

會商事項：

（一）情報報告（羅科長報告）。

（二）部長報告：

1.今日見王外長，謂日方對盧溝橋事件不願擴大，只要中政府將外交權交與冀察自行交涉，而冀察當局能忠實履行十一日晚所簽訂之條約，即可和平解決等語。其目的在使冀察特殊化。

2.本日大誠戶武官到部，請正式謁見何部長，經派曹次長代見。大誠戶提出書面意見，略謂：如中央派兵北上及派飛機北上，則日本將有適當處置，以資應付，因此引起之事端，應由中國負其責任等語。除已抄送外交部及呈報委座外，擬置之不理。

（三）劉副主任報告：1.已令炮七團開保定，歸孫連仲指揮。2.已令商震部抽四個團編為一師，星夜進駐石家莊。3.本日小組會議，重新決定各要塞即須裝置之炮位，如劉海沙、兔耳磯、湖口等處。4.第五連之八八炮四門，擬仍裝於海州，惟海州工事未築成以前，擬將炮先置於後方安全地點，俟該處工事及炮座築成，再運往裝置（部長云：可先置於滁州）。5.航路標誌委員會曾開會，對於長江航標之撤除，謂須商請海政局執行，甚為麻煩，且難適應時機，請分段責成各要塞司令、警備司令負責辦理。6.擬派袁德信赴平津，為二十九軍之聯絡參謀（袁此次巡察工事成績頗好，且與二十九軍有淵源）。7.日方警告民用商用飛機，概不許飛至北平，如飛到，即以敵機看待。我歐亞及中航機，應否停飛北平（仍繼續飛行）。8.富貴山

地下室，八月底可完成，其垂直通風孔，應否堵塞。9.通訊兵團請充實，或將各行營電話排調回。（已令在陝西者集中西安，在川、黔者集中重慶）。10.各部院會擬另覓小房屋，為機密辦公處（可照辦）。

（四）吳副主任報告：

陳紹寬由柏林來電，率海軍人員回國，枕戈待命（轉呈委座）。

（五）交通司王司長報告：

1.現急需支付購買汽車及燃料費二百五十萬元，燃料費一百五十萬元，原有預算汽車費一百萬元，請另行籌撥，因已訂購汽車一百輛，二三星期即可交貨（先在截擴項下墊付）。

2.中國汽車公司（曾次長養甫主辦）現存有柴油汽車一百四十輛，請電曾次長撥歸本部應用，價款請先記賬，每輛約四千餘元（可照辦，仍在上海裝配，裝成若干，即隨時由滬杭、京杭路開駛來京）。

（六）徐廳長報告：

今日上午與外交部徐次長等商討開戰後之絕交宣戰等手續及其利害，所得結論如下：

1.正式衝突後，外交部即發表一正式宣言，敘明日本對我壓迫，我不能不自衛之理由。（宣言稿現已準備）

2.關於斷絕國交，如絕交後，雙方即具有交戰國資格，現日本海軍絕對優勢，日本即可以交戰國地位通告各國，禁止一切軍需品及軍需原料輸入中國，其範圍甚廣。現我國一切軍用品，能否自給自足，大有問題。

又絕交後，日本居留民及日租界之日人，仍可遷入英、法等國租界居住，依然可以做造謠、擾亂、諜報等工作，英、法租界必加以保護，我無法驅逐及拘捕之。但我國在日本之僑民則無法保護，將被驅逐，甚至拘捕，而我亦無如許船隻裝載僑民歸國。

故兩相比較，絕交後日方可以行使交戰國之權利，我方則不能享此交戰國權利，因之交戰後，不宜絕交，仍以如「九一八」時之狀況為宜。

3.我不表示絕交，仍有一補救辦法，即由軍部將作戰地劃為一軍事區域，所有區內之日本居留民可以驅逐出境，或請各國僑民撤退。且此區域無妨放大區劃，如在河北作戰，即後方要點如武漢、浦口等處，均可劃入軍事區內。

4.上海公共租界，作戰時可以提出書面要求，禁止日人以公共租界為護符，而行擾亂。如公共租界當局不接收此要求，則可收回之。不過此事因英人權力較大，最初先向英人疏通，總可辦到。

5.北平東交民巷之使館區，戰時亦可請其退去。

以上各項，由徐廳長用書面錄出，報告委座，以供參考。

（七）熊次長云：宋明軒因總司令名義未發表，或對中央不無誤會，此次頒布戰鬥序列時，可否將宋列為方面軍總司令，與閻平等地位。申告錢主任陳委座核定。

（八）劉副主任報告：本日小組會議時，周主任報告空軍現狀，對空軍頗表示菲薄之意，謂前年飛機已到退伍時期，去年飛機其精華時期已過，明年飛機尚未補充到達，且北方燃料、炸彈、飛行場等均無準備，故目前為我空軍最不利時期，須到明年一至三月，飛機補充齊全，方為我空軍有利時期云云。

周主任明（十八）日飛廬山，謁委座報告一切。

（8）盧溝橋事件第八次會報

時間：二十六年（1937）七月十八日下午九時

地點：部長官邸大客廳

出席人員：何部長　徐主任　劉副主任　吳副主任　曹次長　林廳長
周署長　張署長　黃校長　龔廳長　徐廳長　項廳長　王司長（務司）　王
司長（交司）　陳司長（械司）　端木委員　佘參事　譚科長　羅科長

會商事項：

（一）羅科長報告情報，並提出意見二項如下：

1.依龐軍長電告：遵令由石家莊向滄縣前進，先頭由夜晚出發，預定
六日行程可到等語。可見我軍集中已甚遲緩，實因最高統帥部無整個計劃
所致。如前此決定龐部開滄縣，則令由運城經茅津渡渡河，經隴海轉津浦
路車運至滄州下車，既便利而迅速，且免六日行軍之勞。

2.敵機掃射列車必須低飛，我軍高射Ｍｇ應可在車上射擊，恐各部隊
運輸時未作防空準備，以後無論運輸、行軍、宿營、戰鬥間均有危險，似
宜通令注意，切實防空準備。

（二）目下最重要者，為部隊迅速集中與配置妥當，在戰鬥序列未奉
委座頒行以前，軍委會調遣部隊切實注意。

（三）彈藥照前日決定辦法，迅速配置妥當。

（四）通令各部隊，尤其出動部隊，告以炮七團及32Ａ本日兵車被敵
機掃射之教訓，以後無論在運輸間、行軍間、駐軍間、戰鬥間，對於防空
防毒及防戰車裝甲汽車等之準備與動作，須切實注意與演練。（軍委會辦）

（五）戰時各部隊給與應特別節約，在未正式作戰以前，尤不能發給
許多特別費用，即較「剿匪」時給與尚須節省，因大故發生後，財政及經
濟之統制，能有飯吃即屬幸事，不可另發許多雜費也。

（六）林廳長提出宋所謂第二步計劃，究竟是何用意。現在不知二十
九軍第一步計劃，則第二步計劃實難策定。是否即任二十九軍被敵繳械，
我軍僅作退一步之防禦計劃，或須作應援二十九軍之計劃，均須確定。

部長云：由各幕僚妥爲研究，擬定計劃爲要。

（9）盧溝橋事件第九次會報

時間：二十六年（1937）七月十九日下午九時

地址：部長官邸大客廳

出席人員：何部長　程總長　唐總監　徐主任　劉副主任　吳副主任　曹次長　陳會計長　周署長　俞署長　林廳長　張署長　黃校長　龔廳長　徐廳長　尹處長　端木委員　佘參事　王司長（務司）　王司長（交司）　陳司長（械司）　譚科長　羅科長

會商事項：

（一）羅科長報告今日情報。

（二）部長報告：

1.今日與喜多會見情形（另有談話紀錄）。2.日高向外部送備忘錄及外部簽復後，日高又提出質問各情。3.委座對署訓團訓話內容。

（三）程總長報告：

1.喜多今日見我談話與見部長所談相同，我意現既決意作戰，但應掩蔽我之企圖，故我對喜多仍表示極端和平。2.現最可顧慮者爲我軍之質量與訓練尚不夠現有武器之地位。

（四）部長結論：

1.明日上午十一時，在軍委會長官會報研究具體辦法後，請程總長與徐主任赴牯嶺謁委座（軍政部並著曹次長、王司長、羅科長參加），請各位先擬好書面意見，以便研討。2.林廳長建議後方準備各項，通知各機關照辦（建議如另紙）。3.重要文件另易地保存。

（10）盧溝橋事件第十次會報

時間：二十六年（1937）七月二十日下午九時

地點：何部長官邸

出席人員：何部長 程總長 唐總監 徐主任 俞部長 錢主任 劉副主任 吳副主任 曹次長 谷司令 林廳長 龔廳長 徐廳長 俞署長 周署長 張署長 陳會計長 王司長（務司） 王司長（光司） 陳司長 黃校長 項廳長 端木委員 尹處長 佘參事 譚科長 羅科長

（甲）報告情報。

（乙）會商事項：

（一）黃校長報告：

委座既已返京，本京三公分七及兩公分高射炮應否進入陣地。（部長：先將飛機場、兵工廠、軍委會三處高射炮進入待機陣地。）

　　（二）劉副主任報告：

　1.劉主任以 95 D 另有任務，請調鄭、汴一帶至津浦南端之護路，請另調沈克師或楊渠統師擔任。（部長：該師紀律稍差，不可靠，仍調 95 D。）2.劉主任請保留豫省保安團七團，並請有事時，至少留三師在豫、皖境內，協同保安隊維持治安。（部長：在全國警備計劃內注意及之。）

　　（三）敵機飛我內地，外交部均擬提抗議，令各警備司令部如發現敵機，即報告中央。

軍委會專派一人清查日人在華不法諸案之統計，如走私販毒、強查郵件、自由拘人等等，並電各省自本年一月起，將此類案件清查見復。

　　（四）歐亞中航機自明日起停飛平津兩處。

　　（五）二十九軍作戰命令（七月十六日正午於北平所發）。譚參謀宣讀。

（六）海琛艦長請示，如敵艦先開一炮，是否還擊。現下關敵我軍艦皆裝彈對峙，隨時有衝突可能。

（七）張司令文伯請給歐陽格以江防司令名義。

（11）盧溝橋事件第十一次會報

時間：二十六年（1937）七月廿一日下午九時

地點：何部長官邸

出席人員：何部長　唐總監　熊主席　曹次長　劉副主任　吳副主任　林廳長　龔廳長　徐廳長　周署長　俞署長　張署長　黃校長　陳會計長　項廳長　王司長（務司）　王司長（交司）　陳司長（械司）　尹處長　端木委員　佘參事　譚科長　李參謀昆崗（侍從室）　羅科長

會商事項：

（一）情報報告。

（二）部長報告：本日會商總動員實施之決議各項（另有記錄，從略），通知各關係部，限文到一日內即召集商討，迅速實施，並將辦理情形見復。

（三）作戰計劃之研究

1.蔣百里先生之意見（呈委座函之原文）。2.軍委會所擬戰鬥序列，已奉委座核定並改正。3.尚有細部須再加檢討，如102D、103D宜聯合使用，楊德亮旅宜留置甘肅。

遵委座改正各點，參照蔣百里意見，重加檢討修正。

（四）鐘松旅之一團，不宜急遽開入上海，可將該旅駐松江附近待機。

（五）戰法之研究：

熊主席主張：1.屢戰屢敗，屢敗屢戰。2.移民移物，堅壁清野。3.避實

擊虛，晝伏夜動。

（六）關於突擊戰術、陣地編成以及各級官兵必要之戰鬥知識與技能，如對炮兵、對騎兵、對戰車、對裝甲汽車、對飛機、對毒瓦斯等之戰術及士兵之射擊技能等等，由龔廳長摘要編纂。

（12）盧溝橋事件第十二次會報

時間：二十六年（1937）七月廿二日下午九時

地點：部長官邸大客廳

出席人員：何部長　陳院長　熊主席天翼　張秘書長岳軍　曹次長　林廳長　劉副主任　吳副主任　俞署長　周署長　張署長　林教育長柏森　黃校長　龔廳長　徐廳長　王司長（務司）　王司長（交司）　陳司長（械司）　項廳長　端木委員　尹處長　佘參事　李參謀　羅科長

會商事項：

（一）羅科長報告情報。

（二）劉副主任報告：鷹屋總顧問云：連日日本用英語廣播，將此次中日軍衝突，完全委過於中國，使世界各國均深信責任在中國而不在日本，此種國際宣傳戰，中國不可忽略。等語。

部長：由徐廳長注意，與中央宣傳部洽商，每晚增加對國際之廣播，與日方對抗。

（三）交通司王司長報告：

1.機械化部隊過江用輪渡，鐵道部不肯免費，是否改用輪船運渡？（部長：可付價，仍用輪渡，以保秘密。）2.向中國汽車公司索撥之柴油汽車一百五十輛，已復電允許。惟須照付價款，每輛五千餘元，共約七十餘萬元，如無現金，亦須信用擔保。（部長：軍需署將此款列入戰費內。）

（四）黃校長報告：

1.洛口高射炮已到達，軍民均表歡欣。2.接前方防空監視哨報告：本日上午九至十時頃，有日機二架在德州以北滄州、馬廠一帶偵察，約一小時始北飛。3.如敵機來我陣地偵察，是否射擊？

部長：1.洛口、鄭州之高射炮陣地，是否適當及隱蔽，著派高級官前往視察指導。2.敵單機高空偵察，不必射擊，以免暴露我高射炮陣地，如結隊低飛有轟炸企圖時，則射擊之，著用命令下達。3.另準備小炮一連，往濟南防空。

（五）軍務司王司長報告：

防禦戰車炮，現南京一營、徐州一營、信陽一營。（部長：可準備抽一連赴濟南控制。）

（六）軍械司明晨將庫存槍炮數列表呈核。以後每調整師，僅發步槍三千五百支。

（七）劉副主任報告部隊調動：

遵委座指示，10D、83D開石家莊轉往武強、獻縣一帶集中，25D、17D開石家莊集中。

（13）盧溝橋事件第十三次會報

時間：二十六年（1937）七月二十三日（星期五）

地點：部長官邸大客廳

出席人員：何部長　唐總監　曹次長　項廳長　劉副主任　周署長　林教育長　林廳長　龔廳長　徐廳長　俞署長　張署長　陳會計長　王司長（務司）　王司長（交司）　陳司長（械司）　朱司長（役司）　尹處長　端木委員　佘參事　徐主任　譚參謀　李參謀　羅科長

會報事項：

（一）情報報告。

（二）周署長報告：在實業部開會，吳部長對衣糧統制意見（另詳書面報告）。（部長：可照辦。）

（三）項廳長報告：擬具總動員設計委員會之組織與人選（另詳書面報告）。

（唐總監：1.設置此委員會認為必要。2.當然委員中加入訓練總監部副監。）

（四）羅科長報告：韓主席電告，截獲日方關東軍侵華五大計劃。（部長：請參謀本部研究。）

（五）林教育長報告：

1.工兵器材缺乏，原定於六月前充實十一個營器材，但因經費關係，未能辦到，而軍械司已用去器材費三百餘萬，多係不應做之事。（陳司長申明：此事須查案方可答覆。惟四、五、六月份器材費，均未領到。部長：軍費署速將四、五月材料費籌撥。）

2.現在最缺乏者為火藥，請速補充，因戰時爆破之物甚多。

3.作戰時，學校之任務與準備，請明日規定。（唐總監：由訓練總監部召集各學校教育長會商決定。）

4.工校學員為數不多，且以教育為主，但軍委會用命令源源調去作工及守護工事等勤務，於教育大有妨礙。（劉副主任：守備工事已下令交要塞司令接替。）

5.委座命令成立工兵四團，現雖一時不能實現，但幹部之養成與工兵之來源，應先為籌劃，擬軍士由士兵中挑選，工兵則於徵兵時挑選志願者充之。（朱司長申明，可以照辦。）

6.作戰時公文手續，應請改良，平時購辦器材，關於預算之公事，至少須五六個月，且往返駁詰，甚感困難。

（陳會計長申明：照法令規定，凡用款在萬元以上者，須呈軍委會核準，故手續不免延遲。現自廿六年度起，凡一重要公文到部，至多十天須辦去，否則承辦人受處分，如最重要公事，最好請派專人送到，則一二日內或數小時可得結果。

7.所派到校會計人員十數人之多，而做事則亂，且主張將預算放大，足見派遣軍需人員之壞。

（部長：預算公事之遲緩，乃爲事實，在審計制度未廢止以前，先謀補救辦法，即在一定範圍內，由部負責核準。以後凡需要速辦者，可先行申明。）

（六）海琛艦長報告炮彈缺乏，6 吋炮每門僅 20 發，4 吋炮每門僅 8 發，請轉知海軍部酌予補充，爲每門 100 發（至少 50 發）。（部長：函軍委會辦公廳令海軍部照辦。）

（七）28Ａ（陶廣）軍部已到長沙，現所屬師均已調出，對軍部如何安置？部長：設法在劉恢先邊區內安置一軍部（劉部共編四軍）。

（八）江陰 8.8 炮位，已決定否？（劉副主任：江南岸均已決定，江北岸俟張炮兵監視察後再定。）

（九）項廳長報告：

日人收買廢鐵，爲我資源之損失，我國鐵廠過少，不能吸收民間廢鐵，似應由公家另辦鐵廠，以資補救。（部長：兵工署與資源委員會會商收買廢鐵辦法。）（十）劉副主任提出軍法外所擬懲治漢奸法（照呈。）

（十一）佘參事報告修正戰鬥序列。

（十二）中央應派大員赴石家莊主持工事之構築。（如熊次長、曹次長、

陳次長、衛督辦等擇一人前往。）（部長：由銓敘廳擬定數人，呈委座核示。）

（14）盧溝橋事件第十四次會報

時間：二十六年（1937）七月廿四日下午九時

地點：部長官邸大客廳

出席人員：何部長　唐總監　徐主任　張司令官文伯　錢主任　熊主席天翼　錢秘書長昌照　曹次長　林廳長　林教育長　劉副主任　吳副主任　黃校長　周署長　俞署長　龔廳長　徐廳長　項廳長　徐秘書主任培根　尹處長　端木委員　王司長（務司）　王司長（交司）　陳司長（械司）　佘參事　譚科長　李參謀　羅科長

會商事項：

（一）羅科長報告情報。

（二）徐廳長報告：綜合連日情報，可作兩種相反之判斷，即：一敵不願事態擴大。二敵將大舉進攻。究竟實情如何，頗難斷定，已飭在日本內地情報員就其動員上詳為偵察。

（三）劉副主任報告：

1.馮副委員長建議，由長辛店至門頭溝速修鐵道，以打通平漢、平綏路之交通。（現時恐來不及，交執二組審查研究）。

2.上海報告：日海軍司令函淞滬警備司令部，謂我飛機飛日租界及日兵營，作轟炸狀態，請注意制止等語。如何答覆？（可答以已轉航空機關矣）

3.蔣主任銘三，令其參謀長龔理明速返福州，龔本日到京，委座召見，囑其速赴福州佈置防務。龔請示第二軍軍長何人接替。（李延年代）

（四）張司令官文伯報告：

1.請給歐陽格以江防司令名義。

部長：歐不能統轄海軍，現海軍方面正擬呈請整理海軍，請委座兼海軍部長，將來長江有第三艦隊，歐不能指揮，故只可給以江陰區江防司令名義。（此係秘密名義，不發表）

2.現在亟須辦者三事，即：一江岸工事。二通信網。三交通路。城塞組拖延一年，迄未開工，且經費未發，請速示辦法。

部長：經費早已發五十萬，可責成張司令官負責辦理，經費、材料、人員，皆由城塞組撥發應用，並規定一江岸工事秘密工作，用修築員警所等名義。二通信網限二星期完成。③交通路擇其急要者先築一二條。

（五）鐘松旅改為獨立旅，給以新番號。

（六）錢秘書長昌照報告：汽車柴油已購得數百萬加侖。

（七）部長結論：（已分別通知）

1.凡各主管機關應作之事，統於本月底加以檢討，是否辦到？2.明晨九時，本部曹次長、項廳長、王司長、陳司長、徐秘書主任、羅科長等來此開會，研討現存軍械之分配，佘參事說明戰鬥序列，以便有所準據。3.軍隊集中照戰鬥序列，第一線兵團限本月底到達。4.糧秣限期購辦齊全（先購一百萬人半年用糧秣）。5.彈藥各總分庫，照計劃於本月底完全搬運完畢。6.裝備補充，如第一線兵團之通信器材、工作器具、行軍鍋竈、防毒面具及輜重車輛等，從速補充。7.兵站於本月底開始設置。8.鐵道運輸司令部，本月底秘密組成。9.大本營及各級司令部編制，迅速擬定，本月底秘密成立。a.幕僚階級提高。b.大本營須有海空軍幕僚。c.海軍部派一人在大本營任幕僚，但除海軍事務外，不必參與。d.催海軍部於一星期內將計劃呈出。

（八）熊主席意見：

1.作戰計劃：須先決定採用持久戰抑殲滅戰，如採持久戰，則空軍不宜全部投入。2.應同時注意民眾之利用，可研究逃荒辦法，凡我軍退出一地，即將房屋建築等完全毀滅，人民無論老幼，均逃荒轉移於內地。（部長：十六歲以上均須編隊，隨軍行動，此條通知兵役司注意研究。）3.民眾不知自己為中國人，且不知當漢奸之恥辱，應速設法喚醒。

（15）盧溝橋事件第十五次會報

時間：二十六年（1937）七月廿五日下午九時

地點：部長官邸大客廳

出席人員：何部長　唐總監　熊主席　張司令官文伯　曹次長　劉副主任　吳副主任　龔廳長　徐廳長　林教育長　黃校長　俞署長　周署長　張署長　陳會計長　徐主任秘書　端木委員　王司長（務司）　王司長（交司）　陳司長（械司）　佘參事　譚科長　李參謀　羅科長

會商事項：

（一）羅科長報告情報。

（二）徐廳長報告：判斷敵在華北及遼、熱兵力概況如下：1.盧溝橋、豐臺附近，為 20D（川岸）之一部約一旅及原駐平津之牟田口聯隊。2.通州及北平，為河邊旅之主力約二個聯隊（即原平津駐屯軍，欠牟田口聯隊）。3.天津楊村為 5D 之一部，不及一旅。4.以唐山為中心之平榆路，為 10D 之大部或一部。5.熱河南部為 4D 一部，及佐藤部隊之一部，其另一部進入古北口，在密雲、順義、昌平等地。6.榆關、錦州間約尚有一師，隊號不詳。

（三）羅科長宣讀昨晚會報記錄（部長諭：重要者通知關係機關）。

（四）項廳長宣讀頃間張司令與上海童參謀長通話記錄（大意滬上平安無事，日人抗議我飛機不得在日租界飛行事，擬予以答覆）。

部長諭：日人要求事項，我不可承認，尤不可有書面答覆，只可口頭答，以已轉航空機關矣。當經電話告知童參謀長。

（五）劉副主任報告：

1.海軍部方面計劃，迄未呈出，頃送來阻塞南通附近江面之辦法，請準備器材如下：民船 160 隻（長 100 尺、高 6 尺）、石子 90 萬立方公尺、輪船 6 隻、石子 75 萬立方公尺、洋灰 800 桶。現擬一面交城塞組計算需費若干，一面研究此項阻塞可否實行。

部長：如此恐長江將成泛濫，恐難實行，姑留作一案。至海軍方面，仍催其對我艦隊如何使用，妥為計劃。

2.俞部長條呈：在豫、魯等省購辦馬騾大車數千，共約需一百萬元，經呈奉委座批准，請飭軍需署、馬政司會同執二級派員購辦。

部長：只可準備征發，不宜大量購買，此案可交軍政部核辦。

3.閻主任處高級參謀壽民請求三事：一第一期工事費尚欠七十萬元，請速發給。二不敷工事費四百萬元，請籌撥。③前李生達部「剿匪」費二萬，請補發（陳會計長云：照通案不發，已電復矣）。

4.孫連仲來電：奉令構築滄保線工事，最少須五師兵力，已派人偵察，該部單獨擔任不了，請從保定起至以東某處指一範圍。（已抄送林廳長就近指示規定）

部長：1.龔廳長檢查滄保、德石兩線工事舊案，再於圖上加以研究，最好先就大道、公路等要點構築據點工事。2.通令該處民間收穫時，只刈禾尖，將禾幹留存，以收青紗帳之利。

5.宋明軒電徐主任、馮副委員長，謂中央積極準備，似有把握，究竟此戰如何打法，似係探詢中央內情之意。

6.委座對於我軍集中及作戰諸處置，每日必有數次手令查詢，此後擬

每日作下列三項呈報委座：一情報組每日將敵軍之行動及位置，摘要列出，並作敵情判斷。二作戰組每日將我軍集中及到達位置，列表或制圖。③作戰組根據上列二項，作一情況判斷，以檢查過去處理有無不當，邇後有無應補助之處置（由徐培根、羅澤愷負責）。

　　7.作戰組加入侍從室李參謀昆崗。

　　（六）保定105D高射炮營，名目不妥，應另給以名目。（軍務司辦）

　　（七）平漢路黃河橋已配置高射炮，請交通部通知中航、歐亞兩公司，勿由橋上飛過，以免誤會。（軍委會正式去公文通知）

　　（八）黃校長報告：

　　連日鄭州、開封一帶，皆有日機飛來偵察。（部長：軍委會隨時通知外交部。）（九）情報組加派陳綽為副主任，並報告委座。（呈明正主任陳立夫，僅負名義，實際由徐、陳二副主任負責）。

　　（十）原定裝於海州之88mm高射兼迫擊炮一連（四門），因主炮未到，擬改裝於他處，有主張裝於鄭州，任黃河橋之防空者，但武漢甚為重要，可改裝武漢（龜山），另調49A劉多荃部，派雙管13mm高射機關炮一連往鄭州，協同已到之高射炮四門，擔任黃河橋之防空。（辦公廳簽呈委座）

　　（十一）北平張參謀長來時，囑其以後對敵情須常常報告。

（16）盧溝橋事件第十六次會報

　　時間：二十六年（1937）七月廿六日下午九時

　　地點：何部長官邸

　　出席人員：何部長　程總長　唐總監　徐主任　陳院長　俞部長　熊主席　熊次長　曹次長　錢主任　周主任至柔　劉副主任　吳副主任　龔廳長　徐廳長　張主任發奎　錢秘書長昌照　林教育長　黃校長　俞

署長　陳會計長　楊司長繼曾　周署長　張署長　項廳長　徐秘書主任
尹處長　王司長（務）　王司長（交）　陳司長　端木委員　李司長（外
交部）　佘參事　譚科長　李參謀　羅科長

　　會商事項：

　　（一）羅科長報告情報。

　　（二）熊次長報告北行所得實情。

　　（1）事變中廿九軍將領之內情：

　　盧事發生後，八號及十號，馮治安、秦德純決心反攻，宋亦由樂陵電
令先消滅當面之敵。當開會時，馮發表主戰言論後，問張自忠意見如何，
張答無意見，於是於八日晚下反攻命令。殊日人方面因兵力甚少，得此消
息。即多方派人疏通，謂可無條件撤兵，因之乃收回反攻命令。至十日日
軍未撤，馮等又下令反攻，日人又向張自忠及許多親日分子從事疏通，致
反攻未成事實。宋到天津後，爲許多親日分子所包圍，形勢乃不佳。

　　熊次長到保後，乃派李處長炘赴津，告以一中央軍北上乃爲增援廿九
軍。二如能和平解決，亦可爲廿九軍助威，並向宋解釋諸種誤會。

　　宋在津被包圍，結果乃派張自忠、張允榮與日方議定三條，係無頭無
尾之條約。原文如下：

　　解決之【條】件：1.道歉。2.二十九軍退出盧溝橋城及龍王廟，以保安
隊接防。3.取締共產黨、藍衣社等。廿六年七月廿一日。張自忠、張允榮
簽名。

　　至外傳許多條件，如撤換秦、馮，經濟合作等，均未正式提出。宋到
平後，表示和戰均聽命中央，如主戰則因廿九軍尚未集結，須有相當時間
之拖延，以便集結兵力，並請中央亦作相當準備。宋於廿三日將和平三條
件電呈委座後，曾二次詢問委座復電，可知宋對和議不敢自由。

　　和平條件成立後，廿二日由平開出一團，揚言系 37D 部隊，實係保安隊駐天壇之新兵。齊變元於廿四日催宋撤兵，並謂如再不撤，日軍將以飛機百架轟炸北平云云（變元為一大漢奸）。

　　（2）二十九軍之官兵態度：

　　宋哲元態度無可疑慮，不過希望俟有準備後再抗戰，且宋主張攻勢作戰，不主張守勢作戰，故對滄保線工事不主張構築，主張以四師兵力由天津沖山海關。前中央所發工事費五十萬元，以廿五萬給劉汝明，築察省工事，至河北則主攻不主守。

　　秦德純、馮治安，則始終強硬主戰，且甚服從中央。

　　張自忠自赴日本以還，似害有二種病，即一因日人給以許多新式武器之參觀，以致畏日。二因日人對其優待而親日，但廿九軍將領一致主張，則張亦不致獨持異議。

　　劉汝明態度亦強硬，趙登禹則無成見，以眾議為依舊。

　　中下級幹部及士兵，則完全情緒熱烈，不惜一拼，士氣大為可用。

　　（3）敵方情形：

　　敵軍入關者共已四十五列車，每列最多者五六百人，少者一二百人、數十人不等。汽車、裝甲汽車及其他軍用品不少。現在統計平津一帶，共約一萬五千人，重炮廿餘門，已到豐臺。

　　此次作戰日軍士氣不旺，龍王廟一役，我僅二排，敵先以一連，旋復以一營進攻，不能成功，死傷甚多。但日軍皆切望和平早日實現。

　　日傷兵以大刀、手榴彈、迫擊炮傷為多，我則受炮傷為多。

　　（4）我軍位置：

　　二十九軍趙登禹師，已調至平郊、一旅駐南苑。張師在天津、廊坊、馬廠一帶。馮師在西苑、盧溝橋一帶。石友三部保安隊○團，現石態度甚

好，無親日意。孫仿魯部已到保定。炮七團亦到保定，由27D掩護之。高射炮營己入陣地，掩護保定防空。

（三）關於新聞發布及宣傳，甚關重要。日方反宣傳甚多，如今日廊坊衝突，日方誣我軍破壞其電線。我應說出種種理由，宣傳其預謀侵略。（徐廳長與外交部情報司李司長會同辦理）

（四）作戰之研究：

1.徐廳長判斷敵情（另圖）：關內第一線不過二師，第二線不過三師。遼北有重兵，不能移動，國內輸送來華部隊，大連、釜山未見有大部隊登陸，僅塘沽有軍用品上陸。山東方面無敵情。國內似尚未大規模出動，第一線之挑戰，恐係少壯派之自由行動，尚非整個計劃。

2.佘參事報告我軍集中情形（另圖）：除二十九軍在平津外，現我已集中滄、保線者五師，已下命令正向德、石線輸送者五師。

3.徐司長作情況判斷：（1）二十九軍與敵之混戰已開始，可知敵有先擊滅廿九軍之企圖。（2）現我軍以德石線為主力集中地域，以滄保線為集中掩護線，距平津過遠，增援廿九軍不易。（3）現在可採者有下列二案：（甲）將滄保線部隊推進至永定河岸，以便增援北平，而將主力之集中，推進於滄保線。（乙）我中央軍仍在滄保及德石線上集中，而指導二十九軍退出北平，以保實力，免被各個擊破。（4）諸長官均主張採用第一案，由作戰組諸人擬具判決文及處置事項（限明早六時以前呈出），呈委座決定。（已於當晚擬妥，由劉副主任轉呈）

（引自《民國檔案》1987年2期、3期）

七七事變前後重要軍政電報

〔凡未注明出處者均選自中國第二歷史檔案館編：《「七七事變」至平津淪陷蔣何宋等密電選》，《民國檔案》，1985 年第一期。〕

（1）嚴寬〔嚴寬，時任國民政府軍政部簡任參事。〕致何應欽密電

（民國二十六年七月五日）

重慶。探呈軍政部部長何鈞鑒：機密。1.津函：川越將來津集議華北各問題，尋解決途徑，協津日軍於年內解決各懸案。談判對象，決不變更。2.秦德純談：宋哲元俟川越，佳前後飛平轉津，宋刪左右可回平。3.田代皖一郎病甚，倘返日療治，即由板垣來津暫代。4.平津謠諑刻稍靜。5.盧溝橋、長辛店、回龍橋、平漢線上附近日軍實彈演習約一周，鄉民甚恐。職寬叩。微。印。

（2）河北省政府主席馮治安天津市市長張自忠北平市市長秦德純報告盧溝橋事變起現仍對峙中

民國二十六年七月八日，北平

巴縣。部長何鈞鑒：治密（1）庚夜十二時，日軍中隊在盧溝橋城外演習間，藉口聞有槍聲，當經收隊點名發現缺少一名；（2）日本武官松認為槍聲係由盧溝橋城邊所起，要求率隊進城搜查；（3）我駐盧部隊以值深夜，日兵入城足引起地方不安，且我方官兵正在睡眠，槍聲非我方所發，當經拒絕，該武官以我方不允即令日軍向盧溝橋城取包圍形勢，與日方商定雙方派員前往調查。（4）日方所派之寺平副官佐到達盧溝橋城後，仍堅持日軍入城搜查，我方不允，正商議間，忽東門外槍聲、炮聲大作，西門外炮

聲及機槍聲繼起，我方均未還擊。少頃炮火更烈，我方為正當防衛計始行抵抗，我方當時傷亡七八十人，對方亦有傷亡。（5）刻下，彼方要求須我方撤出盧溝橋城外方免事態擴大，但我以國家領土主權所關未便輕易放棄，現仍在對峙中。（6）倘對方一再壓迫，為正當防衛計，不得不與竭力周旋。敬祈賜予指導俾資遵循為禱。除嗣後情形續報外謹先奉聞。

馮治安、張自忠，秦德純齊、申印。

（3）蔣委員長復示冀察綏靖主任宋哲元宛平城應固守並動員以備事態擴大電

民國二十六年七月八日，牯嶺

「宛平城應固守勿退，並須全體動員，以備事態擴大。」

（原載《蔣總統秘錄》第十一冊　臺中央日報譯印）

（4）軍政部參事嚴寬呈何應欽部長轉蔣委員長告秦謂盧溝橋事件係日軍有計劃行動電

民國二十六年七月八日

急。重慶。軍政部部長何鈞鑒：〇密。請轉委員長蔣。庚晨電計呈鈞鑒。1.紹文、治安談：昨夜日軍強迫侵入盧溝橋鎮，遂與我駐盧部隊發生衝突。現檢查我軍死傷 180 餘名。刻日軍企圖侵入盧鎮，要求我軍退出。秦謂：「盧鎮絕不能退出」。刻正在對峙中。2.秦談：日軍示威多日，此次在盧發生衝突，係日軍有計劃行動。3.我軍士氣極盛。職寬叩。庚晨。印。

（5）交通部部長俞飛鵬〔俞飛鵬，字樵峰，時任國民政府交通部長，隨蔣介石在盧山。〕致軍政部部長何應欽軍事委員會西安行營主任顧祝同〔顧祝同，字墨三，

時任軍事委員會西安行營主任。〕告盧溝橋衝突各情電

民國二十六年七月八日，牯嶺

急。巴縣行營。何部長、顧主任更密。據平津報話局電，略稱：1.駐豐臺日軍約五百人，昨晚開盧溝橋演習，因附近駐有二十九軍部隊，日軍於演習完時，有一部分衝入二十九軍駐地，致起衝突。旅日軍派森甲中佐要求停戰，遂停止。七時炮聲又作，至十時止，日死準尉一，傷少尉一。日並佔領盧溝橋北千米之龍王廟。二十九軍尚佔住盧溝橋。2.庚晨一時，日軍至盧演習，聲稱上次演習日走失一人，並藉口我駐軍有向彼射擊事，要求進宛平城搜查，我未允。五時彼先射擊，至十時雙方停戰，我駐軍一面防禦，一面由冀會派林耕宇〔林耕宇，時任冀察政務委員會專員。〕赴當地交涉。我要求日軍撤退原防再交涉，迄未撤退。3.齊午津日軍出動（有大批坦克車等），由平津公路向平方開去。各情。除委座已指示明軒及京方以方針外，謹電聞，余續報。俞飛鵬叩。齊亥。牯秘。印。

（6）蔣委員長指示第二十六路軍總指揮孫連仲派兩師向石家莊等地集中電

民國二十六年七月八日，盧山海寒寺

限即到。孫總指揮仿魯兄〔孫連仲，字仿魯，時任第二十六路軍總指揮。〕：○密。希即由平漢路方面派兩師，即向石家莊或保定集中，至車輛等事，逕與經扶主任〔劉峙，字經扶，時任豫皖綏靖主任。〕商洽可也。中正。佳晨。侍參。海〔指盧山海寒寺，下同。〕。印。

（7）蔣委員長指示冀察綏靖主任宋哲元速回保定指揮電

民國二十六年七月九日，盧山海寒寺

北平。樂陵。宋主任：治密。此間已派孫仿魯兩師向石家莊或保定集中及龐炳勛部與高桂滋部先向石家莊集中，希兄速回保定指揮可也。中正。佳晨。侍參。海。

（8）交通部部長俞飛鵬致軍政部部長何應欽軍事委員會西安行營主任顧祝同告平津情形電

民國二十六年七月九日，牯嶺

急（二份）。重慶行營。何部長、顧主任；更密。齊戌電諒達。茲再將就平、津所得情況錄陳：1.日軍久謀長辛店、盧溝橋我國不得駐軍，虞晚，日軍演習經我軍阻止，致起衝突，顯有預謀。2.自虞晚起，開火數次，雙方各有傷亡。現各增兵。日軍要求路局備車兩列運兵，平方為阻日軍進城，閉城戒嚴。3.雙方在平談判，日軍並托人向在津某當局幹旋。現馮主席在長辛店、張市長留平。以上為本日四時前消息。4.本日十時半起，雙方部隊向永定河東西岸後撤，候談判解決。現平方秦市長等態度頗強硬，津方由李公安局長等與日接洽，日方駐屯軍及使館，均有人向我接洽。窺其情形，似有遷就我方，不願事態擴大之意。截至下午談判結束，尚無聞，但無衝突。5.日要求長辛店、盧溝橋我方不得駐軍一層，宋明軒絕對拒絕。余容續聞。俞飛鵬叩。青酉。牯秘。印。

（9）冀察綏靖主任宋哲元呈蔣委員長告決遵不喪權不失土之指示誓與周旋電

民國二十六年七月九日電

急。牯嶺。委員長蔣鈞鑒：△密。齊戌、蟹巳、機參海電均奉悉。此間戰事，業於今晨停息，所有日軍均已撤退，豐臺似可告一段落。一切情況，業由秦市長電告熊次長，想已轉達鈞座。華北部隊守土有責，自當努

力應付當前情況，職決遵照鈞座「不喪權、不失土」之意旨，誓與周旋。倘中樞大戰準備完成，則固國民心理夙夜禱企者也。謹尼奉復。職宋哲元叩。佳戌。印。

（10）蔣委員長致綏靖主任宋哲元指示趕築國防工事電

民國二十六年七月十日，牯嶺

特急。北平、樂陵。宋主任明軒兄：○密。務望在此期間，從速構築預定之國防線工事，星夜趕築，如限完成為要。中正。灰。機牯。印。

（11）何應欽之密電稿〔此密電稿無銜名。〕

民國二十六年七月十日

○密。本日下午九時半，接北平秦市長電話云：1.中日軍雙方昨日約定各回原防，宛平縣城由我保安隊填防，日軍退回豐臺。但回至豐臺之日軍約步兵一營，炮廿六門，今日上午十時又忽由豐臺向盧溝橋前進，意欲奪取該橋。我軍得報後，即派兵一營在盧溝橋北附近拒止該敵之前進。下午五時，日軍向我軍炮擊，現正在戰鬥中。2.聞日軍有十列車由遼寧向關內開拔，已有兩列車過山海關。等情。特聞。應欽。蒸亥。秘。

（12）蔣委員長飭示冀察綏靖主任宋哲元與日軍談判務期不喪主權為原則電

民國二十六年七月十日，牯嶺

北平。樂陵。宋主任明軒兄：佳申、佳戌兩電均悉。治密。至慰。守土應具決死決戰之決心與積極準備之精神應付。至談判，尤須防其奸狡之慣技，務期不喪絲毫主權為原則。吾兄忠直亮節，中所素稔。此後尚希共

爲國家民族前途互勉。特復。中正。蒸。侍參。牯。

（13）北平市市長秦德純河北省政府主席馮治安天津市市長張自忠上蔣委員長告雙方派員監視部隊撤退等情電

民國二十六年七月十二日

特急。牯嶺。委員長蔣、副委員長馮：生密。真參電計呈。盧溝橋戰事復經磋商解決辦法，規定雙方會同派員監視前方部隊於現狀下各撤原防，刻下正在進行。惟彼不顧信義，能否履行，尚不敢信。盧橋城及鐵路橋仍爲我軍駐守。謹先電聞。秦德純、馮治安、張自忠叩。文申。參。印。

（14）軍政部部長何應欽致冀察綏靖主任宋哲元務祈速赴保定坐鎮電

民國二十六年七月十二日

特急。天津。宋主任明軒兄：393 密。頃聞大旆抵津，至慰弛系。惟盧事日趨嚴重，津市遍佈日軍。兄在津萬分危險，務祈即刻秘密赴保，坐鎮主持，無任盼禱。盼復。弟應欽文亥。秘。

（15）冀察綏靖主任宋哲元報告到津察看情勢決定今後應付方案電

民國二十六年七月十二日

疊奉電諭，本擬馳赴保定，嗣因情勢轉趨和緩，特於昨晚來津，察看情形，以決定今後應付之方策。知注，謹聞。文辰。印。

（16）軍政部參事嚴寬呈何應欽部長告談判日方要求之

條件電

民國二十六年七月十二日

南京。何部長：○密。極秘。一、聞日方要求：（一）撤退盧、龍（王廟）華軍。（二）懲辦責任者（最低限度處分營長），治安與河邊晤面道歉。（三）嚴厲取締華北一切排日抗日。（四）反共。等項。聞該條件，真戌由自忠、省三書面簽字送達日方矣。二、商定監視撤退員。我三、日三，並定午後六七時開始撤退。日軍後撤。三、盧案最後階段如何，能否和緩下去，亦在此舉。職寬叩。文。印

（17）北平市市長秦德純致軍事委員會侍從室第一處主任錢大鈞告日軍已撤回豐臺我軍仍駐守盧溝橋等情電

民國二十六年七月十二日

特急。牯嶺。錢主任慕尹兄勛鑒：真電敬悉。更密。盧溝橋經蒸日戰鬥後，彼方又提議和平解決，雙方首腦部曾一度會晤。對此不幸事件，同表惋惜，爾後不願再有類此事件發生。

（18）蔣委員長致冀察綏靖主任宋哲元勉寧為玉碎勿為瓦全決心抗戰電

民國二十六年七月十二日，牯嶺

盧案必不能和平解決，無論我方允其任何條件，而對方目的，則以冀察為不駐兵區域，與區內組織用人皆須得其同意，造成第二冀東，若不做到讓步，則彼必得寸進尺，決無已時。中正已決心運用全力抗戰，寧為玉碎，不為瓦全，以保持我國家與個人之人格。平津國際關係複雜，如我能抗戰到底，只要不允簽任何條件，則在華北有權利之各國，必不能坐視不

理；而且重要數國外交，皆已有把握，中央決定宣戰，願與兄等各將士共同生死，義無反顧。總之，此次勝敗，全在兄與中央共同一致，無論和戰，萬勿單獨進行，不稍予敵方以各個擊破之隙，則最後勝算必爲我方所操。請兄堅持到底，處處固守，時時嚴防，毫無退讓餘地。今日對倭之事，唯能團結內部，激勵軍心，絕對與中央一致，勿受敵欺則勝矣。

（原載臺國防部史政局編：《抗日戰史》第五章，《七七事變與平津作戰》）

（19）國民政府外交部據駐日大使館報告日本國內動態向蔣介石的報告

民國二十六年七月十四日

此次日本派兵，係以和中央軍一戰爲目標。……輿論顯見統制，平津消息，十九來自軍部。其新聞記事，集中於國民政府態度與中央軍北上；對地方成立之協定，則不予重視。……其政府意向，初不主張擴大，此次決定出兵，係受軍部牽制，尤爲受駐外軍部牽引無疑。……十二日，外務省當局公言：今後爲軍人對軍人交涉，非外交當局時期云云。

（原載《蔣總統秘錄》第十一冊　臺中央日報譯印）

（20）冀察綏靖主任宋哲元上何應欽部長告俟佈置稍妥即行赴保電

民國二十六年七月十四日

急。南京。部長何：3932密。文亥電敬悉。因兵力大部在平津附近，且平津地當衝要，故先到津部署，俟稍有頭緒，即行赴保。辱蒙關切，至爲感謝。謹復。職宋哲元叩。寒。印。

（21）蔣委員長致軍政部部長何應欽指示抽調高射炮連與運送子彈到保定並準備在石家莊設行營等手令

民國二十六年七月十四日，牯嶺

南京。何部長勛鑒：○密。1.請即抽調二公分高射炮六連運往保定，以備分發各部陣地。2.速運子彈三百萬顆交宋明軒兄領用。3.準備在石家莊設行營，以次辰為主任，浩森或哲民為參謀長，何如？4.應即派員到石家莊設倉庫與防空。5.戈定遠在何處？催火速飛廬山一談。中正。寒。機牯。印。

（22）軍政部部長何應欽致北平市市長秦德純並轉河北省政府主席馮治安天津市市長張自忠告報館及通訊社消息不可為憑電

民國二十六年七月十四日

機急。北平。秦市長紹文兄並轉馮主席仰之兄、張市長藎忱兄。文亥電奉悉。3112密。現全國均渴望前方消息，故傳達真實情報，最為重要，而報館及通信社消息，不可為憑，望兄等每日將確實情形，至少電告三次（早、午、晚）為盼。何應欽。寒辰。參。

（23）軍事委員會參謀本部參謀次長熊斌呈蔣委員長告此間當局未能完全明瞭中央之決心已為解說等情電

民國二十六年七月十四日

急。牯嶺委員長蔣鈞鑒：符密。1.職本日午後八時抵保定，寓省政府。2.此間士氣甚旺，外傳妥協之說，絕對不確。但日來天津方面或有接洽。3.中央決心及準備情形，此間當局似未能完全明瞭，已代為解說矣。4.日方飛機連日在保定、石家莊一帶偵察，此間因無防空設備，恐大部隊集中保

定，不免危險。希望中央能派一部分空軍部隊及防空部隊來保。5.明軒因平漢線上隊伍不少，而津浦線上較爲空虛，故電孫仿魯囑其北上部隊到滄州以南集結。但馮師先頭抵正定，現經正定在保定郊外下車，分駐鐵路兩旁森林中。6.前方昨晚小有接觸，本日平靜。7.豐臺日軍集結二千餘人，向大瓦窰、五里樹、盧溝橋方面警戒。又有日軍千餘人由天津開出，經楊村向通州前進。冀東僞組織之保安隊已開赴密雲一帶。8.馮治安主席在北平任戒嚴司令，指揮平郊作戰，張市長病痢甚劇，亦在北平。宋明軒主任，大約暫無來保意，已函促之，托由閻百川主任所派張蔭梧帶去矣。9.經新鄉晤龐軍長更臣，托轉懇委座準其駐新鄉現兩團一併開赴前方，以厚兵力。又，特費一萬五千元，請仍照發，可否？乞徑示。謹先電呈，余續報。職熊斌叩。寒亥。印。

（24）軍政部參事嚴寬呈何應欽部長告天津宋寓會議意見不一情形電

民國二十六年七月十五日

南京。部長何：1015 密。極密。津宋寓會議，意見稍有出入。1.張等力主和，日對張等由陳、馬〔指陳覺生、馬彥翀，馬爲天津市府秘書長。〕居中拉攏，故張等對日外交處處讓步，藉鞏地盤。2.馮等力主戰，對日絕不讓步。陳等對外企圖仍恃華北特殊，主張地方與日構和，力謀在外施其伎倆，並以收復失地及中央軍北上之利害，極力挑撥與包圍宋氏。是以近來此間閒言甚多也。職寬叩。刪。印。

（25）軍政部參事嚴寬呈何應欽部長告平津漢奸企圖促成偽北方人民自衛政府情形電

民國二十六年七月十五日

南京。部長何：○密。據報漢奸申振林、張亞龍、邢照堂等，企圖促成偽大北方人民自衛政府，該等鑒於盧案之突起，乘機大肆活動，並受日方利誘，故在力圖進展。現彼等議定夢想之步驟，大要如下：1.於政治轉變後，二十九軍退出時，即由大北方人民自衛集團出為收拾，以維治安。2.由李金城等負責編組兩萬之基本保安隊。該偽團體現密設通州。3.與友三〔石友三，字漢章，時任冀察保安司令。〕實行合作，到必要時，擬推吳子玉〔吳佩孚，字子玉。〕出來號召。4.經濟，日偽負責。5.日韓浪人與漢奸已組恐怖團，設東單三條居留民房，促成自衛偽府等云。職寬叩。刪二。印。

（26）軍事委員會參謀本部參謀次長熊斌呈蔣委員長報告有關交涉應注意之事經轉達宋哲元主任等情電

民國二十六年七月十五日

　急。牯嶺。委員長蔣鈞鑒：符密。報告各事如下：1.今早與在津之鄧哲熙通話，將關於交涉應注意之事及英、美將有協商情形，請其轉告明軒，並請將交涉經過見告。頃據電話復稱，業經轉達明軒，極以為是，當以不損領土主權為原則，正由張薀忱折衝。外傳五條，完全不確，約有三項，尚未決定，今晚或明早，當以見告。至英、美協商之說，彼亦有所聞。2.平郊今日無衝突，僅有日兵五百餘名，由津徒步到楊村。3.滄保工事正督促進行。參謀次長熊斌叩。刪申。印。

（27）趙巽致何應欽密電

（一九三七年七月十五日）

　急。南京。軍政部部長何鈞鑒：2083 密。1.據津方傳來消息，和平微有希望，條件略如英文《泰晤士報》所載，正由張市長自忠交涉中。2.楊

村通訊機關已被日軍監視,豐臺車站已被日軍佔據,由南滿路派來職工維持路務。3.連日各地衝突結果,我方死傷官兵約百餘名,日方死傷官兵在四百名左右,其運回本國官長屍首有三十餘具,士兵屍首多在落垡、豐臺火葬。4.今日各方亦無衝突。職趙巽呈。刪申。印。

(28)軍政部部長何應欽致冀察綏靖主任宋哲元等告日軍包圍南苑等待增援希圖消滅我二十九軍勿為所欺切實應付電

民國二十六年七月十五日

機急。天津。宋主任明軒兄、北平。秦市長紹文兄、馮主席仰之兄:3112密。頃據確報,豐臺之日軍現正集中包圍南苑一帶,首先消滅南苑一萬二千之我軍,將為日軍機動之第一目標,雖自昨晨三時半以來,當地形勢稍現和緩,談判亦已重開,中外富有眼光之觀察者,以為現下之混沌沉悶狀態,實有詭譎欺詐性質,眾人以為日軍當局,現僅等待增援完竣,然後發動,以驅二十九軍於河北省境外耳。等語。查日人效「一二八」故事,先行緩兵,俟援軍到達,即不顧信義,希圖將我二十九軍一網打盡,形勢顯然,最為可慮,望即切實注意,計劃應付為禱。弟何應欽。刪酉。參。印。

(29)北平市長秦德純上外交部告北平近郊日軍部署當係大戰前之準備電

民國二十六年七月十五日,北平

特急。南京。外交部勛鑒:密。情報(一)敵軍步炮兵約二千餘名,重炮三十六門,軍馬二百五十匹,彈藥給養車四十九輛,由津沿平津大道向北平方向行進。(二)敵機三架,在盧溝橋上空一帶偵察,上午十時降落

豐臺南之趙家村空地，旋飛起南去。（三）據報：密雲方面開到日軍五百餘名。（四）團河到敵騎兵二百餘名，曾與我駐軍互相射擊，豐臺設有日軍司令部，並有重炮四門，對我南苑方面。（五）平市四郊有敵坦克車三四輛，四處竄擾。與我駐到處有小衝突。綜合報況觀察，當係大戰前之準備。除分電外，余情報陳。秦德純，馮治安。

（30）軍事委員會參謀本部參謀次長熊斌呈軍政部部長何應欽並轉程潛參謀總長等告天津方面與此間見解不一情形電

民國二十六年七月十五日

急。南京。何部長敬公並轉頌、孟、次諸公鈞鑒：〇四六七密。派往天津之方高級參謀賢，昨酉自津來保，略悉天津方面見解與此間似不一致，並知其暫不來保。職深慮其受人所欺，已商由李處長今晨前往，代達一切。宛平城附近昨晚敵人雖有活動形勢，但未實行進攻。謹聞。參謀次長熊斌叩。刪辰。印。

（31）蔣委員長致冀察綏靖主任宋哲元北平市市長秦德純指示對日堅持到底電

民國二十六年七月十六日，牯嶺

連日，對方（日本）盛傳兄等已與日軍簽訂協定，內容大致為——（一）道歉；（二）懲凶；（三）（盧溝橋）不駐兵；（四）防共及取締排日等項。此種協定條款，殆已遍傳歐美。綜觀現在情勢，日本決以全力威脅地方簽訂此約為第一目的。但推其真意，簽訂協議為第一，俟大軍調集後再談政治條件。……今事絕非如此易了，只要吾兄等能堅持到底，則成敗利鈍，中（蔣介石）願獨負責也。如何？盼復。

（原載《蔣總統秘錄》第十一冊，臺中央日報譯印）

（32）宋哲元致何應欽密電

民國二十六年　七月十六日

　　特急。南京。軍政部部長何鈞鑒：2577密。刪西參電敬悉。自盧事發生以來，哲元即首先顧慮到全域之如何發展、周詳審慎，以期萬全。茲奉電示各節，倘不幸而真成事實，則是現在已陷絕境，應請中央作第二步準備，以待非常之變也。謹復。職宋哲元叩銑。午。印。

（33）軍政部部長何應欽致冀察綏靖主任宋哲元天津市市長張自忠等告日軍增援平津構築工事及飛機場祈勿陷於談判圈套等情電

民國二十六年七月十七日

　　機急。天津。宋主任明軒兄、張市長藎忱兄，北平秦市長紹文兄、馮主席仰之兄、張參謀長越亭兄：○密。綜合近日情報。日本國內已動員及出動之部隊，有第五、第六、第十、第十二、第十六等五個師團及朝鮮之第二十師團。日軍部共征發郵船會社、大阪會社及國際山下、三井等社商船，共三十餘艘，調兵譴將，未稍停止，而關東軍陸續輸送至天津者，截至刪日止，已二十列車，當已在一個師團左右，並有數千人沿平津公路及津保公路前進中。其在盧溝橋正面者千餘人，正構築工事及在趙家村設飛機場。窺其用意，顯系對北平及南苑取包圍形勢。而近日則派小參謀數人與我方談判和平，希圖緩兵，以牽制我方，使不作軍事準備，一俟到達平郊部隊較我二十九軍佔優勢時，即開始攻佔北平，先消滅我二十九軍。此項詭計，最為可慮。「一二八」之役，可為前車。兄等近日似均陷於政治談判之圈套，而對軍事準備頻現疏懈，如果能在不損失領土主權之原則下和

平解決，固所深願，弟恐談判未成，大兵入關，邇時在強力壓迫之下，和戰者陷於絕境，不得不作城下之盟，則將噬臍無及。望兄等一面不放棄和平；一面應暗作軍事準備，尤其防止敵軍奇襲北平及南苑，更須妥定計劃。弟意宜以北平城、南苑及宛平為三個據點，將兵力集結，構築工事，作持久抵抗之準備。如日軍開始包圍攻擊時，我保定、滄州之部隊及在任丘之趙師。同時北上應援，庶平、津可保，敵計不逞，如何，希酌奪見復。弟何應欽。篠。參。印。

（34）蔣委員長致冀察綏靖主任宋哲元告抽調商震部四團赴石家莊待命電

民國二十六年七月十七日，牯嶺

北平。天津。宋主任：3112 密。茲調商震部原駐黃河以北之四團開赴石家莊集中待命。希知照。中正。篠未。待參。牯。

（35）蔣委員長致軍事委員會辦公廳主任徐永昌令知孫連仲龐炳勛所部歸宋哲元指揮並派參謀次長熊斌駐保聯絡電

民國二十六年七月十七日，牯嶺

南京。軍委會徐主任：2894 密。茲致宋哲元、熊斌、孫連仲、龐炳勛一電，文曰：第二十六路孫總指揮連仲所部、第四十軍龐軍長炳勛所部，統歸冀察綏靖主任宋哲元指揮，並派熊次長斌駐保聯絡，仰各遵照。等語。希查照。中正篠申。侍參。牯。

（36）蔣介石致熊斌密電稿

民國二十六年七月十七日

清苑。省政府轉熊次長，銑戌電悉。符密。並無其事，希轉告明軒可也。中正，篠亥。侍參。牯。

（37）蔣委員長致冀察綏靖主任宋哲元北平市市長秦德純指示勿受日欺騙電

民國二十六年七月十七日，牯嶺

倭寇不重信義，一切條約皆不足為憑。當上海，一二八之戰本於開戰之前已簽和解條約，乃於簽字後八小時仍向我滬軍進攻。此為實際之經驗，特供參考，勿受其欺。

（原載《蔣總統祕錄》第十一冊　臺中央日報譯印）

（38）北平市市長秦德純河北省政府主席馮治安上外交部告日軍在豐臺通縣等地趕築工事及飛機場電

民國二十六年七月十八日、北平

南京外交部。密。情報：（一）津方續到敵軍兵車四列，裝載多量軍用品及汽車等並鐵甲車數輛。（二）由津開到豐臺敵軍兵車一列，兵三百餘名，豐臺東南趙家村附近農田，日方建築飛機場，並有飛機四架翔空偵察。（三）通縣西方八里橋一帶，由冀東保安隊趕築工事，平津線之楊村由津開到敵軍五百餘名。炮數門。（四）豐臺四周敵軍築有工事，並擬埋設地雷，附近樹木禾稼均被敵方砍伐。（五）盧溝橋方面無變化，我軍仍駐守盧溝壩及鐵路橋，無大戰鬥性，昨有小小衝突。除分電外，余續報。

（39）軍事委員會參謀本部參謀次長熊斌上何應欽部長轉陳宋哲元主任告戰事恐不能免等情電

民國二十六年七月十八日

南京。何部長、程總長、唐總監、徐主任鈞鑒：〇四六七密。職抵保後，覺意志未盡一致。原因在前後情況不甚明瞭，特托李處長炘赴津說明中央意旨及準備各情況。明軒已有瞭解，刻親由津電話告知數事請為轉陳：（一）戰爭恐不能免。（二）彼在天津不能有明白表示。（三）決不作喪權辱國之事，請勿聽謠言。（四）應作第二步計劃，即召張維藩赴津轉保與斌商洽。謹電奉聞，參謀次長熊斌叩。巧巳一。印。

（40）冀察綏靖主任宋哲元上何應欽部長告決本中央意旨處理一切電

民國二十六年七月十九日

特急。南京。部長何鈞鑒：3112密。哲元今日上午十時由津返平。昨日下午一時，在天津與香月彼此會晤，除普通寒暄外，彼此希望早日恢復本月八日以前狀態。哲元決本中央之意旨處理一切，並請鈞座千忍萬忍。知關鈞重，謹此電陳。職宋哲元叩。皓午。印。

（41）軍事委員會參謀本部參謀次長熊斌上何應欽部長等轉陳宋哲元主任自平來電摘要電

民國二十六年七月十九日

南京。何部長、程總長、唐總監、徐主任鈞鑒：6912密。頃接明軒由北平電斌稱：1.今晨十時由津返平。2.午後一時，與香月在某俱樂部見面，雙方表示不願事態擴大，早有恢復盧溝橋事變前之和平狀態。3.本人始終站在國家立場，國民地位，本中央意旨處理，希望中央忍耐。以上三項，囑為轉呈，並謂待面商之事尚多。希望職赴平一行。謹聞。職熊斌叩。皓未。印。

（42）北平市市長秦德純致軍事委員會侍從室第一處主任錢大鈞告宋哲元主任在津晤香月希望恢復盧變前之和平狀態等情電

民國二十六年七月十九日

即到京。委員長侍從室錢主任慕尹兄：更密。1.榆開出陸續到津日軍兵車三列，共載步兵千餘名，騎兵一百六十餘名，馬百六十餘匹。2.由津開至豐臺兵車一列，係載多糧軍用品。3.高麗營到日兵四百餘名，抓民夫擬作工事。4.宋主任今晨到平，昨在津與香月晤談，除寒暄外，雙方希望恢復盧事件發生前之和平狀態，未涉其他。謹電奉聞。秦德純、馮治安叩。皓亥。印。

（43）軍政部部長何應欽致冀察綏靖主任宋哲元勉密切聯繫共策應付電

民國二十六年七月二十日

急。北平。宋主任明軒兄：皓午電奉悉。2577密。大旆返平坐鎮，聞之至深欣慰。吾兄為國守土，備歷艱辛，中樞同人，靡不感念。唯日人謀我，野心未戢，觀其著著部署，用意難測。嗣後情形，務祈隨時賜示，俾得密切聯繫，共策應付也。弟應欽。賀辰。秘。

（44）軍事委員會參謀本部參謀次長熊斌呈蔣委員長報告日軍炮兵長辛店守軍吉星文團長受傷等戰況電

民國二十六年七月二十日

急。南京。委員長蔣、何部長、程總長、唐總監、徐主任鈞鑒：2577密。1.據長辛店戴旅長電話：本日午後三時，有炮兵掩護之日步兵約千餘向我盧溝橋東門攻擊前進，約發炮二百餘響，炮彈有落在長辛店街市者，

我方死傷兵民十餘人。大井村方面，對北亦有炮聲，交戰約一小時，旋即停止，傍晚復來攻，現仍在對峙中。吉團長〔吉星文，時任陸軍第三十七師一一零旅二一九團團長，負守盧溝橋之責。〕受傷甚重。2.據南苑張參謀長〔指二十九軍參謀長張越亭。〕電告：楊村續到日兵約二千人，在通州之敵兵千餘人，經順義向高麗營移動。又敵騎千餘，由狼筏渡河，已被擊退。3.職今晨二時乘火車赴長辛店，改乘汽車赴平，行抵臥龍崗，因新闢道路泥滑，又適逢大雨，陷入泥中，無法前進，遂折回保定。謹聞。職熊斌叩。號戌。印。

（45）宋哲元致何應欽密電

民國二十六年七月二十一日

南京。部長何鈞鑒：賀辰秘電敬悉。2577密。我公所見深遠，極為敬佩，戰爭之事，將來恐不能免。刻下方在合法合理之原則下，本中央之意旨處理一切。如有具體辦法，即行報告。謹復。職宋哲元叩。馬。印。

（46）前敵總指揮孫連仲呈蔣委員長告正多方進行婉達鈞意以期情通電

民國二十六年七月二十一日

京。委員長蔣：〇密。報告：1.職到保分別與各廳處長談話，該員等對敵欺我，統甚憤慨。2.到保後知宋主任已於巧卯由津抵平，以與宋一時不克晤談，遂趕派警務處長李炘赴平代表謁宋，適阻雨，乃返。嗣當仍派前往。3.聞二十九軍在不喪權、不辱國條件下與日謀和，乃虛與委蛇，藉作充分準備。4.自宋到平，即傳出改組冀察政委會為自治會之消息，惟宋未贊同。5.宋在津發表談話，另有作用，請免予顧問。6.嗣後凡宋上鈞座電，請不予發表，免敵方對宋質難。7.鈞座每予宋函電，最好指示中兼寓獎賴

之意。8.職正多方進行，必期婉達鈞意旨，俾能上下明澈情通。職孫連仲。馬申。秘。印。

（47）前敵總指揮孫連仲呈蔣委員長告馮治安部調離北平趙登禹部接防及謀和條件等情電

民國二十六年七月二十一日

急。京。軍委會委員長蔣：領密。報告：1.本日盧溝橋方面無動作。2.原駐北平馮治安師一部調離北平，以趙登禹師一旅接防，明早開始交接，趙、張兩師為主和者。3.謀和條件，要為取締反日分子及宣傳道歉、撤懲挑釁主官馮治安及經濟協調等四條，以最末一條為主要。4.凡職報告、電報，請密不發表。職孫連仲叩。馬戌。秘。印。

（48）蔣委員長致北平市市長秦德純轉冀察綏靖主任宋哲元指示嚴防日軍並速報與日方所商辦電

民國二十六年七月二十二日

聞三十八師陣地已撤，北平城內防禦工事亦已撤除。如此，則倭寇待我北平城門通行照常後，彼必有進一步之要求，或竟一舉而佔我平城，思之危險萬分。務望刻刻嚴防，步步留神，勿為所算。與倭所商辦法，究竟如何？盍不速告？俾便綜核。

（原載《蔣總統秘錄》第十一冊，臺中央日報譯印）

（49）冀察綏靖主任宋哲元復何應欽部長報告與日方交涉擬定之三條件電

民國二十六年七月二十二日

急。南京。何部長鈞鑒：2494 密。馬秘電承示與日本喜多武官談話各節敬悉。此次事件發生後，哲元始終本中央之意旨處理，關於交涉經過，曾於本月十一日概略協商，擬定下列三條：即 1.二十九軍代表對於日本軍隊表示遺憾之意並責任者處分以及聲明將來負責防止再惹起此類事件。2.中國軍為日本在豐臺駐軍，避免過於接近易於惹起事端起見，不駐軍於盧溝橋城郊及龍王廟，以保安隊維持其治安。3.此事件認為多胚胎於所謂藍衣社、共產黨、其他抗日係各種團體之指導，故此將來對之求講對策，並且徹底須取締。等語。查該條件內容，均甚空洞，本擬早日電陳請示，因雙方屢次衝突，故未即報告。刻下雖較有進步，然尚無把握，就今日情形觀察，此事或可暫告一小段落，所有以上三條，已分陳委座並請我公賜予指示。惟此後枝節仍恐不免，祈我公垂注為禱。謹復，職宋哲元叩。養。印。

（50）軍政部參事嚴寬呈何應欽部長告盧案問題重大複雜和平斷非如此簡單電

民國二十六年七月二十二日

南京。部長何：1015 密。極密。1.盧橋交通，今日可恢復。2.日軍仍駐盧東關外高崗及瓦窯，大部集五里店、大小井一帶。3.軍事佈置仍如舊。4.據一般觀察，盧案即使和平有望，斷非如此簡單，且演進問題，既重大化及複雜化，前途危機是否合理解決與轉到真正和平，乞鈞注。職寬叩。養。印。

（51）軍事委員會參謀本部第二廳第一處楊宣誠上何應欽部長有關華北情形之報告

民國二十六年七月二十二日

　　竊職此次隨熊次長赴保定工作，所有北方情形，均已由熊次長隨時報告，無待贅述。唯電報電話中，有未能盡者，謹遵熊次長面諭，再概略報告如次：

　　一、宋與中央仍不免隔閡，而最大原因，不外宋之部下恐中央軍北上，漸次奪其地盤，此種錯覺，似甚普遍。雖經熊次長詳加解釋，仍不能免。至謂宋已中日人之宣傳，謂中央軍之北上另有企圖，此層並不確實也。

　　二、宋個性倔強，本人絕不至為日人所屈服。不過宋之部下，實乏見識遠到之人才，宋是否不為所愚，自屬另一問題。

　　三、宋及宋之部署，似均視事太易，即中央所轉報之日本動員出師情報，馮治安主席曾電問究竟是否確實，即此可知。

　　四、宋暫時與日方謀妥協之唯一理由，則因其部隊始終未集結，聞三十八師迄今仍分駐八處，宋欲緩和一時，以便集中軍隊，就目下形勢而論，一旦戰事爆發，宋部實有被日人各個擊破之虞。

　　五、中央北上之師，宋初均令其止於河北南境，意謂大軍北上，必刺激日人。且保定防空設備全無，大軍雲集時，如遭日人空軍轟炸，必不免重大損失。經熊次長與各部隊長官商定配置地點（沿漕河在滄、保線上佈防），宋似意不謂然，迄今對孫總指揮稟到之電尚未復，孫、萬均極感困難。

　　六、據北平諜報員報告，日人此次欲使華北脫離中央，曾有種種計劃，仍以宋為華北政府首領，齊燮元、陳覺生、何其鞏輩均在羅致之列。此時所謂之條件，大約不過表面上文章，隨後必有一極嚴酷之條件提出，屆時宋究竟如何應付，熊次長已囑李處長燦秘詢之宋。宋答云：「我有決心，絕不屈辱，將來即令與日人成立何種協定，必較以往之何梅協定為佳」等語。

　　七、宋頭腦簡單，個性較強，而部下無人才，環境又惡劣，中央此時似不能操之過急，仍以敷衍羅致為宜。此點，熊次長命當面報告。

　　八、宋頗忌昔日西北軍首領北上，如鹿委員鍾麟此次赴保，宋頗不悅，

鹿去電請其來保，宋竟復以「作戰應在前線，後退何為者」。鹿與通電話，宋竟不接。諸如此類，可概其他。

九、宋對中央雖不免牢騷，然仍懷畏懼之念。熊次長原擬請鹿委員飛牯嶺，代向委座報告一切，宋聞之，即多方阻其行，即其明證。

十、據聞所謂和平接洽條件，橋本群（日駐屯軍參謀長）所提者與和知鷹二（駐屯軍參謀）所提者不一，日方之無誠意如此，其別有用意，事實顯然。

右報告謹呈

部長何

參謀本部第二廳第一處處長　職楊宣誠

（52）蔣委員長致軍事委員會參謀次長熊斌轉冀察綏靖主任宋哲元指示在不損害我領土主權範圍內言和電

民國二十六年七月二十三日，南京

中央對此次事件，自始即願與兄同負責任。戰則全戰，和則全和，而在不損害領土主權範圍之內，自無定須求戰，不願言和之理。所擬三條，倘兄已簽字，中央尚可同意，與兄共負其責，惟原文內容甚空，第二條之不駐軍（宛平縣城、龍王廟），宜聲明為臨時辦法，或至某時間為止，並不可限定兵數；第三條之徹底取締（抗日團體）必以由我自動處理，不由彼方任意要求為限，此點應明加區別。

至此事件之真正結束，自應以彼方撤退陽（七）日後所增援部隊為重要關鍵。務希特別注意。

（原載《蔣總統秘錄》第十一冊，臺中央日報譯印）

（53）趙巽致何應欽密電

民國二十六年七月二十三日

南京。部長何：2083 密。今午謁宋，所談要旨如下：1.盧溝橋日軍現陸續向豐臺撤退。2.盧事算告一段落，複雜問題尚多，解決須相當時日。3.所商條件，已電呈中樞，奉復後進行。4.本人既負責任，決不損權辱國，望各相信。即晤香月，亦在友人住宅，聲明係私人互會。此係宋談話。至二十九軍內部及平、津野心分子活動情形，因通訊不便，且非文字所能罄。職並覺無留平必要，即回京面呈一切。職趙巽呈。漾申。印。

（54）軍政部部長何應欽致冀察綏靖主任宋哲元勉一致向外密切聯繫電

民國二十六年七月二十三日

北平。宋主任明軒兄：養電奉悉。3112 密。吾兄應付事變之苦衷，中央同人靡不感念。委座於接兄電後，業已電復，計當達覽。今日國危至此，惟有向外一致，密切聯繫，方足以策萬全。兄處有何困難及嗣後一切情形，亦盼隨時示知，弟綿力所及，自當竭盡維助也。弟應欽。漾亥。秘。

（55）蔣委員長致軍事委員會參謀次長熊斌轉示冀察綏靖主任宋哲元加緊備戰電

民國二十六年七月二十四日、南京

「以中（蔣介石——編者注）判斷，不久彼（日本）必有進一步之動作，我北平城內及其附近尤應嚴防。若我能積極準備，示人以無機可乘，隨時可起而抵抗，則或可消弭戰端，戢其野心也。兄有否準備？盼詳復。」

（原載《蔣總統秘錄》第十一冊，臺中央日報譯印）

（56）河北省政府主席馮治安北平市市長秦德純呈蔣委

員長告日軍續增兵平津並威脅我通縣駐軍電

民國二十六年七月二十五日

　　特急。南京。委員長蔣、副委員長馮：○密。情報：1.昨晚十二時，日軍專車一列，載工人百名，木梯四車，由榆抵津。2.午前十時，日軍鐵甲車一列（六輛），日兵八十餘名，由津開到豐臺。3.下午一時，通縣日軍步炮兵五百餘名舉行演習，並向我駐通部隊加以威脅，經交涉後，已漸撤退。余續報，謹電奉聞。馮治安、秦德純叩。有戌。印。

（57）蔣委員長致冀察綏靖主任宋哲元指示從速部署決心大戰電

民國二十六年七月二十六日，南京

「此刻兄應下決心如下：

一、鞏固北平城防，立即備戰，切勿疏失。

二、宛平城防，立即恢復戒備，此地點重要，應死守勿失。

三、兄本人立即到保定指揮，切勿再在北平片刻停留。

四、決心大戰，照中（蔣介石——編者注）昨電對滄（縣）保（定）、滄（縣）石（家莊）各線從速部署。」

　　（原載《蔣總統秘錄》第十一冊，臺中央日報譯印）

（58）冀察綏靖主任宋哲元呈何應欽部長告日軍由廣安門強行入城與我駐軍衝突電

民國二十六年七月二十六日

限即到。南京。部長何：3112密。今日下午七時，敵用載重車三十餘

輛，載兵約五百名之譜，由廣安門強行入城，經我守兵阻攔，不服制止，以致互相衝突，刻正在對峙中。似此情形，敵有預定計劃，大戰勢所不免。除飭各部即日準備外，謹聞。職宋哲元叩。寢。印。

（59）冀察綏靖主任宋哲元呈何應欽部長告我軍撤出廊坊大戰恐不能免電

民國二十六年七月二十六日

南京。部長何：宥辰參電計達。3112密。今早八時，日軍又由天津開抵廊坊千餘名，同時並以飛機十四架、裝甲車數輛，向我當地駐軍猛烈轟襲。我軍四面受敵，現已撤出陣地。平津交通已被切斷，戰事恐不可免。將來北平尚可支援，天津方面兵力單薄，危險萬分。擬請速飭龐軍集結滄縣，以作總援。查日方此次發動，純對冀、察，乃職部防務遼遠，戰端一啓，處處堪慮。即祈速示機宜，以備遵循為禱。職宋哲元叩。宥申。參。

（60）軍政部參事嚴寬呈何應欽部長告日方通牒我軍撤退等情電

民國二十六年七月二十七日

南京。部長何：○密。1.聞日致此間通牒，限我軍儉前撤退（並未指明何處部隊），我方仍在和平進行中。2.平市宵夜炮聲時起時停，人民極惶恐。3.廊坊我軍宵未向黃村集結。職寬叩。感寅。印。

（61）冀察綏靖主任宋哲元呈何應欽部長告平津危急請示機宜電

民國二十六年七月二十七日

南京，部長何：3112密。有亥參電承示情報兩條，敬悉。現在平、津

已危，請密示機宜，以便遵循為禱。謹復。職宋哲元叩。感辰。印。

（62）冀察綏靖主任宋哲元向何應欽部長報告日軍圍攻通縣駐軍傅鴻恩營戰況電

民國二十六年七月二十七日

限即刻到。南京。委員長蔣、軍政部長何鈞鑒：3112密。感晨一時，通縣日軍兩千餘人，將我駐該縣之傅鴻恩營包圍，擬令交械，經傅營長嚴詞拒絕，遂於今晨三時發生衝突，戰鬥非常激烈，迄早七時尚未停止。惟該營四面受敵，除飭沉著應付外，謹聞。職宋哲元叩。感辰。參。印。

（63）冀察綏靖主任宋哲元呈蔣委員長告北平四面皆敵決心固守電

民國二十六年七月二十七日

急。南京。委員長蔣鈞鑒：〇密：宥戌機京電，蒙示決心四條，謹悉。北平為華北重鎮，人心所繫，大勢所關。現在已成四面皆敵之形勢，通縣於今晨三時起，亦正在激戰中，職受國家人民付託之重，已決心固守北平，以安人心，而作士氣，絕不敢稍有畏避也。謹復。職宋哲元叩。感辰。印。

（64）蔣委員長致冀察綏靖主任宋哲元指示固守北平等城並可直令孫連仲部隨時增援電

民國二十六年七月二十七日，南京

限即到。北平宋主任明軒兄：偃密。此時先應固守北平、保定、宛平各城為基礎，切勿使之疏失。保定防務應有確實部隊負責固守。至平、津增援部隊，可直令仿魯隨時加入也。此時電報恐隨時被阻，請與仿魯切商辦法，必以全力增援，勿念。中正。感辰。侍參。京。

（65）冀察綏靖主任宋哲元向蔣委員長何應欽部長告日軍圍攻通縣團河平郊遭轟炸等戰況電

民國二十六年七月二十七日

　　急。南京。委員長蔣、軍政部長何鈞鑒：3112 密。1.我駐通縣之傅鴻恩營，自今晨三時，被敵圍攻，戰鬥異常激烈，迄時一時，由傅營長率部衝出重圍，敵復以飛機跟蹤轟炸。刻已撤抵南苑收容整理。2.今日下午三時，敵步、騎約四百名，附坦克車數輛，向我團河駐軍猛攻，經我向其兩翼繞擊，敵傷亡甚眾，刻仍在激戰中。3.敵四百餘名，今早八時。向我小湯山之商鎮夏營攻擊，同時以飛機轟炸。經我沉著應戰，敵未得逞，刻仍在對峙中。4.本日敵機屢在平市上空偵察，並在城外投彈轟炸。下午四時以後，復來敵機四五架，盤旋偵察甚久，並在各郊投彈數十。除飭各部詳偵敵情主動應戰外，謹聞。職宋哲元叩。感酉。參。印。

（66）軍政部參事嚴寬呈何應欽部長告和平已絕望二十九軍決與城共存亡電

民國二十六年七月二十七日

　　特急。南京。部長何：1015 密。奉托電告如下：1.日致我通牒，限我二十九軍儉午前撤退，我方已將該通牒送回。2.和平已絕。宋及二十九軍將領已決心與城共存亡。至城外各方面，俟佈置完畢，即行應戰。望轉電何公速派大量飛機及軍隊來北。等情。謹報。乞復轉達。職寬叩。感戌。印。

（67）宋哲元發表自衛守土通電

民國二十六年七月二十七日

委員長蔣，各院會鈞鑒：各部各省市政府各綏靖主任、各總司令、各總指揮、各軍長、各師、旅長、各法團、各報館均鑒：

哲元自奉命負冀察軍政之責，兩年來以愛護和平爲宗旨，在國土主權不受損失之原則下，本中央意旨，處理一切，以謀華北地方安寧，此國人所共諒，亦中日兩民族所深切認識者也。不幸於本月七日夜，日軍突向我盧溝橋駐軍襲擊，我軍守土有責，不得不正當防禦；十一日雙方協議撤兵，恢復和平，不料於二十一日炮擊我宛平縣城，長辛店駐軍，於二十五日夜突向我廊坊駐軍猛烈攻擊，繼以飛機大炮肆行轟炸，於二十六日晚，又襲擊我廣安門駐軍，二十七日早三時，又圍攻我通縣駐軍，進逼北平，南北苑已均在激戰中。似此日日增兵，處處挑釁，我軍爲自衛守土計，除盡力防衛，聽候中央解決外，謹將經過事實，掬誠奉聞，國家存亡，千鈞一髮。伏乞賜教，是所企禱。二十九軍軍長宋哲元叩。感。印。

（原載《中國全面抗戰大事記》七月份，第50頁）

（68）蔣委員長致冀察綏靖主任宋哲元指示固守北平三日中央日夜兼程增援電

民國二十六年七月二十七日

北平。宋主任勛鑒：偓。請兄靜鎮謹守。穩打三日，則倭氛受挫，我軍乃易爲力。務望嚴令各部，加深壕溝，固守勿退，中央必星夜兼程，全力增援也。中正手啓。泌酉。機。京。

（69）冀察綏靖主任宋哲元呈蔣委員長何應欽部長告已嚴詞拒絕日方最後通牒電

民國二十六年七月二十八日

南京。委員長蔣、軍政部長何鈞鑒：2577密。廿六日日方向我提出通

告，限於廿七日午十二時以前，將八寶山、盧溝橋等處之我軍撤至長辛店以南，並限於廿八日之（「之」字衍）我軍撤至永定河以西。此種要求，實屬無理之甚，均已嚴詞拒絕矣。謹稟。宋哲元叩。儉。印。

（70）軍政部參事嚴寬呈何應欽部長告平郊戰況甚烈戰局難免

民國二十六年七月二十八日

急。南京。部長何：1015密。1.團河戰極烈。高麗營、湯山、通縣西、南北苑、平西一帶，均與日軍衝突。2.戰事甚烈。大井村一帶，日軍又以重炮向我宛平轟擊。3.日已通告各國，決定對華用兵，戰局難免，希鈞注。職寬叩。儉子。印。

（71）蔣委員長致冀察綏靖主任宋哲元指示速離北平到保定指揮電

——民國二十六年七月二十八日、南京

北平。宋主任明軒兄：希速離北平，到保定指揮。勿誤，如何？盼立復。中正手令。儉辰。機。京。

（錄自總統府機要檔案）

（72）蔣委員長致冀察綏靖主任宋哲元指示鞏固陣地先求穩定次求變化電

民國二十六年七月二十八日

限即到。北平。宋主任明軒兄：感未參電悉。儉密。孫部應即前進勿延，龐部現尚未集中，應令在滄州待後方部隊到後向前推進。此時應敵，

先要鞏固現有陣地，然後方易出奇制勝。所謂先求穩定，次求變化，請兄切記之。中正手啓。儉辰。侍參。京。

（73）冀察綏靖主任宋哲元呈蔣委員長何應欽部長報告平郊各地激戰中並繞道敵後襲擊豐臺等情電

民國二十六年七月二十八日

特急。南京。委員長蔣、軍政部長何鈞鑒：3112密。報告：

1.今早敵約萬餘人，飛機數十架，炮百餘門及裝甲車，向我平郊各防地轟炸猛烈，正在激戰中。2.要斷我平綏路及平漢路各處交通。3.派隊繞敵之後攻其豐臺，成功與否尚不敢定。特此報告。職宋哲元叩。儉辰。印。

（74）冀察綏靖主任宋哲元呈何應欽部長告天津各地激戰擬請中央速派大軍增援電

民國二十六年七月二十九日

南京。軍政部長何鈞鑒：2577密。我駐津三十八師部隊。自本早二時起，與日軍發生激戰，情形如下：1.三時，東局子機場被我攻下，並燒毀敵機六十餘架。2.海河大鐵橋及金鋼橋，均已炸斷，市內交通斷絕。3.所有天津東西兩車站、特別西區之日軍均被擊退。4.敵以飛機、坦克轟炸衝擊，河北一帶逐入混戰狀態。海光寺日兵營上空，敵以飛機五十餘架，盤旋掩護，迄未攻下。現仍在激戰中。5.查我駐津部隊僅有一旅，其他部隊，亦均在與敵接觸，現正激烈鏖戰，恐難久持，擬請中央速派大隊增援。謹稟。職宋哲元叩。艷。印。

（75）軍政部參事嚴寬呈何應欽部長告宋秦離去平津失守電

民國二十六年七月二十九日

限即刻到。南京鬥雞閘四號。何部長：1015 密。極密。1.演進日久之複雜化，儉晚實現。2.聞儉晚戰爭，張、石等部有參加日軍行動之說，馮部傷亡極慘，艷醜全部撤退。宋、秦亦走，平津形同失守。3.日人提出此間要員更動，艷實現。自忠、變元、允榮、毓桂、張璧、仲孚、覺生將主要政，漢奸全獲勝利。4.據報此間現狀，僅敷過渡，前途演變，不知胡底。中央若不予制裁，國事前途，更多荊棘。5.此間人士對宋等僥幸大位，不忠誠不堅決之誤國唾罵。6.艷子南海槍聲過後，退入居仁堂之二十九軍部員兵及特務團、軍訓團忽然亂潰、行轅所有物件悉被掠去。7.居仁堂已被張部進佔。8.職等今晨避居西什庫教堂。職寬叩。艷。印。

（76）冀察綏靖主任宋哲元呈報第二十九軍副軍長佟麟閣第一三二師師長趙登禹陣亡電

民國二十六年七月二十九日

南京。委員長蔣、軍政部長何：6912 密。職今晨三時抵保，秦市長德純、張局長維藩偕來，所有北平軍政事宜，統由張師長自忠負責處理。昨日日軍以全力向我南、北苑駐軍進攻，猛烈轟炸，我官兵傷亡甚重，副軍長佟麟閣陣亡，師長趙登禹蹤跡不明，南苑營房被轟炸，已成一片焦土。三十八師駐南苑之一部，截至今日下午八時，尚據守圍墻之一隅與敵掙紮。似此情形，殊難有勝算把握也。謹此電陳。職宋哲元叩。艷寅。印。

（77）軍政部參事嚴寬呈何應欽部長告通縣偽保安隊反正激戰與南開等校遭轟炸等情電

民國二十六年七月二十九日

南京。部長何：〇密。1.艷晨通縣及其附近偽保安隊約五個大隊反正，

與日軍激戰終日，並將通縣要區火焚。至午後，被日軍轟炸甚慘。現向西南撤退中。2.津郊我保安隊亦與日軍衝突，旋被日機轟炸。南開、女師、工院等校亦被轟炸。3.佟麟閣陣亡。趙舜城、鄭大章均有身殉說，尚待證。職寬叩。豔戌。印。

（78）前敵總指揮孫連仲致軍事委員會侍從室第一處主任錢大鈞轉呈蔣委員長告特派一旅在琉璃河附近阻敵直入等情電

民國二十六年七月二十九日

即到。南京。委員長侍從室錢主任呈委員長蔣：領密。報告：1.本日早二時，李副師長文田率李、劉兩旅及保安隊分集天津日租界兵營飛機場津浦總站，情形甚好。後敵兵增加，勢漸不支。午後一時，奉宋命撤退。八時大部始退炒米店，小部尚在紛戰，連同北苑、通州各役，均屬無計劃的失敗。2.二十九軍各師雖尚有力量，惜高級將領精神不振，宋謂二十九軍不克再戰，擬赴河間收容部隊。3.滄保線工事，宋擬不構築，政府即

築，亦無濟於事等語。4.職爲鼓勵二十九軍士氣，並阻敵直入，且使後方充裕準備，特派一旅在琉璃河附近佔領陣地，必要時用作收容其餘部隊，開赴任丘構築滄保線中段工事。5.宋到河間或將作下野表示，請鈞座對平漢、津浦兩方面指揮人員，早爲選定。6.本路北上以來，雖處境困難，但本鈞座意旨，對二十九軍方宜慰鼓勵，期必在鈞座指導之下，爲國效命抗戰。職孫連仲。艷戌。參。印。

（79）冀察綏靖主任宋哲元呈蔣委員長何應欽部長請辭軍職電

民國二十六年七月三十日

南京。委員長蔣、部長何鈞鑒：2577密。哲元刻患頭痛，亟宜休養。當此軍事吃緊之際，恐於大局有誤，所有二十九軍軍長職務，已委馮師長治安代理，並請中央明令發表。謹稟。職宋哲元叩。卅卯。印。

（80）冀察綏靖主任宋哲元呈蔣委員長告駐津各部隊已撤至馬廠電

民國二十六年七月三十日

南京。委員長蔣鈞鑒：手啓艷戌電奉悉。更密。謹遵諭辦理。惟天津方面，日方又增厚兵力，且取有大批飛機飛至。至我駐津各部因受日方壓迫，已撤至馬廠。謹復。職宋哲元叩。卅辰。印。

（81）北平市市長秦德純呈蔣委員長告整飭二十九軍並就和戰兩途直陳意見電

民國二十六年七月三十一日

南京。部長何鈞鑒：3932密。宋軍長精神時有錯亂。說話有時失常。

軍部現在保定，由馮師長治安代理二十九軍軍長職務。嗣後如有諭示，務懇徑電保定馮師長為禱。秦德純叩。卅一。印。

（82）秦德純致蔣介石密電

民國二十六年七月三十一日

京。委員長蔣鈞鑒：偃密。查平津戰役，二十九軍防線，由大沽口至察邊，兵力尚未集結完畢即與敵接觸，而天津一戰，尤為壯烈，功敗垂成，深堪惋惜。二十九軍現在冀南各地整飭，雖兵員略有損失，而士氣尚堪一戰。為今之計，只有戰和兩途，如決戰則擬請將大兵分為三路，平漢、平浦及中間各一路，二十九軍任一路，由鈞座統一指揮，則一舉而平、津可下，直搗長城沿線，則冀東各處保安隊等必群起響應矣。若節節抵抗，零星消耗，則抗戰愈久，損失必愈大。如不戰而和，則擬請中央派員到平、津與日方直接交涉，或亦可敷衍一時。倘不和不戰，則國家前途實不堪設想矣。冒昧直陳，敬請鑒察。職秦德純叩。卅一。印。

（83）軍政部參事嚴寬呈何應欽部長報告平市異動後情況電

民國二十六年七月三十一日

南京。部長何：1015密。1.平市異動後，市面未復常，每日士兵橫行間巷，人心極不安。2.張自忠部入城之部隊，多已改為保安隊，每日晨昏，日人訓話。3.張等已無主持能力，諸事均由漢奸操縱。此間現況，恐難久待。4.聞市民維持會將要實現，前途演進不知如何？5.人民極盼中央軍早到，排除萬難。職寬叩。卅一。印。

（84）嚴寬致何應欽密電

民國二十六年　七月三十一日

南京。部長何：〇密。1.偽區保安隊以宋所謂決心抗戰三五日無虞，遂於艷日紛紛反正，詎宋部僅抗戰一日，情勢變化，前方混戰，首領忽走，全線部隊紊亂潰退，大部反正軍既被敵機敵軍轟擊，前昨等日，又被此間親日部隊襲擊，以致無法維持，紛退門頭溝一帶及西陵山中。2.子亮〔劉汝明，字子亮，時任一四三師師長。〕儉正備四路出擊，並約綏東友軍進擊，藉收奇功之效，遙解平圍，劉電到時，宋已去矣。連日通訊斷絕，不知劉之計劃如何？3.宋既無果決，自齊後，仍以緩和自愚，不備戰以致如此。4.民族激昂，盼禱中樞安定北局。5.職仍避居西什庫教堂。職寬叩。卅一。印。

（85）冀察綏靖主任宋哲元呈蔣委員長何應欽部長等報告平津戰後整備二十九軍各部隊情形電

民國二十六年八月一日

即到。南京。委員長蔣、部長何、總長程鈞鑒：更密。此次職軍平、津各區混戰後，亟應重加整備。謹將各部隊集結地點報告如下：1.第三十七師除陳春榮旅仍駐保定外，其餘各部集結於安新、高陽、肅寧一帶，師部及特務團暫駐高陽。河北保安旅移駐涿縣、徐水、望都一帶。旅部駐保定。2.第三十八師沿津浦線部隊，以一部扼守靜海，其餘集結於馬廠、大城、青縣、滄縣一帶，沿平漢線各部集結於蠡縣後，即歸還該師。3.一三二師集結於固安、任丘、河間一帶，師部暫駐任丘。4.騎兵第九師以一部仍擔任固安、永清一帶防務，師部及其餘部隊集結於新鎮、霸縣附近。5.軍特務旅集結於張登鎮（保定南）附近，旅部暫駐張登鎮。6.冀北保安司令部所屬各部集結於淶水、易縣附近，司令部暫駐淶水。除令各部即速移動完成整備外，謹稟。職宋哲元叩。東參。戰。印。

（86）軍政部參事嚴寬呈何應欽部長報告北平失守後情況電

民國二十六年八月三日

南京。部長何：1015 密。1.阮旅等多在北苑及西苑繳械。平郊晚仍有槍聲。係孫等別動隊及反正軍遊擊活動。3.冀察政會照常辦公。4.平市維持會江朝宗力辭主席。5.各城門均由日軍監視，居民甚恐。職寬叩。江。印。

（87）何應欽致馮治安密電

民國二十六年八月三日

機急。保定。馮主席仰之兄：2577 密。據東京同盟電，日軍鈴木部隊於卅一日在北平已將第三十九旅約三千名之武裝解除等語。現阮旅在何處？日電所傳確否？盼速查復。何應欽。江亥。參。印。

（88）前敵總指揮孫連仲呈何應欽部長報告平市異動後情況電

民國二十六年八月十五日

南京。部長何：0407 密。據報：1.北平政會江發表開除石友三、石敬亭等八委員職，又發表常委齊燮元、張允榮、潘毓桂等八名委員負責，綏署富雙英負責，全市員警欲改換黑制服。潘毓桂講演，痛責南京中央之非，並招待新聞界，不得有反日言論。2.日兵灰入城，在長安街集合後，分駐城內。全城共約五千餘人，南苑及西苑各駐一聯隊至一千四百餘。上黃村車站約二百人駐守。每日僅開城門四次，日、鮮民人照常。謹聞。孫連仲。刪亥。參謀。印。

國民政府關於撤職查辦張自忠的明令

（1937 年 10 月 8 日）

中華民國二十六年　十月七、八日國民政府公報二四七九號

八日　國民政府明令：張自忠撤職查辦、劉汝明撤職留任、陳參撤職訊辦，以肅軍紀。

國民政府據軍委會呈稱：天津市長兼第三十八師長張自忠放棄責任，疊失平、津守地；察哈爾省主席兼一四三師長劉汝明於張垣、蔚縣抗戰不力；陸軍第六十一師第三百六十一團團長陳參貽誤軍機。本日明令張自忠撤職查辦；劉汝明撤職留任，戴罪圖功；陳參先行撤職，從嚴訊辦，以肅軍紀。全文云：

此次抗敵用兵，關係重大，全賴前方將領，忠誠爲國，不避艱危，庶能遏止侵陵，保我疆土，如有違律失職，自難曲予優容。茲據軍事委員會呈稱：天津市市長兼陸軍第三十八師師長張自忠放棄責任，疊失守地；察哈爾省政府主席兼陸軍第一百四十三師師長劉汝明抗戰不力，致受損失；陸軍第六十一師第三百六十一團團長陳參貽誤軍機，均請從嚴懲處，以振綱紀等情。張自忠著撤職查辦；劉汝明著撤職留任，陳參著先行撤職，從嚴實辦；以肅軍紀，而儆效尤。此令。

本文摘自《中華民國史事紀要》（1937 年 7 月－12 月）

新聞報導篇

1937 年 7 月 9 日天津《大公報》

【北平電話】官方消息，日軍炮擊盧溝橋事件發生後，我軍政當局、現正沉著應付，不願事態擴大，現據確息。（一）平市治安鞏固無虞，可以隨時消滅一切不逞之徒，（二）四郊警備周密，保衛有餘，（三）盧溝橋方面現雙方仍在對峙中，昨日下午七時許，北平城內，又聞繼續炮聲，（四）日軍車一列共九輛，由山海關開來，七日午後四時許到津，八日到豐臺，八日下午一時許，日軍陸續由天津通州到盧溝橋豐臺方面增援，並有坦克車載重汽車多輛隨行，我軍現正沉著應付，無足憂慮。

1937 年 7 月 9 日上海《申報》

盧溝橋在廣安門外西南二十里，爲平西名勝之一，扼平漢交通孔道。其東豐臺，又爲平漢、北寧兩路接軌處，四年以前，宛平縣始移治盧溝橋。縣府在橋西，城垣不甚大，但尚堅固。自去年日本在華北增兵後，疊在豐臺建兵營機場，進而謀在盧溝橋作同樣設備。縣長兼專員王冷齋周旋應付，煞費苦心，卒獲保持土地之完整，遂爲日方所痛恨，此爲事件之遠因。最近又以此間當局久滯梓鄉，交涉失其對象；而國大代表選舉遵令進行後予以多少刺激，乃欲造成恐慌局面，以達壓迫當局返平之目的，此爲事件之近因。

近來日軍頻頻在盧演習，且皆實彈露營，人民已司空見慣，但至七日夜間，人數忽增。至八日晨三時二十分左右，忽散開成爲散兵線以宛平縣城爲目標，向西急進。至距離約百米時，竟發炮鳴槍，衝鋒前進。於是事件之衝突遂開始矣。

記者於八日晨曾一度赴當地觀察，因該縣城門緊閉，東南城角且有日兵甚多，故無法入城。據探悉，當日軍向我進攻時，我方初猶豫係日軍演

習，及見其愈迫愈近，有意挑釁，始知系欲搶奪縣城，當即起而應付，為正當防衛計，予以還擊。因縣城甚小，苟不抵抗，即將不保也。日方見我抵抗，更以小鋼炮、小過山炮轟擊，其目標在奪取盧溝石橋，進取縣城。自八日晨三時半起，至八日晨七時五十分，槍炮聲不停，我方死者約六七十人，附近大井村一農民且無辜被日軍斬首。日軍方面據傳死準尉一人，一少尉負傷。自八時以至十一時，為雙方接洽調停之時間，十一時我方以日方所提先撤兵條件，不能接受，日方乃又開始攻擊，至十二時始復停止，直至下午六時，雙方尚在對峙中，此關於日軍向我軍挑釁之經過也。

至於我當局態度，固希望和平解決，但絕不能接受日方先撤兵之條件，故交涉雖在進行，有無結果，則未可知。惟民氣憤慨，士氣旺盛，守軍鹹抱與縣城共存亡之決心。北平市內人心亦極鎮靜，雖八日晚八時即宣告戒嚴，但道路行人絕無張惶驚慌之色，蓋平津民眾已習於此等生活矣。

1937 年 7 月 10 日上海《立報》

記者十日晨再度赴宛平視察，行經戰場，見禾苗盡被踐踏，間遇死屍橫陳。據當地人說，戰事以八日晚最烈，是夜十一時許，日軍二百餘人由永定河東岸向河西進攻，搶奪盧溝橋，橋西我金營一排當時全軍覆沒，縣城西門城上守城某連長眼見日軍前進，我援軍不繼，氣憤不堪，不待命令，即派一排兵出西門往援。該排兵士丟掉步槍，持大刀手溜彈黑地裡偷偷前進，行近日兵時，舉刀砍殺，聲震四野，日兵猝不及防，死三十餘人，該排兵士中有一十九歲青年連砍日兵十三人，並生擒一人，該日兵跪地求饒，亦被砍殺。旋又有援軍一連，由某處開到，將過橋日軍所餘百餘人全數殲滅，奪回全橋，在盧溝橋車站指揮日軍的河邊旅長，幾被我生擒。至九日晨三時戰事方完，此連士兵亦死傷四分之三，僅有一排生還，悲壯忠烈，實所罕見，即日軍指揮官亦為之咋舌。

八日至九日兩日間，雙方死傷均為二百餘人，就兵器言，日軍死傷應少於我軍，今竟死傷相等，可見我士氣確極旺盛。記者九時許回平，路經大井村時，日兵已在此佈崗，至下午三時，該村即完全被日兵佔領。

1937 年 7 月 14 日香港《香港日報》

記者十日晨馳赴盧溝橋，七時抵廣安門，門已半開。菜販小賣，因交通斷絕兩日，均乘此機會入城，故行人特別擁擠。七時二十分抵五里店，遠望平漢路軌道日軍營幕，始（知）盧溝橋附近尚有日軍二百餘人未撤。若干日兵猶在該地架設炮臺，察其目標，仍向盧溝石橋。鐵道、涵洞，有日兵盤問行人，但不大苛阻，過涵洞後，即為宛平縣城，現東門仍然緊閉，無法通行。惟西門半開，行人經查問後，可以出入。城內保安隊共百五十人，由賈隊長率領，會同縣警官柏榮光負責維持治安。一般情形，尚頗平靜。惟商店尚未開業，住戶雙扉緊閉，一切均呈靜止狀態。至戒備方面，因我軍撤至橋西，尚未撤去之日軍在鐵路軌道旁臨時設立之司令部，相距僅一二百米突，故警戒未敢放鬆。

據宛平縣警官柏榮光談，七日深夜發生衝突後，八日日方致我通牒，竟要求限於六時前，自縣官人民，應全部退出，欲來接收縣城，當時王縣長因電話電報俱斷，無法向長官請示，只與本人（柏自稱）及金營長商議竟日，尚未得有結果，日軍已開炮轟擊。此役彼方目標完全在於縣府，因縣府屋頂有旗桿，可作彼射擊標準，故縣府同時受中四炮。縣長臥室大客廳及第三科辦公廳等處均被毀。後將旗桿卸去，發炮目標遺失，遂多落於民房，共計日軍此次三度炮攻宛平縣城，一為七日夜三時後，二為八日上午十時後，三為八日下午六時後，共發炮二百餘發。我方死傷，現尚未知確數。但已收殮屍首六十餘具，擡赴長辛店掩埋。受傷者約有百二十餘人，亦已陸續運到臨時所設醫院醫治。日軍死傷實數不詳，但與我方亦不差上

下，其死者已運往豐臺或天津，由此觀之，此次戰事不能謂不激烈云云。

記者與柏分手後，復往各街衢大道巡視，因接防伊始，戒備仍嚴，故不克十分自由，且新雨初晴，泥濘載道。除保安隊之巡邏外，絕少行人往來，景象淒冷，睹之徒增憤慨！又因一切損失均待調查，人民驚魂甫定，不願與縣境外人閒談，爲是調查頗難。又記者到盧溝橋之後，始悉縣長王冷齋業已赴平，一切問題均無專人接洽，乃決定且先折返北平。

1937年7月17日香港《華美晚報》

七月八日上午九時，法文北京政聞報，派有訪問記者，進謁北平市長秦德純，採訪關於盧溝橋事變之新聞。

秦市長當即發表談話云：在昨晚半夜間，日本華北駐屯軍代表今井上校，用電話通知冀察政委會謂：有一連之日本步兵，在麥喬保羅（馬可勃羅）橋附近，舉行夜間演習時，忽發覺在永定河彼岸，有若干流彈飛來，槍聲計有六七響之多。當時，日軍即行集隊點名，忽發覺缺少日兵一名，乃向橋旁進行搜索。

抵橋上後，發現對方亦有中國軍隊前進，乃向之要求，派人入宛平縣城，以探查槍聲之所自來。

但中國當局則謂：在此深夜，殊難允許外國軍隊入城搜查；同時，華方更電話城內駐防當局，旋據覆稱，並未有軍人出城，且軍人均已深入睡鄉矣。

然而今井上校乃突出威脅手段，聲稱：如日兵不可入城，則當將此城包圍；正在此時，中日雙方軍隊，已開始動員，而日人則要求，各派代表以進行談判。

但不久之後，則所缺之日兵，業已返營；故中國方面以爲：似此則日

人宜勿庸進城調查矣。然而今井上校則謂：軍隊既已動員，殊難即行復員，故依其意，進城搜索，仍屬必要。

北平當局，乃即派有保安司令部周某（譯音）、宛平專員王冷齋、外交委員會林耕宇，會同第二十九軍軍部顧問櫻井大佐、今井參謀，前往宛平縣，實行調查，各代表到達宛平時，已次日上午四時矣。

在宛平城外，日本今井上校仍要求率兵進城調查，但中國之守城兵仍拒之如前。

至各代表到城後，乃由守軍迎之入城，雙方即在城內舉行談判，時已五點鐘矣，各代表談話未竟，已聞城東槍聲大作。

但城內之中國兵，當時並未回擊，然而不久之後，城西亦槍聲蜂起。

然而城內華兵，當時仍未還擊，即城內居民，亦尚鎮靜。

惟自五時以來，則槍聲之外，又夾以炮聲；由五時直至九時——即記者（法文北京政聞報訪員自稱）與秦德純談話之時間——槍炮聲迄未斷。

依秦市長之估計，日軍所發炮彈，不下有數百發，故中國人死傷極多，依其按常理之估計，當不下於一百五十人也。

現聞冀察時局之意，誠願將此事件，努力使之成為地方化，但必須先行停職，方可進行和平之談判，惟於日方仍繼續其攻擊，則華方勢必出面抵抗之。

在訪問完畢時，聞在宛平方面，中日軍仍在戰鬥中，是故此項事件，恐將不免重大化者也。

1937 年 7 月 27 日
上海《時事新報》

　　二十五日（七月）下午五時，由津開抵廊坊日軍稱，修理電話線，擬均下車。我廊坊駐軍第三十八師張自忠部劉旅，因未奉命，當加阻止，並婉詞勸止。該部日軍堅不接受勸告，當即全部下車，成散兵線，將廊坊車站佔據，並積極構築工事，雙方形成對峙狀態。至二十六日晨零時一十分，該部日軍突由車站用機關槍向我軍防地掃射，我軍因事前未作準備，傷亡十數名。乃一面向上官請示，一面準備應付，形勢極嚴重。是時日軍仍每隔數十分鐘，即以機關槍掃射，約二十分鐘，掃射時槍聲極密。同時有日軍鋼甲車一輛，開至我軍防地附近開槍射擊數十餘發。我軍迄未還擊，直至二十六日晨二時半始應戰。是時津日軍六十餘名，乘載重大汽車三輛，由津過武清開抵廊坊增援，雙方對峙。至二十六日晨五時，廊房上空忽有由東北飛來偵察機一架，低飛偵察。約十五分鐘始飛返。五時十五分即有日轟炸機四架，飛抵廊坊上空，向我軍營房投炸彈達五十餘枚，我軍損失極重。同時據守車站內日軍百餘人，向我猛烈攻擊。因電話已不通，我前方部隊只有沉著應戰，堅守原防，日軍迄未得逞。五時二十分復有日軍兵車一列，上載日兵三百餘名，鐵甲車三輛，大炮十門，由津開抵廊坊。五時二十五分有由津新站開來日兵車一列，上載日軍一千四百餘名，亦開抵廊坊，下車增援。日方轟炸機四架亦於五時三十五分飛去。六時十分日轟炸機四架又飛來擲彈數十枚，我軍以僅一小部，日軍大批援軍到達共二千餘名。且我軍因日軍轟炸及猛攻，已傷亡甚重，我軍乃退出營房，在廊坊北寧路鐵道南北高粱地內佈防。十時二十分，又有日偵察機轟炸機混合隊十七架，飛抵廊坊我軍防地及廊坊附近擲彈。同時日軍仍向我猛攻，附近人民亦避於高粱地內。但結果我軍傷亡達千餘人，情形極慘。截至下午一時許，我軍漸向廊坊西北方集中，逐步與敵軍相峙中。

1937年7月31日
聚興誠銀行上海分行內部通報

　　自盧溝橋事變爆發以來，敵人大肆其侵略野心，我國朝野均認爲最後關頭已到，準備應戰。兩旬來，和戰閃爍的結果，一因漢奸作祟，二因準備未充，不能發動整個抗戰計劃，竟爲敵人所乘，時僅三日，華北重鎮之平津淪陷敵手，誠至可悲痛之事。而敵人侵略行動，已擴展至保定一帶，如是之節節進逼，似非亡我民族不止。時局危迫，日甚一日，想我同人倍極關心，茲將最近兩日演變情形撮要述後，以後仍將見聞所及，陸續奉告。

　　1.北平方面　27日日方致宋哲元最後通牒，限二十九軍全部退出北平，宋通電全國表示抗戰。28日午間捷報頻傳，相繼克服廊坊、豐臺、通縣，肅清平津線，各方聞之，歡欣鼓舞，升旗燃炮慶祝。殊不知當晚情勢突變，張自忠、石友三等附逆。軍心搖動，宋哲元、秦德純、馮治安等率部赴保，二十九軍除犧牲及零星抵抗外，均被迫撤退。張自忠出任冀察政委會委員長兼北平市長，發安民佈告，各城門開啓，進行與日方商洽，醞釀新局面。江朝宗等漢奸組織治安維持會，北平至此已全被日方佔領。聞昨日平市商店已開市營業，秩序漸復。此役我軍傷亡約一萬五千人，二十九軍副軍長佟麟閣、一百三十二師師長趙登禹，均以身殉國。

2.天津方面　北平形勢突變，天津亦發生混戰，警察局長李文田出任臨時指揮，統率所部保安隊及二十九軍之一部，與日軍沿鐵路線抵抗，為爭奪東、西車站及特三區、特四區等地，慘遭日機轟炸，損失極重。經兩日夜苦戰，終以勢孤力弱，不能久持，已於昨晨退出天津，向靜海一帶退卻。津員警四千餘，均被日軍解除武裝，至是，天津又全被日軍佔領。此役日機轟炸各機關民房在千所以上，軍民損失無數，最高學府之南開大學亦全部被毀，情形極為慘痛。

3.保定方面　天津淪陷後，敵人繼續擴展，沿平漢路南侵，宛平、盧溝橋、長辛店也被佔領，日方並派飛機至保定琉璃河轟炸，進至正定、石家莊偵察，河北全省亦已萬分危殆矣。

4.中央態度　平津失陷，保定危急，我中央態度究為如何，此為全國人民殷殷盼望其明白宣示者。29日蔣委員長對記者發表談話，認平津不保，早所料及，宋哲元責任問題，亦不必重視，願盡全力負全責，以挽救今後之危局。目前當不能復視平津之事為局部問題，任聽日軍之宰割，惟有發動整個之計劃，領導全國一致奮鬥犧牲到底，望全國民眾共赴國難云云。昨日英文報載中央已派陳誠率兵五萬北上，聯合二十九軍預備反攻，但今日各報均未提及，是否確實，又成疑問。聞招商局及民生輪船已被政府徵調

日軍炮轟後天津市區慘象

數艘運兵，中央暗中備戰情形，或爲外間所不知。惟聞中央和戰尚未決定，前夜會議至四時半，和戰兩派爭執甚烈，主戰派發言云去年西安事變，大家拼命主戰，今日日本佔我華北，反主張和平，其勇於私鬥而忽於公敵，將何以自解。蔣召兩派個別談話，至黎明猶未決。似政府對日之方針，尚在兩可之間也。

5.上海方面　連日日艦到者共十二艘，吳淞、公大等日紗廠聞自今日起停工，我方亦有相當準備，公民訓練隊員願應徵者亦有六千餘人，滬北、滬西變相保安隊隱駐甚多，地方亦有相當設備，中、中、交三行已將貴重物品遷移。治安方面除 24 日日水兵失蹤（現已尋回）一度緊張後，尚未發生其他變故。不過時局危迫，人心恐憂，各交易所漲跌倏忽，變動極大，證券交易所業已停拍三天矣。

聚興誠銀行上海分行謹啓 1937 年 7 月 31 日

1937 年 8 月 7 日上海《大公報》

令人苦悶了好久的盧溝橋事件，終於給我們一個大的興奮。七月二十八日早晨，記者正在保定，聞北平近郊已於二十七日夜發生戰事，乃於是晨乘赴平之火車趕往視察。

平漢鐵路，自所謂盧事「和平解決」後，曾經通了幾天車。但是二十八日車站上的臨時佈告牌上，又寫出了「客票只至長辛店」。火車誤點開出，到長辛店已十二時半，沿途逢站均有停留，常見樹蔭深處，有我們的國軍隱約前進。快到長辛店的時候，由火車的高處，又見到東邊的高粱地裡，走著第二十九軍。他們一半人著軍衣，一半著便服，沿著曲折的田地向永定河方面開去。全車的人，見到這一幅景象，均情不自禁的歡騰起來。

太原來的犧牲救國同盟、國民兵……等團體之代表二十餘人，正在車

站上。他們是隨著夜間開來的貨車到長辛店，預備經門頭溝去北平。但是因為半郊戰況激烈，未能即刻出發。其後又得當地駐防之戴守義旅長面示，說是我軍已克復豐臺，大井村一帶之日軍，亦已退卻。這消息是上午十一時傳出來的。他們——太原各代表即整理行裝，於下午一時徒步赴門頭溝，因為預料北平是不成問題了。

記者本擬赴平，惟既知豐臺收復，乃留長辛店，以便就近前往視察。鐵路沿線兵士守衛森嚴，一列鐵甲車從大鐵橋上往回開來，這是回長辛店去「加水」的。車上的兵士各個都顯著一幅愉快的面色。隨後又見許多兵士自前方下來，他們也大半是穿的便衣，頗有農民遊擊隊的風味，每個人的臉上都浮著一個堅苦的表情。我向他們打招呼，他們用笑容來回答。問他們前方的情況，他們也只是笑，有幾個人拿著日本軍官用的指揮刀，問他們從那裡得來的，他們也只是笑。總之，這是一種說不出來的愉快。

六點半鐘，日方轟炸機四架飛來長辛店，並未擲彈，但在同時，宛平縣城內遭到重大的破壞。又有二十餘架飛機在西便門外我陣地施行密集轟炸。前方情勢似有相當轉變。

入夜九時，戴旅長親往前方指揮，並派一連人偷襲沙崗子，沙崗子在盧溝橋東北，平漢鐵橋之東南，距鐵路線有一百餘米遠，只是一個小土山，但地勢非常重要。以前中央軍第二師駐防北平時，工兵營把這裡修建成很堅固的工事，費了兩萬元經費。第二師調走之後，接防的部隊未重視這個地方，然而確早已被日軍所注目了。平常，他們就常到這裡來演習，盧溝橋事變一發生，日軍首先即佔據此處。在戰略上，這地方無異一個宛平城第二。二十八日早晨，我軍雖已將大井村一帶之日軍擊退，但是這座孤立的沙崗子裡，還留有百餘人及重炮軍火，簡直對他沒有辦法。步兵是沒有方法衝鋒，鐵甲炮車的轟擊，亦無濟於事。

勇敢的一連人在夜色朦朧中出發了，我們明知道此去必有相當損失。

但是自己並沒有什麼救護的設備，只在臨時，向警察局要去三十名民夫，
爲的去擡傷兵。擡傷兵的工具亦很缺乏，不知道這三十名毫無軍事訓練的
民夫，在戰場上將怎樣執行他的職務。

偷營去的出發不久，一聲震耳的大炮忽然響了，炮彈係由沙崗的日軍
陣地發出，落在長辛店車站。接連著第二聲第三聲……以後，每隔十分鐘
發兩聲，一直響到次日的天明。

二十九日晨，記者離長辛店赴門頭溝，在街頭正遇著吉星文團長自盧
溝橋撤退回來，覺得很奇怪，問他們盧溝橋上有人接防否，他們也不答應。
同時，在去門頭溝的大道上，三十七師的隊伍，亦由西苑方面退下來。據
他們說二十八夜在北平附近還打了一夜仗，日軍借坦克車攻擊，戰爭非常
激烈。

行出長辛店十餘里，遇到從門頭溝返回的旅客，據說北平門頭溝之交
通亦斷，好像一切情形均與二十八日在長辛店所聞者大爲相異。返平企圖
既不能達，記者乃折回長辛店。

回到長辛店，恰爲早晨七時，站上員工都躲在一個地洞口中，知日軍
飛機飛臨轟炸，過了兩分鐘沉重的飛機聲從東面響過來，數目不多，只有
兩架。記者避在一個房檐下面，敵機在頭上打旋，忽然引擎的響聲停了一
下，飛機好像落了來。但落下來的確是一個炸彈，距離我二十米達遠的一
座民房破壞了。我沿著墙根走，離開這一個危險地帶。不多時候，兩架飛
機就飛走了。長辛店車站上，冷清清的一輛客車也沒有，記者只好沿鐵路
徒步南下。吉星文團退下來的隊伍，絡繹不斷的陪伴著我。他們到了離長
辛店二十里路的南崗窪集合，樣子很疲倦。團長也隨著隊伍一同走，大家
在這裡休息。到南崗窪後約十分鐘，一隊飛機又來了，先是九架，見他們
盤旋在長辛店的上空，一升一降的拋著炸彈。轟轟的響聲，這裡還聽得很
真。接著，六架重轟炸機在南崗窪飛來了，無疑的，目標是向著吉團來的。

機關槍連正在集合訓話，一時散開不及，幾個炸彈落了下來，隨著又是機關槍掃射，我們受到相當損失。飛機盤旋了很久，投彈五十餘枚，並且飛得很低。我們沒有高射的武器，只得被敵人任情的屠殺。高粱地也是避飛機的去處，無奈因為人數過多，並且二十九軍完全穿的是灰色服裝，對於綠色的高粱地也不很合適，更何況敵人能夠飛得這樣低呢？當時的情形實在慘不忍睹。

記者以接近軍隊，危險性較大。乃離南崗窪繼續南行二十里，至良鄉，車站正停著一列軍用火車。這列車從前方節節後退，自然是為了避開飛機的眼線。但是第二天，當它避到保定來的時候，結果還是被炸毀了。日本飛機怎麼這樣清楚的知道這是軍用火車呢？這自然是漢奸活動的力量了。

記者在良鄉未久留，即再徒步前行，又二十里，至竇店車站。時已下午三時，站長告記者已有客車一列自長辛店開來，等了好久。從老遠的鐵路線的盡頭處，一座雄壯的機車直奔而來。他帶來了長辛店的全體路員，不只是全列車裡都裝滿了人，連車頂上，機車頭上也都立了許多逃亡者。長辛店現在是一片空地了，路員的家屬早已有數十列專車離長辛店，只剩下這一部分負有職務的人，也於這次列車全體退出來。他們述說長辛店被炸的慘狀，令人聽著不忍入耳。問他們二十九軍都退到什麼地方去了？他們說沒有見到。的確，這也是個謎。二十九軍忽然從防線上撤退之後，就見不到他們的蹤影了。這絕不是敗退，這好像是一個有計劃的神秘行動。偉大的民族解放戰爭，或許會有一個戰略上的轉變吧。

1938 年 8 月美國《密勒氏評論報》上海版

盧溝橋事變和抗戰中的二十九軍

關於七月七日的經過，中央社北平通訊有極詳盡的報告，轉錄如下：

（1）起事遠因　二十九軍自去年被日軍無理壓逼撤出豐臺後，即在宛平縣永定河岸駐防，城內外駐三十七師馮治安部步兵一營另三連，其地去北平三十餘里，去豐臺七里，去盧溝橋約三里以位於平漢、平綏、北寧三路交叉中心，頗據形勢，駐豐臺日軍嘗因該地馮師駐在，竟一再要求當局撤退該地駐軍及將長辛店讓出，我方當即拒絕。去冬日方為求擴大豐臺兵營增加駐軍計，乃擬在盧溝橋、長辛店、宛平縣三地間置一軍事堡壘，以為豐臺駐軍犄角而便於監視我方宛平、永定河駐軍。後因民眾反對，紛請當局交涉制止，未容日方如願以償，然日方無時不在夢想此事之現實也。

（2）衝突口實　最近一周，豐臺日駐軍嘉田、日本市木兩大隊騎步兵，逐日在盧溝橋附近演習示威，我駐軍悉隱忍不較。七日晚，中國駐屯軍步兵旅團第一聯隊第三大隊和第八中隊復於盧溝橋演習夜戰，即畢，點名發覺缺少步兵一名。據日方事後聲稱，彼時忽聞宛平縣城內槍聲一響，即借此為口實，謂宛平城內駐軍，向日兵射擊，其失蹤之兵士，當係被我方擊斃，於是要求入城搜查。我駐軍以時在午夜，居民皆已入睡，恐一遭驚擾，治安必紊，予以拒絕。駐平日軍特務機關長松井，根據嘉田之報告，以電話通知秦德純，要求飭令宛平縣開城，秦亦以前項理由答覆，嗣松井復以電話告秦，謂如不許日軍入城，即武裝衛護隊伍入內，同時宛平縣駐軍及專員公署，亦以電話向秦報告，云日軍增加至四五百名，對宛平縣城取包圍攻勢，盼速交涉制止，秦乃通知松井，要求彼方速派員協助冀察會中人駛往調查勸阻，松井乃派其副機關長寺平，駐平步兵第一聯隊長牟田口。協同冀察會軍事顧問日人櫻井、宛平專員王冷齋、冀察外委會參議林耕宇、冀察交通委會參議孫永業等，乘汽車前往肇事地點。

（3）大舉圍攻　寺平到後，竟拋卻其調查使命，代嘉田仍申前項要求，正爭持間，突然東門發現槍聲，西門則起炮聲，並雜以機關槍聲。我守軍初時尚力持鎮靜，後見對方壓迫漸緊，炮火漸密，遂奮起抵抗。雙方對抗至九時許，槍炮聲始稀，我駐盧溝橋附近龍王廟軍約一排，不及撤退為日

軍所乘而繳械。衝突略停後，我方檢查死傷共二十餘人，日方則死傷小隊長以下十餘人。此際平津雙方當局，均已得悉，互以電話接洽，各飭自方隊伍，停止攻擊，惟日軍則散兵線臥倒於永定河岸叢林內，取待機之勢。牟田口則要求我宛平駐軍立即退出，永定河岸軍隊，亦須撤退，我則不允。至十一時半談判仍無結果，衝突乃再起，但未幾即停止，仍繼行談洽，日方要求如前，惟已聲明失蹤之兵士，業已返隊，對二十九軍射殺其士卒一點，作罷不談，只認二十九軍有抗日行為，必須撤退。我則堅持須日軍回返原防，以後再談其他，談判終歸決裂。午後三時，復發生衝突，三時半再停，牟田口即於此時致通牒於王冷齋，及宛平城內駐軍，限晚六時退出，否則大舉進攻，我未之睬。迄六時，日方無甚動靜，八時左右，槍炮聲復作，其後情況不明，聞張自忠已於晚七時乘汽車赴肇事地調查，擬設法阻止事態之擴大。

　　（4）日軍增援　駐津日軍司令部得報後，八日晨六時，即召集緊急會議，因田代臥病，由橋本代為主席，邀集幹部將、校商討，旋派第二課長和知、參謀安達，乘汽車赴平，協同松井與秦德純交涉，同時日步兵三百餘，乘載重汽車馳往宛平增援，復有輕重兵五十餘，則於午後一時許索北寧專車一列押運大批械彈開豐臺轉運前方。其後尚擬續派軍隊前往，向北寧路索車，該局予以拒絕。局長陳覺生並傳令各路員，在此情況下，不能為日方撥車，故迄八日夜，駐津日軍，無續開出者。現豐臺共駐日軍千餘人，通州千餘人，北平八百餘，我駐平、通、盧溝橋、長辛店軍隊，則約兩旅三團。日軍旅團長河邊，頃在豐臺，聯隊長牟田口則在宛平城外，此種對峙局面與衝突，入夜似已轉劇，駐津日軍部，午夜尚在海光寺集議中。

　　盧溝橋事變發生之後，華北烽火高漲，偉大的中華民族的抗戰揭開了它的第一幕。宛平城的駐軍當局為事變開始的初頭，便堅決表示：願與盧溝橋共存亡。並且說：「和平固所願，但日軍要求我軍撤出盧溝橋，則有死守而已，盧溝橋可為吾人之墳墓。」華軍士氣之激昂，犧牲決心之堅強，

可見一斑。當時守軍團長吉星文，率領全團士兵，沉著應戰，誓為保全祖國此一塊土而與日軍相周旋；而全團士兵，亦願以鮮艷之熱血灑於國土之上；華軍抗戰情緒之昂揚，已使侵略者遭受一當頭打擊。

八日晚間，中日兩軍曾發生激烈的衝突，吉星文團長就在這一役中為民族的自衛戰爭而第一個掛了彩，足見當時戰事之激烈，與華軍作戰之奮勇。吉將軍是一個青年的軍人，他有健全的靈魂與豐富的愛國情緒，他知道要求生存唯有抗戰；就是說，民族的生存必須是以流血換取的。正因為他有如此堅定的意志，所以他才能臨危不懼，躬冒鋒鏑，指揮作戰，雖然他是不幸地受了微傷，但他的血絕不是白流的。他將使敵人知道侵略中國絕不是一件容易的事。他將使中國男兒艱苦卓絕的精神表露於世界，他更將使整個的中華魂復活；因之，我們對於這一個為民族抗戰而第一個流血的青年軍官，以及他部下的許多無名英雄，當致無限之敬意。

然而經過這一次衝突之後，由於雙方交涉的結果，吉團長含淚退出了宛平城，而由石友三的保安隊接防。但是，一方面是相約撤兵，而另一方面日軍則源源增援，由宛平城至盧溝橋間佈成四道防線，對華軍採取大包圍的形勢。從天津，從關外，日軍是一列車一列車地開赴指定地點待命。顯然地，日軍這種舉動，目的是在擴大事態，而企圖達到他們所預期的目的。十日下午，日軍便開始對宛平城加以包圍，向守軍猛烈攻擊的，大炮、步槍、機槍，集中轟擊，愈戰愈烈。華方守軍在猛烈的火網之中，沉著應戰，情緒異常興奮。日方的援軍是源源地向前線輸送，從十日下午五時至十一日晨一時三刻，戰事非常激烈。當時日軍的指揮者為河邊旅團長，司令部設豐臺，日軍在前線的兵力約二千餘名，駐在華北的全部兵力亦僅一萬名。另一方面撤往永定河右岸之華軍，亦與日軍隔河相擊，激戰結果，日軍終被擊退，盧溝橋仍在華軍手中。

日軍雖遭受巨創，而更激烈的戰事，則將在此後展開。關東軍因日軍首次進攻，即受頓挫，故急調援軍入關參加作戰，關外日機亦抵津準備助

戰。十一日拂曉，日軍分三路向八寶山、盧溝橋、宛平縣城猛撲，至晚戰事更烈。十二日晨起，日軍更進一步地以重兵向北平南郊進犯，雙方發生衝突，肉搏至烈；日方的新式武器及飛機均參加作戰。此為盧溝橋事變發生後最嚴重的衝突。北平城內，槍炮聲清晰可聞；平靜的一座古城，立刻便變成現代的戰場了。

戰事既一天天在擴大，全域形勢也隨著日趨惡化，日軍便決定以三師團兵力侵略華北，除原有華北駐屯軍及關東軍外，還由國內抽調第五、第六、第十師團兵力，由朝鮮配備五十列車，陸續運畢，另有三師團則開至朝鮮待命，而駐朝鮮等地之日本後備隊，亦已奉令準備。同時，大批軍用品亦陸續運津。（按：此次赴華日軍為第五，第六，第十二，第十六、五個師團，人數達十萬人。）又據另一消息：日政府擬動員四十萬人，向中國作大規模之侵略。但是，在這個時候，中日雙方卻在天津舉行所謂和平談判。這一談判，不過是日方的緩兵之計，乃是一般人都能意料的。事實證明我們這一個推斷並沒有錯誤，在談判尚在進行中，日軍便積極佈置，完成包圍宛平的形勢，開始向宛平進攻；大井村日軍亦向華軍陣地開炮轟擊；並藉口華軍擊傷其將校，揚言將於二十日正午開始積極行動。在這種情形之下，大戰的必然爆發乃是無可置疑的。果然，日軍於二十日凌晨起至晚間止，開始全線向華軍攻擊，宛平城、盧溝橋、平郊，都發生激烈的戰事。這一次的戰事，顯然是日軍有計劃的進攻，而不能說是偶然的衝突了。英勇的吉星文團長，移駐盧溝橋後，因指揮作戰，在這一役中又受了傷，戰事直至二十一日晨始見沉寂。大局到這時為止，還是忽張忽弛，雙方經一度劇戰後，又相約撤兵，而事實上，則日軍不但未撤，反而源源開向前線增援，軍火亦不斷向前線輸送，掘戰壕，佈防線，顯然在準備更大的戰爭的開始。

華北局勢繼續演變，使中日關係臨到了最後關頭。日本華北駐屯軍司令官香月，以最後通牒著北平特務機關長松井大佐，於二十六日午後三時

牛，面交與第二十九軍軍長宋哲元，其內容如下：「查二十五日夜間，因貴軍非法攻擊我軍派往廊坊守護通信交通兵之一部分，致兩軍發生衝突，不勝遺憾；至惹起此種事態，當係貴軍對於實行協定仍無誠意，而挑戰態度亦未和緩之故，倘貴軍仍有意不欲擴大事態，則應迅速將駐盧溝橋及八寶山附近之第三十七師，促其於二十七日正午以前退至長辛店；又將北平城內之第三十七師與西苑之該師部隊，同時退往平漢路以北區域，至本月二十八日正午爲止，須遷至永定河以西之地帶，嗣後仍須將此項軍隊，運往保定方面。倘上述各節，不能見諸事實，則認爲貴軍無誠意，我軍處於不得已，當即採取獨自之行動，屆時發生之事態，當然應由貴軍負責者也，此致第二十九軍軍長宋哲元，昭和十二年七月二十六日，華北駐屯軍司令官香月清司謹啓。」

香月的最後通牒，充分地表現了侵略者的野心，所謂廊坊事件，也完全是日方挑釁的舉動。在二十五日下午五時，天津開抵廊坊的日軍聲稱修理電話線，擬下車進站。華方駐軍第三十八師張自忠部旅長劉振三勸阻無效，即將車站佔據，雙方形成對峙狀態。二十六日晨零時三十分，日軍用機關槍向華方掃射。華方以未奉命令，雖傷亡十餘名，亦未還擊。日軍步步進逼，且以鋼甲車衝鋒，華軍於二時半被迫應戰。於是日方即增援千餘人，並有飛機大炮助戰，至十時華軍傷亡千餘人，情形極慘。下午一時許華軍漸向廊坊西北方集中。津市自得廊坊衝突消息後，人心極爲恐慌。另一方面，盧溝橋與大井村的形勢，極端緊張。平郊日軍，且於二十六日晚七時強行入城，與華軍發生巷戰，致頓入戰時狀態，全城電燈熄滅，商店停業，交通阻斷，居民紛向東交民巷搬家；風雨滿城，草木皆兵，數千年來中國的文化政治中心之北平，開始遭受到暴風雨之襲擊了。

二十七日起，北平四郊，均發生激戰。宋哲元於二十七日下午五時答覆日方的通牒，對一切無理要求，均拒絕。且認為時局已瀕最後關頭，和平殆已絕望。二十七日起即拒絕日方一切無理要求，準備為中國國家民族而抗戰，故宋哲元即下令二十九軍，開始抵抗，而大戰即由此發生。

二十八日華方官報公佈，宋哲元令全線總攻擊，先後收復廊坊、豐臺、盧溝橋。通州方面，反攻亦獲勝利，消息傳布全國，朝野歡騰。天津西站及大沽，中日雙方亦有激戰。

捷訊傳來不久，北方大局忽又起重大變化，時局的動盪，真是出人預料，為了平綏線沙河保安隊的附敵，宋哲元、秦德純，在二十九日晨三時率部抵保定。中國數千年來政治與文化中心之故都，遂告失守。當宋哲元離平時，手諭張自忠就任北平市市長兼冀察政務會代理委員長。天津市長則委副師長李文田。張就任平市長後，大開城門，撤除警備，且與松井

1937 年 8 月 4 日日本鬼子進北京

商日兵開入問題。市內即有地方維持會等組織出現。在這時，一部分人雖是無恥地投降，但大部分的軍隊，以及北平的市民都是信任著中國的國民政府，全城憂鬱和悲慘，每個有人心的中國人都掉下了淚。北平西郊仍是有戰事。河北省主席馮治安將軍在盧溝橋指揮作戰北苑一帶的第三十九旅駐軍，旅長阮玄武暗中通敵，被日軍解除武裝，劉汝珍是即率獨立二十七旅一部開赴南口集中，一百三十二師師長趙登禹將軍與二十九軍副軍長兼軍官教育團教育長佟麟閣將軍於二十八日晚在南苑率部血戰，同時陣亡。佟趙兩將軍為北平淪亡而死難，已盡了他們軍人報國衛土的天責，他們的精神，是千古不滅的。他們是華方高級軍官最好的表率，可以起懦立強，可以驚天動地。

北平，中華民國的文化都城，輝煌燦爛的舊京，有說不盡的莊嚴，聖潔和偉大；它有著華貴的殿庭宮室，有著美麗的山林苑囿，還有著千百年積聚下的典章文物，還有著泱泱大國之風的百萬市民。如今啊！讓黑暗籠罩著一切。

駐津日軍，於二十九日早晨出動，圖佔津市。與華方保安隊發生激戰。該處臨時總指揮李文田，副指揮劉家鸞等即通電全國，表示喋血抗戰，義無反顧，誓與津市共存亡。天津戰事以二十九日最烈，入晚則是休止狀態，惟日機全日均甚活躍，到處猛烈轟炸，津市精華殆付一炬，市民遭難者達二千人。在此戰役中，中國北方一個有名的最高學府南開大學，也遭受浩劫。學校精華的秀山堂與圖書館，在日機轟炸目標之下，完全成為灰燼。日機如此不顧國際公法，對中國最高學府濫施轟炸，顯然是企圖破壞中國文化，用心真夠惡毒。南開大學的被炸，不僅將引起中國人士的憤慨與同仇敵愾之心，更將為全世界人士所責難。其破壞國際公法，不顧人道正義的罪惡，狡詭的日人，雖百辭也是不能掩飾的。

被日軍炸毀後的南開大學秀山堂

　　津市的抗戰經過了一晝夜，到三十日晨二時後，也發生了與北平同樣的急變。市府秘書馬彥翀與張自忠有密切聯絡，為變化的最大原因。晨六時，四郊槍聲不聞，四千員警，都奉令解除武裝，駐軍不願投降，退靜海一帶，天津也在幾乎沒有戰爭中失陷了。

史實考論篇

冀察政務委員會的人事變動

張春生

冀察政務委員會是中國現代史上一個非常特殊、複雜的地方政權。在其生存兩年的時間裡，經歷了兩次改組。本文主要敘述冀察政務委員會的改組歷程，以助於我們瞭解它的特殊性。

宋哲元調整冀察政務委員會人員

《塘沽協定》簽訂後，華北一時出現了權力真空。宋哲元借機進入平津，為了保住華北，蔣介石決定仿照西南成立冀察政務委員會，在委員長人選上，日方認為宋哲元是雜牌軍，與蔣介石有矛盾，能被他們利用，而蔣介石認為宋哲元在喜峰口積極抗日，斷不會降日，也同意宋哲元任委員長。中日雙方經反覆協商，國民政府於 1935 年 12 月 11 日公佈了一個 17 人名單。「國民政府 11 日令，特派宋哲元、萬福麟、王揖唐、劉哲、李廷玉、賈德耀、胡毓坤、高凌霨、王克敏、蕭振瀛、秦德純、張自忠、程克、門致中、周作民、石敬亭、冷家驥為冀察政務委員會委員，並指定宋哲元為委員長，此令。」〔天津《大公報》，1935 年 12 月 12 日，第三版。〕17位委員中，西北軍系統 6 人，東北軍系統 4 人，北洋軍閥元老 7 人。這些人除少數具有親日色彩外，大多數是愛國的。

冀察政務委員會建立後，先後湧入了一批親日分子，陳中孚、陳覺生、潘毓桂、魏宗瀚、齊燮元等先後在冀察政委會任職。宋哲元對政委會中的親日派，想方設法控制他們，1936 年 2 月 28 日，宋哲元決定實行常委制，全體委員受委員長指導。〔《中央日報》，1936 年 2 月 29 日，第二版。〕因此，許多親日分子雖然在政委會中擔任要職，但並沒多少實權，如外交委員會、交通委員會雖由親日分子陳中孚、陳覺生負責，但宋哲元只是利用

他們與日本當局緩和矛盾，重要的事情仍由宋哲元決定。

　　宋哲元在政權穩定後，開始逐步調整冀察政委會內部， 1936 年 7 月，宋哲元因爲潘毓桂拿來了一份日方擬定的《冀察自治方案》而撤銷了潘的政訓處長的職務，換上跟隨自己多年的秘書長楊兆庚。不久，王揖唐因爲強烈要求華北獨立，與宋哲元發生爭吵被免職。1937 年 1 月，宋哲元又藉故驅逐了親日派陳中孚，換上賈德耀接任外交委員會主任職。通過逐步改組，宋哲元及其親信始終控制冀察政務委員會的實權。經濟委員會一直由宋哲元的親信蕭振瀛、秦德純、過之翰、林世則等掌握。法制委員會也由幕僚鄧哲熙、章士釗負責。政委會秘書由戈定遠擔任。爲了和親日分子陳覺生的北寧鐵路局對抗，宋哲元調 29 軍參謀長張維藩爲平綏路局長。熟知當年 29 軍內幕的何基灃等回憶說：「宋哲元對依附日寇的漢奸、親日派，是既不倚重他們，又不得罪他們，而是用羈縻籠絡的辦法，防止他們搞亂。」〔何基灃等：《七七事變紀實》，《文史資料選輯》第一輯，中華書局，1960 年版，第 9 頁。〕

　　與此同時，宋哲元爲了鞏固自己的勢力，從軍事上進行了重新佈置。1936 年 6 月，蕭振瀛由於受到日本和張自忠的反對，被迫辭去天津市長的職務。日本向宋哲元推薦親日派分子齊燮元爲天津市長，宋不顧日本當局的反對，建議中央將察哈爾省政府主席張自忠調爲天津市長，29 軍師長劉汝明繼張自忠任察哈爾省政府主席。隨後，宋哲元又建議將河北省政府主席讓與 29 軍中的「主戰派」代表 37 師師長馮治安，趙登禹爲河北省保安司令。通過這一系列活動，冀察政委會及冀察兩省、平津兩市軍政大權基本控制在宋哲元手中，冀察政委會中雖有少數親日分子鼓噪，終難越出宋哲元的控制。因此，日本外務省在《對華北新政權方針》一文中，直呼冀察政務委員會爲「宋哲元政權」。〔《華北事變資料選編》，河南人民出版社，1983 年版，第 417 頁。〕

張自忠改組冀察政務委員會

　　1937 年 7 月 7 日，盧溝橋事變爆發，29 軍被迫應戰，事變初期 29 軍處於戰略優勢，但由於 29 軍內部出現了分歧，主戰派代表 37 師師長馮治安和主和派代表 38 師師長張自忠在對日問題上發生了激烈的爭論，對宋哲元產生了極大的影響，再加上蔣介石和戰態度不明等原因，使宋哲元在抗日問題上不得不有所顧忌。日軍在準備完畢後，於 7 月 26 日向宋哲元發出最後通牒，被宋拒絕。宋於 27 日發出自衛守土通電，下令全體 29 軍抵抗，然而，爲時已晚，29 軍倉促應戰，損失嚴重，宋哲元被迫於 28 日晚率部撤出了北平，轉戰平漢線，結束了自己主持冀察政務委員會的政治生涯。

　　宋哲元離開北平後，張自忠掌握了冀察政委會的權力，7 月 29 日，張自忠宣佈就任冀察政務委員會委員長，開始實施自己的計劃，他未經向國民政府請示，即對政委會進行改組，將原來冀察政務委員會委員秦德純、蕭振瀛、戈定遠、劉哲、門致中、石敬亭、石友三、周作民等免職，並用冀察政委會的名義換張璧、張允榮、楊兆庚、潘毓桂、江朝宗、冷家驥、陳中孚、鄒泉蓀等爲委員，同時任命潘毓桂爲北平市警察局局長，張允榮爲平綏鐵路局局長，任命邊守靖爲天津市長，李景陽爲天津警察局局長，員警一律換黑制服。〔自 1928 年國民政府建市以來規定城市員警夏季制服爲黃色，裹腿爲白色。〕從這個改組政權名單可以看出，張自忠調出的基本上是主張抗日的人士，而調入的絕大多數爲親日分子，通過這次改組後，冀察政務委員會的性質已經發生了根本性的變化。7 月 30 日，北平淪陷。日本人直接指揮漢奸辦事，張自忠被迫於 8 月 7 日通過北平《晨報》發表聲明宣佈辭去所有代理職務，8 月 18 日，名存實亡的冀察政務委員會宣佈解散。

　　宋哲元和張自忠兩人對冀察政務委員會的改組，宋哲元的改組主要是從辦事機構人員方面的變動，冀察政委會的性質並沒有變化；而張自忠的

改組，把原來經過國民政府批准的委員進行了變動，張自忠的冀察政務委員會已經不是原來意義上的華北政權，它已經面目全非了。我們在評價冀察政務委員會時一定要重視這些變化。

《華北防共協定》考

常凱

　　在我國現代史教學與研究中，幾乎都認定：1936 年 5 月，冀察政務委員會與日本秘密簽訂了《華北防共協定》〔此說見李新等編《中國民主革命時期通史》第二卷，第 355 頁；胡華主編《中國革命史講義》（上），第 410 頁；黃遠啓主編《中國現代史》（上）第 449 頁；北京師範大學歷史系編《中國現代史》（上），第 403 頁。〕。筆者對此進行初步考證，認爲：歷史上冀察當局曾與日方商談過華北共同防共問題，但雙方並沒有形成一致同意的協定文本，也沒有簽字訂約。這一結論可以由以下幾個方面予以證實。

一、關於協定的文本

　　由雙方共同簽署的協定，一定要有一個共同的正式文本，但是，關於《華北防共協定》的正式文本，至今尚未發現。雖然關於《華北防共協定》的內容，在當時的幾種報刊上有所披露，但各報所載條目並不相同：

　　巴黎《救國時報》第 29 期（1936 年 5 月 15 日出版）所刊的《日宋聯合剿共軍事協定》，其內容爲：「（一）二十九軍全軍開赴冀南以阻止晉省紅軍進侵冀省，日本則增派二師人至平津以維持秩序，於必要時，協同二十九軍剿共。（二）可能時，宋哲元應與韓復榘等組織防共委員會，爲剿共之軍事領導機關，並由日方派遣軍事與政治顧問以協助該委員會。（三）在華北凡同情於共黨者，反日分子，以及二十九軍內之親蔣派，均需一律清除。（四）剿共之一切飛機及其它軍用品，均由日方供給，飛機師亦均由日方充任。附約：冀東防共自治政府之委員將一律加入剿共委員會，此節辦到後，冀東防共自治政府當行取消。」

　　《紅色中華》第 285 期（1936 年 7 月 3 日出版），以《日人傳出中日

「防共」協定內容》為題，刊載了有關防共協定的報道，該報同時登載了
兩種不同的協定文本。其一為：「天津日人傳出的華北防共協定，即是塘沽
協定的擴大。它的內容包括有四項（一）中央軍不得開入冀察『剿共』。（二）
冀察當局應請日軍援助『剿共』。（三）協定成立後日軍得駐華北各地。（四）
趕築撫寧至承德及滄石鐵路以便利防共軍事。」

　　其二為：「（一）設『防共』委員會，委員人選中日各半。（二）『防共』
委員會設正副委員長，中日委員各推一人擔任。（三）簽訂中日『防共』協
定，冀察當局應請日軍援助，但不得向中央乞師。（四）設立文化『防共』
機關，由中日雙方合作監視反日分子。（五）各軍聘請日人為軍政顧問。」

　　以後其它各書報所引協定內容，均係由此三種文本而來。而各書報也
都申明為轉引外電消息，如《紅色中華》所刊的標題即為《日人傳出中日
「防共」協定內容》；《我們的華北》一書注明：「上述各條係由英日通信社
透露出來的消息」〔金曼輝著：《我們的華北》，第 240 頁。〕；《一九三六年
之中日關係》一書則更在所引條文前明確標出：「雖中外報紙，曾一度宣傳，
謂防共協定，已經簽字，但瞬即證明此項消息並不確實，至防共協定的大
綱，據日方所傳，有如下數點……」〔周開慶著：《一九三六年之中日關係》，
第 124 頁。〕等等。但後來各報相互傳抄，竟略去「日人傳出」字樣，而
成為所謂雙方正式簽訂的協定文本。

　　如果說，因為協定的秘密性質，當時不便公佈（此說並不成立，下文
將論及），那麼日本政府在戰後公佈的中日外交檔中，也未見有《華北防共
協定》的正式文本。僅有的一個線索是：在《島田文書》第二十二卷中，
有一份沒有任何說明的、抄寫在海軍用箋上的資料，名為《防共協定》和
《防共協定細目》〔關於發現這一抄本的記載見〔日〕中村隆英著《戰時日
本對華北的經濟統治》，山川出版社，1983 年版，第 56 頁。〕。

　　《防共協定》的原文為：「日本軍和冀察中國軍根據絕對排除共產主義

之精神而相互合作，爲防遏一切共產主義行爲，簽訂以下協定。關於本協定的細目訂之另紙。本協定以日文爲正文。昭和十一年（1936年）三月三十日。中國駐屯軍司令官多田駿，冀察綏靖主任宋哲元。」〔〔日〕《現代史資料》（八），三鈴書房，1964年7月版，第285-286頁。〕

《防共協定細目》的主要內容基本爲前引三種文本的概括，並規定雙方不予發表。日期爲昭和十一年（1936年）三月三十一日〔〔日〕《現代史資料》（八），三鈴書房，1964年7月版，第285-286頁。〕。

這一抄本，顯然不是抄自正式文本，其主要證據爲檔的簽署日期不符。宋日關於共同防共的交涉於3月底開始，正式談判在4月中旬至5月初，作爲常識，絕沒有先簽署協定後進行談判的道理。這個文本只能解釋爲日方在談判前所擬定的協定提案而已。

通過以上考察，我們可以看出，目前所傳協定的各種文本，均不過是日本一方的協定提案。當然，僅從文本一個方面否定協定的存在，證據尚嫌不足，如從宋日談判的過程來考察也會發現雙方並沒有簽訂協定。

二、關於「共同防共」的談判情況

借反共爲名，行侵略之實，是日本侵華一貫的陰謀手段。冀察政務委員會成立伊始，日本即企圖迫其締結「共同防共」協定。1936年2月，紅軍東征抗日，日本乘機拉攏宋哲元談判共同防共，並要求達成協定。3月14日，日本駐北平武官今井武夫在北平與宋會晤，商談防共問題，3月29日，宋由北平赴天津，與日本駐屯軍司令官多田駿交換共同防共意見。4月18日，雙方開始正式談判。談判斷斷續續，一直進行到五月初。〔談判過程參照《一九三六年之中日關係》一書記載並查證了當時的報刊。〕

當時，宋哲元對日方有戒心，惟恐日軍力量增強而威脅了他在華北的地位。因而，他希望「防共協商僅接受物質援助，並不需要武力增援」〔《華

北日報》，1936 年 4 月 29 日。〕。並且還要求把取消冀東僞防共自治政府作爲共同防共的先決條件。

但是，日方要求簽訂《華北防共協定》，目的在借此擴大對華北的侵略，宋的要求被日方斷然拒絕。雖然日方故意傳出協定內容，以給宋施加壓力，迫其就範，但宋日意見始終未能一致，「雙方爭議多次，文字雖已作成，當局則以冀東僞組織取消，方能簽字。日方則主（冀察）須有事實表現，始允續談其它問題」〔《申報》，1936 年 4 月 28 日。〕。所以，對簽字一說，冀察力予否認，謂：「日方要求聯合反共，我方以爲內部問題，未便接受」〔《申報》，1936 年 4 月 28 日。〕。而日方當時也承認協定並未簽字，4 月 26 日，駐北平特務副機關長東濱田在天津聲稱：「華北防共協定具體辦法已有，惟只係雙方口頭協議，並無特別協定與條約之簽訂」〔《國聞周報》十三卷十七期，1936 年 5 月 4 日。〕。4 月 30 日今井更明白表示：「既無防共協定，何來簽字而言」〔《晨報》，1936 年 5 月 1 日。〕。5 月 5 日，紅軍爲避免內戰擴大而被日本利用，發表《回師通電》，主動撤回河西，山西局勢漸緩，在這種情況下，冀察方面認爲：「防共問題因晉省剿共順利，冀察境內復佈置周密，當無商談必要」〔《申報》，1936 年 5 月 6 日。〕，恰於此時，多田駿要調任回國，於是，這次談判「防共」便不了了之。

與《何梅協定》相比，雖然《何梅協定》也沒有經過正式簽字，但何應欽已全部答應了日方的要求，並以信函的形式正式通知梅津。而《華北防共協定》因爲雙方意見始終有分歧而未能簽字。如果認爲雙方均否認簽字是因爲雙方約定「不予發表」，這不僅在論證方法上是以協定的存在爲論據來論證協定的存在，而且是一種脫離當時具體情況的主觀推論，從談判後的事態發展也可證明協定實際並不存在。

三、《華北防共協定》與日本的五月增兵

　　1936 年 5 月，日本在華北大舉增兵，到 5 月底，華北日軍已由 2203 人增爲 10043 人，司令官也由少將改爲中將擔任〔拙民：《日本增兵華北之調查》。引自《外交月報》九卷一期，1936 年 7 月 1 日。〕。日本這次增兵，是其侵佔華北的一個重要步驟，名義上是爲「防共」，實際目標是針對宋哲元。由於宋哲元未能按照日方要求實行「自治」，又拒絕與冀東僞政權「合流」，因而使日方大爲惱火。日方認爲：「爲欲使自治工作恢復軌道之故，有壓迫宋哲元聽從吾人之必要。因此之故，天津軍先有增兵之必要」〔中華民國外交問題研究會編：《中日外交史料叢編》（五），1966 年 6 月臺北版，第 407 頁。〕。

　　6 月 2 日，南京政府就華北增兵一事向日本政府提出抗議。日本實行增兵是在宋日談判之後，如有協定簽字，日本當以此爲法律根據予以反駁，但日本外務省的復文只是狡辯說：「此係以《辛丑條約》爲根據，並不違反慣例」〔《國聞周報》十三卷二十二期，1936 年 6 月 8 日。〕，而絕口不談《華北防共協定》。當時，分化蔣介石和宋哲元的關係，是日本策動華北「自治」的一個重要策略，如有協定存在，日本在此時絕不會避而不談。

　　宋哲元對日軍增兵亦持反對態度。5 月 30 日，宋哲元發表談話，強調：「華北外交刻所爭者，爲保全我國主權問題」〔《國聞周報》十三卷二十二期，1936 年 6 月 8 日。〕。對此二十九軍高級軍官宣稱：「二十九軍誓不與日方妥協，誓不由華北撤退」〔《救國時報》第三十四期，1936 年 6 月 8 日。〕，宋哲元表示：「若日本仍增兵佔領華北，彼將與二十九軍將士實行抗日」〔《救國時報》第三十四期，1936 年 6 月 8 日。〕，對於反對日本增兵的學生遊行，宋也給予了支持。增兵是日方所擬定的主要內容，如果宋哲元已經在協定上簽字，那麼他是難以在墨跡未乾時便違約反對的。況且，宋若出而反爾，日方也不會善罷干休，但日方對宋的言行無可奈何，可見是沒有拿到宋的把柄。

四、《華北防共協定》與南京政府

對於《華北防共協定》南京政府一直持否認態度，並於 4 月 29 日、5 月 30 日發表聲明。但是宋哲元是否會瞞著南京與日本秘密簽約呢？不可能。因爲冀察政務委員會雖然是個半獨立的政權，並有權辦理「平津冀察各項外交問題」〔《冀察政務委員會公告報》第五期，1936 年 1 月 18 日。〕，但在行政上仍隸屬於南京中央政府。蔣介石一再聲明：「凡非法不正當之任何協定，與未經中央承認者，概不發生效力」〔《蔣介石致張群電》，引自國民黨中央黨史委員會編：《中華民國史料初編——對日抗戰時期》續編（三），中央文物供應社，1981 年 9 月初版，第 683 頁。〕。所以，冀察政務委員會對外所訂協定，都要報請南京批准方能生效。倘若宋哲元一定要瞞著南京政府與日方簽約，其結果只能是既激化了與蔣的矛盾，又無法實現日方在協定中的要求，這對於在日蔣夾縫中求生存的宋哲元來說，顯然是有害無益的蠢舉。

蔣介石雖然也希望與日本共同『防共』，但始終未答應正式簽署條約，對於阻遏中央軍進入華北的所謂「防共」協定，當然更不能容。是時，蔣也曾得到過《華北防共協定》「既已簽字」的情報，如屬實，蔣必會採取斷然措施，但從事態的發展和蔣宋以後的關係來看，事情並未如此。

另外，在 1936 年 9 月因成都事件而重開的中日交涉中，日本政府對南京的主要要求仍是簽訂一般的和華北的防共協定〔見張群《國民黨五屆三中全會外交報告》，引自國民黨中央黨史委員會編：《中華民國史料初編——對日抗戰時期》續編（三），中央文物供應社，1981 年 9 月初版，第 6891-692 頁。〕，如果宋哲元已與日本簽訂了《華北防共協定》，日本也就不會再次提出這樣的要求了。

爲了進一步瞭解這一問題，筆者曾專門走訪了民革中央委員、國務院參事李世軍，李老當時任冀察政務委員會駐南京代表，與宋交誼甚厚，和

蔣的關係也很近。他談到:「作爲駐南京代表,我從未聽說宋與日本簽了防共協定,如有此事,我不會不知道。宋哲元知道蔣介石反對簽這種條約,他不會擅自去幹這種事情。」〔《訪問李世軍同志記錄》,1983 年 12 月 5 日。〕

綜上所述,歷史上並不存在所謂《華北防共協定》。我們許多教科書上的說法,是以訛傳訛,把傳聞作爲史實了。時至今日,我們仍以傳聞爲史實,則有悖於實事求是的原則。特別值得注意的是,日本一些爲軍國主義辯護的史學家,明知日本當時即已否認這一協定,現在又極力宣揚協定存在,如日本官修史書《支那事變陸軍作戰》,在關於華北增兵的論述中,即言之鑿鑿地肯定《防共協定》及《細目》分別簽訂於 1936 年 3 月 30 日和 31 日,其惟一證據便是前引日文文本〔〔日〕防衛廳戰史室編著:《支那事變陸軍作戰》(一),朝雲新聞社,1975 年 7 月版,第 71 頁。〕,企圖以此來爲日本侵華製造藉口和尋找依據。因此,對這一問題進行實事求是的考證,並恢復其歷史本來面目,是十分必要的。

對天津抗戰日期的考證

陳德仁

　　至今，對 1937 年 7 月下旬，天津抗戰主動出擊和天津淪陷的具體日期記載上存在不一。但這卻屬天津歷史上的一個重大情節，時已過近 60 年，該有一個準確、統一的記述。

　　經查：曾親身參加天津抗戰並留下文字的，一是當年二十九軍三十八師獨立二十六旅旅長李致遠《天津抗敵記》〔見《七七事變》，中國文史出版社。〕，二是二十九軍三十八師獨立二十六旅六七八團二營營長劉景岳《天津淪陷前的最後一戰》。〔見天津政協編：《淪陷時期的天津》。〕兩位親歷者在記述天津抗戰整體時間上都說是兩天，即 1937 年 7 月 28 日凌晨發起進攻，29 日深夜撤出天津；可李致遠在文內又說整個戰鬥時間是「15 個小時」〔《七七事變》，中國文史出版社，第 120 頁。〕。雖屬一手材料，但其本身和相互間多處矛盾，實難爲據。現仍有持此說法的，即 28 日出擊，29 日撤出，同日淪陷。

　　另種說法是「29 日出擊，當天撤出，30 日淪陷」。〔《中國新民主主義革命史長編》之七《全國抗戰氣壯山河》，上海人民出版社，第 110 頁。〕筆者信從這一記載，考證如下。

　　當年二十九軍軍長宋哲元，在 1937 年 7 月 28 日給蔣介石的電報中稱：「查今晨敵以全力進攻南苑、北苑，戰鬥異常激烈，恐天津方面戰事亦將發生。」〔《中國現代史資料選輯》第 5 冊上本，中國人民大學出版社，第 59 頁。〕另，上海《申報》根據 7 月 28 日中央社天津電，以《駐津我軍，準備應戰》爲標題報道：「在津郊部隊，即由副師長李文田指揮一切，李現已赴某處坐鎮待命。此間日軍 28 日四出張貼佈告，措詞荒謬，但除此以外，迄午止尚無其他舉動，……我駐軍士氣異常振奮，隨時準備應戰云。」〔上海《申報》，1937 年 7 月 29 日。〕依此，可判定 28 日在天津未有戰事。

同年 8 月 3 日，宋哲元給南京政府關於《我軍抗敵經過》報告中說：「至29 日敵犯我天津。」〔《日軍毀掠南開暴行錄》，南開大學出版社，第 61 頁。〕這說明在 29 日，中日兩軍才交戰。

1937 年 7 月 30 日天津《益世報》載：「（29 日）晨 2 時之後，全市民眾殆如除夕之守歲，大多數爲炮聲驚起，通宵不眠。」同日，上海《申報》以《日軍圖佔津市》爲標題報道：「29 日晨 2 時許，津四郊槍聲四起，據查係日軍由東局子、北倉、東車站、總站四處出動，圖侵佔津市，當由我四郊駐軍及保安隊出而應戰，迄發電時，雙方仍在激戰中。」（29 日上午 2 時 40 分中央社天津電）這說明在 29 日才有戰事。

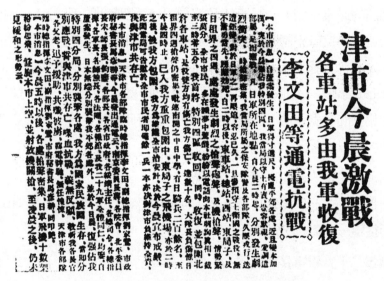

1937 年 7 月 29 日天津《益世報》

當年擔任南開大學秘書長的黃鈺生，在《被日寇洗劫的南開大學》一文中說：「7 月 28 日夜間，留守在校舍的有楊石先和我，還有幾位職工。29 日凌晨 1 時，我們聽見多處的槍聲，拂曉，駐在海光寺的日軍開炮了。第一炮打河北省政府，第二炮打南開大學。接著就是對南大各建築連續的炮轟。」〔《中國現代史資料選輯》第 5 冊上本，中國人民大學出版社，第

73 頁。〕當年擔任南開大學理學院院長的楊石先，在《南大校舍慘遭炸毀，日寇罪行畢生難忘》一文中說：「28 日夜裡 1 點鐘，海光寺日本兵營開始向南開炮，後來炮火離我們愈來愈近。」〔《日軍毀掠南開暴行錄》，第 59 頁，此篇曾刊載 1951 年 2 月 28 日《天津日報》。〕兩位學者所憶一致，特別是黃鈺生指明是「29 日凌晨 1 時」。

《中國大百科全書》上標：「7 月 30 日天津也被侵佔。」〔《中國大百科全書·中國歷史》卷中冊，中國大百科全書出版社，第 1759 頁。〕在《盧溝橋事變前後》一書中載：「1937 年 7 月 30 日，中國北方最大經濟中心海口——天津也落入敵手。」〔《盧溝橋事變前後》，北京出版社，第 108 頁。〕

下面，再以日方資料為反證：

日本防衛廳戰史室材料：「28 日夜天津的中國軍進行反擊。」〔《華北治安戰》上冊，天津人民出版社，第 27 頁。〕又載：「29 日凌晨，約萬名中國軍隊攻擊了天津以及大沽的軍用碼頭和倉庫地區。通州殷汝耕的保安隊叛變，也來襲擊守備隊兵營及日僑住宅。以上三處要衝同時遭到了攻擊。」〔《日本軍國主義侵華資料長編》上冊，四川人民出版社，第 333 頁。〕

日本駐天津總領事堀內干城在給日本駐北平大使館的電報中驚呼：「從 29 日午前 2 時起，由於中國方面的攻擊，我方處於甚為危懼的狀態。」〔見 1986 年 9 月天津《歷史教學》，第 25 頁。〕

曾任日本駐華大使館駐北平的陸軍助理武官、日本參謀本部中國課課長、中國派遣軍副總參謀長今井武夫在《回憶錄》中說：「這可以說不單單是通州的突發事件，而是根據冀察第二十九軍軍長宋哲元的命令，約定在 29 日凌晨 2 點，華北各地的保安隊幾乎全部一齊發動，攻打日本方面。天津帶頭，通州、大沽、塘沽、軍糧城各地的保安隊，在同一時間發動襲擊。」〔《今井武夫回憶錄》，中國文史出版社，第 51 頁。〕

曾任日本聯合通訊社上海分社社長的松本重治，在其回憶錄《上海時

代》（日本中央公論社發行）中寫道：「繼北平之後，30日，日軍佔領了天津」。〔《戰前華北風雲錄》，中國文史出版社，第209頁。〕

　　日本著名現代史專家、愛知大學教授、高中日本史教科書執筆人江口圭一，在《日本十五年侵略戰爭史》一書中寫道：「在華北，日軍到7月30日佔領北平和天津」。〔《日本十五年侵略戰爭史》，天津人民出版社，第110頁。〕

　　綜括以上，可得結論：天津抗戰主動出擊日應是1937年7月29日凌晨1時；天津淪陷日應是1937年7月30日。因此，建議日後對這個問題的記述應統一依此為準。

關於張自忠的一段公案

魯榮林

　　提到抗戰英烈，人們肯定會想到張自忠。國民黨政府曾在抗戰勝利後不久把榮字第一號「榮哀狀」發給張自忠的親屬，中華人民共和國民政部也在1982年4月16日向張自忠的家屬頒發了「革命烈士證明書」。無疑，張自忠是一位功勛卓著、流芳青史的民族英雄。然而就在張自忠輝煌壯烈的一生中卻也有過一段至少是不太光彩的短暫經歷，即1937年「七七盧溝橋事變」中接替宋哲元擔任冀察政務委員會委員長等職一節。張自忠曾經被當時的人們認作是漢奸或有附敵嫌疑，甚至差一點被送上軍事法庭。但是自從1940年5月張自忠捨身殉國之後，有關他的「漢奸」或「附敵」之說便陡然銷聲匿跡。許多人至此緘默不語，更多的人則認爲當時有關張自忠的種種說法是誤解、誣蔑、陷害。因爲他們更願意相信像張自忠這樣一位殊死拼殺疆場，捨身成仁取義的忠勇之士不可能曾經與日本人爲善，事實究竟如何呢？

　　張自忠生於1891年8月，23歲從軍，後隨馮玉祥，官至西北軍師長。張自忠真正出名是從1933年3月第二十九軍喜峰口抗戰開始，而逐漸被加上漢奸這個罵名則是在他1936年6月以第二十九軍三十八師師長身分由察哈爾省主席改任天津市長之後。

　　時值多事之秋，張自忠的處境確實十分困難：日本人不停地在華北各地（特別是在天津）尋釁滋事和對他本人威逼利誘；眾多的親日派一有機會便要蠱惑、拉攏和操縱他；加上冀察當局內部爲名利而相互妒嫉、排擠以及來自南京方面的不理解和妄加非議。張自忠獨力苦撐，維持著天津的局面。這時期乃是張自忠「一生之盤根錯節重要之一階段」。就在這期間內，張自忠與駐津日軍很有一些來往；比較溫和（不少人認爲是「有失體面」）地處理了一些諸如「鄒鳳嶺案」（亦稱「金鋼橋事件」，即天津市府門警在

金鋼橋北首搶奪被日本特務拘押、解送中的天津市府警衛鄒鳳嶺而槍擊日本特務一事）等中日爭端；「七七盧溝橋事變」爆發前不久率冀察國外旅行團赴日訪問（張自忠甚至是國民黨地方將領中曾經晉謁過日本裕仁天皇的很少幾位中的一位）；親近和任用了一批親日派人士。坦率而言，張自忠在此期間的言行是無可厚非的，即使稍有一些出格之處，也是奉命行事或局勢所迫。而且當時的官方或民間對張自忠也只是議論、指責而已。張自忠仍然當他的天津市長。

時至 1937 年 7 月，盧溝橋事變發生了。由於國民黨政府和冀察當局無所作爲，日軍步步緊逼，擔任冀、察、平、津之防務的第二十九軍卻在連連退避忍讓。隨著一連串的和談、簽約，張自忠日漸活躍了起來。7 月 11 日是他和日軍駐北平特務機關長松井久太郎（主持談判的是第二十九軍副軍長兼北平市長秦德純和日本中國駐屯軍參謀長橋本群）簽訂了第一個較高規格的關於盧溝橋事件的「解決辦法」；7 月 13 日是他代表第二十九軍軍長兼冀察政務委員會委員長宋哲元會見日本中國駐屯軍新任司令官香月清司並作爲首席代表與日方代表繼續談判；7 月 17 日，他對橋本群代表香月清司通過他（張自忠）向宋哲元提出的五點「要求」表示了部分承諾；7 月 18 日，他陪同宋哲元再訪香月清司，宋和香月「談得很好」；7 月 20 日，他（另有張允榮）代表第二十九軍急訪日本中國駐屯軍司令部並在共有七條之多的「協定細目」上簽字。由張自忠出面與日本人和談、簽約的全部內容可歸之於如下五點：一，中國正式向日軍道歉；二，中國軍隊後撤，包括撤出北平市；三，懲罰、罷免抗日人員；四，撤離冀察境內屬於排日組織及人員；五，厲行反共和取締排日的宣傳、教育及學生、民眾運動。期間，張自忠還發表談話聲稱：盧溝橋事件已經和平解決，戰爭不致再起。他甚至還要求宋哲元取消了既定作戰計劃和反對守軍主動出擊。爲什麼總是由張自忠出面與日本人和談、簽約呢？其中原因首先在於日本人願意接受他。其他主要將領如馮治安（第二十九軍三十七師師長兼河北省主席）

因「主戰甚力，爲日本所忌，天津交涉，首以懲馮爲主」。如秦德純因「與馮相附和，亦在撤懲之列」。其次是張自忠一向擁兵自重。權在他人之上，且自信有能力緩和危局。再次是宋哲元對張自忠素來「故示優容，安其反側」。遇此重大變故，不用張自忠還能另用何人？最後一點也是最關鍵的一點，張自忠認爲盧溝橋事件能夠和平解決，而和談、簽約是正當途徑。也正是由於上述種種，才導致張自忠竟會在平津瀕於淪陷的危急關頭要求宋哲元交權下野，而由他張自忠繼續與日本人謀求「和平」。

日本人的虛情假意換來的是宋哲元、張自忠等人的積極求和，這積極可能出於真心，可能出於僥倖。故而失陷之前的平津大地上一直還籠罩著和平的幻影。然而，當時的有識之士一眼就看清了一切：日本人意在不宣而戰；張自忠之輩頻繁往返於平津，則事不問可知。張自忠因爲充任這段時間的和談、簽約中的主角自然又遭受了不少的議論和指責。其時，抗日禦侮、共赴國難的呼聲已響徹了大江南北。

1937 年 7 月 25 日，張自忠再次由天津抵達北平。此時他的身邊有兩個著名的漢奸——張璧和潘毓桂，這一天日軍又在平津重鎮廊坊肇事並意圖將廊坊之爭變成平津日中大戰的導火索。次日，日本中國駐屯軍最後通牒宋哲元：不撤軍，則交戰。7 月 27 日日軍首先在通縣偷襲守軍，接著在團河、在盧宛前線、在北平四郊與守軍激戰終日。因日軍兇頑，亦因應戰倉促，所以一經交戰，第二十九軍各部即處處吃緊，連連失利。

7 月 28 日午後 3 時，張自忠往見宋哲元。張自忠對宋哲元說：平津危在旦夕，如果委員長離開北平，大局仍有轉圜的希望。至此，宋哲元既認清了當前的形勢，也瞭解自己的處境，更明白張自忠的用意。經過密商和召開第二十九軍最後一次軍事會議，晚間宋哲元手書三令：由張自忠代行冀察政務委員會委員長、北平綏靖公署主任和北平市長諸職，委予張自忠處理華北軍政事務之全權。宋哲元本人則率第二十九軍連夜撤往保定一線。同日早些時候，天津守軍（即張自忠三十八師）曾開始進攻日軍，後

因接到張自忠電話，守軍各部遂於 29 日晨停止戰鬥紛紛撤退。張自忠來電的意思是告誡部下和平仍有希望。

這裡有一個至關重要的觀點特別需要申明：張自忠留守北平決不是臨危受命、代人受過（傳統觀點多持此說）。假如非要說是「臨危受命、代人受過」，那就必須強調這一點：即張自忠主動要求宋哲元交權在先；宋哲元被迫寫給張自忠手令在後。張自忠以危局脅逼宋哲元並敢於取而代之，根本原因乃在於張自忠此時錯誤地估計了形勢和私心作怪，特別是過高地估計了自己的能力和作用。後來，宋哲元曾公開表示張自忠確係奉他的命令而留守北平的，並稱：如以張自忠留守北平為罪狀，則責任應由我（宋哲元）來負。實際上宋哲元的表態是故作姿態，是籠絡人心的一種策略而已。宋哲元一直到死都念念不忘關於到底該由誰承擔失守平津之責任的問題。而且宋哲元怎麼也不敢說出他離開北平之前張自忠曾逼他交權下野這段足以使他身敗名裂的恥事。至於張自忠對所奉之命到底是自己「討來的」，還是「確非自願而從之」應該是再清楚不過了。平津失陷後張自忠曾親口對友人承認；想不到鬧了這麼一下子，好像被鬼所迷。有關逼宋哲元交權下野一事，他深感有愧於宋哲元。當他得知宋哲元的死訊時（1940 年 4 月 5 日宋哲元在四川綿陽病故），頓時捶胸大慟，他曾痛哭流涕道：「宋哲元先我而去，是天不許我有贖罪的機會了。」從此張自忠死心益決（1940 年 5 月 16 日殉國）。

7 月 29 日，張自忠到北平冀察政務委員會就職。張自忠當即將原冀察政務委員會委員如秦德純、蕭振瀛、戈定遠、劉熙哲、門致中、石敬亭等免職；同時任命張璧、張允榮、潘毓桂、江朝宗、冷家驥等為冀察政務委員會委員；並發表潘毓桂為北平市警察局長。冀察政務委員會從此淪為漢奸組織，繼續留在這個委員會裡的頭目，統統變成了日本人的鷹犬。

然而日本人此時已不再看重甚至不願理睬張自忠，而直接指派張璧、潘毓桂等漢奸辦事。平津淪陷後，第二十九軍留守部隊被日軍全部繳械。7

月 30 日和 8 月 1 日，日本人先後在北平和天津扶植、建立了僞地方治安維持會。

從 1937 年 7 月底至 9 月初，張自忠察覺平津形勢已全域皆非，和平幻想隨之破滅。加之老部下也希望並派人潛赴北平請其返回部隊，張自忠遂化裝由北平逃到天津，再乘輪船轉赴煙臺，抵達濟南。張自忠在濟南被山東省主席韓復榘扣押並解送到南京接受審查。此時對於張自忠真可謂是責訴滿天下，特別是國民黨政府中不少軍政人士都認爲對張自忠應以投敵叛國罪論處，「定嚴懲不貸」。因爲西北軍許多將領的求情，可能還因爲張自忠留守北平期間並未留下更多的把柄，大敵當前，用人在即，所以蔣介石任命張自忠爲軍政部中將部副，將張自忠留在南京，不准其返回部隊。審查遂不了了之。至同年 12 月，大敵當前，鏖戰正酣，經過馮玉祥、李宗仁、何應欽、程潛、張治中、宋哲元、鹿鐘麟等軍政顯要的輪番遊說、請求（此乃西北軍團體力量活動的結果），蔣介石終於在「使功不如使過」的策略思想支配下同意張自忠任第五十九軍代理軍長。

此後張自忠率所部與日軍交戰不下十餘次，特別是一戰於泚水、二戰於臨沂、三戰於徐州、四戰於隨棗，屢有戰績。1940 年 5 月 16 日張自忠在湖北宜城南瓜店一帶孤軍深入日軍腹地作戰，由於部署失當，不幸壯烈犧牲。

回顧張自忠在「七七盧溝橋事變」中的表現，尤其是他接任冀察政務委員會委員長諸職的作爲，客觀地說：雖然失守平津的主要責任並不在張自忠，但作爲一位地方軍政長官，盲目自信，錯誤決斷，特別熱衷於與敵人「和談」「簽約」而不肯抵抗，不敢與敵人刀兵相見，以致未能盡守土衛國之職責，犯了投降主義的錯誤，對平津失守也應承擔相應的責任。關於這一點，顯然不能因爲他後來的奮勇殺敵和壯烈殉國而一筆勾銷。

對一張歷史老照片的考證

楊興隆

　　本文所說的老照片，係 1933 年 3 月 19 日蔣介石在保定火車站接見第三軍團總指揮、二十九軍軍長宋哲元之合影。長城抗戰爆發後，國民政府軍事委員會在北方共組織了八個軍團進行抗戰，因戰爭需要，宋哲元的二十九軍被編入第三軍團戰鬥序列。宋領導二十九軍在喜峰口、羅文裕等關口展開佈防，於喜峰口一役重創日軍，深爲蔣介石所嘉許。3 月 19 日，蔣介石於保定接見宋哲元等長城抗戰的有功人員並與之合影。然而，筆者在閱讀相關著作與照片時卻發現後人對這張照片產生了兩種截然不同的注釋：一些人認爲蔣介石在保定接見了時任二十九軍軍長宋哲元、三十七師師長馮治安以及三十八師師長張自忠，〔一九四七年出版的《張上將自忠畫傳》對於這張歷史照片的解釋爲「禦眼鏡者爲楊永泰氏，中立黑氅者爲蔣委員長，右爲宋軍長哲元，其後者爲張上將，楊右爲馮師長治安」。林治波在其著作《抗戰軍人之魂——張自忠將軍傳》〔廣西師範大學出版社 1993 年，第 106 頁〕及《張自忠》〔昆侖出版社 1999 年，第 29 頁〕中也稱圖中自左至右分別爲張自忠、宋哲元、蔣介石、楊永泰和馮治安。王曉明在其著作《抗日戰爭中陣亡的國民黨將軍》〔臺海出版社 2013 年，第 236 頁〕中引用了林的說法，該著作還在臺灣出版。〕而以李惠蘭爲代表的一些人則認爲蔣接見的是第三軍團總指揮、二十九軍軍長宋哲元，副總指揮、四十軍軍長龐炳勳和副總指揮、二十九軍副軍長秦德純。〔參見李惠蘭等主編：《七七事變探秘》，中共中央黨校出版社 2013 年，第 25 頁；李惠蘭編《喜峰口、羅文峪抗戰史料集》。〕雙方通過相關著作的出版爭論多年。爲探求歷史真實情況，還原照片人物，筆者查閱當時報紙報導的資料，並結合歷史背景進行分析，認爲當天受到蔣介石接見的實際人物是宋哲元、秦德純、龐炳勳以及蕭振瀛，照片中的人物自左至右應爲龐炳勳、宋哲元、

蔣介石、孔祥熙和秦德純。

圖一　1933 年 3 月 19 日蔣介石接見宋哲元等

自左至右：龐炳勛、宋哲元、蔣介石、孔祥熙、秦德純

一、從史料入手還原歷史人物

1933 年 3 月 19 日蔣介石在保定接見了宋哲元等人，關於這一歷史會見的時間、地點、人物等相關資訊，當時的主要報紙如《申報》、《大公報》、《益世報》等都做了較爲詳細且相互吻合的報導。

關於陪同人員的資訊，3 月 20 日的《大公報》有直接的文字記載：「宋哲元偕龐炳勛、秦德純，十九日由遵化經北平抵保，即謁蔣委員長。」〔《宋哲元談話》，1933 年 3 月 20 日《大公報》第三版。〕同日《益世報》的報導也從側面反映出參與接見的人員：「宋以前方軍事緊急，與蔣軍委長談話畢，乘原車返平於四時到達。同來者尚有中委孔祥熙、及四十軍軍長龐炳勛、〔龐炳勛爲四十軍軍長，報紙原文「四十四軍軍長龐炳勛」，或爲刊印錯誤。〕二十九軍副總指揮秦德純、軍分會委員蕭振瀛云。」〔《蔣調大軍增援喜峰口　宋哲元到保謁蔣已過平返防　敵跌受重創羅文峪外無敵蹤》，

1933 年 3 月 20 日天津《益世報》第二版。〕對此，3 月 20 日的《申報》
亦有相同的報導。〔《宋哲元謁蔣華北返，蔣允充分接濟宋部》，1933 年 3
月 20 日《申報》。〕因此，宋哲元是偕龐炳勳、秦德純等一同謁見蔣介石，
並且與孔祥熙、龐炳勳、秦德純、蕭振瀛共同乘車返回北平。關於龐炳勳
謁蔣，還見於 3 月 19 日《申報》的報導：「龐炳勳十八日晨抵平謁何，報
告前方防務，擬日內赴保謁蔣委員長，請示戎機。」「龐炳勳蕭振瀛定今晚
赴保謁蔣，請示機宜。周龍光同車前往，報告津市近況。」〔《龐炳勳昨抵
京，日內赴保謁蔣》，1933 年 3 月 19 日《申報》。〕結合《大公報》「宋哲
元偕龐炳勳、秦德純，十九日由遵化經北平抵保」的報導，可以推測出宋
哲元是先乘專車到北平，再和龐炳勳、蕭振瀛一道赴保謁蔣，而 3 月 20 日
《益世報》所報導的「龐炳勳皓（十九）日晨來保，午謁蔣，報告本軍防
務」也印證了這一推測。

　　至於一些著作和學者所說的張自忠、馮治安受到蔣介石的接見，筆者
翻閱當時報紙、檔案資料中的記載，並未見任何有關張自忠、馮治安赴保
定的文字描述。而所謂圖片中的人物楊永泰，根據 3 月 20 日《益世報》的
記載：「三省剿匪總部秘書長楊永泰，前由保來平，原定前晚返京，臨時因
事中止，改於昨日下午五時十五分乘平浦快車離平南下云。」〔《楊永泰返
京》，1933 年 3 月 20 日天津《益世報》第二版。〕可以得知楊永泰於 18
日已經從保定到達北平，並於 19 日下午乘車離平返京，怎麼會參與在保定
的蔣宋會見？而根據《益世報》的報導，「孔祥熙原擬皓〔十九日〕晨去平，
臨時接宋哲元電，請在保略俟，宋到保晤孔後，遂同車去平。」〔《蔣調大
軍增援喜峰口　宋哲元到保謁蔣已過平返防　敵跌受重創羅文峪外無敵
蹤》，1933 年 3 月 20 日天津《益世報》第二版。〕可以得知是孔祥熙參與
了蔣宋會見，並且在蔣介石允諾宋哲元「竭力補充軍實」之後，以財政見
長的孔祥熙即隨宋哲元一道返平並赴前線「代表蔣委員長慰勞將士」了。〔
《喜峰口前線視察記》，1933 年 3 月 24 日《大公報》第三版。〕因此，根

據《申報》、《大公報》以及《益世報》的相關報導與記載，3 月 19 日參與蔣介石接見的人應為宋哲元、秦德純、龐炳勳、蕭振瀛。

二、從身高、相貌特徵分析人物

關於照片中的歷史人物，還可以直觀地從其身高、相貌特徵入手，對比同時期其他相關照片而清晰定位。

圖二

圖三

左起：張自忠、宋哲元、秦德純、馮治安

民國二十六年春蔡發政府政省北河（二左）軍將忠自張、（左一）處德秦長北平市，（一右）元哲宋員委會長員委察冀趙長廳育教府政省北河（二左）軍將忠自張、（一左）處德秦長。影合（二右）陶伯

圖二為二十九軍將領於 1933 年 3 月攝於遵化民宅，從圖中可以看出，張自忠、馮治安均比宋哲元要高出不少，秦德純則比宋哲元要矮。如果像一些著作中所說，圖一的最左側之人為張自忠、最右側之人為馮治安，該如何解釋原本高於宋哲元的張自忠、馮治安變的比宋矮呢？或許有人會說因為圖片左右兩側之人都站在宋哲元身後，站位不同導致了視覺觀感的差異。我們再來看圖三，〔圖片選自孫湘德、宋景憲：《宋故上將哲元將軍遺集》，臺灣傳記文學出版社 1985 年，第 33 頁。〕該圖為 1937 年春所攝，照片中人物自左至右為秦德純、張自忠、趙伯陶和宋哲元。在這一圖片中，

同樣是站在宋哲元身後，張自忠依然要比宋哲元高，秦德純也依然比宋哲元矮。相同的站位卻有著截然不同的結果，因此，根據身高、相貌可以判定3月19日蔣宋會見合影的最左側之人不是張自忠，最右側之人也不是馮治安。

圖四

那麼，圖一最左側之人是誰呢？根據相關照片對比，筆者認爲應當是第三軍團副總指揮、四十軍軍長龐炳勳。圖四爲1933年3月22日孔祥熙在羅文峪前線視察所拍照片，〔圖片選自鄒韜奮主編《生活畫報》第二十一號。〕照片中注釋文字爲「在羅文峪前線視察之〔自左至右〕宋部劉汝明師長，俞飛鵬總監，孔祥熙，宋哲元軍長，龐炳勳軍長」，即宋哲元右手之人爲孔祥熙，左手後側之人爲龐炳勳。將該圖與蔣宋會見的合照對比，可以看出該圖中的龐炳勳與合照中最左側之人無論身高、穿戴還是相貌都相符合。同樣，該圖中的孔祥熙與合照中蔣介石左手之人在穿戴〔如帽子〕、身高和相貌特徵方面也均吻合。因此可以判斷3月19日合照中的人物應爲龐炳勳、孔祥熙而非所謂的張自忠、楊永泰，更何況如前文《益世報》報導，楊永泰此時尚在北平，根本不可能參與保定的接見。

三、從歷史背景分析人物

長城抗戰爆發後，因戰爭需要，宋哲元的二十九軍與龐炳勳的四十軍

被合併進第三軍團的戰鬥序列，身爲二十九軍軍長的宋哲元任第三軍團總指揮，二十九軍副軍長秦德純以及四十軍軍長龐炳勳任第三軍團副總指揮。〔參閱孫湘德、宋景憲：《宋故上將哲元將軍遺集》，臺灣傳記文學出版社1985年，第262頁。〕其中，宋哲元的二十九軍下轄三個師，分別是三十七師〔師長馮治安〕、三十八師〔師長張自忠〕和暫編第二師〔師長劉汝明〕。以軍銜論，龐炳勳、秦德純、蕭振瀛〔時任二十九軍總參議、北平軍分會委員〕皆爲軍級幹部，因而更有資格受到蔣介石的接見、與之合影。

　　值得注意的是，如下面兩圖所示，〔圖六選自《長城抗戰記》，京城印書局1933年。圖片下側注釋爲「北平軍事委員分會委員兼二十九軍代表蕭振瀛」。〕可以看出站在蔣介石、宋哲元肩後身穿馬褂者爲蕭振瀛，此人身爲二十九軍總參議、北平軍分會委員，與龐炳勳、秦德純同爲軍級幹部，尚無資格站至前列與蔣合影，更何況身爲師長的張自忠和馮治安？倘若蔣介石真的接見了張自忠和馮治安並與之合照，又爲何沒有接見同爲二十九軍師長並在羅文峪立功的劉汝明師長？而查閱史料，3月19日當天只見有蔣接見宋哲元、龐炳勳、秦德純等人的訊息，而未見有張自忠、馮治安的赴保記載，所以，關於蔣介石接見張自忠、馮治安的說法不攻自破。

圖五

圖六

北平軍事委員會分會委員二十九軍代表蕭振瀛
（字仙閣吉林人）

　　一些學者在著作中篡改照片中的歷史人物，將張自忠等人放至照片之中，目的是提高張自忠在長城抗戰中的地位，以誇大其發揮的歷史作用。歷史研究應當以歷史資料為依據，從歷史背景出發，盡可能真實客觀地還原歷史狀況，而不應為達到某種目的而歪曲、篡改歷史。

關於兩份七七事變史料的考證

李惠蘭

近年來在七七事變史研究中有兩股不正之風，一是偽造史料，篡改歷史；二是讓不能說話的古人為今人服務。今舉幾個典型實例提供學術界參考。

一、關於「臨危受命」的一份偽造史料

其一就是在《張自忠將軍史料專輯》中李致遠的一篇文章——張自忠談留北平的經過》。這篇文章被輾轉引摘，作為張自忠「臨危受命」的旁證材料。筆者認李文所說是毫無根據，下面將原文照錄如下以便分析；

張師長說，7月中旬，他接到北平冀察政務委員會委員長宋哲元密電，叫他秘密去北平，商談華北抗日局勢。到京後，他們進行了多次談話。宋哲元說：「西北軍是馮玉祥先生的一生心血建的，留下的這點底子（指二十九軍），我們得給他保留著。這個事情非你不能做到。馮治安師（馮為三十七師師長兼河北省主席，駐保定）已被日軍打了多日；劉汝明師（劉為一四三師師長兼察哈爾省主席，駐張家口）在察哈爾省也被打了，一三二師師長趙登禹率部隊從石家莊以南開到南苑作戰，趙已陣亡；你的部隊由廊坊到塘沽，戰線拉得很長。二十九軍的隊伍，很容易被日軍消滅。只有你能和日本人談，你拖上一個星期的時間，我們就能把部隊收容起來，改變局勢。望你忍辱負重，好自為之。」

宋還對張說：「我去保定以南收容隊伍，劉汝明師正在南撤，趙登禹師正由南苑回轉，部隊將全部撤到保定到滄州一線。我走之後，你在北平每天宣佈就一個職（指冀察政務委員會委員長和北平市市長）。」張先不願意，宋再三說服，最後宋說：「我命令你在北平任這些職務，好把部隊保留下

來！」兩人痛哭。宋又給張寫了證明，委任了職務。然後宋說，「我今晚就走，明天你就和日本人接觸，你來維持這個局面。我一定向蔣介石說明這些情況。」張對我說：「這些情況別無人知道，我只與你說了，暫時不向別人說。」〔《盡忠報國——張自忠將軍史料專輯》，中國文史出版社 1987 年版，第 58 頁。〕

筆者認爲這篇文字與歷史有不符之處。作爲史料，起碼應在時間、地點、人物方面無誤的情況下才可引用，而李致遠這段話一沒時間、二無地點、三人物不對，現分析如下：

①李致遠「史料」提供的兩個時間都不對。一是「張師長說 7 月中旬他奉宋電抵平」，而實際上 7 月 11-19 日宋、張都在天津；二是談話內容有「趙已陣亡」，查趙登禹陣亡是 7 月 28 日，這一天之前，宋、張不可能預見趙會陣亡，而 7 月 28 日下午會議是 5 個人在場（宋哲元、秦德純、張維藩、馮治安、張自忠），宋哲元與張自忠沒有單獨見面的機會。如果對話是在張自忠由北平逃出之後，宋、這種對話則沒有必要了。

②李致遠「史料」沒有提供地點，宋、張二人單獨對話到底是在北平？還是在天津？還是在抗日後方？對不上碴。

李致遠提供這段史料的目的，不過是想證明張自忠的留平是宋的授命，但他忽略了自己的身份。他不具備提供這段「史料」的條件。他當時是獨立二十六旅的代旅長（原旅長李九思到南京陸大學習），張自忠任天津市長時他駐守廊坊。張自忠 1937 年 7 月 25 日去北平時，連他身邊的副師長李文田都不知道，李致遠當然更不可能知道。若是談話發生在張自忠 1937 年 12 月 7 日由南京釋放回到五十九軍（原三十八師升格）之後，就更不對頭了。此時的張自忠對日寇懷著滿腔仇恨，他說的是「今日回軍，就是要帶著大家去找死路，看將來爲國家死在什麼地方」！已經不可能說出那段「機密」話了。因此，筆者認爲此段「史料」是沒有根據的，像這種站不

住腳的文字也收進《史料專集》作爲某些人寫史的依據實爲憾事。

二、對 1937 年 7 月 28 日以宋哲元名義簽發的 「作戰命令」再考析

　　自 1989 年彭明主編的《中國現代史資料選輯》中選入了這份 1937 年 7 月 28 日以宋哲元名義所簽發的二十九軍「作戰命令」之後，北京抗日紀念館館長張承鈞主編的《佟麟閣將軍》在書中發布了以宋哲元名義簽發的作戰命令（由人民大學張同新教授提供）但時間改爲 7 月 29 日。讀者當即提出疑問，「趙登禹將軍已於 7 月 28 日戰死，怎麼軍長在其死後仍給佈置軍務？」張承鈞不理，兩年之後（1992 年）又將此有原則錯誤的文件在《趙登禹將軍》一書中刊出，仍是盜用宋哲元名義。

　　筆者在海峽兩岸有關檔案資料中查找，都查不到有關 7 月 28 日宋哲元簽發二十九軍「作戰命令」的片紙隻字，而在臺灣 1986 年秦孝儀主編的《盧溝橋事變史料》中卻查到了 7 月 16 日宋哲元簽發並呈報給國民政府軍事委員會的作戰命令全文，最後是宋哲元和馮治安兩人簽字蓋章，並有蔣介石批字「存」。同時南京民國檔案館公佈的（見《民國檔案》1987 年 2.3 期《盧溝橋事變後國民政府軍事機關長官會報會議記錄》中亦有關於 7 月 16 日宋哲元呈報二十九軍作戰令的記錄，筆者又查到在劉汝珍（當年守廣安門的團長）於 1939 年 8 月 1 日發表的《1937 年北平血腥突圍錄》中亦記錄了當年二十九軍軍部如何下令調軍和執行 7 月 16 日作戰命令的情況。

　　我們將 7 月 16 日宋哲元所簽發的作戰命令，和 7 月 28 以宋哲元名義所簽發的作戰命令相比，真假就昭然若揭了。

一、7 月 28 日「命令」公佈的時間不是在當年，而是在 50 年以後。據抗日戰爭紀念館的權威人士在 1999 年《軍事歷史》第 3 期上公佈 7 月 28 日命令之來源「作戰命令保存於時任華北駐屯軍混成旅團司令部陸軍軍曹津

久井廣（勤務兵）手中，津久井廣當時跟隨華北駐屯軍第二聯隊與駐通州的二十九軍一部作戰，他在作戰過程中，從一名戰死的二十九軍將校的背囊中搜尋到此則作戰命令並一直保持到今天」。權威人士並以 1998 年 9 月 7 日日本安井教授回信作爲依據，這就是說一個侵華老兵的話就可以證明這是當年二十九軍軍長宋哲元簽發的作戰令嗎？查史料記載當年 7 月 27 日，29 軍付鴻恩營長與日軍衝突後，率部撤回南苑，7 月 28 日之後，中日在通縣，並未發生過戰爭，怎能有「戰死的二十九軍將校」呢？何況日軍的軍紀極嚴，如果繳獲了如此重要的敵方軍隊部署命令，怎敢不上繳而始終保存在一個士兵手中達 50 年久？又怎能在戰後那麼多日本官僚政客的回憶錄中也沒提到過有關 7 月 28 命令的文字記載呢？

這種在中日雙方檔案、文獻、回憶錄、電報稿中都查不到，僅憑一個日本侵華老兵的敘述就使我們的軍史學家、權威人士當作珍貴史料輾轉傳抄，選入於自己的著作中未免太天真了吧！

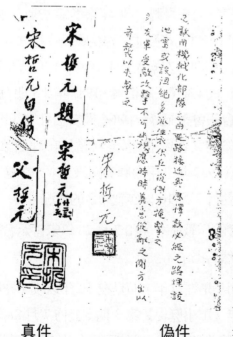

真件　　　　　偽件

今從抗日戰爭紀念館保存，由津久井廣手中的「命令」原件復印件看。7 月 28 日以宋哲元名義所簽發的作戰令文本的內容並不符合當時軍規，如把 7 月 16 日的作戰命令對照比較，馬腳就露出來了，它沒有誰發布的，只有命令二字，更沒有檔的序號（7 月 16 日發布之命令有戰字第一號，如果 7 月 28 之命令也是宋哲元所簽發應是戰字第二號或幾號，但它卻是沒有號，更缺少命令的下達方式。其發布時間是空著，後來用毛筆寫上的「7 月廿八

日午前 10 時」)。奇怪的是上面有毛筆字填的日期卻沒有宋的毛筆簽名，筆者由宋哲元之子所珍藏的宋哲元公務用章及過去宋哲元的簽名核對，比較 7 月 28 日命令上的簽名和和圖章都是假冒的，對比一下便知真假，可惜，身為抗日戰爭紀念館的權威人士卻替這份假命令詭辯，說什麼「和 1936 年 4 月宋哲元所蓋冀察綏靖主任關防印模風格一致」。注意！風格一致可不是印模一致！這個假簽名，假圖章的「作戰命令」在中國已經橫行了二十年，我們的軍史學家、權威人士仍找不出一個和假圖章相同歷史文件上的印模來，反而照舊輾轉傳抄於自己的著作中，使之在許多抗日書籍中佔據重要地位，甚至對於真正是宋哲元簽發的 7 月 16 日作戰命令上面明明寫的是「戰字第一號令」卻擅改為「戰字予先號令」，真是令人啼笑皆非。

再看，7 月 28 日「命令」的文本，一共是 8 開紙 5 張，除第一頁作封面外，第三、四兩頁上面都有塗改勾劃的文字和痕跡，說明這不是一個正式文本，而在此未定稿上卻有宋哲元的「簽名」、「圖章」，權威人士不感到奇怪嗎？這個關係千萬人頭落地，大片國土存亡的「7 月 28 日作戰令」能如此草率地走出 29 軍軍部嗎？

這份假命令的內容看，其要害有二：1、它不是下令調軍去消滅敵人，而是命令「對敵行持久戰，相機出擊以擊滅之收取最後勝利」這和頭一天（7 月 27 日）宋哲元拒絕日本最後通諜，發表自衛守土通電的決策不符（事實在 7 月 28 晚下令天津李文田主動出擊一直打到海光寺日本駐屯軍司令部）而不是「對敵行持久戰相機出擊」；2、假命令將二十九軍的四個師重新組合成為三個路軍，由主和領張自忠任兩個路軍（平津地區）總指揮，而 7 月 16 日命令中的北平地區總指揮是馮治安，卻降為副總指揮（軍隊中降為副職等於削了兵權）這個內容更加荒唐，宋哲元的二十九軍是屬於國家的軍隊，他僅僅是個軍長，在未經呈報批准，不可能將自己的四個師改為三個路軍，尤其是七七事變前後，宋的身邊不僅是漢奸，還有何應欽的親信嚴寬，毛澤東的代表張經吾和一大批中外新聞記者，宋的一舉一動都

有人監視、報道，他的師改為路軍，這麼大的變動不呈報國民政府軍事委員會？更沒有任何一方的電報稿，回憶錄中提及此事？既然是軍的命令，尤其是陣前換將，更換總指揮的命令應該下達到全軍各基層，不僅是南苑趙登禹應該有，駐北苑的阮玄武也應該有，駐天津的李文田應該有，駐察哈爾的劉汝明更應該有。可是這些人沒有一個人在回憶錄、電報稿中說有這麼個「命令」。

　　再有，有人以此為臨危受命的依據的問題；1937 年 7 月 28 日是宋哲元率秦德純、張維藩、馮治安離平的日子。據說宋離平之前給張自忠留下手書由張代理冀察委員長、所以此「命令」不正是張自忠臨危受命的依據嗎，這位史學家把時間和史實顛倒了，自 7 月 19 日宋哲元離津赴平到 7 月 28 日下午三點張自忠抵達鐵獅子胡同（宋哲元和張維藩、秦德純、馮治安開會的地方），宋、張二人沒過面更沒有書信或電報交流，尤其是張自忠 7 月 25 日擅離職守，捨棄了對津三十八師的領導權而奔赴北平之後，並未到宋哲元處和二十九軍軍部報到，所以在 7 月 28 日午前 10 時，宋不可能將平津區的抗日指揮權交給張自忠（因 7 月 15 日在天津宋寓開會，張自忠明確主和）。事實是 7 月 28 日拂曉南苑的中日戰事已經打響，沙河保安隊已附敵，到「午前 10 時」根本不需要發布這個「對敵行持久戰、相機出擊、以擊滅之」的命令了，傍晚宋率秦德純、張維藩、馮治安到保定報到後，立即赴馬廠收攏二十九軍由平津撤下來的軍隊，此時更未曾將軍權授給張自忠。隨後很快就接到國民政府令，二十九軍升格為第一集團軍，宋哲元為第一集團軍司令，37 師升格為 77 軍，38 師升格為 59 軍，143 師升為 68 軍，從整個七七事變過程看，沒有一個檔案記錄二十九軍四個師改稱三個路軍的事，更沒有任何任命張自忠為平津地區總指揮的檔案，這怎能說是臨危受命呢；歷史已證明張自忠留平後，重新改組冀察政委會，撤換了一批抗日人士換上了一批漢奸、任命潘毓桂為北平市警察局長，張允榮為平綏路局局長，邊守靖為天津市長。可惜這個重組的政權因李文田在天津的

抗戰而失去了日軍方支持，最後張自忠隻身逃出北平，被國民政府給予撤去天津市長和三十八師師長的處分，這些血的教訓能用「臨危受命」來解釋嗎？

日本軍離間宋哲元與張自忠的陰謀

——為紀念七七對日抗戰五十八周年而作

明道廣

前言

　　甲午戰爭（一八九四——九五）以後日本侵華已逾百年，前幾代的中國人民，多深受其害。多少中國同胞家破人亡，妻離子散，死傷在日本人手下的中國人豈止數千萬。日本人對中國人燒殺奸擄，慘無人道的作為，比起納粹德國對猶太人，真是有過之而無不及。今年是抗日慘勝五十周年，少數有「日本情節」的人士，最近又在高唱媚日的陳腔濫調。令人感歎的是我們從百年來所受的慘痛教訓中，究竟學到了多少？

　　本文的目的不是在侮辱愛國英雄的名聲，而是希望國人不忘前事，記住過去的教訓。我們必須瞭解：任何國家要生存、自由，一定要團結一致，維持強大。我們也要牢牢記住，離間分化是日本人慣用的伎倆。挑撥離間宋哲元與張自忠間的關係便是本文的主題。

　　日本人分化宋哲元、張自忠之事，史書上僅有片段記載，但前二十九軍在臺灣的將領，如石敬亭、秦德純、劉汝明、王長海、賈玉清、王毓俊、尹殿甲等，尤其是秦德純，都知此事。但很少留下紀錄。究其原因，無非是遵守中國傳統的禮教，「隱惡揚善」，唯恐有損民族英雄的聲譽。更何況張自忠是二十九軍的榮譽。於今事過半世紀，宋哲元、張自忠的愛國事蹟和功勳，早已蓋棺論定。但是我們不必忌諱有汙昔日愛國將領的英名，而忘了日本分化中國領導人間的毒計。

日軍離間宋張的策略

　　一九三一年九一八事件以後，日本佔領東三省。一九三三年日本為謀「華北自治」，壓迫中央簽訂《塘沽協定》，中央軍撤出華北。由原屬西北軍的二十九軍進駐河北省、北平、天津，成立了冀察政務委員會，宋哲元出任委員長，兼二十九軍軍長。張自忠任察哈爾省主席，後調任天津市市長，兼三十八師師長。日本一方面在軍政方面增加壓力，製造事端，另一方面積極進行分化二十九軍的陰謀。

　　在二十九軍中，張自忠一向是主和派的中堅。當初他在八位親日的把兄弟（如陳覺生、潘毓桂、齊燮元、張璧、張允榮等）的包圍下，整日遭受親日派人士的洗腦。一九三七年春，日本邀請張自忠訪問日本。他在日本觀察 35 天，在此期間，張參加了天皇閱兵式，受到日本各方的招待。日本並竭力對他宣傳，炫耀日本軍事工業的強大。

　　一九三七年七月七日，日本以尋找搜索失蹤士兵為由，挑起七七事變。當事變剛發生時，宋哲元仍擬作地方事件來處理，避免事態擴大，但日本人的目的是吞併中國，二十九軍是首當其衝。所以事端不斷發生。

　　張自忠於一九三七年七月十九日深夜與日本駐屯軍司令官香月清司簽訂了史稱《香月細目》的七條。日本人並在張自忠的面前造謠離間，說二十九軍已不聽宋哲元的指揮，日本要張出來維持和平。張自忠在這種情況下，由天津到北平。三日後，也就是七月二十八日下午才去見宋哲元。因為當時局勢非常緊急，張擅離天津軍政職守，令宋非常不快，但張的要求非常堅決，威脅宋盡快離開北平。他有辦法與日方和平處理盧溝橋事件。在這種危機下，為了避免同室操戈，宋乃寫了手令要張代理冀察政務委員會委員長、冀察綏靖公署主任，及北平市市長。當晚宋即離平去保定。連子女家人一個都未帶走。

　　七月二十九日張自忠到冀察政務委員會就職，將原政務委員秦德純、

蕭振瀛、戈定遠、劉哲、門致中、石敬亭、石友三、周作民等免職。改任親日派張璧、張允榮、楊兆庚、潘毓桂、江朝宗、冷家驥、齊燮元、陳中孚、陳復生等擔任委員與要職。最突出的是已被宋去職的潘毓桂，又委任為北平公安局長。一時華北各報刊載消息，說張自忠出來與日本和談，仗打不起來了。

張自忠離開天津時，與他的親信部隊天津駐軍三十八師，以及日軍都有聯繫。原定張離津到北平時，天津市政府由秘書長馬彥翀留守。當時日軍在天津地區已開始大規模軍事活動。因為張離去後已三天，大局情況不明，所以馬在市政府先是坐立不安，馬彥翀深恐萬一戰事爆發，市政府被定為主要目標。後來索性返回租界地家中，以觀動靜。張自忠在七月二十八日得到宋的暫代職務手令後，即發一電報給天津的三十八師副師長李文田，要他停止執行原訂的二十九軍在津作戰計劃。原計劃是由三十八師於二十九日凌晨攻打海光寺日軍司令部、飛機場和車站各處。沒想到張的電報到達後，因馬秘書長不在市政府，未能將電報及時轉交給李文田。李於二十九日仍按照原來作戰計劃開始攻擊日軍。當時在天津的日軍沒有準備，一度被三十八師奪回火車站東站、西站和飛機場，並毀飛機十餘架。後來在日軍飛機轟炸與炮擊之下，三十八師不得不於三十日撤離天津。

這時，張在北平雖然仍向日軍保證履行和平協議，但日軍對他甚為憤怒，另成立北平地方維持委員會，由江朝宗擔任委員長。並宣佈大漢奸高凌霨為天津市維持會長。日軍認為張自忠連自己的三十八師都不聽指揮，還有什麼利用價值？親日派的把兄弟也相繼與他疏遠。張在這種情況下，走避東交民巷，後來輾轉到山東濟南。七月三十日下午，李文田在天津前線，才收到張自忠由北平打去的電報，說「剛接到北平張師長（指張自忠）來電，說和平有望」，但為時已晚。

宋哲元有六女一男。宋景昭為長女，因為她年歲較長，對當時的情況比較清楚。她生前曾講過：「七月二十八的傍晚，父親的書童宋文祥到老君

堂（即賈府，宋景昭嫁給賈成騫）來見我，他說：『委員長（指宋哲元）下午在家開會，開完會就跟幾位高級將領上汽車走了，也不知去哪兒！』宋文祥又說：『三十八師張師長也從天津來啦，開會時他和委員長爭持的很厲害，非要委員長離開北平不可。張的態度很壞，情緒激動。委員長的隨從副官們都說向來沒有見過張師長對委員長這樣過。』」

張自忠「逼宮」一事，昔日二十九軍在臺灣的將領都知道此事，書上也有部分記載。如秦寄雲、趙鐘璞著的《秦德純一生》中有下列記載：「二十八日宋在武衣庫私宅以電話問秦：『張藎忱（張自忠號）來了你知道嗎？』秦答：『不知道，是委員長叫他來的麼？』宋答：『不是。』是日下午二時左右，秦到宋宅，旋張自忠亦到，張向宋說『只要委員長離開北平，我就有辦法維持』。宋聞言面色煞白，沒再說話，即提筆委張代理冀察政務委員會委員長兼北平市市長。張去後，宋與秦即離北平同去保定。」

在何基灃、鄧哲熙等著的《七七事變紀實》一文中有下面一段（何當時為馮治安師下的旅長）：

> 七月二十五日，宋哲元忽然接到張自忠來平的報告，甚為愕然，並說：「我叫他留在天津，他來北平幹什麼？」張到平後，受到漢奸張璧、潘毓桂等包圍，很少與外界接觸，忽於二十八日下午三時許前往見宋，並對宋表示：「如果委員長暫時離開北平，大局仍有轉圜的希望。」至此宋已明白了張的意圖。於是立即決定離平，並派張自忠代理冀察政務委員會委員長兼北平市市長……。

但是在另一方面，林治波在他的《抗戰軍人之魂——張自忠將軍傳》上，極力辯駁沒有「逼宮」一事，說這些都是人云亦云，都非當事人所述，不足為信。近年來更有「美化」張自忠將軍形象的趨勢。將原來不甚光彩的「逼宮」變成了「臨危受命」。為了暫緩當時日本人的壓力，由張代宋，轉移談判目標，這還說得過去。現在更演變成「棄卒保帥」代人受過的說

法。林治波在一九九三年十月的《團結報》以《七七事變後張自忠暫留北平的真相》一文上講，宋哲元留張自忠在北平是「棄卒保帥」：「張自忠對此洞若觀火，因而一再表示不願接收，引得宋哲元大發雷霆，『張無奈，只好受命。』……張自忠自始至終都扮演著代人受過的角色，體現了顧全大局、自我犧牲的精神。」這裡所謂的「棄卒保帥」乃是犧牲了張自忠，而保全了宋哲元。這真是顛倒是非，完全與事實不符。林爲美化張自忠居然將宋哲元描寫成一個臨陣脫逃、貪生怕死、自私自利的小人。我們若是繼續爭辯「逼宮」一事，豈非變成兄弟鬩牆，只知小我，不知大我。如果日本華北特務頭子土肥原賢二、日本首相東條英機等在地下有知，怎能不恥笑我們：六十多年後中國人還不知道這是日本離間分化之計！難怪日本人總以爲清廷以數萬八旗子弟兵，能統治數億人口的中國二百六十八年，爲什麼日本不可以？

　　林治波與張自忠的維護者，爲了維護張的英名，確實花了一番苦心。但與本文從正確的歷史中，學習教訓的立意不同。本文是以揭露日本軍閥分化中國爲主題。宋哲元與張自忠都是離間分化的被害人。不明白這一點，就難完全瞭解宋的憂鬱病死綿陽，與張的血灑襄東的根源。

蕭振瀛的證言

　　試看下面一段蕭振瀛記錄他本人與當事人宋哲元和張自忠的對話。蕭爲二十九軍建軍元老之一。張自忠繼蕭任察哈爾省省主席，後又繼蕭任天津市市長。故蕭的記述應當有很高的參考價值：

> 余於泊頭鎮與宋哲元相晤，二人握手相對而泣……宋曰「如此巨變，非所逆料，本正與日方談判中，潘毓桂、齊協民二賊忽然變臉恫嚇，云日寇松井令其轉告，由張自忠代余可了此局，我斥之。」「不料下午三時藎忱（張自忠號）突然來余處，威脅要我離開，他

有辦法，余與紹文（秦德純號）遂即出走，家人均未得攜帶一同離平，幸仰之（馮治安號）歸攏部隊南下。」嘆曰「蓋忱何至如此。」言下痛楚。秦德純言同宋語……

在《蕭振瀛回憶錄》第一九六頁上又說：

張自忠離北平至濟南，余即專車趕往相見，張抱余大哭曰：「對不起團體，對不起大哥！」余詢事之究竟。張曰：「宋一味圖與日本妥協，七七事變戰起，軍隊已與日血戰，宋竟接受日本條件，故急至北平制之。」又曰：「潘毓桂明告，宋已接受所有日本條件，日本認為軍隊不聽從宋命令，故要余代之，余問清談判情況後，方趕往北平，代以控制局勢，不意演變如此。」余責之曰：「此漢奸之計也，宋並未接受，其錯在汝。」張痛哭曰：「此心可對天日，現百口莫辯矣，唯求蔣委員長容余死在戰場，有以自白。」……當余自京返前線，向宋哲元詳述張自忠之自責及求死之誌，望予諒之，宋感動……

再試看下面一段由宋哲元自泰安電蔣委員長的電文：

職部師長張自忠，為人所愚，應變乖方，經面請嚴處，已蒙鈞座寬宥，該師長仰體高厚，誓報捐埃。茲值鈞座統帥抗戰之際，正將士用命之秋，可否令其軍前效力，藉贖前愆之處，恭請鈞裁。

張到濟南，蔣委員長便令韓復榘將張「扣押」起來送南京。宋哲元在蔣面前以全家妻兒老小性命力保張自忠回三十八師戴罪立功。在張未回部隊前，宋一直是自兼三十八師師長。後來二十九軍擴編為第一集團軍，宋任總司令，三十八師擴充為五十九軍，宋又兼代軍長，一直等到張回到前線就職。

張知中計，決心以死明誌

張自忠自己也知道中了日本人的離間之計，爲表明清白，早有爲國捐軀之念。所以在一九四〇年日本進犯襄樊的時候，張只帶輕兵兩團及特務營，渡河截擊日本大軍。臨行前給三十三集團軍副總司令（張爲總司令）馮治安將軍留有遺書一封如下：

> 仰之我弟如晤：
>
> 因爲戰區全面戰爭之關係及本身之責任，均須過河與敵一拼，現已決定於今晚往襄河東岸進發。到河東後，如能與三八Ｄ（師）、一七九Ｄ取得聯絡，即率該兩師與馬師（即七十四師，馬貫一任師長）不顧一切向北進之敵死拼；設若與一七九Ｄ、三八Ｄ取不上聯絡，即帶馬之三個團，奔著我們最終之目標（死）往北邁進。無論作好作壞，一定求良心得到安慰。以後公私，均得請吾弟負責。由現在起，以後或暫別，或永離，不得而知。專此布達。
>
> 小兄張自忠手啟
> 五月十六於快活鋪

再看宋哲元，自退保定後，轉戰華北。一九三八年因病請辭第一戰區副司令長官。但在華北兩年受盡了日本人的欺負與悶氣，再加上一部分國人的不諒解，憤恨日增，非要打日本人不能消除心中積恨。那時他家人看見他病況日重，後方藥物缺乏，勸他到香港就醫，宋回他大女兒的信中說：「軍人的責任是捍衛國家，我不能在前線殺敵人，已經是憾事了。你們勸我去香港，是叫我逃避責任嗎？」宋在成都病重的時候，還非要去西安，接近前線不可。宋夫人與醫生屢勸不聽，最後還是秦德純說，老叫他不痛快，他的病也不好，大家都爲了他的健康，就順著他的意思動身了。但只走了約一百公里，到了綿陽，他的身體就不支了。三周後，也就是四月五日，病逝在綿陽。享年五十五歲。

　　宋哲元的去世對張自忠的影響很大，一九四〇年四月五日宋去世後。四月十七日張自忠赴綿陽弔喪。回到前線並爲宋舉行了隆重的追悼大會。五月日軍攻擊棗陽。五月六日張留前面所述的遺書給副總司令馮治安。一九四〇年五月十六日張壯烈成仁，享年四十九歲。

歷史的教訓

　　宋、張去世都已六十餘年，當年二十九軍的將士們，佟麟閣、趙登禹與十餘萬將士們，大部分已爲國捐軀。這個以大刀隊聞名中外的部隊，以簡陋的裝備，對抗日本的堅甲利兵，孤軍在華北苦撐兩年，犧牲最重。但是又有多少人瞭解：除了沙場之外，在心理戰場上，日本人離間、侮辱我們的將士們，所受的痛苦更深。

　　今天的日本和百年前的日本，雖然表面上有所變化，但由它的拒絕改正教科書上對中國侵略的歪曲記載，否認南京大屠殺的史實，拒絕賠償中國抗戰時蒙受的損失，以及韓國慰勞皇軍婦女的殘害，繼續崇尙軍國主義的靖國神社……等行爲，都使人看到：日本大部分人民並沒有覺悟。想當年甲午戰爭，中國失敗，除了承認朝鮮獨立，割了臺灣、澎湖以外，並賠償日本白銀二萬萬兩。這數字是當時日本全年預算的三倍。當時中國民不聊生，還被迫「賠償」日本人那麼多錢，用來改進日本的教育、工業、軍事，轉回來打中國人。這與明朝時的倭寇海盜行爲毫無不同，於今日本富強，對我們無數的損失，連一分錢都沒有賠償過。近年來日本在經濟方面的表現，仍然表露其往日在軍事上帝國主義的野心。本文僅舉以往日本侵華陰謀的一例，來警惕我們。前事不忘，後事之師。希望大家不要忘了百年來千萬同胞犧牲的慘痛教訓。〔本文引自臺灣《傳記文學》第六十七卷第一期，1995 年 7 月版，第 95-98 頁。〕

冀察政權的解體

馬仲廉

北平偽組織的出現

　　宋哲元離開北平以後，張自忠於七月二十九日到冀察政務委員會就職。他將原政務委員秦德純、蕭振瀛、戈定遠、劉哲、門致中、石敬亭、石友三、周作民等免職，增補親日派張璧、張允榮、楊兆庚、潘毓桂、江朝宗、冷家驥、陳中孚、鄒泉蓀等為委員。同時發表潘毓桂兼北平市公安局長。豈知這時日軍已經利用那批死心塌地出賣民族利益投靠日本的老牌漢奸組織偽政權了。

　　日軍駐華副武官今井武夫於二十九日晨與松井特務機關長協商後，決定立即組織北平市地方維持會，以老牌漢奸七十高齡的老朽江朝宗任維持會委員長，總商會代表冷家驥、銀行工會鄒泉蓀、自治會的呂均、原市政府的周履安和公安局長潘毓桂為維持會委員，並派日本憲兵隊長赤藤、冀察軍事顧問笠井、冀察政務委員會顧問西田等作為維持會的顧問。當日晨六時三十分，今井等邀集上述人等開會。會上今井宣佈他與松井商定的成立地方維持會，並要這些人擔任委員和委員長等職務。這批漢奸全部表示同意，唯江朝宗提出委員長一職不如由吳佩孚擔任更為合適。今井表示請吳佩孚出馬恐怕要引起許多糾紛，姑且留待以後研究，暫時仍請江出馬作為臨時措施。於是江也表示同意。當日下午，在江朝宗住宅又召集一些漢奸開了一次「協商」會議。三十日下午二時，正式成立了北平市地方維持委員會。至此，北平就淪陷為日本直接統治的殖民地〔8 月 19 日冀察政務委員會自動解體，江朝宗就任偽北平市長。〕。

　　宋哲元率軍撤退時，留下二個旅未撤，這是駐北苑的獨立第三十九旅

和北平城內的獨立第二十七旅。獨立第三十九旅旅長阮玄武在二十九日北苑戰鬥結束後,當晚離開部隊進入北平城內。三十日,他派人到日軍武官室聯繫自動解除武裝,向日軍投降。今井武夫請示駐屯軍司令部對該旅停止攻擊。三十一日上午八時,日軍奈良支隊先將北苑兵營包圍,然後前冀察綏署日本顧問櫻井偕同奈良支隊的軍官進入兵營,與該旅參謀長段品鼎接頭。段即集合部隊將武器自動交出。交槍時,許多軍官和士兵極為悲憤,有的謾罵,有的痛哭,有的將槍扔到井裡洩憤!這樣,全旅六千餘人,除三十日晚該旅教導隊隊長趙雲祥率教導隊自動西去外,其餘全部被日軍解除武裝。留在城裡的獨立第二十七旅也被日軍解除武裝,然後被改編為保安隊維持治安。該旅於 8 月 1 日離北平到察哈爾省由劉汝明指揮。

　　北平偽政權組織成立以後,日軍對平、津實行軍事佔領。張自忠秘密躲藏在東交民巷東口的德國醫院 (現北京醫院)。但因該醫院出入來往人員很多,張恐被日人發現,又派副官廖保貞找美國友人福開森設法營救。張又轉移到東城禮士胡同福開森家裡,化裝成學者隱藏起來。但在這裡躲藏終非久計,因此張又派廖保貞赴天津找商人趙子青商量幫助脫險。趙又找到一位僑居天津的美國商人,商定了張由北平逃出的辦法。

　　九月七日晨四時,張自忠化裝成工人模樣,趁天色朦朧之際,徒步到大煙筒胡同至朝陽門的馬路旁邊,乘坐上美國商人的汽車出城,通過了朝陽門日軍的檢查,順利地到達了天津英租界的趙子青家裡。十日拂曉乘英國駁輪到塘沽,然後換乘英國商船「海口號」南下,由煙臺登陸,準備取道濟南到南京。張一到濟南,蔣介石便令韓復榘將張扣押起來送往南京。後在馮玉祥和李宗仁的力保之下張被釋放,仍回舊部任五十九軍軍長。以後他在指揮部隊對日作戰中表現堅定英勇,最後,於一九四零年的五月間在湖北省棗陽南瓜店指揮對日作戰中,壯烈殉國。

張自忠跌入日本陷阱

李惠蘭、韓明

一、日本對張自忠的利誘

1937 年 2 月，冀察政務委員會部分委員與日軍將領合影。前排左四為天津市長張自忠。二排左四為王揖唐，左五為曹汝霖。圖片引自《舊中國大博覽》下冊。

1936 年 6 月 18 日，二十九軍三十八師師長兼察哈爾省主席張自忠被國民政府任命爲天津市長,25 日到任，三十八師隨行移駐天津。由於歷年來的不平等條約，天津已設有英、法、日、意四國租界地，另有三個特別行政區（原屬德、美、俄三國），天津市政府所管轄的「中國地」只有一小塊，特別是《辛丑條約》對中國駐軍的限制，三十八師各部隊只能分駐天津附近的塘沽、漢沽、廊坊、小站、東大沽、馬廠、韓家墅、大直沽八個地區。

張自忠出任天津市長後，爲應付十里洋場的複雜局面，便籠絡了一些

輔政能手，如齊燮元、張璧、張允榮、邊守靖、潘毓桂、齊協民、馬彥翀，並與之過從甚密。正是通過這些親日人物的密報，天津的日本特務機關掌握了張自忠日常的思想和言論，遂決定以張自忠爲二十九軍高級將領的突破口。於是，日本先以經濟「合作」爲名，請張自忠擔任在天津開辦的兩個日本獨資公司的董事長。

這兩個日資公司，一個是天津電業股份有限公司。當時的天津經濟基本屬於殖民地性質，各租界地都有自己的發電所，用電由自己的發電所供應，一般的工業都依附於租界地之內的發電所而存在。由於社會發展，各國租界地呈供電不足現象。自日本侵吞東北之後，華北形勢岌岌可危，以至歐美各國持觀望態度而對華投資放緩，唯獨日本急需中國資源，尤其是日資在天津收併了幾個民族資本紡紗廠，變成了日本獨資紡紗廠，更使其電力供應呈不足趨勢，急需壟斷華北電業。於是興中公司（日本「滿鐵」公司的子公司）在華北大量開展業務，除了成立運輸公司專司將華北各地的煤、鐵、鹽、棉花運至日本外，還染指華北電氣事業，建立了天津電業股份有限公司，這是日本企圖獨控華北經濟命脈的一個重要措施，而這些需要冀察政權的支持。前任天津市長蕭振瀛在任時就接到日本提出的合辦電力的要求，蕭考慮到影響電力主權問題而拒絕了。張自忠任市長僅兩個月後就出任了該公司董事長，其手下的幾個親信也都被安排到該公司任職，如市政府秘書長馬彥翀爲常務董事、市府參事邊守靖爲董事，而副董事長是日本人石井成一，該公司名義上是中日合辦，實際上是滿鐵電氣會社獨家投資 800 萬元，中方僅以電力權合股入夥。

另外一個是惠通航空公司。該公司是以「搞華北的航空事業」爲名義的中日合辦的航空公司。由中方出土地建機場，日方出飛機、飛行員及其他一切技術人員，經由張允榮〔張允榮是張自忠的把兄弟。〕和日方策劃籌辦。張自忠於 1937 年 1 月 18 日接任惠通航空公司董事長，原董事長張允榮改任副董事長。開始講的是辦民航，開張三天日方就開著軍用飛機在

華北上空任意飛行。張允榮以不上班抗議，日方根本不理，因爲從經理到機械師，甚至機場的掃地工都是日本人。〔1936年11月1日《申報週刊》第1卷第43期。〕宋哲元得知日本大量購買土地事實後，曾正式下令禁止農民出售土地給外國人，但惠通航空公司有張自忠的批件，結果在冀察政權範圍內共開辟了七個飛機場：天津東局子、北倉〔《日在北倉強築機場》，秦孝儀主編：《盧溝橋事變史料》（下冊），臺灣中央文物供應社1986年版，第124頁。〕、塘沽〔《塘沽日機場築成》，1937年7月19日上海《大公報》。〕、北平南苑、北平豐臺趙家村飛機場〔秦孝儀主編：《盧溝橋事變史料》（上冊），臺灣中央文物供應社1986年版，第170-171頁。〕、廊坊〔秦孝儀主編：《盧溝橋事變史料》（下冊），臺灣中央文物供應社1986年版，第124頁。〕和通縣飛機場〔洪大中：《揮淚告別盧溝橋》，選自《七七事變》，中國文史出版社1986年版，第32頁。〕；七七事變後這些飛機場成了轟炸平津的基地。

二、率團訪日

訪日團長張自忠

日本侵佔東北建立僞滿洲國之後，接著又策劃華北五省（冀、察、魯、晉、綏遠）、三市（北平、天津、青島）「自治」

支那駐屯軍參謀部附　陸軍航空中佐　塚田理喜智
冀察軍事顧問　陸軍炮兵少佐　笠井半喜智
惠通公司　董事　德井留半清
濟南東魯學校　校長　豐田
北平陸軍機關　國軍翻譯生　愛田澤神尚
惠通公司　職員　竹下直誠助

根據日本亞洲歷史資料中心陸軍省《華北赴日參觀團旅行計劃》檔案資料。

的陰謀，以脫離統一的南京國民政府。日本先前曾邀請過宋哲元訪日而遭拒絕，便企圖把二十九軍的二級將領拉出以實現「華北自治」〔董升堂：《張自忠將軍生平概述》，選自《抗日名將張自忠》，中國文史出版社 1987 年版，第 14 頁。〕。而將目標轉向張自忠是因爲他在二十九軍中地位重要，所部三十八師堅強有力。齊燮元對張自忠轉達了日方擴大冀察特殊政權，爭取晉、魯各自獨立，組織一個華北自治政府，納入日本軍國主義統治之下的要求，此陰謀從曾任天津市政府的外事科長潘玉書的回憶中完全可以證實〔《天津文史資料選輯》第 21 輯，天津人民出版社 1982 年版，第 94 頁。〕，於是就有了後來的張自忠訪日之行。

對於張自忠訪日，秦德純回憶：「日方於二十六年春，堅約張將軍赴日參觀，因此張將軍便成爲了眾矢之的」〔秦德純：《秦德純回憶錄》，臺灣傳記文學出版社 1967 年版，第 187 頁。〕；在 1937 年 4 月 13 日的天津《大公報》刊登一則新聞，大標題是「冀察赴日考察團，團長內定張自忠，並決於本月二十日後成行」，小字內容有這樣一句「又日駐屯軍參謀塚田十二日下午三時到市府訪張自忠有所商洽」，另據《中央周報》透露：「（日本）軍部之意，除使張自忠等悚於日本富強，自動徹底親日外，則欲拉住冀察實力派頭腦簡單分子，根本排除其抗日反日的思想，而無形中做到破壞我收拾華北計劃。宋哲元本人原不主張派員東渡，惟此中有人爲張自忠運籌帷幄自命不凡者，激勵慫恿張領導前往，迄今外間對該團多所傳述，但已不能影響該團之行矣！」〔《冀察派員赴日考察》，1937 年 4 月 19 日《中央周報》第 463 期。〕在這樣的背景下日本邀請張自忠到日本去看看，「是可以理解的事，宋哲元只是迫於情勢，不好不同意而已」〔李雲漢：《盧溝橋事變》，臺灣東大圖書股份有限公司 1987 年版，第 275 頁。〕。

（一）訪日團名稱及成員

赴日訪問團原定名是「冀察平津赴日考察團」，日方內定張自忠爲團

長，這也是代表華北的政治勢力，但當張自忠到北平和宋哲元商量團員名單時，冀、察、平的領導（河北省主席馮治安，河北省保安司令趙登禹，察哈爾省主席劉汝明，北平市長秦德純）都拒絕參加，最後到成行時，報紙登的是「冀察旅行團」，而日本陸軍省所留檔案資料則稱之為「張自忠訪日參觀團」〔根據日本亞洲歷史資料中心陸軍省《華北赴日參觀團旅行計劃》檔案資料。〕。

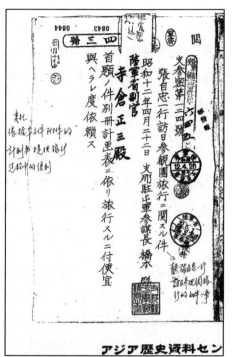

張自忠訪日參觀團的檔案材料之一，複印自日本東京防衛廳保管的亞洲歷史資料。

訪日團的成員，日方原期望的華北政要四分之三領導不到位，二十九軍僅是四個師中每師出一旅長，而其中只有團長張自忠有較高的政治身份（日本陸軍省給他登記的 5 個職銜是：三十八師師長、天津市長、惠通航空公司董事長、冀察政務委員會委員，然後是陸軍中將張自忠），副團長張允榮則登記的是前河北省保安司令、前惠通航空公司董事長。總之每人的職務軍銜都很詳細，名單中除張允榮、邊守靖是張自忠的把兄弟，中日合作的受益人之外，還有一人名潘駿千，是張自忠把兄弟潘毓桂之子，是剛由日本留學歸來的醫生，專為吸鴉片的團員打嗎啡針。其他成員是天津市政府及工商界 19 人，張自忠的兒女（張廉珍、張廉雲）及侄子、侄女（張廉瀛、張廉瑜），張允榮的女兒張小敏都一同赴日旅行，另有 6 位秘密隨團的日本人名單，一名是支那駐屯軍參謀部副陸軍中佐塚田（他就是 4 月 12 日到天津市政府通知張自忠被內定為團長的人），有兩人是惠通航空公司的，另 3 人則是由濟南和北平隨行

的「中國通」，專門負責在整個行程中掌握瞭解每名成員的思想言行，以便更好地控制他們。從這份訪日隨行人員名單來看，張自忠率團訪日，完全是日本陸軍省精心策劃的。

（二）訪日行程及經費

張自忠於 4 月 15 日上、下午分別向宋哲元和英國領事請假，預定出訪時間爲 3 周，但實際是 5 周（4 月 23 日－5 月 26 日）。從日本陸軍省的日程計劃分析，此次行程早已安排得滿滿的。

據統計張自忠訪日團 20 餘人一個多月之行經費支出達幾十萬銀元（當時兩元錢能買一袋洋白麵），此經費何來？據《中央周報》和《華字日報》可悉「旅費明雖由冀察政務委員會負擔，實則此行純系華北日駐屯軍司令部的約請，而由退還庚子賠款之一部撥充用費，冀察政委會則所出無多」〔《冀察派員赴日考察》，1937 年 4 月 19 日《中央周報》第 463 期。〕，「排除抗日思想，養成暴動實力、日圖冀察表弛裡緊，用退還庚子賠款邀知識分子赴日考察，利用失意軍人政客聯絡土匪伺機暴動」〔1937 年 4 月 18 日香港《華字日報》。〕，而日本用庚子賠款的專款收買或扶植漢奸（美國用中國的庚子賠款籌建了後來的清華大學）。

（三）在日本的主要政治活動

張自忠訪日乘坐的日本「長安丸」號遊輪，引自 1937 年 4 月 27 日天津《大公報》。

　　張自忠抵日後受到「國賓」待遇：他們乘的輪船「長安丸」（亦說「長城丸」）號雖然不是太大（2 千多噸），但它是清王朝西太后和光緒皇帝坐過的豪華遊輪。從招待規格看，日方對張的招待超過了一個月前代表中國政府訪日的外交部長張群。更爲突出的是，日方安排了超出張自忠身份的天長節上「覲見天皇」（天長節是日本天皇的生日），目的是提高張自忠的政治地位。

　　此外，此次訪日張自忠還受到陸軍大臣杉山元的宴請並與之合影，張自忠全家和杉山元的合影照片成爲陸軍省炫耀一時的光彩。〔張勃川：《對張自忠將軍的赴日考察團的回憶》，選自《抗日名將張自忠》，中國文史出版社 1987 年版，第 90 頁。〕

　　關於這次張自忠率團訪日的活動，不僅受到蔣介石和國民政府各方面的關注與責難，而且英美駐華使節也十分關注。張自忠是一個軍人，按國家規定軍人不許從事外交活動，況且冀察政委會是地方政府，根本沒有外交權。日本對張自忠招待規格越高，冀察政委會的走向也就越引起人們的

懷疑，國內對張自忠的責罵聲更是滿天飛了。

駐津美國總領事嘉威樂夫人（右三）
首次拜會市長張自忠夫人（右二），
由天津領事團首席總領事官比利時總領事施愛爾夫人（左一），市府第三科長潘玉書夫人（右一）陪同款待。引自 1937 年 5 月 22 日《北洋畫報》。

三、訪日歸來

　　張自忠 5 月 26 日由青島下船，宋哲元特派兩員（李炘與鄧哲熙）去迎他到樂陵（在張自忠赴日後，宋哲元為躲避日軍糾纏，以掃墓為名回故鄉樂陵，指定馮治安代位二十九軍軍長，由秦德純負責對日談判）共商軍事，然而張卻去了濟南，他對記者發表談話，除了介紹日本工業、軍事發達外還說了到濟南的原因，「本人因韓主席系舊長官，闊別多時又久慕山東青島政績故此次於歸國之時，繞道一遊，日內即行返津」〔1937 年 5 月 28 日《益世報》。〕，對於宋哲元和他訪日的關係只說了一句「本人此次蒙冀察政委會宋委員長之允許赴日本遊歷……」

　　關於此次張自忠訪日，戈定遠〔戈定遠曾長期任二十九軍秘書長，後任冀察政委會秘書長，其所著《二十九軍和冀察政權》一文發表於 1960 年《全國文史資料選輯》第 1 輯。〕曾著文指出，「二十九軍的軍部，設在北平的南苑，馮治安的一師，駐在北平附近一帶，宋哲元有時去天津（宋的母親住天津），就叫馮代理軍長，這也是使張自忠不快的原因之一。因為

張總是認定自己是『二頭兒』，軍長應當由他來代理，現在宋叫馮代理，看來還是嫡系吃香，因而大為不滿。後來宋又把河北省的主席讓給馮治安，張更不高興，因為在冀察的兩省、兩市範圍內，河北省的位置似乎居於首位，張當時任天津市長，天津雖然重要，但是地面小，不能和河北省比，從此張對宋更加不滿了。

　　天津有日本租界，是華北漢奸政客和下臺軍閥集中之地，這些人想捧張自忠弄點好處。特別是漢奸們知道宋哲元不得日軍的歡心，他們就憑借日本人的勢力，包圍張自忠，要攛他起來和日本人更妥協地辦事。當時張雖有代宋之意，而力量不夠，宋還有其他幾個師長的擁護，他一個人推不倒宋。漢奸們如潘毓桂（曾任偽政權的天津市長，日本投降後被逮捕入獄）、張璧（已死）、齊燮元（漢奸，已處決）等等，和張的左右親信互相勾結，打算仿照曹錕、吳佩孚的辦法（曹當巡閱使時，諸事不大過問，全由吳佩孚主持，曹不過當傀儡而已），叫宋在名義上當冀察的負責人，而實際上由張自忠主持一切，總攬大權。他們曾經將此辦法，由齊燮元、張璧藉端向宋試探，宋置之不理。同時，張自忠也知道宋的個性剛強，不是甘於當傀儡的人，因而不敢貿然從事。但張不甘心久居宋下，他明白當時的南京國民政府管不了宋，只有日本人，宋才有所顧忌，於是他便墜入漢奸的奸計，加緊和日本人聯繫，並應日本的邀請組織赴日參觀團，由張自忠任團長，到日本參觀，拜訪日本當局。因此，當時天津親日的空氣異常濃厚，特別是在七七事變前幾個月，那時張自忠已成為日軍心目中的華北中心人物了。」

　　七七事變後，日方與秦德純、馮治安交涉，因他二人態度強硬便甩開秦、馮二人直接到北平張允榮家找張自忠。〔〔日〕《今井武夫回憶錄》，上海譯文出版社1978 年版，第 40 頁。〕張自忠訪日歸來

宋哲元天津寓所

後，對日的態度發生了很大的變化，在《民國檔案》1987 年第三期《盧溝橋事件第十六次會報》中對張自忠訪日歸來有這樣的評價「似害有二種病，即一因日人給以許多新式武器之參觀，以至畏日。二因日人對其優待而親日」。這些論斷，說明日方使用中國的庚子賠款對張自忠產生了效應，二十九軍領導層開始分裂爲主戰、主和兩派，張自忠以三十八師爲後盾，成了主和派的中堅。

四、談判期間

七七事變爆發後，張自忠、張允榮參與對日談判。宋哲元於 7 月 11 日抵津，張自忠於 14 日亦返津，15 日宋哲元在寓所召開了高級將領會議。從會議的參加者軍政部參謀嚴寬給部長何應欽的電報看〔秦孝儀主編：《盧溝橋事變史料》（上冊），臺灣中央文物供應社 1986 年版，第 145 頁。〕，這次會議是馮治安主戰，張自忠主和，兩種對立觀點十分明確。其中馬彥翀（天津市政府秘書長）、陳覺生（時任北寧鐵路局長，此二人都是張自忠的把兄弟）甚至提出單獨與日構和主張，以致會議不歡而散。宋哲元看出情況複雜，便於次日（16 日）簽署戰字第一號作戰命令〔秦孝儀主編：《盧溝橋事變史料》（上冊），臺灣中央文物供應社 1986 年版，第 148 頁。〕，任命馮治安爲北平地區總指揮。馮攜此命令至北平，派專人呈報軍政部（蔣介石在此命令上有批字）。蔣介石此時已由情報中得知宋在津被四大金剛（即齊爕元、張自忠、張允榮和陳覺生）〔《盧溝橋事件第四次會報》，選自《民國檔案》，1987 年第 2 期。〕包圍，生命恐有危險，立即通知二十九軍駐南京辦事處主任李世軍轉告宋哲元警惕。〔李世軍：《宋哲元和蔣介石關係的始末》，選自《江蘇文史資料選輯》第 4 輯，江蘇人民出版社 1980 年版，137 頁。〕17 日蔣介石發表盧山講話〔秦孝儀主編：《盧溝橋事變史料》（上冊），臺灣中央文物供應社 1986 年版，第 1 頁。〕，特別指出「冀

察行政組織不容任何不合法之改變,中央政府所派地方官吏如冀察政務委員會委員長宋哲元等不能任人要求撤換。」宋哲元接李世軍密電後,決定設法由津脫身,18 日與張自忠共同會見香月清司,態度和緩。19 日上午 7 時 30 分宋哲元離津赴平,火車經過楊村後,有炸彈引爆,企圖炸死宋哲元,但因時間錯過五分鐘,未能得逞;對於此次爆炸案,事後經宛平縣縣長王冷齋實地調查,係為日本軍方所為。

五、秘密簽約

在宋哲元離津 16 小時之後,張自忠、張允榮於 7 月 19 日深夜 23 時找到天津日本駐屯軍司令部拜訪參謀長橋本群,直談至次日凌晨 3 時,在日本擬定的《停戰協定第三項誓文》七條內容簽了字,並雙方約定對外不發表,所以宋哲元、秦德純以及國民政府都不知有此秘密協定。抗日戰爭勝利後日本作為戰敗國被迫檔案公開,人們才知有此協定(見 147 頁)。

實際上,在此之前 7 月 19 日下午 2 點 40 分南京國民政府外交部代表董道寧已經對日提出公告,〔此公告內容詳見《有關七七事變的新聞、密電、回憶錄》中《國民政府外交部代表董道寧拒絕對日要求》資料。〕拒絕了日方無理要求,可深夜張自忠、張允榮卻私自擅權與天津日駐屯軍參謀長橋本群簽訂了《香月細目》,從形式上是僭越職權,從內容上看是喪權辱國。該內容一直保密至第二次世界大戰結束,日本檔案解密後方真相大白。

張自忠作為二十九軍三十八師師長兼天津市市長,於 1937 年 7 月 25 日去北平開會不歸而策劃和談。宋哲元於 28 日晚被迫退出北平,隨之而去的還有秦德純、馮治安以及張維藩和北平警察局長陳繼淹。張自忠於 29 日擔任了冀察政務委員會的代委員長,北平代市長、冀察綏靖代主任(未經國民政府批准)。張上臺後堅持單獨與日構和的主張,首先會見了日本駐北平特務機關長松井太久郎,答應大開城門,〔《張自忠接見松井後北平城門

大開》，1937 年 7 月 29 日《大美晚報》。〕以示和平；後打電話給香月清司報告自己已經代宋掌握平津政權；〔香月清司著，孫祥澍譯：《香月清司手記》，《近代史資料》，中國社會科學出版社 1994 年版，第 82 頁。〕同時致電軍事委員會派駐保定辦事處，告知自己已經負責平津軍政。〔1937 年 7 月 31 日上海《大公報》第三版。〕這三個代理一共幹了六天（7 月 29 日-8 月 3 日），期間改組了冀察政務委員會，重組冀察領導班子，任命了潘毓桂為北平市警察局長，又任命了天津市長及警察局長。此時，天津的副師長李文田接到宋哲元軍長下達的二十九軍抵抗令，知道戰爭不可避免，於是在他的天津寓所召集了分駐各地的三十八師旅團長開會，同時還請了天津保安司令劉家鸞、天津市秘書長馬彥翀，大家一致同意作戰。在找不到張師長的情況下，大家推舉副師長李文田為總指揮、劉家鸞〔劉家鸞部是由東北軍將領余學忠托宋哲元留下的，仍駐防在天津的一支東北軍，該軍三千人，裝備精良。〕為副總指揮，領導了天津抗戰。〔詳見本書《平津陷落前的最後一戰》一文。〕天津抗戰使剛擔任冀察政務委員會委員長的張自忠處於尷尬地位。另外，張自忠將留平的阮玄武旅、石振綱旅改編成保安隊，結果阮旅 6000 精兵大部投降，石旅全部撤出北平，投奔張家口的一四三師師長劉汝明，致使北平城內沒有了二十九軍，成為一座不設防的空城。8 月 4 日上午，5000 日軍舉行入城式〔上海《申報》、北平《晨報》、英國《泰晤士報》在 8 月 5 日均有報道。〕，浩浩蕩蕩開入北平城，所以 3 日下午張自忠就躲起來了，6 日他登報聲明辭去三個代理，躲進德國醫院，後經人協助，隻身化裝逃出北平，由天津逃至濟南。日本瓦解二十九軍的目的已達到，就踢開張自忠，將平津和冀察直接控制起來，成為向中國內地侵略的後方。〔戈定遠：《二十九軍和冀察政權》，選自《全國文史資料選輯》第 1 輯，中華書局 1960 年版，第 44 頁。〕

　　張自忠逃到濟南後，蔣介石下令將其押解南京，後又發布《國民政府公報 2479 號》頒布國民政府命令：「茲據軍事委員會呈稱：天津市長兼陸

軍第三十八師師長張自忠放棄責任，疊失守地，著撤職查辦……以振綱紀而儆效尤。」張自忠是 1928 年天津設市以來的第 12 任市長，也是唯一一位被撤職的市長。

文革後一場改史焚書的鬧劇

李惠蘭

　　本文所要講述的改史燒書事件，是指原「民革」（國民黨革命委員會）北京市主委、北京市政協副主席、全國政協文史委員會委員張廉雲（張自忠之女，共產黨員）利用職權刪改七七事變史料並焚燒不利於其僞造歷史的相關書籍的具體事實。

一、事情緣由

　　七七事變前，日寇步步緊逼，華北局勢岌岌可危。時任天津市長的張自忠對日本抱有幻想，在 1937 年 4 月 23 日至 5 月 27 日中日關係極爲緊張之時，率團訪日，給日本天皇拜壽，和日陸軍大臣杉山元合影，這些親日活動引起了廣大人民的憤慨；盧溝橋事變發生後，二十九軍將領分爲主和與主戰兩派，張自忠是主和派的中堅；在事變後一步步惡化過程中，張自忠又一再被日本人利用，對於平津迅速失陷負有很大的責任。

　　1937 年 7 月底，宋哲元撤出北平，張自忠已失去利用價值，日軍將他踢開，改爲直接支使漢奸統治平津。張自忠生命不保，才隻身逃出北平，至此他才認清日本人的陰謀，之後一直爲自己這一段不當行爲自責，曾多次向上級請罪，並主動請纓去戰場立功贖罪。

　　1940 年，張自忠僅帶七十四師兩個團和總部特務營倉促上陣，因不能禦敵而傷亡，最終他選擇自殺，死於襄東南瓜店。由於當時爲激發民眾，鼓勵軍心，國民政府追諡他爲上將，社會各界爲他舉行了追悼會。他也受到共產黨人的高度讚揚，周恩來就曾稱他爲「全國軍人楷模」。

　　張自忠生前從未推卸過自己在平津迅速失陷中應負的責任，這在張克

俠的《軍中日記》、李宗仁的《李宗仁回憶錄》中，都有記載。二十九軍上下及社會各界人士也原諒了張自忠的錯誤，後來張自忠的七弟張自明為紀念張自忠而出了一本紀念集和一本畫冊，首次錯誤地提出七七事變後張自忠留平是宋哲元對他的「臨危授命」，當年在世的二十九軍將領認為書中內容與史實不符，要求張自明將書和畫冊收回（最後僅在高級將領手中留下幾本）。由於張自忠已死於疆場，世人也就不再追究此事。

新中國成立後，佟麟閣、趙登禹都被定為烈士，而周恩來總理在執政27年裡一直沒給張自忠定烈士（直至 20 世紀 80 年代才由民政部定為烈士）。拖延這麼久的原因，自然是與上述張自忠在七七事變時犯下的過錯有關。

張自忠的認罪和死於戰場雖然已經平息了人們對他的責難，但在 50 年後張廉雲卻利用職權，力圖讓那段歷史以另一種面貌呈現出來，由此便出現了刪改史料、焚燒相關史書的行為。

二、改史焚書

編輯文史資料是政協文史委員會的重要工作，是周恩來任政協主席時親自領導進行的。1960 年，《全國文史資料選輯》第一輯出版，其中第一篇文章登載的就是何基澧、鄧哲熙、戈定遠、王式九、吳錫祺五位七七事變親歷者寫的回憶文章《七七事變紀實》。文中回憶了七七事變發生前後的事情，其中包括宋哲元、張自忠等二十九軍將領面對日本侵略時的態度及分歧。這篇文章是五位作者集體回憶認真編寫而成，其中，戈定遠、王式九都曾作過二十九軍秘書長，是宋哲元身邊的核心人物，瞭解的內情較多，所述內容也比較真實。

張廉雲則認為何基澧等人寫的這篇回憶文章中關於張自忠的親日行為敘述致使其父在新中國成立後的前三十多年未被定為烈士。雖然不能否定

二十九軍將領的看法對張自忠評烈士造成影響，但主要的原因，還是因爲抗戰勝利後，日方檔案提前解密，張自忠與日簽訂秘密協定（《香月細目》）的真相公開，導致了人們對張自忠的評價與佟麟閣、趙登禹有別。

張廉雲對此一直耿耿於懷。「文革」後，七七事變親歷者的陸續故去，因而減少了張廉雲改史的顧慮。她在擔任「民革」北京市主委後，便開始通過自己對全國文史資料委員會的影響力，於 1987 年在中國文史出版社出版的《七七事變》一書中，將引用的《七七事變紀實》中關於張自忠在抗戰前夕過錯的記載作了部分刪改。1993 年，她擔任了北京市政協副主席，兼全國政協文史委員，便運用自己的權力對前述的《七七事變紀實》這篇文章進一步大刪大改。2000 年 1 月，中國文史出版社再版《全國文史資料選輯》第一輯時，張廉雲要求出版社不僅將《七七事變紀實》中所有關於張自忠的內容全部刪掉，達 823 字，連該書第二篇《二十九軍和冀察政權》中最後一段「冀察政權的內訌」共 1429 個字也全部砍掉，這種刪改給後人以日本侵吞華北與張自忠無關的印象，所以新書出版後引起了該文作者後代（該文五位作者都已離世）的強烈不滿，他們依據國家的著作權法與出版社交涉。2000 年中國文史出版社給出的關於《七七事變紀實》一文刪節理由的說明中，指出該文「作者的家屬與張自忠的遺屬之間一直存在著嚴重分歧」，出版社是根據張廉雲提出的異議後才刪改的。爲此，《七七事變紀實》一文的作者後代集體提起訴訟，訴訟長達十年之久，經北京市中級人民法院、高級人民法院審理，至 2010 年 12 月 27 日由全國最高人民法院裁決：未經作者同意不得刪改已出版的原作。在訴訟的十年中，不僅作者的後代曾受迫害，即使是已去世的作者本人（戈定遠）也被張廉雲的「槍手」在網上和雜誌上用文革中「揭檔案」的手法扣上「漢奸」的帽子。

「槍手」林治波對張廉雲篡改歷史起了重要作用。1993 年，在張廉雲成爲北京市政協副主席之時，林治波推出了由他編寫的《抗戰軍人之魂——張自忠將軍傳》一書。該書由廣西師範大學出版社出版，首印 7000 冊，發

行全國各地。同年 9、10 月間,「民革」的機關報《團結報》還連續發表了林治波寫的三篇《「七七」事變後張自忠暫留北平的真相》。通過他的書和多篇文章,張廉雲開始搞歷史大翻案,主要觀點就是把張自忠在七七事變時留平的過錯全部推給了宋哲元,再次提出張自忠是奉宋哲元之命才留在北平的,是「臨危受命」、當年所受責垢是「代人受過」。

　　1997 年,筆者主編的《七七事變的前前後後》一書出版,並在北京舉行的七七事變國際學術研討會上作了發佈,書中引用了《七七事變紀實》原版全文。1998 年張廉雲和抗日紀念館館長張承鈞在「七七事變」紀念會上宣佈該書有問題,下令將存放於抗日紀念館的 1100 冊(其中包括華僑購後捐贈的 100 冊)全部送造紙廠銷毀,抗日紀念館副館長劉建業和七七事變親歷者劉昭等人當場抗議,反對焚書,但抵不住張廉雲的強勢,書被裝車銷毀。劉昭為此寫信給全國政協主席李瑞環,亦無下文。2005 年初,《七七事變前後》一書修訂後擬在抗戰勝利 60 周年之際重新在天津人民出版社出版,張廉雲獲知消息後,又通過種種手段給出版社施壓,迫使出版社不得不終止出版合同。後來,此書於 2007 年由中國檔案出版社出版,2008 年獲全國檔案文獻史料二等獎,這說明此書並無違法內容。焚書是張廉雲的個人意見,筆者在北京法院交給原告的答辯書中才知道當年張廉雲焚書的理由是書中引用了何基灃等 5 人所寫的《七七事變紀實》(筆者從未見過禁用《七七事變紀實》的紅頭檔,更不知道張廉雲對此文章如此懼怕)。

　　另外,二十九軍總參議蕭振瀛生前留下了一本回憶錄,其中寫有七七事變後二十九軍幾位領導人的談話和張自忠死後李文田發給蕭振瀛的電報,這些史料涉及到張自忠逼宋哲元離平和張在前線自殺的真實情況。當張廉雲得知此回憶錄要在北京公開出版時,又親自帶著幾個人找到出版社,不許此書出版,其專橫跋扈,令人側目。

　　2005 年,戈定遠之子戈斌用網名「盧溝曉月明」在網上發表了《人無完人,張自忠是浪子回頭型的汙點英雄!》一文,遭到張廉雲、林治波一

夥兒的圍攻、謾罵。誰要是提張自忠那段有汙點的歷史，就被扣上「詆毀先烈」甚至「黑張派」的帽子，一時形成了對張只許讚美不許評價的一言堂。

2005 年 7 月 26 日，《人民日報》公佈了張自忠的三點史實：一、從 1938 年開始抗戰；二、打了臨沂戰役、隨棗戰役；三、在前線自戕而亡。張廉雲對此非常不滿，大量發表文章製造輿論，要推翻上述結論力圖一手遮天。

三、關於張自忠生前歷史的造假

張自忠生於清朝末年，長於民國軍閥混戰時期，作為有志青年，曾肄業於天津政法學堂，先投奉天車震，後投天津鎮守使趙玉珂，最後又投靠了馮玉祥，在西北軍中逐步升級，至 1926 年已成為一旅之長。北伐戰爭時，他率兵倒戈投晉，換取了大量的金錢，在太原過上了腐化生活，後來又回到西北軍任師長（西北軍中師級幹部有二百多人）。在那個「有奶就是娘」的時代，對於張自忠既無戰功，又無政績的歷史本是無可厚非，林治波卻將張自忠平淡的歷史寫出了火花，例如：

1、張自忠是西北軍中的模範連長（實際是李鳴鐘）；

2、張自忠為西北軍培養了大批的軍長、師長，並保送了一批留學生去蘇聯學習（實際是西北軍領導人馮玉祥的政績）。

3、喜峰口抗戰

喜峰口抗戰是長城抗戰的一部分，國民政府軍事委員會在北方共組織了八個軍團，其中第三軍團由二十九軍和四十軍組成。軍事委員會任命二十九軍軍長宋哲元為總指揮，二十九軍副軍長秦德純和四十軍軍長龐炳勳為副總指揮。宋哲元為打好這一次戰爭，調動全軍，將三十七師一零九旅趙登禹旅長任命為前敵總指揮，一一零旅旅長王治邦為副總指揮，又調三

十八師一一三旅旅長佟澤光協助作戰（沒有指揮權），這三個旅負責喜峰口
前線對日作戰，而三十七師師長馮治安率田春芳旅在三屯營殿後，三十八
師師長張自忠率李文田旅負責龍井關到馬蘭峪的防線，暫編第二師師長劉
汝明負責羅文峪防線，這個安排在臺灣傳記文學社 1985 年出版的《宋故上
將哲元將軍遺集》和張家口市保存的《察哈爾省通志》中都有明確記載。

1933 年 3 月 19 日，宋哲元攜龐炳勳、秦德純在保定火車站。

從左至右：龐炳勳　宋哲元　蔣介石　孔祥熙　秦德純

　　林治波認爲張自忠僅爲二十九軍三個師長之一，又沒有戰功，不好吹
捧，於是給死人封官，將張自忠提升爲喜峰口二十九軍前線總指揮，並「親
臨喜峰口前線，發表五點指示，……所以喜峰口抗戰才取得勝利」，這樣就
將喜峰口抗戰三個軍長（正、副總指揮）、三個在前線作戰的旅長（趙登禹、
王治邦、佟澤光）的全部戰功都轉移到張自忠一人身上，從此在史學界造
成喜峰口前線總指揮的官銜是張自忠的錯覺。爲了輔證，林治波給張自忠
在三屯營畫了一個指揮所（三十八師的師長怎能在三十七師的防地上設指
揮所呢）；把三十七師一〇九旅（趙登禹旅）二一七團三營副營長過家芳在

喜峰口繳獲敵人望遠鏡送往軍部的事蹟改成了三十八師楊幹三部下撿到望遠鏡交給張自忠的故事，用以說明張自忠親臨前線領導喜峰口抗戰；又把1933 年 3 月 19 日宋哲元率龐炳勳、秦德純在保定火車站見蔣介石的那張照片中五個人的名字改了仨——龐炳勳變成了張自忠，孔祥熙變成了楊永泰，秦德純變成了馮治安，並且將這張照片印在他所編的書上（這張照片又被人民大學黨史系副教授王曉明剽到自己的著作上流傳到臺灣）。

4、張自忠任天津市長

1936 年 6 月 18 日到 1937 年 7 月 25 日張自忠任天津市市長，這是其飛黃騰達但也是跌入深淵的一段歷史。這一時期他兼任日本惠通航空公司和興中電業股份有限公司董事長，後率團訪日，成為日本可利用的對象，並在 7 月 19 日和日本駐屯軍參謀長橋本群簽訂了秘密協定。林治波對張自忠這一時期所犯的錯誤避而不談，反而大事表彰張市長這一年多發展天津經濟、造福百姓的事蹟，並以天津為基地為其競選「雙百英模」。

5、臺兒莊會戰

歷史事實臺兒莊會戰是第五戰區李宗仁領導第二集團軍孫連仲部隊主打，十三軍湯恩伯率隊增援才取得勝利的。而張自忠所率五十九軍打的是臨沂戰役，因「奮勇殲敵，樹立奇功」而被國民政府解除撤職查辦的處分。但因臺兒莊會戰是一次歷史名戰，所以林治波又竊取了孫連仲和湯恩伯的功勞，轉移到張自忠一人身上，提出了「張自忠率部增援臺兒莊，保證了臺兒莊會戰的勝利」，從此臺兒莊會戰的勝利又給張自忠貼上了一個標籤。

6、張自忠的家庭

林治波突出表彰張自忠的元配夫人李敏慧在得到張自忠死訊之後絕食七天殉夫而亡，後來張廉雲又在《團結報》說其母是因患子宮癌在其父死後三個月而死。張林之間的小爭論就是把張自忠另外的三位夫人全遮住了，尤其是曾任市長夫人的康敏芳從此在歷史上就消失了。

7、張自忠之死

根據李文田由前線發給蕭振瀛的電報說張自忠是拔槍自決，後來有報告文學說他是與日軍混戰身中七槍而死，《人民日報》2005 年 7 月 26 日刊登張自忠是自戕而死，而林治波在鳳凰衛視宣稱張自忠是被日軍炮彈擊中腦部而死，而當年的驗屍報告卻是右後肩胛骨炮彈傷外，還有三處槍傷，一處刺刀穿刺傷口。右小腹、左肋骨、右額骨各一槍彈穿孔，以右額一槍傷最重，顱腦塌陷變，幾乎辨認不清本來面目。這個報告證實了李文田自前線給蕭振瀛所發電報拔槍自絕，說明林治波對張自忠之死的說法是他編造的。

經過林治波的喬裝打扮，張自忠由一個舊軍人變成了新中國的「高・大・全」人物。

四、利用《人民日報》等六大媒體競選「雙百英模」

2009 年，中華人民共和國成立 60 周年大慶，也以《人民日報》為首的全國六大媒體（人民日報、解放軍報、光明日報、經濟日報、人民網、新華網），發動評選張自忠為「雙百」英模，對天津歷史並無多大貢獻的張自忠被指定為天津市的候選人參加評選。林治波利用自己在《人民日報》工作的職權，在對張自忠的介紹中，挪用他人的歷史功績。發動億萬羣眾點擊，使張當選。這些所謂歷史功績包括：「一、1933 年參加長城抗戰，任喜峰口第二十九軍前線總指揮（實際是趙登禹），打退了日軍，守住了陣地；二、1938 年 3 月，日軍進犯臺兒莊，奉命率第五十九軍急行軍增援臺兒莊作戰，為整個戰役勝利贏得了時間（實際是湯恩伯）；三、任天津市市長的一年（1936 年 6 月—1937 年 7 月）中，天津商號新開者較上年增加20%，關閉者減少 50%，對美輸出貨值增加 27%，商品進口值減少 48%，

出口值則增加31%，貿易順差大大增加」（以上是《天津日報》和天津《今晚報》2009 年 10 月 17 日刊登的介紹張自忠的原文）。如此宣傳，完全掩蓋了當年張自忠的親日活動，將他變成了發展天津經濟的能手。

而同是「雙百」英模的趙登禹的歷史介紹，卻被他們抹去了趙曾任喜峰口前敵總指揮的事蹟。查張自忠在長城抗戰和臺兒莊會戰中功業並不顯著（前文已述），而關於張自忠任天津市市長期間天津市經濟發展的情況，實際是日本掠奪中國資源的出口大大增加，林治波隱瞞了當年天津經濟「增長」和日本掠奪有關，從而掩蓋了日本對華的經濟侵略事實。

五、惡劣影響

張廉雲、林治波等人刪除了大量真實的有關張自忠的史料，又過度誇大張自忠的功績，他們所製造的這個樣板在史學界產生了惡劣的影響。近二十年來出版的一批圖書，如《國民黨九千將領傳》、《民國高級將領列傳》、《國民黨將領傳略》、《二十世紀名人詞典》、《中國近現代人名大辭典》、《民國著名人物傳》、《西北軍將領》、《國民黨抗戰殉國將領》、《中國國民黨黨史大詞典》、《民國人物大辭典》、《西北軍將領錄》等歷史書籍、傳記和工具書，都採用了張廉雲等人所編的偽歷史，肯定張自忠是喜峰口前線總指揮，甚至有的書中還偽造出了二十九軍在喜峰口撤退時老百姓抱著張自忠的大腿哭泣等虛假傳聞，給後來人研究抗日歷史造成了錯覺和混亂。

尤為嚴重的是，張廉雲等人的偽造歷史直接影響了大學、中學歷史教材中對張自忠的描述。自 1998 年開始，中學歷史教科書中國民黨戰場只舉了張自忠一人抗戰之例，只登了張自忠一人的照片。高等教育出版社 2001 年出版的由王文泉和劉天路主編的大學歷史系教材《中國近代史（1840-1949）》第 345 頁中，將張自忠寫成長城抗戰中駐守喜峰口的二十九軍三十七師師長，而真正的師長馮治安則被寫成是張的副師長。這些教

材對大眾，尤其是青年學生的毒害是十分深遠的，大家潛意識裡誤以為張自忠是國民黨中唯一抗戰的高級將領，是唯一死於戰場的英雄。

檔案館本應是公正史料的儲存地，但天津檔案館對張自忠市長的檔案卻缺乏實際內容，這對後人研究張自忠及七七事變史造成極壞的影響。

2004 年，張廉雲等人還利用民間發行量較大的某些報紙（如《北京娛樂信報》等），連續發表被篡改了的七七事變文章，炒作張自忠的「業績」，尤其是張、林二人在電視臺頻頻出鏡，大力宣傳張自忠，宣傳口號也隨時代不斷變換，從「喜峰口前線總指揮」變成了「忠孝兩全的張自忠」，最後又變成了「清正廉潔的張自忠」。

在天津博物館，真正領導天津抗戰的李文田、劉家鸞倒沒人提起，反而樹了張自忠的蠟人像。北京的首都博物館也以張自忠曾任北京市長為榮，實際張自忠是在 1937 年 7 月 29 日北京淪陷後任的市長，究竟是北京之榮還是北京之恥值得深思。

2006 年以後，張廉雲又在北京、天津、重慶等地先後為張自忠豎立多座銅像，進一步製造張在國內人民心目中的「光輝」形象。2010 年在重慶為張自忠舉辦逝世七十周年紀念大會。2011 年，又在山東臨清舉行紀念張自忠誕辰 120 周年，成功運作了郵票和首日封的發行。加上前文所說 2009 年將張自忠評為「雙百」英模，其負面影響是不可低估的。新聞報刊及出版界對七七事變史有關張自忠的歷史問題都採取了回避態度，甚至關於糾正張自忠假史的論文也不敢刊登，這對研究日本侵華史起了阻礙作用。

我們敬重張自忠死於疆場，更敬重張自忠對自己過錯的懺悔，但我們反對張廉雲等人無中生有地宣傳製造假的歷史和對張自忠形象的無限拔高。實際上，她所做的一切，已超出了「統戰」工作的範圍，超越了憲法。她最高官職不過是北京市政協副主席，她的職權本應限在民革之內，而不應插手學術，更不應將政協機關變為她個人搞「文化專政」的工具。雖然

2010 年 12 月 27 日最高法院下了對兩篇文章不得刪改的裁決，但 2011 年 6
月全國政協文史出版社重印文史資料合訂本時索性將此兩篇文章全部砍
掉。還有原在 1981 年 6 月新華書店公開發行的《文史資料選輯》第 52 輯
中的一篇文章《秦德純的一生》，由於也記載了張自忠在七七事變前後的情
況，此次重印綜合本也一併刪除。這些做法說明 10 年艱辛的訴訟、最高法
院的裁決都抵不住張廉雲的殺手鐧「統戰需要」，難道「統戰」就可以超越
憲法嗎？

　　歷史學是人文社會科學領域的重要學科，對歷史人物的評價不能以某
權貴之喜怒而定，應當遵循實事求是的科學指導原則。利用職權搞虛假歷
史，就是「學術腐敗」。作為「文革」的過來人，我們應該深刻反思那種說
實話有罪的時代不應再重返。希望史學工作者能辨清真偽，以正視聽。

簡介篇

二十九軍簡史

（一）來歷與創建

1929 年 3 月 17 日，後排由右至左：宋哲元、蕭振瀛、過之翰、田春芳、俞之喆，前排由右至左：楊兆庚、陳琢如、鄧長耀、黃統，攝於華山。

　　二十九軍全體軍官皆來自西北軍。西北軍的創始人是馮玉祥，他原是清王朝京衛軍左翼第一團團長兼第一營的營長。民國初年，國家處於動亂年代，在長達十年的軍閥混戰中，軍人當政，軍隊不斷擴充，京衛軍馮玉祥的二營由營而擴充為團、旅、師、軍以至集團軍。馮玉祥的軍隊經歷了「五四」愛國運動，戰士們受到極深刻的愛國主義教育，痛斥賣國的二十一條不平等條約，又於 1924 年發動首都革命，包圍紫禁城，逼清朝廢帝宣統出宮，取消帝號。

　　1925 年 12 月，馮玉祥至張家口就任西北邊防督辦，他通電取消國民軍稱號。從此，馮玉祥所領導的軍隊稱西北軍。這支軍隊從軍官到士兵大部分來自貧苦農民，每人都有一段極為艱難的生活經歷。由於帝國主義侵

略，農村經濟破產，加之馮玉祥將軍特別注意對士兵的軍紀教育，所以這支部隊始終保持樸素、勤奮的素質和勇敢的戰鬥作風。他們的軍紀嚴明，在社會上有較好的名聲，西北軍後來發展到控制陝西、甘肅、熱河、綏遠數省，軍隊人數達 42 萬人。

馮玉祥將軍思想進步，他不僅曾經前往當時的革命聖地蘇聯學習，舉行了五原誓師，容納共產黨員參加西北軍，還在軍中設政治部制度，有很多共產黨員擔任政治思想和宣傳工作。馮玉祥的西北軍還參加了由孫中山先生發起的北伐戰爭。從此，該軍成為國內舉足輕重的一支軍事力量。

宋哲元　馮玉祥

馮將軍手下有五名高級將領，號稱「五虎上將」。這五人是：鹿鐘麟、張之江、李鳴鐘、劉郁芬、宋哲元。他們每人都能率領一個集團軍，其下又有十三太保，亦是軍級人才。

1927 年北伐戰爭之後，蔣介石在南京成立國民政府。不久，馮玉祥和蔣介石因裁軍而政見不合，1930 年馮玉祥聯合山西的閻錫山和蔣介石之間發生了戰爭（史稱「中原大戰」）。結果因閻錫山的失信而使馮玉祥慘敗，42 萬人馬僅 9 萬人渡過黃河抵達山西暫編為兩個軍，由宋哲元和孫良誠負責，僅靠閻錫山每月發晉鈔 16 萬元度日。不久，又有一批將領率軍投蔣，軍隊僅剩 4 萬人，因而軍心渙散，前途渺茫。這時，軍官蕭振瀛團結 6 位將領：張自忠、

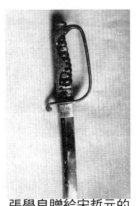

張學良贈給宋哲元的將軍指揮刀，現存北京軍事博物館

馮治安、趙登禹、張維藩、何基灃、李文田，擁戴當時西北軍資望最高的宋哲元爲領袖，主張堅決不解散部隊，共創新軍。

1930 年 11 月 12 日，國民黨三屆四中全會召開，會議決定由海陸空軍副司令張學良負責改編北方的軍隊（主要是閻錫山的晉軍和馮玉祥的西北軍），宋哲元當時被視爲西北軍資望最高的代表，而蕭振瀛是東北人，又和東北軍拉上關係，所以能取得張學良的認可，於 12 月 18 日被召抵津，面謁張學良，確定西北軍再縮編爲一個軍，轄兩個師，給一萬五千人的編制。當時確定宋哲元任軍長，劉汝明、秦德純、呂秀文爲副軍長，張自忠、馮治安任師長，蕭振瀛爲總參議，張維藩爲參謀長。

1931 年 1 月 16 日由海陸空軍總司令蔣介石、副總司令張學良正式任命宋哲元爲東北邊防軍第三軍軍長，這是根據東北軍番號排下來的。1931 年 6 月又以全國陸軍統一編號改稱國民革命軍第二十九軍。張學良特授予宋哲元一把將軍指揮刀，以表示授權於宋。在整編過程中，宋哲元費盡了心血，原因是定額有限，人數多而編制少。最後每師編爲三個旅。即一師馮治安爲師長，轄趙登禹旅、鮑剛旅、李金田旅；二師張自忠爲師長，轄董玉振旅、張春棟旅、張人傑旅，餘下的軍官一律編入教導團。

宋哲元之大刀隊練兵。引自 1933 年《生活畫報》

編入全國統一編號後，第二十九軍所轄三十七師馮治安爲師長，三十八師張自忠爲師長，又增加一個師轄兩個旅，劉汝明由副軍長而成爲暫編第二師師長，李文田爲三十八師副師長，黃維綱爲三十八師一一二旅旅長，佟澤光任三十八師一一三旅旅長。蔣介石曾一度要調二十九軍去江西攻打

中國共產黨的紅軍，但被宋哲元以「槍口不對內，中國人不打中國人」的口號而拒絕。

（二）喜峰口大捷

由於東三省失陷，日寇佔領熱河前，北平軍分會代理委員長張學良，將北方軍隊組成八個軍團，以抵抗日軍，宋哲元的第二十九軍被編為第三軍團。1933 年 3 月，二十九軍奉命於 3 月 10 日接防長城防線，但在 3 月 9 日負責防守喜峰口的萬福麟之五十三軍已由前線潰下，喜峰口已被日寇佔領。宋哲元、蕭振瀛、秦德純、張維藩組成總指揮部制定作戰計劃，提出戰鬥口號：「寧為戰死鬼，不做亡國奴」，調動全軍力量，先組成 500 人的大刀敢死隊，任命趙登禹旅長為喜峰口作戰前敵總指揮，第三十七師以三屯營為中心，擔任由城子嶺口至潘家口線接替喜峰口五十三軍之陣地。三十八師以遵化為中心，擔任龍井關至馬蘭峪的防守。劉汝明的暫編第二師向平安鎮集結待命。在 20 世紀 30 年代，日寇是以大炮、機槍、坦克侵佔我領土，而勇敢善戰的二十九軍士兵卻以大刀片和手榴彈為主的武器迎敵。不久，500 名大刀敢死隊員大部陣亡。趙登禹根據現場形勢，急速向上級建議改為近戰、夜戰。獲准後，他們連夜急行軍至敵後宿營地，先扔手榴彈，後用大刀片，使尚在夢中的日寇成為刀下之鬼。當搜索日軍官挎包時，過家芳營副發現了日軍寫有兩日之後進攻羅文峪的機密文件，立即交何基灃副旅長轉交總指揮宋哲元。宋哲元立即調暫編第二師師長劉汝明率軍日夜兼程跑步抵達羅文

寧為戰死鬼
不作亡國奴
宋哲元拜題

二十九軍口号

喜峰口作戰用的大刀

喜峰口抗戰唯一活著的大刀敢死隊隊員 97 歲的楊雲峰於 2005 年去世

峪，當日軍按原計劃進攻羅文峪時，劉汝明已率軍守候多時，立即給進犯之敵以迎頭痛擊。羅文峪戰役的勝利，保住了古都北平。

喜峰口、羅文峪激戰的結果：日寇死傷達 6000 人左右，大佐以下少佐以上共死 53 人，曹長以上 30 多人，俘僞蒙軍 2700 多人、朝鮮軍 1800 餘人，戰利品主要有輕便坦克 11 輛、裝甲車 6 輛、大炮 11 門、飛機 36 架、日皇禦賜軍旗四面、攝影機一架、其他糧秣輜重無數。

這是自「九一八」日本侵吞我東三省，繼侵我熱河省以來，中國軍隊抗擊日寇所取得的第一次勝利，但二十九軍也付出了慘重的代價。官兵傷亡達 5000 餘人，損失全軍戰鬥力的三分之一，其中團副胡仲魯、特務營長王玉泉、營長蘇東元，都是在西北軍時的團長，他們勇敢殺敵，爲保衛祖國神聖領土而獻出了自己寶貴的生命。

喜峰口作戰前敵總指揮趙登禹旅長腿部受傷不下火線，堅持在前線督戰，直至戰鬥勝利。因作戰有功，由國民政府獎青天白日勛章一枚，他的一一〇旅提格升爲一三二師，由趙登禹任師長。

河北省遵化縣石門鎮石門四村，曾有一座埋著 36 麻袋喜峰口烈士遺骨的大墳，已成爲縣重點文物保護，供後代憑吊。（後遷至塔陵）

戰役剛剛結束，國內爆出兩種不同反響：一是廣大愛國人民，歡呼跳躍，稱贊抗日英雄；另一則是國民政府部分高級官員，對於二十九軍以大刀片手榴彈而戰勝槍、炮、坦克裝備的日本兵持懷疑態度。爲此宋哲元於戰爭剛剛結束時即召開了中外記者會，邀請他們到戰場參觀，看看戰爭的

殘酷和所取得的戰利品。此次到場的有燕京大學校長司徒雷登和使館武官鮑爾廷，還有上海申報的記者史量才等。會後宋哲元每人贈送帶有日兵血跡的大刀一把以留紀念。

劉汝明的暫編第二師亦納入正軌，編為一四三師，劉仍任該師師長。

1933 年 3 月喜峰口戰役勝利後宋哲元召開中外記者現場會

（三）張北事件

二十九軍從此成為一支有四個師兵力的勁旅。不久，奉令調回察哈爾省，此時日本已佔據熱河，以此為基地不斷向察省進犯。1933—1935 年趙登禹的一三二師奉命進駐沽源縣、獨石口和張北縣。有一次遇到偽蒙騎兵李守信部的進攻，趙登禹率二一七團給以回擊，將偽蒙勢力趕出沽源縣。但日寇以中日《塘沽停戰協定》為依據，把察哈爾省視為囊中物。經常派特務騷擾一三二師駐地，並進行無理挑釁。1934 年 10 月 27 日，日本的駐屯天津軍參謀川口清健中佐和外務書記官池田克己等 8 人借遊歷為名，不按事先報告中國官廳之規定，由張家口赴多倫，途徑張北縣南門時被一三二師守軍阻止，要求查看他們的證件時遭拒絕。這些人污辱我守門崗的二一七團戰士，當即被帶到一三二師司令部，由參謀長楊潤昌、軍法處長楊玉田訊其身份，被日寇蠻橫拒絕，最後由趙登禹下令，強制其交代了姓名、

官職，並保證今後不再汙辱我士兵，立字據後釋放。事後日本駐張家口領事橋本正康以宋哲元部侮辱日本軍官及外交官為理由，向二十九軍參謀長張維藩提出抗議。30 日，駐平日本武官高橋坦亦向宋哲元提出交涉，這就是「張北事件」。

　　二十九軍全體官兵在軍事訓練時高舉愛國主義旗幟，大家對日本帝國主義蠻橫無理、強佔我領土的行為耳聞目睹，因此士兵的愛國主義精神十分強烈。

（四）保衛冀察

　　中日簽訂《塘沽停戰協定》後，蔣係所屬中央軍撤離河北省，國民黨黨部亦按約停止活動，平津混亂，地方治安乏人維持，北平城內人心惶惶。

　　1935 年 6 月 27 日午夜，又發生北洋軍閥餘孽白堅武率數百人號稱「華北正義自治軍」夜襲豐臺火車站，劫奪鐵甲車向北平永定門開炮的事件。河北省形勢嚴重。為此蕭振瀛急報張學良，經請示張同意後，宋哲元下令：調三十七師師長馮治安率全師官兵跑步進入北平城，負責北平市的治安。

　　8 月 28 日國民政府任命宋哲元為平津衛戍司令，二十九軍副軍長秦德純兼任察哈

1937 年春 29 軍高級將領在北平舉行軍事會議後合影。前排右起：石友三、劉汝明、宋哲元、張自忠、張維藩、後排右起：佟麟閣、趙登禹、馮治安、鄭大章。

爾省政府主席。

11 月 26 日，南京國民政府下令撤銷北平軍分會，改設冀察綏靖公署，以宋哲元爲主任、何應欽爲行政院駐北平辦事處長官，冀察政委會成立後，二十九軍人事安排又略有變動。秦德純任北平市長，察哈爾省省長先公佈是蕭振瀛，不久由三十八師師長張自忠接任，蕭振瀛改任天津市長，宋哲元自兼河北省省長，馮治安任河北省保安司令，趙登禹在 1935 年 1 月晉升爲中將，仍掌管一三二師駐河北任丘、河間、保定一帶。1936 年 6 月張自忠接替蕭振瀛爲天津市長，三十八師駐天津負責海防。察哈爾省長由劉汝明接任，河北省省長由馮治安接任，趙登禹任河北省保安司令，副軍長佟麟閣負責軍士訓練團。

（五）英勇抗日

1937 年負責防守盧溝橋的是二十九軍馮治安的三十七師何基灃旅吉星文團的金振中營。他們堅貞不屈用生命和鮮血保衛著祖國的神聖領土。

「七七事變」發生後，二十九軍將領產生兩種不同觀點：三十七師師長馮治安堅決主戰；三十八師師長張自忠主和，他雖曾兩次在停戰協定上簽字，但未能阻止住日寇侵華野心。7 月 26 日，日軍由陸空兩方猛攻廊坊，二十九軍與敵激戰，不支，廊坊失陷，日軍同時又在廣安門釁挑，遭二十九軍劉汝珍團伏擊。同日日本駐屯軍香月清司向宋哲元軍長提出最後通牒，限期撤退駐北平的三十七師。宋哲元拒絕最後通牒，決心抵抗，他任命趙登禹爲南苑守軍總指揮，任命秦德純爲北平城防總指揮，撥 4 個主力團給秦以狙擊日軍。7 月 27 日日本東京參謀本部下令，由日本本土向中國的北平、天津一帶輸送第五、第六、第十 3 個師團及其它幾十個戰鬥隊。同一天宋哲元向南京政府蔣介石直接通電話報告：他已拒絕日軍最後通牒，決心全面抵抗。同時向全軍全中國發出自衛守土通電，並通令二十九

軍各地部隊奮勇殺敵。

7月28日晨2時，日駐平特務機關長松井再次向宋哲元提出：「限二十九軍立即撤出北平」的無理要求，並發動向南苑、西苑、北苑的二十九軍駐軍猛烈襲擊，宋軍長再次下令二十九軍全線出擊日軍，一度曾收復豐臺、廊坊。

1937年7月29軍開赴前線

此時，日軍在飛機配合下，對北平周圍的二十九軍發動猛攻，切斷南苑至北平城裡的公路，南苑地區戰鬥激烈，二十九軍損失慘重，副軍長兼軍士訓練團團長佟麟閣、一三二師師長趙登禹均在戰場上壯烈犧牲。

下午3時，宋哲元和秦德純、張維藩、馮治安開會，研究防守北平問題，駐守天津的三十八師師長兼天津市長張自忠突然闖入。他提出：如果宋離開北平，和平解決就有希望。宋聞之臉色煞白，但考慮大敵當前，為避免兄弟鬩牆，就手書了三個「代理」的手令，當晚與秦德純悄然離平。

1937年7月30日申報

宋正式答覆日通牒

對無理要求嚴予拒絕

北平形勢已入最嚴重時期

平市四郊昨陸續發生激戰

日軍進攻目標在南苑西苑

38師昨奉成撥駐北苑

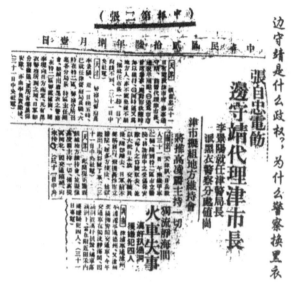

張自忠把宋哲元逼走後（史稱逼宮），開始代理冀察政委會委員長等職務。他把原委員秦德純等撤除，換上了張璧、陳中孚、冷家驥、江朝宗等漢奸，並任命了潘毓桂為北平市公安局長，又依據「香月細目」將留守北平的二十九軍武裝下令繳械或撤離〔根據劉汝珍證詞，當時確是張自忠下的命令。〕。結果阮玄武旅 6000 人全部繳械，石振綱旅向劉汝珍部靠攏，共 3000 人於 8 月 1 日突圍，投奔駐守察哈爾省的劉汝明師，中途遭到日軍飛機轟炸，機槍掃射，傷亡離隊者達千人。石振綱旅長感到前途渺茫，在行至馬廠時離隊返平，劉汝珍在極端困難情況下，扛起了二十七旅大旗，率餘下兩千多人抵達察哈爾，宋哲元正式任命劉汝珍為第二十七旅旅長。

駐天津的三十八師副師長李文田接宋哲元命令後，率部襲擊日軍佔領的火車站（東站、西部）、飛機場和日租界，直打到海光寺日本華北駐屯軍司令部附近。經一日夜浴血戰鬥，日軍援軍到來，寡不敵眾，李文田率

1937年8月4日日本兵在毫無抵抗的清況下開入古都北平城

三十八師撤離天津直奔
保定。天津的狙擊戰使張
自忠的和平信心降到了
零。日本人認爲張自忠已
失去利用價値。而拋開張
自忠，直接指使漢奸組織
維持會，平津淪陷。李文
田率部赴保定到二十九
軍司令部報到後被委任

1937 年 8 月 1 日，日本兵进占卢沟桥　方军供稿

爲代理三十八師師長。馮治安的三十七師撤往涿州、良鄉一帶。

　　8 月 6 日國民政府最高軍事當局任命宋哲元爲第一戰區副司令長官兼第一集團軍總司令，負責指揮平漢路北段作戰，馮治安的三十七師升格爲七十七軍，並任軍長，劉汝明的一四三師升格爲六十八軍，任軍長，李文田所率三十八師升格爲五十九軍，由宋哲元兼軍長。

　　張自忠在平無法再維持下去，他的把兄弟〔據《盧溝橋事變秘史》，香港時代出版社，1962 年版。張自忠自任天津市長後結拜了七個把兄弟。即齊燮元、張璧、張允榮、邊守靖、潘毓桂、齊協民、馬彥翀。〕齊燮元、潘毓桂、張璧等都拋開他直接接受日本人指揮。張自忠自感處境危險，自北平逃出後抵天津，經塘沽乘船轉至濟南，投奔原西北軍當時任山東省主席的韓復榘。國民政府宣佈撤銷其天津市長及三十八師師長職務，被韓扣押，解至南京面蔣請罪。

1937 年 8 月 2 日申報

（六）不朽的詩篇

後來張自忠終於覺悟。他明白了離開祖國、離開軍隊自己毫無價值，更明白了是上了日本人和漢奸的當。因此他宣誓以死報國。經宋哲元、馮玉祥、李宗仁等人力保，又值大名失守，南京垂危，何基灃自戕受傷，離隊休養，國家急需主帥，蔣介石允許張自忠戴罪立功，以軍政部部副及五十九軍代理軍長身份歸隊。張自忠滿懷對日本侵略者的深仇大恨，率五十九軍健兒在臨沂戰役中重創號稱鐵軍的板垣師團，揭開了臺兒莊大戰的序幕。

1938年7月，宋哲元由於積勞成疾，辭去第一戰區副司令長官的工作至後方治療。國民政府軍事委員會將五十九軍、七十七軍升格為第三十三集團軍，張自忠被任命為第三十三集團軍總司令，馮治安為副總司令，張克俠為參謀長。第三十三集團軍在隨棗戰役中立下顯赫戰功。

1940年，宋哲元由於日夜思念前線，準備率秦德純等人赴西安途中，經四川綿陽時病已不起，於4月5日逝世。逝世之前的囈語是「抗戰」，所留遺言亦是「抗戰」。張自忠由前線趕至綿陽，撫棺痛哭，誓死殺敵。

5月，棗宜戰役開始，日軍又發起大規模進攻。日軍以十三、三十九兩師反轉南下，集中力量向張自忠部進攻，張奉命調整部署向南追擊，張親率右縱隊七十四師抵方家集與日軍激戰。15日抵達南瓜店夜宿溝沿，16日遭敵重兵合圍，壯烈犧牲。張自忠是二十九軍犧牲於抗日戰爭的第四位高級將領。

　　張自忠將軍殉國後，原三十八師師長黃維綱升任五十九軍軍長，屢立戰功，積勞成疾而不下火線。1943 年 8 月 2 日突發高燒，病逝於湖北南漳防地，終年 47 歲。八年抗日戰爭勝利後，這一支抗日隊伍被調去打內戰，七十七軍、五十九軍在共產黨員張克俠、何基灃領導下發動起義，參加了解放軍，劉汝明的六十八軍則到了臺灣……

　　二十九軍的歷史是一部用抗日將士鮮血匯成的歷史。

1954 年 7 月 7 日二十九軍故舊在臺北的紀念聚會。
第一排左起：劉汝明、秦德純、宋哲元夫人、石敬亭、馮治安，
第二排左起：王長海、劉汝珍、賈成騫、賈玉洁、王毓俊、吉星文。

二十九軍沿革序列表

（一）國民革命軍東北邊防軍第三軍（1930 年 12 月）

軍　長　　宋哲元

副軍長　　劉汝明

　　　　　秦德純

　　　　　呂秀文

參謀長　　張維藩

總參議　　蕭振瀛

　　第一師師長　　馮治安

　　　　第一旅旅長　　趙登禹

　　　　第二旅旅長　　鮑　剛

　　　　第三旅旅長　　李金田

　　第二師師長　　張自忠

　　　　第一旅旅長　　黃維綱

　　　　第二旅旅長　　佟澤光

　　　　第三旅旅長　　張人傑

（二）國民革命軍第二十九軍（1932 年 12 月）

軍　長　　宋哲元

副軍長　　秦德純

參謀長　　張維藩

總參議　　蕭振瀛

　第三十七師師長　　馮治安

　　第一〇九旅旅長　　趙登禹

　　第一一〇旅旅長　　王治邦

　　第一一一旅旅長　　田春芳

　第三十八師師長　　張自忠

　　第一一二旅旅長　　李文田

　　第一一三旅旅長　　佟澤光

　　第一一四旅旅長　　黃維綱

　暫編第二師師長　　劉汝明

　　第一旅旅長　　劉汝明　兼

　　第二旅旅長　　李金田

（三）國民革命軍第二十九軍（1937 年 7 月）

軍　長　　宋哲元

副軍長　　秦德純　　佟麟閣

參謀長　　張越亭　　（張維藩調平綏路局局長）

　特務旅旅長　　孫玉田

第三十七師師長　　馮治安

副師長　　許長林　　陳春榮

參謀長　　張　亭　　李寶善

第一〇九旅旅長　　陳春榮

二一七團團長　　胡文鬱

副團長　　李彥如

二一八團團長　　孫長波

副團長　　黃繼武

第一一〇旅旅長　　何基灃

二一九團團長　　吉星文

二二〇團團長　　戴守義

第一一一旅旅長　　劉自珍

二二一團團長　　吳振聲

二二二團團長　　寧殿武

獨立第二十五旅旅長　　張凌雲

第三十八師師長　　張自忠

第一一二旅旅長　　黃維綱

第一一三旅旅長　　劉振三

第一一四旅旅長　　董升堂

獨立第三十九旅旅長　　阮玄武

獨立第二十六旅旅長　　李致遠

第一三二師師長　　趙登禹

第一旅旅長　　劉景山

第二旅旅長　　王長海

獨立第二十七旅旅長　　石振綱

獨立第二十八旅旅長　柴建瑞

第一四三師師長　劉汝明

第一旅旅長　李金田

第二旅旅長　李增志

獨立第四十旅旅長　劉汝明（兼）

獨立第二十九旅旅長　田溫其

保安旅　？

騎兵第九師師長　鄭大章

騎兵第一旅旅長　張德順

騎兵第二旅旅長　李殿林

騎兵第十三旅旅長　姚景川

冀北保安司令　石友三

第一旅旅長　陳光然

第二旅旅長　吳振聲

（四）國民革命軍第一集團軍（1937 年 10 月）

總 司 令　宋哲元

副總司令　秦德純

參 謀 長　張維藩

第五十九軍

軍　長　宋哲元兼（李文田代）

第三十八師師長　李文田

第一八〇師師長　　黃維綱

第一〇八師師長　　張硯田

第七十七軍

軍　　長　馮治安

第三十七師師長　　馮治安

第一三二師師長　　王長海

第一七九師師長　　何基灃

第六十八軍

軍　　長　劉汝明

第一一九師師長　　李金田

第一四三師師長　　劉汝明

騎兵第三軍

軍　　長　鄭大章

騎兵第四師師長　　王奇峰

騎兵第九師師長　　鄭大章

第一八一師師長　　石友三

新編第六師師長　　高樹勛

（五）國民革命軍第三十三集團軍
（1938 年 10 月 13 日）

總　司　令　　張自忠

副總司令　　馮治安

參 謀 長　張克俠

第五十五軍軍長　曹福林

第二十九師師長　許文耀

第七十四師師長　李漢章

第五十九軍軍長　張自忠（兼）

副軍長　李文田

第三十八師師長　黃維綱

第一八〇師師長　劉振三

騎兵第九師師長　張德順

騎兵第十三旅旅長　姚景川

第七十七軍軍長　馮治安　副軍長 劉自珍

第三十七師師長　吉星文

第一三二師師長　王長海

第一七九師師長　何基灃

第一七九師副師長 過家芳

總部特務營營長　杜蘭喆

1986年10月22日在抗日戰爭中卓著戰功的原二十九軍將士在盧溝橋歡聚。前排左起：史新泉、劉景嶽、張聞達、錢寶鈞、吳江平、洪大中、過家芳、張壽齡、苑義三、劉作祚、尹心田、劉昭、孫文濤；後排左起：郭孟龍、韓立才、楊雲峰、王世江、顧相貞、王漁村、劉鴻書、黃維銓、趙毓璟、邢志民、欒升堂。（李惠蘭攝）

二十九軍將領小傳

宋哲元（1885—1940）

宋哲元，字明軒，山東省樂陵縣人。生於
1885 年 10 月 30 日。1907 年投筆從戎，入北京
武衛右軍隨營武備學堂，1910 年畢業，分發第
六鎮見習，旋赴廣東，次年回京，任稽查員。1912
年入陸建章左路備補軍，任第一營前哨哨長。後
歷任馮玉祥部連、營、團長等職。1922 年第一
次直奉戰爭後，任馮部第二十五混成旅旅長。此
時，馮玉祥已為河南督軍，將他的第十一師原有
的兩個旅又擴充了三個旅。這五個旅的旅長為：

抗日名將二十九軍軍長
一級上將宋哲元

張之江、李鳴鐘、鹿鐘麟、劉郁芬、宋哲元。從此，宋哲元躋身於馮部的
高級將領之列，成為馮玉祥的「五虎將」之一。

1928 年宋哲元任陝
西省主席時的題字

1924 年馮玉祥發動北京政變，改組國民軍，
宋哲元任國民一軍第十一師（後改為第四師）師
長。1925 年任熱河都統。1926 年任國民軍北路軍
總司令兼暫編第一師師長，在國共合作高潮時參加
國民黨，並成為北伐隊伍中之一員。1927 年北伐
戰爭以後，奉國民政府令，宋哲元任陝西省主席。
1928 年宋任暫編第九師、第二十八師師長。1929
年西北軍反蔣時，任西北軍代總司令。1930 年，
中原大戰以西北軍失敗而告終。國民政府決定改編
北方的軍隊，宋哲元被認為是西北軍最高資望的代
表，於 1931 年 1 月 6 日由海陸空軍總司令蔣介石、

副司令張學良正式任命宋哲元爲東北邊防軍第三軍軍長，後又改爲全國統一番號稱國民革命軍第二十九軍，宋任軍長。

　　這支僅有一萬五千人編制的隊伍，要維持四萬人吃飯，在晉南度過的是一段相當困苦的日子。宋哲元一方面團結西北軍各系統的部下，繼續保持著軍紀嚴明及西北軍勤學勤練的傳統，同時又痛定思痛回憶二十年來西北軍的歷程，總結了成功經驗與失敗教訓，決心從此不打內戰，因而提出了「槍口不對內，中國人不打中國人」的口號，從此他率領的二十九軍開始了新的里程碑。1931 年「九一八」事變發生，日本帝國主義入侵我東三省。宋哲元以二十九軍軍長身份率部下 7 名將領〔這七名將領是龐炳勛、呂秀文、劉汝明、張自忠、馮治安、沈克、馬法五。〕發表通電，呼籲：「團結禦侮，誓雪國恥。」電文中提出：「哲元等分屬軍人，責在保國，謹率所部枕戈待命，寧爲戰死鬼，不做亡國奴。奮鬥犧牲，誓雪此恥……」這是宋哲元自從提出「槍口不對內」口號之後，在全國人民面前的一次公開亮相。

　　1932 年 8 月 7 日，宋哲元致函張學良，表達了自己對日本侵佔東北的看法並請纓殺敵。內容如下：

　　上張主任漢卿書〔張學良字漢卿。〕

　　主任大鑒，此次大會決心抵抗日本，早已聞知日本對國聯尚不顧忌，對中國更無庸顧忌，爲貫徹其滿蒙政策，鞏固其攫取權益，定必先發制人，襲取熱河，進擾平津，顛覆我華北之策源地，而達其侵略之目的。此種野心想我公早經洞悉，並定有應付大計，惟目下時機緊迫，瞬息萬變，先期預防免臨時失措，多集中兵力速行準備：（一）熱河方面應以五萬之兵力，（二）山海關方面應以三萬之兵力，（三）平津方面應以三萬之兵力。使各部隊早日到達目的地，從容佈置，熟悉地形，及防禦工事之預備。庶敵兵之突至，必可拼命抵拒，否則熱河一失，平津瀕危，將來攻防均無依據，

外患進逼，愈行束手。顧少川先生云：日本不以中國為國，更不以中國人為人。聞之令人痛心，吾儕以四萬萬人之國家，被六千萬民族之島國如此欺侮凌辱，聞之髮指，言之心痛，誓雪國恥，惟力是視。管見所及，披瀝以陳，是否有當？伏乞鑒核，早定大計，是所祈禱。專此肅呈，敬請

　　鈞安

　　職宋哲元謹呈

　　廿一、八、七

　　宋哲元的愛國決心及遠見使張學良深受感動。他亦深感熱、察兩省在受威脅，乃向蔣推薦宋哲元，而蔣介石考慮到中國北方，尤其是熱、察兩省，已明顯處於日本獵取範圍，必須派有重兵把守。1932 年 8 月 17 日由中央行政院會議通過，任命宋哲元為察哈爾省主席，這是宋哲元第三次出任一省軍政首腦，從此他又擔負起捍衛華北門戶的重任。

　　1932 年 9 月 1 日，宋哲元任察哈爾省省主席，他的四廳廳長是：民政廳長秦德純，財政廳長過之翰，建設廳長張維藩，教育廳長趙伯陶。前三位都是宋任陝西省主席時的老班底，既是西北軍舊部，又具較豐富的政治經驗。對於察哈爾省的治安，任佟麟閣為省警務處長兼張家口市公安局長〔《宋故上將哲元將軍遺集》上冊，臺灣傳記文學出版社，1985 年版，第419 頁。〕。宋哲元就任察哈爾省主席時，他領導的二十九軍亦隨之進駐察哈爾省。

血戰喜峰口、羅文峪

　　「九一八」之後，東三省淪陷，不久，日軍又發動了對山海關的進攻，國民政府軍事委員會為「確保冀察並鞏固平津」而將北方各軍隊組成八個軍團，以便對日作戰，宋哲元的二十九軍為第三軍團，擔任凌南方面防務。

　　1932 年 2 月 18 日偽滿洲國成立。在偽滿的《建國宣言》中，擅將熱

河省包括在內。

1933年2月23日下午5時，日方向我政府遞交備忘錄，內容是要求中國軍隊退出熱河省〔《第二十九軍華北戰鬥抗日經過》，《宋故上將哲元將軍遺集》，第194頁。〕。實際上2月21日日軍已與我熱河守軍發生激戰。向我守軍全線進攻，當地守軍第四軍團五十三軍軍長萬福麟部雖拼死抵抗，但擔任作戰的第五軍團總指揮五十五軍軍長兼熱河省主席湯玉麟不戰而逃，日軍不費一槍一彈於3月4日凌晨進駐承德〔香港《星島晚報》，1933年3月6日。〕，並大舉南下，直逼長城。

防守羅文峪之
王治邦旅長

第二十九軍原駐北平之西、察哈爾一帶，接軍事委員會北平軍分會主任張學良命令：「任命二十九軍軍長宋哲元爲第三軍團總指揮，秦德純、龐炳勛（四十軍軍長）爲副總指揮，張維藩爲參謀長，二十九軍之三十七師（師長馮治安）、三十八師（師長張自忠）、暫編第二師（師長劉汝明）等統歸節製作戰。」

宋哲元自接任察省主席後，其所率二十九軍總算有了正式駐軍之地，察省雖僅轄十六個縣，其首府張垣卻是華北的門戶，亦是日本入侵平津的跳板。宋哲元深知此地理位置之重要，他到察後第一任務就是練兵和調整二十九軍，練兵首重愛國主義教育，他以「寧爲戰死鬼，不做亡國奴」爲全軍口號。每日朝會時節帶兵官必向士兵問答：

「東三省是哪一國的地方？」

「是我們中國的！」

「東三省被日本佔去了，你們痛恨嗎？」

「十分痛恨！」

「我們國家快要亡了，你們還不警醒嗎？你們應當怎麼辦呢？」

「我們早就警醒了，我們一定要團結一致，共同奮鬥！」

由於這種愛國主義教育，士兵心理上深深埋下了對日本侵略者的仇恨，亦是二十九軍官兵上下同仇敵愾的精神支柱。在軍事技術方面，由於二十九軍的武器裝備極其落後，在槍支彈藥極端不足的情況下，宋哲元保留了民國初時沿用的大刀，並聘請了一些身懷絕技的武師到部隊中教授武功。他不僅要訓練士兵的軍事技術，還要鍛煉官兵的意志，經過整訓，二十九軍的戰鬥力大大加強了，在華北的雜牌軍〔中原大戰後蔣介石的嫡系軍隊稱中央軍，其他派系軍隊稱雜牌軍。〕中又成為一支勁旅。

1933 年 2 月 16 日宋哲元接到軍事委員會北平分會的命令：「開赴平東、玉田、薊縣、寶坻、香河、三河一帶駐防，集結待命殺敵。並準備 3 月開赴長城喜峰口、羅文峪二線」〔《宋故上將哲元將軍遺集》上冊，臺灣傳記文學出版社，1985 年版，第 203 頁。〕。之後，宋哲元將所兼任的察哈爾省主席職務交由省警務處處長佟麟閣代理，自己親赴前線。

根據宋哲元總指揮的命令：「著派趙旅長登禹為喜峰口方面作戰軍前敵總指揮，王旅長治邦為副指揮，佟旅長澤光協助之。」

隨後宋哲元總指揮親下手諭傳閱全軍戰士，「國家興亡，本軍存亡在此一戰，關係太大，望傳知所屬努力為之」〔《廿九軍戰史》中篇《華北抗日戰爭之經過》，中華書局，1933 年版。〕。

在各種軍事動員完成之後，二十九軍正準備出發之際，負責防守於喜峰口之第四軍團總指揮萬福麟的五十三軍，因極端疲勞，已不能再戰，在 3 月 9 日潰敗下來，隨後緊追的是日本服部混成十四旅團所屬騎炮聯合部隊萬餘人，並夾雜一部分偽軍。情況緊急。宋哲元於 9 日凌晨 1 時趕至遵化。當二十九軍以急行軍一晝夜 140 里的速度開赴長城時，三十七師先鋒部隊二一七團在王長海團長的率領下，於 10 日下午 4 時到達喜峰口，發現口外高地已被敵人佔領。

由於敵人武器精良而我軍武器落後，兩軍開始接觸時，單憑勇敢殺敵的五百大刀敢死隊已傷亡殆盡。宋哲元採納趙登禹、何基灃的建議，改用近戰與夜襲方法，發揮了我軍手榴彈與大刀片的威力，經過激烈的肉搏戰，終於將已被日敵佔領的長城喜峰口奪回。

喜峰口戰役時，有一位侯萬山老班長，在衝鋒時十分勇敢，為了掩護司務長送飯而犧牲後，宋哲元派人找到了他的家屬，才知他一共

宋哲元將軍收養的侯萬山烈士遺孤紀峰、紀峪

有七個孩子，老六和老七是一對雙胞胎男嬰，除了撫恤侯班長的家屬外，宋哲元又將這兩個剛出生一百天的男孩抱回家中認為義子，取名紀峰、紀峪，以紀念喜峰口、羅文峪犧牲的烈士。這兩個孩子和宋哲元的子女一起撫養、長大。宋軍長收養班長遺孤之事在二十九軍中傳為佳話，也體現了軍中的官兵關係。

喜峰口、羅文峪大捷之後，宋哲元及二十九軍諸將領都成了全國人民心目中的抗日英雄，名震一時。國民政府褒獎抗日英雄趙登禹青天白日勛章一枚。

但是二十九軍將士們以鮮血換來的勝利果實，被中日《塘沽停戰協定》出賣了，宋哲元接到了調令：「二十九軍調離長城喜峰口，暫駐平東待命返察。」戰士們聞訊後，痛哭流涕，宋哲元亦十分氣憤，但是作為軍人，他必須服從。

抗日有罪，察哈爾省主席被撤職

宋哲元所率領的二十九軍，因喜峰口作戰損失過重，亟待休整補充。這時察哈爾省由馮玉祥、佟麟閣、吉鴻昌、方振武等領導建立了民眾抗日

同盟軍。1933 年 8 月 5 日馮玉祥宣佈：「抗日同盟軍收縮，由宋哲元回察接收一切」〔《馮玉祥與抗日同盟軍》河北人民出版社，1985 年版，第 224頁。〕。宋哲元於 8 月 12 日由宣化抵張家口繼續主持察哈爾省政務。

中日《塘沽停戰協定》簽字後，給日本軍隊入侵中國提供了法律上的保證，也給宋哲元在察哈爾省的駐軍帶來了極大的麻煩。二十九軍官兵的抗日情緒亦因在察省駐紮目睹日軍橫暴而日益高漲，不久就發生了察東事件和張北事件。

察東事件發生了 1935 年 1 月，衝突地點在察東沽源縣，宋哲元派劉汝明的一四三師〔喜峰口戰後二十九軍擴編劉汝明的暫編第二師改稱一四三師。〕駐紮這一地區，以負責熱察邊境的治安，但日本關東軍卻將原屬冀、察兩省縣域劃入僞滿洲國版圖，當一四三師在察東圍剿騷擾沽源縣的劉桂堂僞軍時，日軍反誣二十九軍非法侵入「滿洲國」境，亦派兵進入沽源，雙方幾乎發生武力衝突。

張北事件發生兩次，第一次是 1934 年 10 月，第二是 1935 年 5 月 31日。

張北事件爭執的關鍵問題是日本人進入察哈爾省的張北縣是否應該繳驗護照。此事察哈爾省政府和日本領事館曾有約定：「日人出入察省必須由領事致函省政府批發護照。」日本人不但不交出護照，反而氣勢洶洶地聲稱他們出入張北可以不帶護照，這就牽涉到張北縣的主權問題，負責駐守張北縣的是趙登禹的一三二師，他們以守土有責而寸土不讓，爲此日方以張北事件爲藉口，由關東軍駐張垣特務機關長松井源之助，向察哈爾省政府提出三項要求：

1.懲辦直接負責人；

2.二十九軍軍長親自道歉；

3.保證將來不再發生同類事件〔秦鬱彥：《日中戰爭史》，《日本現代史

資料》（8），第33頁。〕。

　　副軍長秦德純見事態嚴重，急赴北平，向北平軍分會代委員長何應欽請示，這時日本關東軍瀋陽特務機關長土肥原賢二正在北平，他乘機發表談話：「關東軍將提最大之要求，要宋主席去職，一三二師調開，懲辦肇事人員，若中國政府自動辦理，則此要求即不提出。」這明明白白的是要將堅持抗日的宋哲元及其二十九軍趕出察哈爾省。宋哲元聞訊後立即發表公開聲明：「如果中央要調開我，我絕對服從，如出自日本人的要求，我是要抵抗的。」〔上海《大公報》，1935年6月19日。〕

　　但日本早已蓄謀侵吞察哈爾省，乃連續多次出動駐熱河省的日偽軍侵擾察省邊境。宋哲元亦兩次通電全國，向人民公佈真相〔上海《大公報》，1935年6月10日及12日。〕日本關東軍上層一再要求撤換宋哲元。當時汪精衛主持的南京國民政府行政院，在事先未通知的情況下，於6月19日發表了對宋哲元的免職令，宋哲元當夜即憤然離開察哈爾省首府張垣，回到天津私宅，他說：「誰再相信蔣介石抗日，誰就是傻瓜混蛋。」宋哲元離察後，何應欽指示秦德純和土肥原簽了協定，察哈爾省部分疆土淪入日本人之手。

華北苦撐

　　河北省形勢嚴重，蔣介石不得不考慮起用一位素有威信，而又爲北方各派勢力所能接受的將領來控制北方局勢，考慮再三他認爲宋哲元是當時最合適的人選。

　　爲了安撫因抗日而受壓的二十九軍，1935年7月17日國民政府頒贈宋

1935年宋哲元任平津衛戍司令

哲元所部高級將領秦德純、馮治安、劉汝明、張自忠以青天白日勳章〔《國民政府公報》，1796 號。〕。（趙登禹早於 1933 年喜峰口戰役之後獲得）。

　　這個時期蔣介石公開發表的對日方針是「和平未到完全絕望時期決不放棄和平，犧牲未到最後關頭亦不輕言犧牲。」對於華北局勢蔣介石指示宋哲元以「忍辱負重」來對付侵略者。

　　1935 年 8 月 28 日國民政府正式任命宋哲元為平津衛戍司令兼北平市長，不久又調為冀察綏靖主任兼河北省主席，二十九軍三十七師進駐河北省及北平。宋哲元成為冀察平津的主要負責人。

日本侵華罪首之一
土肥原賢二

　　宋哲元剛剛上任，就遇到兩個強硬對手，一個是以關東軍代表自居的瀋陽特務機關長土肥原，另一個是日本天津駐屯軍司令官多田駿。他們按照日本軍國主義的國策，早已制定了一整套吞並華北的計劃。他們以給宋哲元軍事援助和經濟支持為誘餌，公開宣稱要在華北建立一個「中日兩國人民共存共榮的樂園」，被宋哲元斷然拒絕〔梁敬錞：《華北自治運動》，臺灣傳記文學出版社，1984 年版。〕。

　　隨後，土肥原、多田駿又多次掀起了所謂「華北自治運動」，組織成立「華北人民急進會」等，同時於 1935 年 10 月，向宋哲元直接提出成立華北自治政府的要求，均被宋哲元拒絕。但土肥原野心不死，卻在華北搞起了清除「自治運動障礙」的活動，逮捕了平津 17 名進步教授、醫生，甚至連二十九軍政訓處長宣介溪亦被逮捕，這種行動使宋哲元極為震怒，立即提出強烈抗議，表示若不釋放宣介溪等，即以拘捕日軍參謀長為報復，迫使土肥原讓了步，不得不將所捕人釋放。

　　緊接著，土肥原與關東軍司令南次郎又策劃了一個「華北高度自治方案」，主要是將華北從政治、經濟以至信仰，一律納入日本統治之下，同時

南次郎於 1935 年 11 月 11 日發布 751 號作戰命令進行武力威脅，限宋哲元於 11 月 20 日按照日本人所提方案宣佈自治，否則日本佔領河北、山東。面對威脅，宋哲元於 11 月 19 日晚離平返津回到天津私寓，拒不見客。但在津的日方首腦不肯罷休，決定公開籌建華北兩省兩市（冀察平津）的自治政權，定名爲「北方防共自治委員會」。對於土肥原的步步進逼，宋以「有病」不能辦公來回避。

　　蔣介石鑒於華北局勢嚴重，特派何應欽爲行政院駐平長官以應付華北複雜局面，並於 11 月 30 日上午召開國民政府五院長〔國民政府的五院是行政院、立法院、司法院、監察院和考試院。〕緊急會議，確定仿照西南政務委員會現狀設立冀察政務委員會，以宋哲元爲委員長，委員由中央委任，其內政、外交、軍事、財政受中央領導。

　　當晚何應欽攜此原則北上，與宋哲元、秦德純、蕭振瀛、熊式輝、陳儀等正式商談瞭解決華北危機問題。會後，宋哲元對記者表示服從中央和歡迎何應欽主持華北政局。

　　對於冀察政委會的人選，日本方面曾極力干涉，推薦了一個包括齊燮元在內的 30 多人名單，經何應欽與日方反復協商，於 12 月 11 日由國民政府公佈了一個 17 個人的名單，以宋哲元爲委員長，秦德純、張自忠、石敬亭、萬福麟、賈德耀、胡毓坤、高凌霨、王揖唐、王克敏、劉哲、李延玉、蕭振瀛、程克、門致中、周作民、冷家驥爲委員〔《國民政府公報》，1919 號。〕。

高凌霨

　　在冀察的人事安排上，日方也曾安排了一個名單，但宋哲元認爲各省市首長地位重要，堅持由抗日的二十九軍將領擔任，即宋哲元兼河北省主席，秦德純任北平市長，蕭振瀛任天津市長，張自忠兼察哈爾省主席，而冀察政委會的秘書長則戈定遠擔任，這是特殊形勢下產生的特殊政權，宋

哲元的工作既受到日本軍方的干擾，又得聽命於中央的蔣介石，他在歷史的夾縫中「忍辱負重」，苦撐危局。

宋哲元對於前來參加冀察政委會的各派系勢力代表人物，一律給以禮遇，然後觀察他們的表現，以決定取捨。不久，因潘毓桂給宋哲元送來了一份日方擬定的「華北自治方案」而被宋撤除了政訓處長的職務，隨後藉故將親日分子陳中孚的外交委員會主任撤職，換上了主張抗日的賈德耀，又因天津市長蕭振瀛在日本壓迫下被迫辭職，宋哲元建議中央，將察哈爾主席張自忠調爲天津市長，劉汝明繼任察省主席，隨後宋又建議將馮治安委任爲河北省省長，趙登禹爲河北省保安司令，到此，平、津、冀、察兩市兩省之大權全操於二十九軍將領之手，所以冀察政委會中雖有幾名親日分子鼓噪，大致尚能維持。

宋哲元在日本大量增兵，以武力威脅華北而蔣介石又再三讓他「忍辱負重」的艱難處境下，想到了大革命時期和他朝夕相處的那些共產黨員，考慮到應該和中國共產黨中央建立聯繫，乃於 1936 年 8 月派劉子青爲聯絡代表到延安，向毛澤東轉達了宋哲元「情殷抗日」的情況，毛澤東也派了張今吾（經武）到宋哲元處，擔任中共中央的聯絡代表，雙方決定密切合作，毛澤東給宋哲元的信中說：「弟等及全國人民必不讓先生獨當其難，誓竭全力以爲後援」〔中共中央文獻研究室：《毛澤東書信選集》，人民出版社，1983 年版，第 40 頁。〕。宋哲元在中共中央的支持下對日態度趨向強硬，爲了準備抗日的力量而設立了軍士訓練團和參謀訓練班，組織平津、河北省一帶大中學生參加軍訓，並在軍中加強愛國主義教育，聘請了中共華北聯絡局北平小組負責人張友漁教授擔任教官宣傳抗日。

宋哲元不僅對中國共產黨的抗日主張及行動寄予希望和給以支持，對其部屬中一些親共活動亦暗中給予保護。1936 年曾簽署釋放北平草嵐子監獄中薄一波、劉瀾濤等 61 名共產黨骨幹的訓令，這也體現了他對共產黨「共組北方聯合陣線」建議的積極反映。

最後的抉擇

1936 年底國內發生的兩件大事，即 11 月綏遠傅作義五十三軍奮起抗日獲百靈廟大捷，使宋哲元感到他在北方的抗日不是孤立的。12 月 12 日發生的西安事變和平解決，逐漸形成了全國團結抗日的形勢，使宋哲元對抗日增強了信心。

七七事變爆發之時，宋哲元正在山東樂陵，當他得知盧溝橋事變過程後，立即電令馮治安，要他下令「撲滅當前之敵」，並於 7 月 9 日致電蔣介石：「華北部隊守土有責，自當努力應付當前情況，職決遵照鈞座『不喪權、不失土』之意旨，誓與周旋」〔《七七事變至平津淪陷蔣、何、宋等密電選》，臺灣國民黨黨史委員會編：《盧溝橋事變史料》上冊，1986 年版。〕。這兩封密電，表明了宋哲元在山東時對於日軍入侵的態度是主張抵抗的，但當他於 11 日晚間抵達天津時，情況卻發生了變化，原來在 7 月 7 日中日雙方開戰後，冀察當局負責人秦德純、張自忠經數日談判已於 11 日上午和日方簽訂了三項停戰協定〔《七七事變》，中國文史出版社，1986 年版，第 331 頁。〕。在 11 日晚宋哲元剛剛抵津的深夜，秦、張二人就向他匯報了簽約經過，並一再強調日方決心把此事變「地方化」，「就地解決」的「不擴大方針」，秦、張二人是宋的左膀右臂，他們的意見能對宋起決定性的作用，所以在 12 日宋哲元對日的態度就發生了變化，他發表了力主「和平」解決的看法和主張，張自忠隨即發表了談話，「盧溝橋事件已和平解決，戰事不致再起」〔馬仲廉著：《盧溝橋事變與華北抗戰》，北京燕山出版

社，1987 年版，第 68 頁。﹞。

　　事實上，在冀察政委會和二十九軍上層諸將領中，對於日本入侵發動盧溝橋事變已明顯地分爲兩派，7 月 15 日宋哲元在他的天津英租界 17 號路官邸召開了二十九軍高級將領及一部分冀察官員的決策會議，三十七師師長馮治安堅決主戰，要求宋下令抵抗，而三十八師師長張自忠卻主張對日妥協談判，張自忠有陳覺生、齊燮元等人的支持而佔了上風，這次會議已不是當年喜峰口抗日時的同仇敵愾的氣氛，而是在激烈的爭論下不歡而散，會議沒有起到決策作用，卻使宋哲元感到十分困難。此時北平告急，宋於 19 日早晨 7 時 30 分乘北寧路專車離津赴平，在火車路過楊村大橋時發現了掛在橋墩上的日本炸彈，幸未爆炸，說明日方認爲宋哲元的存在對其吞併華北不利，要仿效炸死張作霖的辦法結束宋哲元的生命，而宋於上午 10 時抵北平。北平與天津的和平聲浪截然不同，日軍於 20 日以巨炮轟擊長辛店及宛平城，吉星文團長及宛平縣保安大隊副孫培成均作戰負傷，而宋哲元在蔣介石的「固守宛平、就地抵抗」的消極作戰方針指導下，仍將《秦德純—松井停戰協定》報請中央審核，並下令拆除北平城內工事，他既不相信盧溝橋事變會發展成全面的中日戰爭之可能，更懷疑國民黨中央是否有堅持抗日的決心。

　　日本政府早已完成了侵華的戰爭準備，但他們更希望的是不戰而據華北，所以在盧溝橋戰爭打響之後，他們是一面增兵一面和冀察當局進行談判，在三項停戰協定的基

1937 年 7 月 30 日申報

本正式答覆日通牒
對無理要求嚴予拒絕
北平形勢已入最嚴重時期
平市四郊昨陸續發生激戰
日軍進攻目標在南苑西苑

38 師范宣武報駐北范

礎上，7 月 19 日夜 11 時，日本中國駐屯司令官按照日本陸軍部的指示，在天津與張自忠進行了反復的談判，當晚張自忠、張允榮在未向宋哲元最後請示情況下即與日參謀長橋本群簽訂了道歉、「處分責任者二十九軍營長，防共及取締排日」等項條款〔此條即《香月細目》。〕，此時中央政府派熊斌、劉健群、戈定遠等秘密赴平謁宋，傳達了蔣介石准予二十九軍發動攻擊的命令〔秦德純：《海噬談往》，臺灣傳記文學出版社，1962 年版，第 89 頁。〕，又調來一批軍火子彈補充二十九軍，宋哲元於 23 日開始作戰爭準備，他下令中止三十七師南調，命令石友三的保安隊立即在西苑佈防，並秘密調遣趙登禹的一三二師在永定河以南集結，一三二師的石振綱旅接管北平城防。

25 日廊坊火車站被日軍佔領，宋哲元立即下令一四三師師長劉汝明即刻返察，照計劃於 8 月 1 日行動，26 日北平廣安門事件中宋哲元下了出擊令。

日方與二十九軍的談判仍是等待日本的援軍調來華北，當準備妥當之後，日本天津駐屯軍司令香月清司於 26 日晚對宋哲元下了最後通牒，宋哲元深知，除奮起抵抗外已別無他途，於 27 日晚與南京直接通電話報告：他已拒絕日人的最後通牒。同時通令二十九軍各地部隊奮勇抵抗，又對全中國全世界發出了自衛守土的通電，但日軍已不允許二十九軍有準備的時間，28 日黎明分頭向南苑、西苑、北苑之二十九軍駐軍進行猛烈襲擊。28 日下午，宋哲元、秦德純、馮治安、張維藩在北平鐵獅子胡同進德社舉行緊急會議，在堅守北平還是退守保定的問題上反覆商討。此時張自忠突然闖入，他對宋哲元給日方的答覆不滿，而宋對他擅離天津職守亦感愕然。張認為只要宋離開北平，他有辦法維持和平。此時宋已明白了張的意圖。由於大敵當前，他對自己弟兄採取了退讓態度，於是手書了三個「代理」手令拋給了張自忠，當晚率秦德純悄然離平。

力疾抗戰　病逝綿陽

宋哲元撤離北平，到保定後心情十分沉重，「七七」盧溝橋事變的發展，南苑抗敵的慘重損失，平津地區的不幸失守，二十多天的急劇變化，使他沉浸在悲憤、沮喪和焦灼之中，佟、趙的犧牲，各方的責難，增加了他的內疚和不安，他曾致電蔣介石自請處分，蔣介石因宋確實按照中央意圖拖延了日本佔領華北的時間，為此於 7 月 30 日在《中央日報》上以答記者問的形式替宋開脫了罪責。

1937 年 11 月宋哲元
在河北省戰場

宋哲元赴保定報到後立即趕至馬場（今河北省青縣），收 1 攏由平津撤下的軍隊，後移師河間詩經村，擔任津浦方面防務。他於 8 月 3 日發布了《告二十九軍官兵書》，指出：「現在已到了國家存亡的關頭，我不殺敵，敵必殺我……」

這時國民政府軍事委員會根據戰爭需要，將二十九軍擴編為第一集團軍，宋哲元任總司令，將原二十九軍的四個師擴編為三個軍。三十七師和一三二師擴編為第七十七軍（馮治安為軍長），一四三師擴編為六十八軍（劉汝明為軍長），三十八師擴編為五十九軍（宋哲元兼軍長）。

宋哲元把部隊集中到津浦線之後，即在大城、青縣以北佈防，然後偕秦德純往南京謁蔣，取得蔣對他的進一步支持，順利地解決了部隊指揮與糧餉供給等具體問題，然後滿懷信心和希望回到滄州總部，並立即到青縣前方視察。

這時日軍發起了進攻，因大雨兼旬，滹沱河、子牙河及運河洪水泛濫，我軍陣地一片汪洋，士兵們站在深及腰腹的水中苦戰十來天，大多腫脹成疾，水面浮屍累累，又以酷熱雨濕，瘟疫大作，宋哲元亦感染時疫，中風宿疾連連發作，猶力疾督戰，身體漸感不支，恰好新任第六戰區長官馮玉

祥前來督師，宋請准去泰山養病，由副總司令馮治安代行職權。

　　馮玉祥原擬以龐炳勛、劉多荃兩軍接替第一集團軍所負責的正面防務，以便部隊休整。但龐軍調隴海路東段，劉軍移防上海，所以宋的部隊無暇休整。此時中央發表程潛為第一戰區司令長官，宋哲元為副司令長官，第一集團軍歸第一戰區指揮。

　　戰事日緊，宋哲元帶病銷假回到前線，日夜奮戰，大名失守後，宋將總部移往新鄉。12月下旬，張自忠歸隊抵達新鄉，見宋後跪地痛哭，他已得知宋哲元在蔣面前以全家妻兒老小性命力保自己的情況，此地相見，感慨萬分，二人暢談，決心以死報國。不久張自忠回任五十九軍軍長，奉調第五戰區參加徐州會戰。

　　繼而敵兵東進攻陷濮陽，新鄉危急，宋哲元即令各部向西轉移，他親率總部少數人殿後，當宋和總部人乘火車從獲嘉縣西退時，幾乎和敵人裝甲車相遇。

　　在組織撤退的過程中，宋哲元幾次都是死裡逃生，有一次在黃河北岸老鴉石，敵機投彈中宋所住帳篷，什物粉碎，衛士數人被炸死，宋則因上廁所剛剛離開，幸未及難。

　　1938年3月下旬，宋以積勞、積憂而成疾，辭去第一集團軍司令職務，經鄭州、漢口，請假易地療養，8月到衡山，購地一塊，建雙忠亭，並親筆題碑以紀念南苑殉國的佟、趙兩將軍，然後到陽朔養病，半身麻木，視力模糊，上書辭去第一戰區副司令長官職務，調任軍事委員會委員。

　　宋多次易地療養，都不見效，多年前西北軍由南口撤退時，因撞車傷脊，愈後不能彎腰，平時見客只能俯首為禮，此時左偏麻木加劇，腰部時時作痛，漸至傴僂，又常頭暈目眩，坐即難起，卻日以不能重返戰場衛國禦侮為憾，自編抗日救國歌一首唱以自慰。

　　宋哲元自幼隨父受嚴格的經史教育，頗具文化修養，西北軍失敗後，

在 1930 年他總結了西北軍成功與失敗的經驗教訓及西北軍詳細的編制和歷次戰役，留有《西北軍誌略》一書，另留有《華北（長城）抗戰紀實》，對喜峰口抗日作了詳細的記錄，為我們研究民國史留下了珍貴的史料。

1940 年春，到四川綿陽，宋曾於 25 年前在此駐防，也是和夫人常淑清結婚的地方，本擬小住後即移往西安，因病情日漸嚴重，每日午後高燒無法移動，但仍和左右商談編纂抗戰史書事，3 月底隨痰咯血，自知病將不起，乃口述遺言，由秦德純記錄，遺言的最後幾句話是「但願還我山河之時，有人酹酒相告，則哲元雖死之日，猶生之年……」他臨死想的是抗戰，逝世之前的囈語亦是抗戰。宋哲元身經百戰，九死一生，當祖國最需要他的時候，他卻離開了人間，終年 55 歲。

1940 年 4 月 5 日宋哲元逝世後，國民政府聞訊，明令褒揚，發給治喪費 5000 元，生平事跡宣付史館，追謚一級上將，中央以抗戰期間一切國葬從緩，於是公眾集議，權厝於四川綿陽富樂山。

國民黨總裁、國防最高委員會委員長蔣介石親筆題了挽聯：

砥柱峙中流終仗威稜懾驕虜
星范寒五丈不堪殄瘁痛
元良

馮玉祥將軍為他親題墓碑，並撫棺大慟說：「明軒身後太蕭條，他真正做到了岳武穆所說的文官不愛錢武官不怕死……」

中共中央副主席周恩來亦親筆題了挽聯：

2002 年山東樂陵為宋哲元將軍立銅像

失地收未回虎威昭垂盧

溝月

綿陽驚不起鵑聲啼破綿江春

宋哲元在四川綿陽富樂山的墓地成爲省級地方保護文物。

他的故鄉山東省樂陵市爲他立了銅像。臺灣的忠烈祠亦有宋的一個牌位。

作者　李惠蘭

附：殺敵救國歌

宋哲元　作詞

一、中國要自強，齊心到戰場。殺盡日本軍，鏟除狗犲狼。自從九一八，尋釁在瀋陽。佔了東三省，熱河也遭殃。強佔我平津，又往上海闖。進擾我南口，察北亦彼猖。得寸又進尺，要把中國亡。同胞須奮起，人人都抵抗。

二、國人要認清，日寇太蠻橫。經過城鄉鎮，錢糧搶一空。姦淫人婦女，殘殺人弟兄。有敵就無我，兩者不相容。中華好男兒，爲國應盡忠。同胞雪此恥，個個向前衝。殺一日本兵，心中還不平。要殺便殺盡，方能算成功。

三、同胞要認真，救國莫因循。國破家亦破，國存家始存。無論前後方，責任不可分。或者出人力，幫助殺敵人，或者出物力，接濟我國軍。國家有決心，人民不怕拼。我們全中國，大家同一心。打退敵人後，幸福自來臨。

四、大家傾耳聽，國軍已進攻。同胞都奮起，個個逞威風。槍擊敵飛機，人人都能成。奮勇奪敵炮，緊追不放鬆。破壞坦克車，要用炸彈崩。

有進決無退，努力向前衝。日本必然敗，中國一定勝。打回老家去，寧死也光榮。

（1937 年 8 月 18 日）

蕭振瀛（1890—1947）

二十九軍總參議蕭振瀛

　　蕭振瀛，字仙閣，1890 年 5 月 2 日生於吉林省扶餘縣四馬架村。青年時期受孫中山民主主義思想影響，在法政大學就讀時，中途輟學而投軍。歷任東北軍孫烈臣部營長、參謀、軍法官、吉林田賦局局長，以及參議院議員等。因在省城組織「民治促進會」，受到壓制而離開東北。

　　蕭振瀛經西北軍五虎上將之一的李鳴鐘介紹，參加馮玉祥將軍領導的西北軍，歷任綏遠省臨河縣、五原縣縣長、包臨道尹、西安市長及宋哲元的西路軍總指揮部軍法處長等職。1926 年底，西北軍攻克西安，馮玉祥任命宋哲元爲第四方面軍總指揮兼陝西省主席，宋任命蕭振瀛爲西安市市長。1927 年，蔣介石背叛革命，發動「四一二」反革命政變。6 月，寧漢合流，西北地區也開始清黨反共。僅西安市內就逮捕了三千多進步青年，身爲軍法處長兼西安市長的蕭振瀛，不避艱危，以知識青年純系愛國爲由，將三千多人無罪釋放。爲此，險遭殺身之禍，經宋哲元力保始脫險。從此，蕭振瀛以其俠肝義膽、愛憎分明而著名。

　　1930 年中原大戰後，42 萬人馬的西北軍損失十之八九，所剩軍隊避居山西一隅。蕭振瀛與宋哲元在太原相見，商定招集西北軍餘部另組軍隊。隨即赴山西運城，在西北軍將領張維藩處邀集原西北軍將領張自忠、馮治安、趙登禹、李文田、何基灃、張維藩共六人，決定將各自統轄部隊統編

爲一個軍。大家擁立忠厚老成資望最高的宋哲元爲軍長。後來，蕭振瀛南下面見蔣介石，徵得蔣同意後，又赴天津與張學良相商。經東北同鄉劉哲、莫德惠、萬福麟等說項，張學良於 12 月正式下令將該軍編入東北軍序列，稱東北邊防軍第三軍。由宋哲元任軍長，蕭振瀛任中將總參議。不久第三軍按全國統一編號爲國民革命軍第二十九軍。

1931 年「九一八」事變，蕭振瀛對東北淪亡痛心疾首。二十九軍將士群情激憤，通電請纓抗日，蕭建議宋以「寧爲戰死鬼，不做亡國奴」爲全軍座右銘，在全軍中開展愛國主義的思想教育。

1933 年初，日本進攻熱河，妄圖鯨吞華北。蕭振瀛代表二十九軍參加了在南京由蔣介石主持的軍事會議。返回北平後，蕭振瀛向張學良陳述「我們家仇國恨，今當其衝。勝則成功，死則成仁，此報國效死之時，二十九軍請爲前鋒」。在日軍佔領熱河之前，張學良以軍事委員會北平分會代理委員長名義將北方軍隊組成八個軍團。佈置防守華北。3 月 8 日，張學良調二十九軍接替負責防守喜峰口的五十三軍萬福麟部。二十九軍與日軍在喜峰口展開了激烈戰鬥，用大刀片和手榴彈給日軍以重創，這是中國軍隊在長城抗戰中取得的最輝煌成績。

長城抗戰後，汪精衛、黃郛主政華北，大肆出賣華北主權，和日軍簽訂了喪權辱國的中日《塘沽停戰協定》，對日軍進兵華北開了綠燈。馮玉祥將軍在張家口組成察哈爾民眾抗日同盟軍，在與日僞軍作戰後收復了沽源、多倫等失地。同盟軍失敗後，「遼吉黑民眾救國軍」在李海青、柳樹棠領導下投奔二十九軍，由蕭振瀛請示宋哲元軍長後收編爲二十九軍騎兵師。

1935 年日軍對華北加緊侵略，華北局勢發生了空前危機。蕭振瀛見中日《塘沽停戰協定》簽字後，蔣中央政府撤出平津，平津治安發生恐慌，漢奸惡棍乘機擾亂。經請示張學良同意後，下令調二十九軍接防平津地帶。蕭立即通知二十九軍三十七師馮治安率部跑步到平津，國民政府遂於 6 月

28 日任命宋哲元爲平津衛戍司令。至此，二十九軍已成爲控制華北局勢的主要中國軍隊。這爲二十九軍的進一步發展壯大創造了有利條件。同時也使二十九軍處在與日軍對峙的最前沿。日軍爲了加快使華北脫離中國，一方面威逼拉攏華北的宋哲元、韓復榘、閻錫山，另一方面策動漢奸搞「自治」運動，10 月下旬在日軍憲兵和浪人支持下，香河縣劣紳武宜亭率流氓武裝佔領縣城，組織「自治政府」。11 月日軍又唆使漢奸殷汝耕在通縣組成「冀東防共自治政府」，宣佈二十二縣獨立。面對日軍的咄咄進逼，宋哲元與二十九軍諸將領研究對策，足智多謀的蕭振瀛提出「與其叫漢奸出來賣國，莫如讓二十九軍控制冀察。只要我們堅持『不說硬話，不做軟事』」，即對日表面友善，實際敷衍。其目的是一方面佔領冀察，使二十九軍迅速擴編裝備起來，時機一旦成熟，奮起抗戰。另一方面以苦撐時局，爲全面抗戰贏得充分的準備時間。1935 年 11 月 6 日國民政府行政院發表蕭振瀛爲察哈爾省主席。在蕭振瀛多方奔走和折中情況下，12 月在華北成立了具有特殊性質的「冀察政務委員會」，由宋哲元出任委員長，蕭振瀛任常委，實權完全掌握在二十九軍中。它是一個日本侵略軍與南京政府之間妥協的產物，暫時起到緩衝的作用。不久，蕭振瀛被國民政府任命爲天津市長。

由於冀察政委會主任宋哲元爲人忠厚耿直不善言談，而蕭振瀛則不僅善言談，並有膽有勇，又足智多謀。他和宋哲元是生死之交，在二十九軍諸將領中亦有威信。每當弟兄們之間有爭論時，蕭振瀛能出來給予調解。所以各將領之間對蕭無隱私。宋哲元對日本侵略幾乎不能忍受，又擔心蔣政府不真心抗日，而秘密派人和延安毛澤東聯繫，此事絕密，二十九軍中無人知曉，他惟獨不瞞蕭振瀛。所以中共中央駐二十九軍代表張經武到北平見宋哲元之前由蕭振瀛安排在頤和園養生軒談話，後來張經武穿二十九軍軍裝出入於冀察綏靖公署，只有蕭知道他是共產黨的代表〔張經武，中共黨員，新中國成立後任西藏自治區區委書記兼西藏軍區第一政委，後調中央任統戰部副部長。文革期間被迫害致死，留有回憶錄。〕。在二十九軍

獲得發展後，張自忠提出三十八師增加兩個團，以擴大自己勢力。此事引起二十九軍其他將領不滿，蕭爲解決矛盾，對張曉以大義，及時阻止了這件事，維護了諸將領的團結。張自忠反而和蕭成了知己。

冀察政務委員會成立後，日軍企圖通過它來策動二十九軍在華北搞獨立，使其成爲日本傀儡。然而負責對日交涉的蕭振瀛，抱著既定原則，在與土肥原、板垣、多田駿等日酋談判中，對日方提出的要求採取敷衍、推脫、地方政府說了不算的辦法對付。他從未和日方任何人簽署任何書面協議。

蕭振瀛任天津市長時，任用了曾給楊虎城當副官長的孫維棟（隆吉）爲公安局長和海關監督，孫維棟在當時的官員中屬於進步愛國的。他認真執行蕭的指示，對日本的秘密走私堵防極嚴。對當時（1935—1936年）層出不窮的學生愛國運動持保護態度，因而天津市沒有一個員警和遊行的學生發生過武裝衝突。後來孫維棟隨二十九軍到大後方抗戰，多次接受中共黨員南漢辰轉來周恩來的信息。

1936年6月，蕭振瀛因日軍認爲他無「誠意」賣國，而不能容忍他留在華北。蕭被迫辭去市長職務飛往南京，作爲國民政府經濟考察專使，隨孔祥熙出國考察。

1937年7月7日，日軍發動盧溝橋事變，二十九軍奮起抗戰。正在國外考察的蕭振瀛立即回國參加抗戰。就任第一戰區上將總參議。此時二十九軍已發展爲有 10 萬人的一支勁旅，升格爲第一集團軍（總司令爲宋哲元），隸屬第一戰區。蕭振瀛隨之在華北各地英勇抗戰。1940年4月5日宋哲元病故，從此蕭辭去軍政工作，改爲經營大同銀行。蕭在抗戰期間曾保護了中共地下黨員何基灃將軍，1947年5月8日蕭振瀛逝世於北平。蕭振瀛逝世後留有一本回憶錄《華北危局紀實》，爲後人研究當年歷史提供了珍貴的史料。

張維藩（1891—1963）

二十九軍參謀長張維藩

　　西北軍將領、抗日將領、陸軍中將張維藩，字價人，1891 年農曆五月二十三日出生於河北省豐潤縣毛家坨村一個下中農家庭，全家耕田爲業。七歲開始在私塾讀書。1905 年考入本縣高等小學，但因家境困難，翌年考入保定陸軍小學。1909 年畢業後升入清河陸軍第一中學，在校期間加入了同盟會。1911 年畢業於清河陸軍第一中學。1912 年，民國成立，考入保定陸軍軍官學校。1914 年畢業於保定陸軍軍官學校（第一期），分配到北京中央混成模範團見習。1915 年調到陸軍第二十師任排長。爲繼續深造，又於 1919 年考入北京陸軍大學（第六期）。1922 年北京陸軍大學畢業後，由於素慕馮玉祥將軍治軍作風，即投入馮玉祥部隊，任陸軍檢閱使署軍官教導團教育長。

　　1924 年馮玉祥將軍首都革命後，宋哲元在西北軍任師長時，將張維藩調任陸軍第十一師任參謀長，而後即隨宋哲元開始了南征北戰軍旅生涯。1925 年調任熱河省都統署參謀長。1926 年南口之役，任西北軍西路軍總司令部參謀長。馮玉祥將軍自蘇聯回國後，全軍參加北伐，張維藩任國民軍聯軍北路軍總司令部參謀長，同時兼任寧夏駐軍總司令部參謀長。1927 年任國民革命軍第二集團軍第四路軍總指揮部參謀長。1928 年任陝西省政府委員兼建設廳長。1929 年任代理陝西省政府主席。1930 年任第四路軍總司令部參謀長。1931 年西北軍接受張學良改編，縮編爲一個軍，即陸軍第二十九軍（駐紥晉東一帶），宋哲元任軍長，張維藩任該軍參謀長。1932 年 8 月宋哲元兼任察哈爾省主席時，張維藩兼任該省建設廳廳長。

　　1933 年日軍侵略東北後，又向長城一帶進侵。二十九軍奉命調至長城

喜峰口前線抗日，張維藩在參加喜峰口抗日戰役時被任命爲抗日軍第三軍團總司令部參謀長仍兼任第二十九軍參謀長。張維藩協助宋哲元制定作戰計劃，指揮全軍作戰，並親臨其役，與日本侵略軍展開了白刃戰。二十九軍在喜峰口沿長城線三百餘里抗戰三月有餘，取得重大勝利。北京城各界人士及廣大百姓爲慶賀二十九軍將士英勇作戰，開展了轟轟烈烈的擁護、慰勞活動，各大媒體紛紛發表祝賀報道，從此二十九軍大刀隊英勇抗日事跡聞名全國。1934 年二十九軍調至察哈爾省駐防，張維藩仍爲二十九軍軍參謀長，並兼任察哈爾省政府委員，兼任建設廳廳長。

1935 年冬，宋哲元調任平津衛戍司令，二十九軍又被調至京津一帶，此時張維藩仍任二十九軍軍參謀長。1936 年 1 月張維藩因形勢需要，辭去二十九軍參謀長職務。宋哲元委任張維藩爲二十九軍總參議，兼任平綏鐵路局局長。當時平綏鐵路局長並非單純負責鐵路業務，而是二十九軍軍事佈局的一部分，因二十九軍主力分佈於冀、察兩省，主要兵力調動依靠平綏路。張維藩組織了護路隊，由二十九軍士兵組成，護路隊仍穿二十九軍軍裝，帶有護路袖章，主要任務是清查暗藏在鐵路內部的日本漢奸特務。

1937 年「七七」盧溝橋事變前，華北形勢日趨緊張，當時駐在冀、察兩省的二十九軍，由於受到抗日救亡運動的影響和激勵，絕大多數將士表示了強烈的抗日情緒。宋哲元由於政治原因回山東樂陵老家，在其離北平之前，委任張維藩主持二十九軍軍務及部署抵禦。張維藩在宋離開北平期間，曾多次與日本頭目交涉，解決日軍在盧溝橋及平津一帶的騷擾等問題。當日寇在盧溝橋挑釁進攻的時候，二十九軍官兵立即進行了堅決的抗擊。

盧溝橋事變，是日寇捏造藉口，要求進入二十九軍防區宛平縣城搜索失蹤士兵，遭到二十九軍拒絕而發動的。當時駐守盧溝橋及宛平縣城的部隊是二十九軍三十七師（即馮治安師）的一部。當日寇向宛平縣城進攻時，二十九軍司令部立即發出堅決抵抗的命令。從 7 月 7 日到 7 月 26 日，二十九軍在宛平縣城和龍王廟以及平漢路鐵橋附近一帶的地區反覆爭奪，激戰

甚烈，敵人始終未能得逞。至 27 日日寇向二十九軍提出《最後通諜》，限二十九軍三十七師在 28 日正午 12 時以前撤出北平附近。張維藩迅速將情況向宋哲元將軍匯報並經商議後，張維藩代表二十九軍軍長宋哲元嚴辭退回日寇向二十九軍發出的最後通諜，並及時親自起草向全國發布了中華民族抗日守土的通電，於是全軍奮起抗日，盧溝橋抗日戰爭迅即爆發。

1937 年「七七」盧溝橋事變開始後，張維藩兼任北平城防司令，並隨二十九軍抗日。後二十九軍改編為第一集團軍，宋哲元任司令，張維藩任第一集團軍司令部參謀長，在津浦、平漢兩線之間及黃河沿線一帶揮軍抗日。

1939 年宋哲元因病離軍休養，張維藩至香港處理宋哲元授意的軍隊未了事宜。1940 年，宋哲元因病去世，二十九軍駐香港辦事處解散，張維藩將職務辭退，做長期休養。日本侵佔香港後，張維藩輾轉經廣州到了上海租界地內居住賦閒。1945 年抗日戰爭勝利後，二十九軍將領曾到上海請張維藩出來工作，鑒於當時國民黨軍政界混亂、腐敗不堪，張維藩予以婉言拒絕。1946 年移居北平，閉門謝客，居家讀書。

1949 年 1 月北平和平解放，中國共產黨對他是關心、信任的，安排他為北京市東城區政協委員，全國政協聯繫成員，並參加了中國國民黨革命委員會。他由於積極參加會議和學習，心情非常愉快，並於解放初期帶頭購買建設公債，在建北京火車站時捐獻住房，以實際行動支援百廢待興的國家建設。1962 年「七七」盧溝橋事變 25 周年紀念日前夕，捷克記者來華採訪第二次世界大戰的起因及歷史情況，全國政協安排張維藩接見捷克記者並介紹情況，後又組織他和一些原二十九軍將領去盧溝橋參觀、座談。《人民日報》發表了張維藩撰寫的《盧溝橋事變二十五周年感言》。

1963 年 7 月 13 日張維藩因心腦血管疾病，經醫治無效，於北京協和醫院逝世。終年 73 歲。

作者　張爾欽、張爾端、張以臨、張爾正

秦德純（1893—1963）

秦德純,號紹文,山東省沂水縣北埠東村人。
早年考入濟南陸軍小學,後升入保定軍校二期,
1914 年畢業,分發駐防濟南的陸軍第五師候差,
嗣後在該師補充二旅任上尉團副。1918 年,何均
慈調皖系參戰軍第一師參謀長,引秦充該師上尉
參謀。1920 年,秦以陸軍部差遣入北京陸大第六
期。1923 年畢業後,由其盟兄安錫嘏（保定軍校
同學,曾充直軍旅長）介紹到豫東鎮守使王文蔚
處任上校參謀長。1924 年,秦調二十四師參謀長

二十九軍副軍長秦德
純

兼騎兵團團長。1925 年,秦率騎兵進入泰安後,升任二十四師四十七旅旅
長。4 月,二十四師北上,與奉軍會攻南口馮玉祥軍,秦部駐防琉璃河。5
月,吳佩孚來保定督師,升秦爲二十四師師長。是年秋,北伐軍進攻武漢,
秦部移防鄭州,不久秦調任二十七師師長,仍駐防鄭州。

自攻魯戰役後,秦與靳雲鶚以同鄉關係,聯繫頗爲密切。鄭州一戰,
靳慘敗,奉軍第十六、七軍及其騎兵進展迅速,秦略事抵抗,即撤到逐平、
西平一帶。1927 年 6 月,國民革命軍第二集團軍總司令馮玉祥擊敗奉軍,
據有河南省。秦部在京漢線西平縣一帶無所歸宿,秦乃與其陸大同期同學
甄銘章聯繫（甄系孫連仲部參謀長）,歸馮改編爲二十三軍。秦被任爲第二
方面軍副總指揮（總指揮爲孫連仲）,兼二十三軍軍長,不久與十四軍軍長
馮治安對調,旋又調爲第二集團軍總司令部副總參謀長（時總部設在新鄉）。

1928 年,西北軍進入山東,是年 6 月石敬亭爲山東省政府代理主席,
秦兼任山東省政府委員。後孫良誠繼任主席,秦仍兼委員。

1929 年春，因編遣各集團軍部隊問題，馮、蔣關係惡化，馮放棄山東、河南地盤，軍隊西撤至洛陽以西。秦隨軍至西安，仍擔任西北軍副總參謀長。1930 年春季，閻、馮合作反蔣，馮回到潼關就任陸海空軍副司令，組織第二方面軍，以鹿鍾麟爲總司令，秦德純爲參謀長，下設八路總指揮，號稱四十萬人，協同津浦線晉閻的協力廠商面軍，與蔣決戰。9 月，張學良通電擁護南京，督兵入關，馮部瓦解，敗退在黃河以北的西北軍，歸張學良改編。張自忠等殘餘部隊，退集在晉南城一帶，宋哲元派蕭振瀛到北平見張學良接洽，要求將這些部隊歸其統率，並懇托秦德純從中爲力。孫良誠在中原大戰初期即與宋不睦，欲將張自忠等殘部歸己統帶，亦派代表到平。蕭利用東北同鄉關係，與張學良的承啓官裴某（遼寧省義縣人，忘其名）酒食拉攏，贈以三千元，要求裴設法讓自己在孫良誠的代表鄭道儒之前先見到張學良。同時秦托行營辦公廳主任鮑文越，蕭振瀛又托其吉林同鄉王樹翰（時任行營秘書長），作爲內援。張學良果爲所動，即委宋哲元爲二十九軍軍長，駐防山西陽泉。秦任二十九軍總參議，蕭任軍法處處長。秦經常留北平爲宋哲元辦事。1931 年年初，西北軍劉汝明殘部在晉南無所歸，願隸屬於宋，時張學良回瀋陽度春節，宋托秦到瀋與張面洽，張允許二十九軍增加劉汝明一師，共三個師。1932 年 7 月，張以宋爲察哈爾省主席，秦任省府委員兼民政廳廳長。

1933 年 2 月，日寇進攻熱河，3 月上旬，熱河失守，9 日日軍攻至喜峰口。張學良急調馮治安師開往防守，宋、秦同到撒河橋前線督戰。經秦建議，改變陣地戰，分三路繞至敵後襲擊，致有羅文峪殺敵三千的大捷，二十九軍博得了很高的聲譽。中日《塘沽停戰協定》簽訂後，張學良下野，親日派何應欽、黃郛來平主持華北軍政，將北平綏靖主任公署改爲軍事委員會北平分會，何以軍政部長兼代委員長，秦德純亦爲軍分會委員之一。這時秦以二十九軍總參議兼任察哈爾民政廳長，雖有時到張家口辦公，但經常留在北平。

　　熱河淪於日寇後，日、僞等軍隊經常出沒於察東一帶，延慶縣曾被劉桂堂攻陷。多倫、嘉普寺（後設新明縣）、張北等地，日本關東軍均設立特務機關，日本華北駐屯軍亦在張家口設有特務機關，張北縣日人設立大規模的嗎啡製造廠。1935 年 6 月，發生「張北事件」，秦奉命與日方談判。是年 7 月下旬，趙鐘璞當香河縣長，聽說秦在「張北事件」的談判當中被土肥原逼得吐血，乃趁河北省財政廳召開稅務會議的機會，到北平府右街小紅樓秦宅見秦慰問。他留趙吃晚飯，飯前飯後談話共四五個小時，茲將他所說的他和土肥原交涉經過情況扼要記述於下：

　　「『張北事件』發生後，日方借詞侮辱日本臣民，提出抗議，堅持在北平解決。宋主席派我負責交涉，指示要大事化小，小事化了。我不願意和日本人打交道，又是軍人，不懂得外交是怎麼樣辦，但既經宋委託，不能不勉爲其難。經面報何應欽，並請派員會同談判。何很不高興地說：『你們總惹亂子，誰惹出來的亂子，就由誰負責辦理。』我在無可奈何中，和日本駐華武官高橋在北平接洽。他先向我講一大篇中日親善的濫調，接著就提出了六項要求：我方駐察北的軍隊，全部撤至長城以南，改由日軍駐守；省政府聘用日本顧問；合資開發龍煙鐵礦；逮捕抗日分子；撤銷察省的中央機關；嚴懲肇事人員。經過屢次談判，他撤回了開礦和聘日籍顧問兩項；並聲明保留其餘四項，有的縮小範圍，例如『撤退全部中央機關』，規定只限於察省省黨部；有的作了文辭上的修改，例如，『逮捕抗日分子』，改爲『取締排日』；『嚴懲肇事人員』，改爲『處罰肇事人員』；而駐兵一項，則堅不讓步。這時土肥原正在北平，有時也參加談判，曾以恫嚇的口吻說：『察北是抗日同盟軍的根據地，中國軍隊包庇抗日分子在察北活動，爲了滿洲國的安全，根據日滿議定書，日軍必須駐兵察北，如中國加以拒絕，日軍即自由行動。』經一再接洽，土肥原、高橋表示對日本駐兵一節不作明文規定，只規定我方不再駐兵。實際上，不作明文規定，日本軍隊早就自由出入了。協定是中央批准的，是何應欽同意的，應該說是《何土協定》，不

應該把簽訂協定的責任，放在我的頭上。」

　　是年 6 月，正在秦、土談判「張北事件」期間，何應欽恐事態擴大，為了討好日本起見，密報蔣介石免去宋哲元察哈爾省主席職，準備將二十九軍南調，以秦德純代理察省主席，作為過渡。秦始終未就代主席職。宋被免職後，很不滿，立即離平，回到天津英租界私宅。8 月間，蕭振瀛以軍分會委員身份，公開聲明擁宋驅黃（郛），並電蔣介石表示二十九軍不能調走。蔣召見宋，宋則託病不去。秦是謹小慎微的人，對蕭公開擁宋驅黃的作法，還持觀望態度。在宋拒蔣召見後，秦到天津看望宋，宋問：「蔣找我去見他，是什麼用意？」秦答：「我估計他要給你以較高的名義，調二十九軍到西北進攻紅軍，歸張漢卿指揮，借此消滅東北、西北兩軍。」宋聞之憤然說：「我不去。」

　　8 月底，日本藉成都傷斃日人事件向南京政府提出解決華北問題、取締抗日行動的強硬要求。蕭振瀛乘機先與日武官高橋和陳覺生聯繫後，先後與土肥原和天津日本駐屯軍接洽。這時土肥原正利用「何梅覺書」以後的華北形勢，暗中策劃「華北自治」，正想找一個傀儡政權。蕭既說明宋哲元願率二十九軍與日本親善合作，當然一拍即合。這時秦居幕後，蕭在前臺，通力合作。

　　9 月間，南京外交部長張群與日使有吉談判成都事件無結果，「華北自治」的聲浪日高。自何應欽走後，北平軍分會等於虛設，華北無人負責。何為了先行安撫宋哲元並敷衍日本，報請蔣介石委宋為平津衛戍司令。是月 25 日，新任日本華北駐屯軍司令多田駿公開表示：「華北一旦發生自治運動，日本願援助。」10 月底，日本武官高橋、北平特務機關長松室孝良為了給「華北自治」鋪平道路，開列北平抗日分子名單。名單共有一百多人，第一名是北京大學校長蔣夢麟，其餘有軍分會政訓處、公安局及各學校的教職員等，以東北大學為最多。蕭深夜找秦商量，接受秦提出的打草驚蛇的辦法，先將社會局第三科長李靜征（主管教育）、公安局督察長（原

系憲兵第三團團副，忘其名）、民國大學圖書館主任（忘其名）、一部分大專學校學生以及公安局的督察員等約三十人予以逮捕，均羈押在平津衛戍司令部看守所優待室內，其餘均聞風先後離開北平，只蔣夢麟未走。秦以蔣係大學校長，如果執行逮捕，對南京刺激太大，亦恐惹起全國學界的反對，決定派北平軍警聯合督察處處長富葆衡、平津衛戍司令部軍法處長靖寅生同到後門米糧庫三號蔣宅，以爲了他的安全爲辭，勸其從速離開北平。蔣表示「不能擅離職守」。旋經高橋約其到日領事館談話，在客廳內扣留達三小時。

10 月 23 日，香河縣漢奸武桓等受日本唆使，製造香河自治事變，佔據縣城。商震派駐通縣的一營往援縣城，行至運河西岸，即被日軍阻止折回。秦說，「何應欽扔下華北這個爛攤子走了，如果中央叫宋出來維持，是不是比那些漢奸出來好呢？我是爲人作嫁，爲了二十九軍這個團體，從旁幫忙，日久自明。」

香河自治事變以後，日本策動的「華北自治」已經表面化。南京政府同日使有吉談判，想由中央來解決華北問題。日本華北駐屯軍堅持就地解決，南京的談判因而停頓，而土肥原促使宋哲元成立「華北防共自治政府」，愈逼愈緊。

11 月 20 日以後，土肥原逼宋於 11 月 25 日宣佈成立「華北防共自治政府」。宋、秦乃借詞內部部署尙未就緒，由陳覺生，蕭振瀛兩人分向土肥原、高橋要求延期。土肥原即指示殷汝耕於是月 25 日在通縣先成立了「冀東防共自治政府」。蔣介石感覺事態嚴重，遂命何應欽、熊式輝、陳儀等於月底北來處理。何等到平，宋避居頤和園，由秦、蕭出面接待。蕭振瀛說明，非宋出來維持，華北局面就不堪設想。何在日人威脅下，只得報經蔣介石核准，成立冀察政務委員會，以宋哲元爲委員長，秦德純爲常務委員兼北平市市長。

　　西安事變後，宋、秦爲了探明國民黨中央的對日態度，曾由秦於 1937
年春節後密赴南京見蔣，表示：「二十九軍與冀察政務委員會，分隸軍委會、
行政院（當時蔣兼行政院院長），自當遵循委座意旨，支持華北局面。」蔣
當面嘉獎秦識大體，顧大局，囑與宋忍辱負重，共濟時艱。秦此行探明了
國民黨中央對日本所採取的投降外交政策不變，因此對日本的陸續增兵，
步步進逼，不加戒備，依舊採取敷衍推拖的辦法，以迎合蔣的意旨。「七七
事變」爆發後，秦迫於全國人民及二十九軍士兵抗日情緒高漲，與師長馮
治安曾一度表示主戰。7 月中旬，齊燮元由天津到北平見秦說：「主戰是以
卵擊石，日本並無領土野心，如果宋能真誠合作，在經濟方面讓步，就可
以化險爲夷。」直至 7 月 26 日，日軍進攻廊坊，宋才決定以秦爲北平城防
總指揮，留主力部隊四團歸秦指揮，防守北平，待宋到保定調集大軍應援
反攻。秦即在航空署街私宅空地內，用公款兩萬元構築鋼筋水泥的防空洞，
並設有直通南京的電話，好像要盡守土之責似的。28 日，宋在武衣庫私宅
以電話問秦：「張藎忱（張自忠號）來了，你知道嗎？」秦答：「我不知道，
是委員長叫他來的嗎？」宋答：「不是。」是日下午 2 時左右，秦先到宋宅，
旋張自忠亦到。張向宋說：「只要委員長離開北平，我就有辦法維持。」宋
聞言，面色煞白，沒再說話，即提筆委張代理冀察政務委員會委員長兼代
北平市市長。張去後，宋與秦即離開北平，同去保定。到後秦即建議，馬
上密電駐防天津的三十八師副師長李文田暫代師長，指揮所部進攻日軍，
存心使張自忠爲難。張因此爲日軍所不信任，只當了三天的委員長兼市長，
於 8 月 1 日傍晚避居東交民巷，不久即化裝潛來天津家中。

　　張自忠來津後，輿論極爲不滿，家人亦交相責難，愧悔萬分。9 月上
旬，張乘英商輪船盛京號離津往濟南，船未開行，有乘船南下的學生多人
聞張在船上，要求見張。張不敢見，由其陪行的同鄉聶湘溪（前山東省議
會議員）出面，詭稱張沒在船上，才勉強渡過難關。張以青島市長沈鴻烈
非西北軍系統，不敢在青島下船，由煙臺轉道往濟南。這時馮玉祥因津浦

線上軍隊係其舊部，以第六戰區司令長官身分到津浦線督師抗戰。韓復榘拒不見面，馮玉祥知事無可為，一怒而去河南道口，宋哲元則先退到泰安。秦恐二十九軍分裂，聞張自忠到濟，即由前方趕來。張見秦，痛哭流淚，無地自容地說：「對不起長官，對不起朋友，無面目見人。」秦安慰他說：「君子之過也，如日月之蝕焉。過也人皆見之；及其更也，人皆仰之。報國之日方長，過去的事就算過去了，不必介意。」秦即陪其到泰安見宋。9月間，馮玉祥派石敬亭為代表，韓復榘派山東省府委員張鉞為代表，宋哲元派秦為代表，護送張自忠到南京見蔣請罪。秦等坐在頭等車內，張自忠則同他們的隨從人員匿居三等車中。浦口下車時，張恐被扣押，神色極為不安，從身上取出一個包著存款折的小包暗自遞交秦妻代為保存。到南京後，秦立即以電話與侍從室主任錢大鈞約定翌日下午見蔣。屆時秦等三人陪同張自忠前往。行前張問秦，「應該說什麼？」秦逐句教之，邊行邊誦。及見蔣，張說：「職當兵出身，是個老粗，不學無術，愚而自用，原來想著和平解決華北局面，結果貽害國家，貽害地方，後悔無及，請委員長給以嚴厲處分，任何處分都是教育我改過學好，有生之日即是報德之年。」蔣說：「我是長官，你是我的部下，你的錯誤，就是我的責任，既往不咎，由我擔當。」秦緊接著問蔣：「對張自忠如何安置？」蔣說：「你看現在這個情況，他到哪裡能夠安全呢？先在這裡待些日子再說吧。」蔣又對秦說：「你接三十八師行麼？」秦答：「不是自己的隊伍，個人的得失事小，恐貽誤戎機，不敢當此重任。三十八師是張師長一手訓練的部隊，統率已經多年，現由副師長李文田暫代，還是張回任好。」秦在南京五日，即同石敬亭北返，秦恐蔣對張態度中途變化，在火車上親擬電稿，用宋名義電蔣介石。電文說：「職部師長張自忠，為人所愚，應變乖方，經面請嚴處，已蒙鈞座寬宥，該師長仰體高厚，誓報捐埃。茲值鈞座統帥抗戰之際，正將士用命之秋，可否令其軍前效力，借贖前愆之處，恭請鈞裁。」秦到泰安，將電稿給宋閱後即行拍發。

　　宋到泰安後不久，即調任第一戰區副司令長官。秦則到漢口任中央軍風紀巡察團團長。

　　1938 年春夏之間，蔣介石設立軍法執行總監部，以何成濬為總監，秦德純為副總監。何用其親信徐輯之為執法監，利用軍法執行總監部的旗子，專幹秘密走私勾當，秦亦暗中參與其事。1941（實為 1944）年兵役部成立，鹿鐘麟為部長，經鹿一再要求，調秦為次長。

　　國防部成立時，蔣介石曾囑何應欽物色次長人選，列單報核，何保舉了二十多人。蔣說：「怎麼沒有秦紹文呢？他是北方人，和各方面都很好，人很能幹，辦事也很好。」遂手諭秦為國防部次長。

　　1948 年，北平學生爆發了反迫害、反饑餓的「七五」運動，蔣介石特派秦於 8 月上旬飛來北平調查。秦到平當日下午，傅作義由西苑來見，與秦密談達二三小時，接著市長劉瑤章、警備總司令陳繼承先後來見，均有長時間的談話。19 日，秦同李宗仁一起飛回南京復命。從 22 日起，北平、天津即相繼開始大規模逮捕學生，北平特刑庭看守所內大有人滿之患。

　　是年 12 月，在濟南已解放、黃百韜兵團被殲滅後，秦在南京對趙鐘璞說：「當時我堅決主張用圍魏救趙的辦法，速調黃兵團繞道南撤至蚌埠一帶，避開正面作戰，令駐徐州一帶的邱清泉、李彌等各兵團，全部北上，進攻濟南。蔣不聽，親自指揮黃兵團作戰，遂致慘敗，因而淮海決戰處於被動，敗局已定。俄國人還能到中國當白俄，我們想當白華而不能。」不久即將全家送往香港。是年年底，蔣令其當山東省主席兼青島市長。

　　1949 年 2 月間，他先到上海明園設立山東省政府臨時辦公處，3 月中旬，到青島就職。到任剛八天，南京即解放。秦飛逃廣州後，復任國防部次長。不久即去臺灣，1963 年病逝於臺灣。

　　作者　秦寄雲　趙鐘璞

佟麟閣（1892—1937）

　　佟麟閣，原名凌閣，字捷三，河北高陽人，生於 1892 年 10 月 29 日。少時讀書有大志，慨慕先賢孫承宗、岳武穆之爲人。弱冠投馮公玉祥麾下，勤奮謹慎，與士卒同甘苦，歷任排、連、營、團、旅長等職，疊樹戰績。1925 年任陸軍第十一師師長，治軍有方，嘗誦孔子見利思義，見危授命，及岳武穆文官不愛錢，武官不怕死各語，以自勵勵人；又篤嗜宗教家言，虔奉耶穌，以故慈和廉正，了然於禍福生死，而博愛之義，

二十九軍副軍長佟麟閣

見諸實行，人稱正人君子。1928 年駐天水，兼任隴南鎮守使，致力於革新政治，興辦地方福利，爲官清廉，深得民心。1930 年任陸軍二十七師師長。長城抗戰起，將軍代理察省主席兼張家口警備司令，安定後方。抗日同盟軍成立，兼任第一軍軍長，與吉鴻昌、方振武協同，收復多倫等地。1936 年任第二十九軍副軍長，兼軍士訓練團團長及大學生訓練班主任，駐節南苑，整軍經武，明恥教戰。時寇患日深，將軍嘗言：「中央如下令抗日，麟閣若不身先士卒者，君等可執往天安門前，挖我兩眼，割我兩耳。」聲情激越，聞者肅然。

　　1937 年 7 月 7 日，日本發動盧溝橋事變，妄圖滅亡中國，二十九軍三十七師奮起抗戰，揭開八年抗戰序幕。此時宋哲元軍長在山東，將軍負有軍事指揮之責，即在南苑召開軍事會議，力主抗戰。他說：「中日戰爭是不可避免的，吾輩首當其衝，戰死者榮，偷生者辱，榮辱繫於一人者輕，而繫於國家民族者重。國家多難，軍人應當馬革裹屍，以死報國。」他主張集中優勢兵力，首先消滅駐豐臺日軍，除去心腹之患，惜與會者思想未能統一，引爲遺憾。將軍遂以軍部名義向全軍官兵發出命令：「凡有日軍進犯，

堅決抵抗，誓與盧溝橋共存亡，不得後退一步。」同時向宋軍長報告，請其返平坐鎮。時尊翁煥文老先生，寓城內，病重，念子甚，家人告之。將軍乃揮淚傳語夫人彭靜智說：「戰事緊急，不能片刻離軍，此移孝作忠之時，不能親奉湯藥，請代供子職。」事為部屬所聞，皆感泣，誓死效命疆場。

天津方面與日講和，北平方面堅決抗戰。三十七師馮治安、何基灃將軍在盧溝橋與敵鏖戰，大刀隊屢傳捷報，音樂家麥新創作了《大刀進行曲》（獻給二十九軍大刀隊）。但抗戰受談判干擾，貽誤了戰機。將軍目睹危機嚴重，急請宋軍長離津，免為主和者誤，為親日分子所出賣。宋軍長於19日秘密返平，積極備戰。

7月25日，日軍進犯廊坊。26日，日軍進入廣安門，宋軍長下令劉汝珍團狙擊，敵受損失，顧問櫻井受傷。日酋香月以廣安門事件向宋哲元提出最後通牒，要求在27日正午以前把三十七師撤至永定河西，如不實行，則採取獨自行動。宋拒絕日方無理要求，決心為國家民族生存而戰。同時命令南苑軍部遷入北平，並命令趙登禹為南苑地區指揮官。佟將軍在這緊急關頭，認為趙的任務艱巨，不願隨軍部離開，決心與趙一同死守南苑，而由副參謀長張克俠率領軍部人員入城。

同日，日軍進犯通州、團河。我軍收復豐臺、廊坊。

7月28日，日軍鈴木旅團及酒井機械化旅團，配有飛機30架，分向北平周圍的南苑、西苑、北苑全面進犯，而以南苑最為激烈，守軍均堅決抵抗。

同日6時許，軍械官王慎之進城領取軍械彈藥，請示將軍有無吩咐。將軍說：「見了榮的娘（即長子榮萱的母親，他從不對部屬稱太太——作者注）把項鏈交給她，就說我很好。軍人是打仗的，過去打的不叫仗，那叫內亂，現在才叫真正打仗呢！因為現在打的是外國人。若見到老太爺和老太太，就請他二老放心，千萬別惦記，等把鬼子打跑後我就回家啦，此外

沒啥事。」不料這就是將軍最後留下的遺言。

同日凌晨，日寇集中三個步兵聯隊，一個炮兵聯隊，十餘架飛機，猛攻南苑。佟將軍與趙登禹將軍指揮守軍一部在外圍與敵交戰，一部固守南苑，誓與陣地共存亡。日軍包圍南苑，以飛機轟炸，大炮轟擊。我軍奮勇迎戰，在佟將軍和趙登禹將軍分頭指揮下，雖槍械較敵低劣，但士氣旺盛。自拂曉戰至過午，雙方傷亡俱重。忽奉宋軍長命令撤回北平，佟將軍遂率部邊戰邊退，進至大紅門北，利用高地繼續與敵苦戰，掩護部隊撤退。佟將軍在指揮右翼部隊向敵突擊時，被敵機槍射中腿部，血流如注，部下勸他稍退裹傷。他執意不肯說：「情況緊急，抗敵事大，個人安危事小。」官兵感泣，誓與之共生死，拼命衝殺，戰鬥慘烈，死亡枕藉。佟將軍在繼續指揮戰鬥中，不幸頭部又受重傷，壯烈殉國，享年 45 歲。宋軍長聞噩耗，悲痛曰：「斷我右臂也。」

佟麟閣將軍是中國八年抗日戰爭為國捐軀的第一位高級將領。

同日趙登禹將軍率部撤退，在大紅門禦河橋外與埋伏之敵遭遇，亦壯烈殉國。

國民政府於 1937 年 7 月 31 日發布褒獎令，追贈佟、趙兩將軍為陸軍上將，生平事蹟宣付史館，以彰忠烈。原文如下：

陸軍第二十九軍副軍長佟麟閣，陸軍第一百三十二師師長趙登禹，精嫻武略，久領師幹，前於北伐剿匪及喜峰口諸役，均能克敵致勝，懋著勛猷。此次在平應戰，咸以捍衛國家保守疆土為職志，疊次衝鋒，奮厲無前，論其忠勇，旬足發揚士氣，表率戎行，不幸身陷重圍，死於戰陣，追懷壯烈，痛悼良深！佟麟閣、趙登禹均著追贈為陸軍上將，並交行政院轉行從優議恤，生平事跡存備宣付史館，以彰忠烈，而勵來茲。此令。

馮玉祥將軍對於佟、趙兩將軍為國捐軀，不勝惋悼，同年 8 月 1 日在南京作《吊佟趙》詩一首，以誌哀悼：

佟是二十六年的同志，趙是二十三年的弟兄，

我們艱苦共嘗，我們患難相從。

論學問：

佟入高教團，用過一年功；趙入教導團，八個月後即回營。

論體格：

同樣強壯，但趙比佟更偉雄。

佟善練兵心極細，趙長殺敵夜襲營。

佟極儉樸，而信教甚誠，趙極孝義，而尤能篤行。

二人是一樣的忠，二人是一樣的勇，

如今同為抗敵陣亡，使我何等悲傷！

但我替他二位想想，又覺得慶幸非常，

食人民的脂膏，受國家的培養，

必須這樣死，方是最好下場。

後死者奮力抵抗，都奉你們為榜樣。

我們全民族已在怒吼，不怕敵焰如何倡狂。

最後勝利必在我方！最後勝利必在我方！

你們二位在前面等我，我要不久把你們趕上。

　　將軍忠骸由紅十字會覓回，寄厝於柏林寺，抗戰勝利後國葬於香山。

　　1914 年趙登禹在陝西十六混成旅佟麟閣連入伍，佟見趙慷慨豪爽，驍勇過人，兩人結為生死之交。此次在保衛北平戰役中，同日殉國，壯烈雙忠。宋哲元將軍於 1938 年在南嶽建立雙忠亭以表彰之。北京西城有佟麟閣路、趙登禹路以紀念他們。當時，佟將軍之父煥文公，母胡太夫人，均健在。夫人彭靜智深明大義，素有賢聲，迨將軍殉國，日寇據北平，夫人避敵尋釁，又以將軍廉而貧，乃徙居陋巷，事翁姑，教子女，焦思殫力，八年如一日。且翁姑迄不知將軍之已殉國，思子甚，嘗倚門而望。夫人乃偽書將軍家報，讀與聽，以釋憂懸，此亦常人所難能，此亦可告慰將軍於九

泉之下也。

作者　熊先煜

張克俠（1900—1984）

張克俠，早年名張樹棠。1900 年 10 月 7
日生於河北省獻縣一個世代農民家庭裡。幼
年時，父親吃糧當兵在外，家境貧寒。艱難
的生活造就了他剛強的性格、正直謙遜的品
德。後克俠入私塾就讀，他刻苦用功，聰穎
好學，考入北京教會學校匯文小學、中學。
1915 年，正當他中學畢業之際，適逢日本帝
國主義迫使袁世凱政府接受喪權辱國的「二
十一條」。克俠痛感中國貧弱之危機，毅然放

二十九軍副參謀長張克俠

棄了「留學深造」的理想，投筆從戎，考入北京清河陸軍軍官預備學校，
決心以自己的智慧、熱血來振興軍隊，救國衛民，顯示了他過人的魄力。

1921 年克俠升入當時北方著名軍事學府保定軍官學校，學習步兵科。
畢業後與邊章五、何基灃、董振堂等人一起投到陸軍檢閱使馮玉祥部。1924
年馮玉祥與克俠的妻姐李德全女士結為眷屬，雖屢委克俠以重任，但他應
友人之邀隻身南下，衝破重重困難到達孫中山先生的革命大本營廣州。這
時孫中山先生在中國共產黨的幫助下，改組了國民黨，確定「聯俄、聯共、
扶助農工」的三大政策。廣州地區和全國的革命群眾運動高漲，這一切使
克俠看到了拯救中國的希望，他多次寫信給馮玉祥將軍，宣傳在廣州的見
聞與感受。克俠在廣州孫中山大本營先後擔任了軍政部少校科員和陸軍講
武學校教育副官及隊長。北伐開始後，北伐軍以講武學校畢業的學員為骨
幹編成兩個營，他擔任第一營營長，參加了東征與北伐。不久，馮玉祥將

軍領導的西北軍響應北伐，克俠返回西北軍擔任了學兵團團副。

1927 年春，克俠在馮玉祥夫人李德全支持下，赴蘇聯進入中山大學學習，與廖承誌、蔣經國、馮洪國等人先後同學。在蘇聯期間他系統地學習了馬列主義，認識到只有馬列主義才能指導革命成功，這次留蘇對他產生了極大的影響。從此他渴望能成為一名為共產主義而奮鬥的戰士。

1928 年克俠回國後，便擔任了西北軍張自忠的第二十五師參謀長。從此，開始了與張自忠將軍長達十餘年的合作，在西北軍贏得了很高的聲譽，當時西北軍上下將士皆稱之為「二張合作，相得益彰」。

1929 年 7 月，克俠秘密趕上海，經張存實、李翔梧二同志介紹加入了中國共產黨，接受黨中央的直接領導，並在黨的指示下重返西北軍工作。1930 年，蔣、馮、閻中原大戰，西北軍失敗，部隊潰不成軍，克俠於危難之時，協助張自忠將軍將部隊安全地撤到了晉南，為西北軍保存了一點寶貴的力量。部隊改編後克俠擔任宋哲元二十九軍第三十八師參謀長（師長為張自忠），率部在山西娘子關、昔陽一帶訓練部隊。他身任教導大隊教育長，對各級幹部言傳身教，為日後二十九軍長城抗戰能取得赫赫戰功，打下了良好的基礎。

1931 年「九一八」事變後，克俠考入南京陸軍大學第 10 期，在校學習成績優異，深得中外教官好評。當時由於日軍逐漸向華北方向侵入，民族危機嚴重。1933 年 5 月，馮玉祥將軍與中國共產黨合作在張家口組織了「察綏民眾抗日同盟軍」，克俠利用陸軍大學放暑假的機會，秘密趕赴張家口支持馮將軍的愛國行動，並擔任抗日同盟軍高級參謀和幹部學校校長。同盟軍在日蔣內外夾擊下失敗，克俠重返陸軍大學學習，1935 年畢業後回二十九軍任職。

1937 年「七七事變」前後，克俠任二十九軍副參謀長兼三十八師參謀長，他指導部隊積極做抗戰準備工作，並利用各種機會掩護中國共產黨在

二十九軍中進行抗日宣傳工作,「七七事變」後,克俠在二十九軍軍事會議上提出「以攻爲守,積極抗戰」的方案,主張集結二十九軍主力,趁日軍未到之前,將平津一帶萬餘日軍逐退灤河以北或聚而殲之,並號召全國軍民奮起抗戰以期得到全國人民的同情和支援。平津失陷後,克俠先後任馮玉祥將軍的第六戰區司令部高級參謀、副參謀長等職。

1938 年克俠出任五十九軍參謀長,開始了與張自忠將軍的再度合作,1938 年 3 月張自忠的五十九軍奉第五戰區李宗仁長官命令,馳援駐守臨沂的龐炳勛部,克俠力主以五十九軍在城外發動野戰攻勢,向攻城日軍的側背猛烈攻擊,利用夜戰、近戰手段,爭取彌補武器裝備的劣勢,爭取出奇制勝以減輕守城部隊的壓力。這一建議深爲張自忠、龐炳勛將軍所贊賞。3 月 14 日,五十九軍以攻擊姿態強渡沂河與號稱鐵軍的日軍板垣軍團鏖戰十餘日,兩度擊敗日軍,使敵傷亡過半無法再戰,後退數十里。取得了著名的臨沂大捷。這一戰開創了中國軍隊以劣勢裝備打敗日本現代化部隊的先例,增強了全國軍民抗日的信心,並爲中國軍隊在臺兒莊合圍日軍磯穀師團奠定了基礎,拉開了臺兒莊大戰的序幕。這一戰績的取得與克俠運籌帷幄是分不開的。

1938 年 5 月,第五戰區奉令轉移,五十九軍以不足萬人之眾,擔任掩護徐州三十萬大軍撤退任務,克俠指導部隊,靈活出擊,主動擾敵,勝利地完成了任務。其後克俠先後協助張自忠將軍參加了潢川會戰,第一次鄂豫皖大捷等多次戰鬥,使五十九軍成爲著名的抗日勁旅。克俠以戰功升爲第三十三集團軍參謀長。1940 年襄樊戰役中,張自忠將軍孤軍深入敵後不幸陣亡,當時克俠正在幹訓班訓練幹部,未隨身邊。五十九軍上下均以此爲憾,認爲:「若俠公參謀長在,必不致鑄成此失。」

1943 年 3 月,克俠爲培養將來爲新社會服務的有用人才,在條件極爲困難的情況下爲本軍官兵子女讀書一事,親自主持創辦了「自忠中學」。他向全校師生提出培養學生的方針是讓他們樹立「爲人類謀平等幸福」的崇

高理想。他多方關懷學校的成長，並且利用自己的身份接受多名共產黨員到學校任教，宣傳抗戰和進步思想，使這所學校充滿了生氣。解放戰爭時期，這所學校的大批學生投奔到了解放區，成為中國共產黨的骨幹力量。

八年抗戰，克俠一方面指揮五十九軍歷經百戰立下了卓越的功績，另一方面他堅持貫徹執行中國共產黨團結抗戰、一致對外的方針，在原二十九軍派系之間做了大量彌合工作。同時他盡力創造條件，支持和掩護防區內共產黨地方組織的工作，並給新四軍送去急缺的醫藥等物資。他以其卓越的見識、寬博的胸懷，平易的待人，贏得了將士們的尊重，被尊稱為「俠公」。

抗戰勝利後，克俠隨三十三集團軍進駐徐州。1946年夏，馮玉祥將軍被迫出國考察，克俠去南京相送，他通過聯繫受到了周恩來同志的接見和指示：「要爭取策動高級將領和大部隊起義，造成更大的聲勢，瓦解敵人的士氣」。克俠當即表示：「現在大多數官兵都認識到跟國民黨是沒有出路的，起義是有條件，只要黨下命令，我們可以保證隨時起義。」克俠回徐州後在三十三集團軍所屬五十九軍、七十七軍中做了大量的工作。1948 年 11月 8 日，他根據中央軍委和陳毅同志的指示，在淮海戰役第一階段同何基灃等將軍一起率五十九軍兩個師，七十七軍一個半師共二萬三千餘名官兵在國民黨第三綏靖區賈汪、臺兒莊防地舉行起義。這次起義打開了通往徐州的東北方，使人民解放軍得以迅速前進，合圍了黃百韜兵團，牢牢掌握住戰役的主動權，對淮海大戰的全面勝利起了重要的作用，受到毛澤東主席、朱德總司令的嘉勉。但克俠從不以此居功自傲，而是把成績歸功於黨。

克俠率部起義後，擔任了解放軍三十三軍軍長，先後參加了渡江戰役、上海戰役。上海解放後，兼任上海淞滬警備區參謀長。1955年被授予一級解放勛章。1950年全國解放後，他主動放棄優越的將軍待遇，轉業到地方。早在青年時代，在殘酷的戰爭環境中，克俠就有綠化祖國大地的心願，轉業後他先後任華東軍政委員會委員、農林部部長，華東行政委員會森林工

業管理局局長。以後經周恩來總理點名調到中央林業部任副部長兼中國林業科學研究院院長，曾當選第四屆全國人民代表大會代表、政協第五屆全國委員會常務委員。他在擔任林業部領導工作期間，積極倡導開展大規模植樹造林，有計劃採伐。對於開發和保護我國林業資源做出了貢獻，特別是在林業科研工作的建設上，克俠以科學的態度，尊重人才，尊重科學規律，克服重重阻礙，團結廣大科學技術人才。從無到有，在我國建立了一整套的林業科研體系，體現了他一貫的工作作風。

「文化大革命」期間，克俠遭到誹謗和陷害，身心受到了嚴重摧殘。但他對共產主義的信念堅定不移。在全國刮起奪權歪風時，群眾組織衝擊林業部，強迫林業部部長們交權，克俠第一個站出來表示反對，他說：「權是中央給我的，沒有中央的簽字我不能交。」表現了凜然的氣節、不屈的性格。

張克俠為人正直、謙遜，性格沉靜內向，外柔內剛，在數十年戎馬生涯中，因臨危鎮定機智，在西北軍中素有「智囊」之譽，具有良好的軍人氣質。他知識淵博，雖在舊軍隊中長期擔任高級將領，但平易近人，一貫廉潔奉公以身作則，解放後在林業部工作時，他密切聯繫群眾，深受黨內外廣大群眾的尊敬和愛戴。

1984 年 7 月 7 日盧溝橋事變四十七周年紀念日之際，克俠以 84 歲高齡磕然長逝，一代抗日名將在歷史的回顧中默默地走完了他腳踏實地的一生。

美國著名女作家史沫特萊曾贊譽張克俠是「儒雅將軍」、「一位出類拔萃的人物」。

張自忠（1890—1940）

張自忠，字藎忱。山東臨清人。1911 年在天津法政學校求學時秘密加入同盟會。1914 年投筆從戎。1917 年入馮玉祥部，歷任營長、團長、旅長、師長等職。1930 年中原大戰後，馮玉祥軍事集團被瓦解，張自忠所部被蔣介石收編。1931 年後，張自忠曾任第二十九軍第三十八師師長、第五十九軍軍長、第三十三集團軍總司令兼第五戰區右翼兵團司令等職。

三十八師師長張自忠

　　1937 年，上海、南京相繼淪陷後，日本侵略者又把兵鋒直指徐州，誌在奪取這一戰略要地。1938 年 3 月，日軍投入七八萬兵力，分兩路向徐州東北的臺兒莊進發。待至臨沂、滕縣時，同中國軍隊發生了激烈的戰鬥。當時守衛臨沂的是龐炳勛的第三軍團。由於實力過於懸殊，傷亡慘重，龐部急待援軍。張自忠奉調率第五十九軍以一晝夜 180 里的速度及時趕來增援。張自忠與龐炳勛原是宿仇，但他以國家、民族利益爲重，擯棄個人恩怨，率部與龐部協力作戰。敵軍在飛機大炮掩護下，配合坦克、裝甲車向茶葉山陣地發起進攻。張自忠以「拼死殺敵」「報祖國於萬一」的決心，與敵激戰，反覆肉搏。茶葉山下崖頭，劉家湖陣地失而復得達三四次，戰況極其慘烈。經過數天鏖戰，敵軍受到重創，節節敗退。中國軍隊相繼收復蒙陰、莒縣，共殲敵四千餘人。不久，日軍再派阪本旅團向臨沂、三官發起攻勢，妄圖有所突破。張自忠和龐炳勛部兩軍奮力拼殺，經徹夜激戰，日軍受到沉重打擊，其向臺兒莊前線增援的戰略企圖被完全粉碎，保證了臺兒莊大戰的勝利。

　　1940 年 5 月，日軍爲控制長江水上交通線，調集 15 萬精銳部隊發起

了攻佔棗陽、襄陽、宜昌等地的棗宜會戰。張自忠將軍本來率部防守襄河以西，當日軍攻破第五戰區第一道防線，直撲襄陽、棗陽時，身爲集團軍總司令的張自忠將軍，毅然率領預備七十四師和軍部特務營東渡襄河，抗擊來犯之敵。他寫信給河東的第五十九軍，「只要敵來犯，兄即到河東與弟等共同去犧牲。」「爲國家民族死之決心，海不枯，石不爛，決不牛點改變！」渡河後，張自忠將軍率部在南瓜店附近頑強抗擊日軍，重創日軍，並截斷了日軍後方補給線。在日軍以重兵對張自忠將軍進行合圍後，爲牽制日軍主力造成外線我軍對日軍實施反包圍，張將軍力戰不退，與敵搏殺，最後身中 7 彈。彌留之際，張自忠將軍留下最後一句話：「我力戰而死，自問對國家、對民族、對長官可告無愧，良心平安！」旋即拔佩劍自戕，一代名將張自忠壯烈殉國。張自忠將軍率部截敵後路並阻敵西進，徹底粉碎了日軍進攻襄樊、威脅老河口的企圖，使整個戰局轉危爲安。

張自忠將軍壯烈殉國後，重慶成千上萬的人們哭拜英靈，爲其送葬。他的部下悲憤地唱著復仇之歌：「海可枯，石可爛，死也忘不了南瓜店！」表示要堅決爲張自忠將軍報仇。翌年 5 月，其部在當陽地區將圍攻張自忠將軍的日軍酋首橫山武彥擊斃。1940 年 8 月 15 日，延安各界一千餘人隆重舉行張自忠將軍追悼大會。毛澤東同志親筆爲張自忠題寫「盡忠報國」的挽聯。

新中國成立後，人民政府追認張自忠將軍爲革命烈士，將張自忠烈士墓擴建爲張自忠烈士陵園，並於 1986 年 10 月，由民政部批准爲第一批全國重點烈士紀念建築物保護單位。北京、天津、武漢等大城市相繼恢復了「張自忠路」的名稱，以示對這位抗日烈士的永遠紀念。

引自 2005 年 7 月 26《日人民日報》

張自忠將軍的懺悔

答記者的三句話：

張自忠一戰捷泚水，收復了淮河北岸的陣地，又匆匆率部向津浦路北段進發，工人群眾、新聞記者都把他視為英雄來迎送，他只痛切地說了三句話。第一句話是：「兄弟無話可說」，第二句話是「大部分國人罵我是漢奸，兄弟認為這是終身最痛心的一個污點」，第三句話是「只有事實方可洗雪這個污點，現在無話可說。」

伏珍慶

引自《盡忠報國——張自忠將軍史料專輯》，中國文史出版社 1991 年 4 月第一版。

引自《人民政協報》

馮治安（1896—1954）

三十七師師長馮治安

　　馮治安，字仰之，1896 年 12 月 26 日生於河北省故城縣東辛莊。馮幼年聰慧，才智過人。在私塾讀書時成績優異，深得老師疼愛。

　　1912 年，由於生活所迫，投奔京衛軍馮玉祥任營長的二營當哨兵。馮治安參軍後，十分勤奮，進步神速。1914 年因功升任排長，1916 年任連長，參加護法討賊軍，1918 年升爲營長。

　　1924 年，馮玉祥發動「北京政變」，馮治安率部駐紮豐臺，馮玉祥任西北邊防督辦，馮治安任西北邊防督辦公署衛兵旅團長，後任旅長。

　　1926 年 9 月 17 日，西北軍在綏遠五原誓師，正式宣佈全體國民軍脫離北洋軍閥，集體加入國民黨，馮玉樣任司令，馮治安任中將師長，隨馮玉祥軍轉戰寧、青、甘、陝等地。在西安解圍時，馮治安立下了汗馬功勞，深得馮玉祥器重。1927 年，31 歲的馮治安升爲上將軍長。參加北伐戰爭之後，馮治安主動辭職，進入陸軍大學深造，結業後，回西北軍任陸軍第一師師長。

　　1930 年，中原大戰，馮玉樣的西北軍潰敗，大部投蔣或失散，殘部被張學良改編爲二十九軍，宋哲元任軍長，下轄三十七、三十八兩師，馮治安任三十七師師長。

　　1931 年「九一八」事變後，馮治安力主抗日，並整軍備戰，準備抵抗日本的進攻，收復失地，但由於國民黨的不抵抗政策，東三省很快淪陷。

　　日本佔領東北後，並不甘心。1933 年 1 月佔領了山海關，2 月進佔熱河。3 月又進犯我長城線上的喜峰口、冷口、古北口等軍事要隘。爲此，二十九軍奉命開赴東平抵抗日軍，馮治安的三十七師擔任喜峰口一線的防

禦。

　　馮治安師接到命令後，率部一晝夜行程 140 餘里，於 3 月 7 日抵喜峰口南 60 里的三屯營設指揮部。3 月 8 日，日軍以兩個旅的兵力猛攻喜峰口，原守軍萬福麟部抵擋不住而潰退，日軍很快佔領了口上高地。馮治安到達後立即率軍投入戰鬥，當時二十九軍裝備極差，且後勤供給又極其困難。但由於二十九軍全體官兵同仇敵愾，愛國熱情極高，故與日軍激戰一天，基本上穩定了戰局。3 月 9 日，馮治安奉宋哲元軍令派趙登禹旅長爲喜峰口方面前敵總指揮。10 日，中日雙方在喜峰口高地反覆爭奪，幾進幾出，戰鬥異常激烈，二十九軍傷亡十分嚴重。馮治安與總指揮部研究後，決定舍棄硬拼，發揮自己的優勢利用近戰，夜戰，襲擊日軍。11 日夜，月黑風高，馮治安派趙登禹旅長、董升堂、王長海以及佟澤光旅長率士兵身背大刀、短槍和手榴彈，由樵夫、獵手帶路，從喜峰口兩側的董家口、潘家峪翻山越嶺，摸進敵人宿營地，敵人沒有想到二十九軍會深夜奔襲，抵擋不住，多數被殲，是役共殲敵兩個步兵聯隊，騎兵一個大隊計二千餘人。喜峰口之戰，共殲敵六千餘人，繳獲槍、炮甚多。後來戰鬥重心逐步轉移到羅文峪方面。

　　喜峰口之戰，舉國士氣民心大增，二十九軍大刀隊也威名遠揚，日軍聞之膽戰心寒，稱「自明治維新以來，從未遭受此種慘敗」。馮治安及二十九軍也成了全國人民心目中的抗日英雄。

　　喜峰口抗戰雖然取得了勝利，但由於蔣介石的「攘外必先安內」政策，致使長城抗戰失敗，4 月 11 日，日軍佔領冷口、遷安，二十九軍腹背受敵，奉命撤到通州以東運河沿岸佈防。5 月 30 日，北平軍分會代理委員長何應欽委派中國軍代表熊斌與日本關東軍代表岡村寧次簽訂了喪權辱國的中日《塘沽停戰協定》，結束了長城抗戰，馮治安隨軍長宋哲元駐察哈爾省。

　　1935 年 1 月，日軍指使僞軍一部侵入察東獨石口，馮治安即命劉自珍

團將其擊潰，繳獲步槍三十餘支，子彈一千多發。

　　1935 年 8 月，國民政府任命宋哲元爲平津衛戍司令，馮治安率軍由察省跑步進入北平，控制了被日本漢奸搞得烏煙瘴氣的古都——北平城，不久馮治安被國民政府授予青天白日勳章。

　　1935 年 12 月，冀察政委會成立後，馮治安任河北省主席，他的三十七師負責北平及其周圍的保衛工作。還代宋哲元管理二十九軍軍務。

　　1937 年 2 月，日軍又指使冀東僞軍三千餘人企圖通過昌平、南口向西活動，被馮部何基灃旅長擊潰。

　　在日寇咄咄進逼的形勢下，二十九軍領導層中分爲兩派，馮治安是堅決的主戰派，他主張給日寇迎頭痛擊以保衛國土，他的部下何基灃、吉星文、金振中亦是堅貞不屈的衛國戰士，因而他也成爲日本軍國主義分子攻擊和驅趕的對象。當時民間盛傳「三十七師打，三十八師看」的流言，就是對馮治安和他的部下之抗日精神最好的稱贊。1937 年 5 月宋哲元去樂陵，委託馮治安代理二十九軍長。

　　1937 年 7 月 6 日，日軍進行以盧溝橋爲目標的軍事演習，要求穿宛平城而過，遭中國軍隊拒絕。

　　1937 年 7 月 7 日，日軍又演習到盧溝橋北側，馮治安得報後立即從保定返回北平師部，召集何基灃、吉星文等人部署應變措施。指示「仍本人不犯我，我不犯人原則，不貿然開火。但若敵人挑釁，就堅決還擊。」但日軍演習後，謊稱走失了一名士兵，要求進入宛平城搜查，馮治安得報後，即下令三十七師吉星文團長，「盧構橋爲平津咽喉，華北鑰鎖，關係至重，務必確實固守，不准日軍一兵一卒進入，不許放棄一尺一寸國土。彼若開槍，定予迎頭痛擊。」遭到拒絕的日軍便將宛平城包

馮部在盧溝橋抗戰
阮部退集南口防守　沈宣武
　軍各部作戰，并经嚴防禦工事　馮治安到在平津鎮之盧溝橋一帶指揮廿九

同为29军37师打
38师看见1937.7.30
《申报》

圍，日軍駐北平特務機關長向秦德純要求進入宛平城搜查，也遭到拒絕。秦德純立即派督察專員兼宛平縣長王冷齋與日軍進行會談，正當雙方爭執之際，日軍於 8 日晨開炮轟城，同時攻向盧溝橋北的平漢鐵路橋，戰鬥正式打響。秦德純、馮治安等向南京政府報告表明抗日決心，「刻下彼方要求我軍須撤出盧溝橋城外，方可免事態擴大，但我方以國家領土主權所關未便輕易放棄，倘對方一再壓迫，為正當防衛計，不得不與竭力周旋。」作為守軍最高指揮官的馮治安也下達命令：「曉喻全體官兵，犧牲奮鬥，堅守陣地，即以宛平城與盧溝橋為吾軍墳墓，一尺一寸國土，不可輕易讓人。」

中日雙方在盧溝橋發生激戰，戰鬥異常慘烈，馮治安由長辛店調兵支援，二十九軍冒著槍林彈雨，將敵人悉數殲滅，收復了大橋。二十九軍官兵的禦敵自衛，實際打響了八年抗戰的第一槍。

日軍眼見二十九軍拼死抵抗後，便採取了緩兵之計。在此期間，馮治安、何基灃商量決定，抓住日軍兵力未集中之機，出其不意，給豐臺之敵以殲滅性打擊，但由於張自忠讓軍部下令只許抵抗不許出擊，使這一計劃未能實施。

中國共產黨中央對馮治安部的堅決抗戰給予了高度評價，在事變發生後，中央向全國發出通電說：「全國同胞們，我們應該贊揚和擁護馮治安部的英勇抗戰，我們應該贊揚和擁護華北當局與國土共存亡的宣言。」

日軍在援兵到達後，21 日再次炮擊宛平和長辛店。26 日日軍進攻南苑、北苑，提出最後通牒，限馮部三十七師於 28 日正午前全部撤出北平地區，遭到拒絕。當日南苑失守，佟麟閣、趙登禹二位將軍殉國。是夜，馮治安隨宋哲元離平去保定。29 日，馮治安部何基灃旅在完成掩護任務後也撤離北平，北平淪陷。30 日，天津淪陷。

宋哲元到保定後，二十九軍被擴編為第一集團軍，宋任總司令，轄三個軍，馮治安任副總司令兼七十七軍軍長（原三十七師升格為七十七軍），

宋率軍開往津浦線北段滄縣、青縣一帶駐防。馮治安率部負責津浦線西側禦敵任務。10 月，第一集團軍隸屬第一戰區，程潛任司令長官。大名之戰，馮部何基灃師丟失大名，馮治安情緒低落，去開封養病休息。1937 年底開始徐蚌會戰，馮治安的七十七軍被派往淮河北岸守備阻截由津浦北上之日寇，配合了臺兒莊戰役的順利進行。1937 年 10 月 2 日，宋哲元任第一戰區副司令長官，第一集團軍取消，馮治安被任命爲十九軍團長，指揮七十七軍和石友三的六十九軍，在黃河北岸擔任防守任務。1938 年 10 月，七十七軍與五十九軍組成三十三集團軍，張自忠任集團軍總司令，同年 12 月 22 日，馮任副總司令兼七十七軍軍長。

1940 年初，日寇集中近七個師兵力發動了棗宜會戰。5 月，日軍進攻宜昌，三十三集團軍與敵戰於襄東，大敗日軍，張自忠殉國。馮治安繼任第三十三集團軍總司令兼第六戰區副司令長官，駐守鄂西，並獲二等寶鼎勛章，晉一等雲麾勛章。

抗戰勝利後，1946 年秋，蔣介石將第三十三集團軍改爲第三綏靖區，任命馮治安爲綏靖區司令兼行政長官，率部駐紮開封、徐州準備進攻蘇魯解放區。

馮治安部在抗日戰爭中，部隊傷亡嚴重，但蔣介石又不予補充，因此部隊越打越少，馮治安十分苦惱。

淮海戰役打響後，11 月 8 日，中共黨員何基灃、張克俠率部舉行了震驚中外的賈汪起義。事前，何基灃、張克俠試探勸馮起義，脫離南京政府，但馮未允辦。

何、張起義後，蔣介石撤銷了第三綏靖區及第七十七軍、五十九軍番號，馮治安被任命爲京滬杭警備副司令，馮失去了軍權。

1949 年 4 月 23 日，南京解放，馮治安隨蔣介石去臺灣，任中樞戰略顧問，大陸光復設計委員。1954 年 12 月 16 日病逝，終於 59 歲。

作者 張春生

趙登禹（1898—1937）

趙登禹，宇舜誠，山東菏澤縣杜莊鄉趙樓村人。1898 年出生於一個農民家庭。他自幼與哥哥登堯拜名師習武，對太極、八卦、少林等拳術及刀、槍、劍、戟諸般兵器都有功夫，尤善徒手奪刀、赤手奪槍。

一三二師師長趙登禹

1914 年春，16 歲的趙登禹與登堯及同村的趙學禮、趙全德結伴步行千里，到西安投奔了第十六混成旅馮玉祥部，被分配到第一團佟麟閣連當兵。1916 年，第十六混成旅調到廊坊駐防，旅長馮玉祥發現趙登禹體格健壯，武藝高強，便調他到身邊當了貼身衛兵。1918 年，馮部在湖南常德一帶駐防時，趙登禹與將士們打死了一隻經常下山傷人的猛虎，在老虎咽氣之前，趙登禹騎虎拍照留念，馮玉祥在照片上簽名並題字：「民國七年的打虎將軍。」

1921 年，馮玉祥升任陸軍第十一師師長，奉命再度入陝，旋任陝西督軍。馮知其上司陸建章曾受辱於土匪頭子郭堅，一直想報此仇。一天郭堅到西安，馮玉祥奉陝督閻相文之命，在西關軍官學校設宴，準備在席間將郭殺掉。不料，宴會開始後，埋伏者爭相偷看馮郭對盞，競將屏風擠倒。郭見勢不妙，起身便走，眾人沒能擋住。趙登禹眼疾手快，一個箭步衝上去，把身壯力大的郭堅打倒在地，一槍結果了他的性命。從此，趙登禹更贏得馮玉祥的信任。

　　1922年，趙登禹下部隊任排長，他彪悍善戰，連獲晉升，歷任連長、營長、副團長等職。1927年，馮部改編爲第二集團軍，東出潼關，攻克河南，趙登禹一路戰功顯赫，又晉升爲旅長。1928年，他任二十七師師長，轉隸第四方面軍宋哲元部。1929年，國民黨軍隊縮編，回任二十八旅旅長。中原大戰後，被張學良收編，任第二十九軍三十七師一○九旅旅長。

　　「九一八事變」後，日軍迅速侵佔我國東北三省。1933年2月，日軍大舉侵犯熱河，長城抗戰爆發。3月9日，日軍鈴木師團尾追我撤退部隊，向長城喜峰口前進。趙登禹旅奉命從遵化經三屯營向喜峰口急進防堵。他們一日急馳80公里，在日落前先敵趕到喜峰口，旋即與日軍交火。

　　趙登禹被任命爲前敵總指揮，當晚趕到前線指揮戰鬥。命令王長海二一七團守住喜峰口兩翼長城一線，二一八團和特務營部署在二線。在黑夜中，二一七團官兵英勇奮戰，敵我雙方犬牙交錯，形成混戰。長城垛口失而復得達二十餘次。中國軍隊傷亡慘重，趙登禹腿部也中彈受傷。他包紮傷口後，在戰地召開的營級幹部會上提出當夜襲擊日軍的方案。他在會上說：「抗日救國，乃軍人天職，養兵千日，報國時至。只有不怕犧牲，才能救亡。大家要保持我西北軍的優良傳統，爲先我犧牲的官兵復仇！」會後，趙登禹親率二二四團出潘家口，越過灤河，繞到日軍的炮兵陣地。此時日軍正在酣睡，我軍用大刀猛砍猛殺，把敵人野炮營的官兵殺傷殆盡，又破壞敵炮18門。喜峰口戰役後，二十九軍聲名大振，趙登禹成爲婦孺皆知的抗日英雄。長城戰鬥結束，二十九軍增編第一三二師，趙登禹任師長。1935年，晉升爲陸軍中將，兼河北省政府委員。

　　七七事變前，趙登禹任河北省保安司

1933年任喜峰口抗戰前敵總指揮的趙登禹

令，他率一三二師在河間、大名駐防。接到宋哲元七月十六日的作戰命令之後，率一三二師向團河、南苑轉移，他的獨立二十七旅六七九團（團長劉汝珍）則被調往北平負責防守廣安門。趙登禹進駐南苑後，七月二十八日奉命到城裡參加重要軍事會議，他走前，和準備調任一三二師參謀長的馮洪國（時任軍訓團的大隊長）話別，囑其提高警惕準備迎敵，馮問他進城走那條路，趙答：「天羅莊。」二人對話被站在旁邊的駐二十九軍的日本櫻井顧問的翻譯官周思靖聽到（周與馮是日本士官學校的同學，是由馮介紹到二十九軍任翻譯官的），他立即將趙登禹進城並經過天羅莊的情報用電話通知日軍方。日軍立刻在天羅莊設下埋伏，當趙乘黑色汽車經過時，敵人先打壞汽車輪胎，然後機槍掃射，至司機、衛兵及趙登禹將軍同時殉國。

當天下午，三十七師副師長、北平城防副司令田春芳和國際紅十字會會員找到了趙將軍的遺體，在龍泉寺幾位方丈的協助下買棺入殮，在龍泉寺厝存了八年。抗日勝利後，馮治安、何基灃回來舉行公祭，葬於盧溝橋畔。趙將軍是國共兩黨政府都承認的國家級烈士，北京有趙登禹路，臺灣忠烈祠亦有牌位。

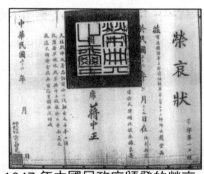

1947 年由國民政府頒發的榮哀

漢奸周思靖在北平淪陷後公開跳出來協助偽警察局長潘毓桂維持北平治安，後潘任天津市長時周任天津警察局長。汪偽政權成立後，周投汪任徐州市長，一九五四年被政府處決。

毛澤東親筆簽的趙登禹烈士證

劉汝明（1895—1975）

劉汝明，字子亮，1895 年 10 月生於河北省獻縣拋莊。其家世代務農，劉汝明幼年曾師從本族劉連璧，誦讀四書五經。1912 年，馮玉祥到景縣招兵，走投無路的劉汝明毅然投軍，開始了軍旅生活。

劉汝明入伍後不久，因粗通文墨，被委任為第五棚的什長（班長）。

1913 年 8 月，左路備補軍改稱警衛軍，劉汝明升為第三營十連排長，後隨馮玉祥南征北

一四三師師長劉汝明

戰，軍職不斷升遷，1916 年 4 月升為陸軍中校，率軍駐廊坊。

1917 年 7 月，劉汝明隨馮玉祥一起挫敗了張勛復辟的陰謀。

護法戰爭開始後，劉汝明調任旅部副官兼手槍隊大隊長，1921 年 6 月，馮玉祥率部入陝，馮玉祥部擴編為陸軍第十一師，劉汝明任該師四十四團營長。

1922 年 4 月，第一次直奉戰爭爆發，劉汝明在與趙倜軍作戰中，由於沉著指揮，行動迅速，深得馮玉祥等贊許。

1923 年初，馮玉祥率部駐北平南苑，劉汝明任團長，成為馮部著名的「十三太保」之一，亦為馮軍的基本骨幹。

1924 年 9 月，馮玉祥發動北京政變，劉汝明由於作戰有功，升任警衛旅第一旅旅長，負責北京社會治安，1926 年 3、4 月間，劉汝明由警衛旅旅長晉升少將，任第十師師長。

1926 年春，張作霖進攻國民軍，馮玉祥下野出國，劉汝明率第十師退守南口。從 5 月到 8 月，堅守南口四月有餘，震驚全國，但劉部也損失嚴

重，由 15000 人降到 6000 人。

1926 年 9 月 17 日，五原誓師以後，劉汝明也成爲國民黨黨員，所部增編爲一個獨立旅，10 月出兵援陝解西安之圍，由於劉汝明戰功卓著，西安軍民請書法家宋伯魯先生寫了「再造三秦」四個大字爲劉汝明建碑紀念，劉堅辭。北伐成功後，劉汝明的獎狀上曾有「挺身擋南口之險，走馬解西安之圍」的贊語。

1927 年 1 月，劉汝明升任國民聯軍第二軍軍長，參加北伐，在與直魯聯軍激戰中，一舉擊潰了直魯聯軍，扭轉了戰局。

1928 年 3 月，劉汝明任國民政府軍事委員會委員，10 月部隊縮編，劉汝明任暫編第十師師長，11 月任陸軍第二十九師師長。後被免職去南京讀書，並任國民政府參事。

1929 年 2 月，劉汝明任中央編遣區辦事處委員。同年夏，任第二集團軍特務師師長。

1930 年 4 月，中原大戰後，西北軍失敗，餘部被張學良收編爲二十九軍，劉汝明先任副軍長。到 1933 年初，二十九軍增加暫編第二師，劉任師長。

1933 年 3 月初，日軍佔領熱河、承德，向長城各口逼近，劉汝明的暫編二師負責喜峰口與古北口間的羅文峪防衛。3 月 16 日，日軍兩個聯隊在僞軍配合下，妄圖一舉攻下羅文峪，以直取北平。劉汝明率部嚴陣以待，與日寇激戰三晝夜，終將敵擊潰，阻止了日寇佔領羅文峪，從而保住了北平。劉汝明部的大刀隊，奮勇殺敵，斬獲甚眾，揚威羅文峪。當時報界評論「二十九軍在喜峰口、羅文峪的勝利，是長城抗戰的惟一勝利」。可是，由於冷口陣地的丟失，羅文峪腹背受敵，二十九軍撤到通州以東運河前線佈防。後由於《塘沽協定》的簽訂，二十九軍被迫轉移。

羅文峪戰鬥後，劉汝明的暫編第二師改爲一四三師，駐防移至察哈爾

省。1934 年 7 月，劉奉命赴盧山受訓，任訓練團副營長。1935 年 4 月，劉汝明被國民政府授予陸軍少將軍銜，獲青天白日勛章。1936 年 7 月晉升陸軍中將。6 月，劉汝明繼張自忠之後，任察哈爾省省長兼保安司令。同月獲得國民革命軍誓師 10 周年紀念勛章。11 月獲三等雲麾勛章。

1937 年 7 月，天津失陷後，察哈爾省三面受敵，國民政府軍委會令傅作義、湯恩伯、高桂滋率部協防。劉汝明被任命為第七集團軍副總司令，率部駐防張家口。1937 年 9 月，二十九軍擴編為第一集團軍，劉汝明的一四三師擴編為六十八軍，旋任軍長，下轄兩師一旅，駐魯西菏澤。

1938 年 3 月，臺兒莊大戰，劉汝明率部開赴徐州，歸李宗仁指揮。在蕭縣蒙城地區佈防，抗擊由蚌埠北進之敵，曾擊斃日軍旅團長一人。5 月，蕭縣失守，徐州被圍，劉汝明率部撤到皖西、鄂東地區。

武漢會戰中，劉汝明率部參加了保衛大武漢的戰鬥，部隊犧牲很多。

1939 年 1 月，劉汝明升任第二集團軍副總司令仍兼六十八軍軍長。是年春，劉汝明率六十八軍堅守隨陽、棗陽，在抗擊二十多次敵人進攻後，陣地丟失，而轉移到應山繼續防禦。

1940 年後，劉汝明率軍一直駐防河南確山沁陽一帶，一面休整，一面監視與狙擊信陽日軍侵犯。1943 年 8 月，劉汝明升任第二集團軍總司令，下轄六十八軍、五十五軍與豫南遊擊總指揮部。1944 年 8 月，劉被調到重慶陸軍大學將官班第一期學習受訓。

1945 年 6 月，在國民黨「六大」中，劉汝明當選為中央候補監察委員。

1945 年 8 月，日軍投降，劉汝明奉劉峙令率部從鄖陽向平漢線許昌進攻，接受日軍投降。此時，劉汝明已升任第二集團軍總司令後又出任第四綏靖署主任，駐開封。

1946 年 6 月，解放戰爭爆發，劉部不斷遭到解放軍的打擊，8 月到 10 月，隴海戰役，劉部被殲五千餘人。

　　1947 年 6 月，魯西南戰役，人民解放軍攻克鄆城，劉部五十五師被殲兩旅，劉汝明開始消極避戰。

　　1948 年 8 月，劉汝明被任命爲徐州「剿總」副司令。淮海戰役開始後，劉部被編爲第八兵團並兼徐州剿總蚌埠指揮所副主任。

　　劉汝明率部退到江南後，任京、滬、杭警備副總司令，擔任銅陵到九江間防務，總兵力七萬餘人。

　　4 月 21 日，解放軍發動渡江戰役後，劉汝明率部向南狂奔二千餘里，最後到達閩東南的漳州、龍巖地區，損失慘重，後被調到廈門擔任防務，被任命爲閩粵地區剿匪總司令。1949 年，廈門解放，劉部全部被殲，劉僅帶少數人退到臺灣。1952 年，離開軍界而退休，移居臺北中和鄉，1975 年 4 月 28 日病逝，享年 81 歲。劉汝明晚年著有《劉汝明回憶錄》、《七七憶舊友》、《七七抗戰與二十九軍》等文章。

　　作者　張春生

李文田（1894—1951）

　　李文田，字燦軒，1894 年生於河南浚縣。自幼喪父，生活十分困難，由舅家供養。高中畢業後考入保定陸軍軍官學校，畢業於六期步科。參加西北軍後，曾任漯河兵工廠總監、團長、旅長等職。西北軍失敗後，堅持在山西練兵，擁護宋哲元重組二十九軍，是八名共建二十九軍的骨幹將領之一。二十九軍初建時是張自忠三十八師的三個旅長之一，爲三十八師副師長兼一一二旅旅長。張自忠任察哈爾政府主席時，李文田任省政府

二十九軍三十八師
副師長天津抗戰總指揮
李文田

副主席兼保安司令。張自忠任天津市市長時，李文田任天津警備司令兼公安局長，同時還負責高中畢業生的軍訓，他親自給青年學生講國際形勢及進行愛國主義教育，影響了一些進步青年，後來投身於抗日戰爭。李文田在短暫的公安局長任期內，曾採取了一系列整飭警風、整頓警政的有效措施，如嚴禁員警毆打、欺壓人民，不得蓄長發，身著制服不得出入娛樂場所，培訓員警救護知識，警民懇談溝通，清理大量積案，添購消防、救護設施等，使天津警務耳目一新。客觀上也為抗戰提前作了精神上、物質上的一些準備。

1937年4月至5月張自忠赴日訪問期間，李文田任天津市代理市長。

「七七事變」爆發後，日軍瘋狂調集軍隊，局部戰鬥屢有發生，但二十九軍內主戰派與主和派交鋒激烈，和平幻影仍籠罩華北。

1937年7月25日，張自忠隻身離津後，天津的軍政主要由李文田負責主持。面對當時的形勢，他提前對三十八師的作戰進行了計劃，要求三十八師分駐於塘沽、漢沽、廊坊、小站、東大沽、馬廠、韓家墅等八處的守軍適時向市內靠攏、集中，聽候出擊命令。7月27日，宋哲元拒絕日軍的最後通牒，發出自衛守土通電。李文田接到二十九軍軍長宋哲

1937年7月29日天津《益世報》

元的自衛守土通電後，立即決定抗戰，在其天津寓所召集一一二旅旅長黃維綱、天津保安司令劉家鸞、天津保安總隊隊長寧殿武、手槍團團長祁光遠、獨立二十六旅旅長李致遠，及天津市政府秘書長馬彥翀開會，傳達了宋的通電，決定參加二十九軍抗戰，經過一番爭論，李文田決定，要趁日本兵力尚未大增的情況下，攻其不備，先下手爲強，迅速消滅市內日軍。到會人員一致推舉李文田爲總指揮，劉家鸞爲副總指揮。寧殿武指揮攻取東站，祁光遠指揮攻佔海光寺日本華北駐屯軍司令部，李致遠指揮攻佔天津總站（今北站）、炸毀東局子飛機場的飛機。全體三十八師官兵服從李文田統一領導。並簽署發布了由上述七人簽名的《喋血抗戰，義無反顧》的宣言。從 7 月 29 日凌晨 2 時起，天津守軍不斷給日軍造成重創，甚至燒毀了日本在天津東局子的飛機場。另一支部隊打到海光寺日本駐屯軍司令部。戰鬥只持續了 15 個小時，29 日下午 3 時左右，馬彥翀接到張自忠自北平發來的「和平有望」的電報，加之由於日本援軍正趕往天津，敵特漢奸也開始大肆活動，李文田不得不忍痛臨時決定撤退。他率領部隊且戰且退，全師官兵順利抵達保定，向二十九軍司令部報到。

天津抗戰不僅給日軍以重創，並免於三十八師部隊的流失，爲今後抗日保存了一隻勁旅。後被宋哲元任命爲三十八師代理師長，他率領全師轉戰於河北省抗日前線。

在張自忠被蔣介石扣押時，三十八師升格爲五十九軍，軍長一職由第一集團軍司令宋哲元兼，李文田任副軍長。他對保持部隊完整，免遭分裂起了重要作用。

李文田始終堅持留在抗日前線率領三十八師官兵抗日，直到張自忠歸隊。他受命爲三十八師師長。在協助張自忠參加臺兒莊戰役時發揮了重要作用。1940 年他與張自忠共同指揮了隨棗戰役、襄樊戰役。

1940 年至 1946 年任第三十三集團軍副總司令。1947 年任第三綏靖區

副司令長官。由於不願打內戰，1948 年脫離軍隊任總統府參軍（虛職）。1951 年含冤逝世。李文田將軍戎馬一生，以盡職、果敢著稱。他自建軍以來始終是張自忠的副手，二人並肩十年。他對於張自忠的歸隊及保持五十九軍的戰鬥力起了決定性的作用。

　　作者　王勇則

何基灃（1898—1980）

二十九軍三十七師一一
零旅旅長何基灃

　　何基灃 1898 年 10 月出生在河北省槁城縣，青年時期投筆從戎，先後畢業於保定陸軍軍官學校和北方陸軍大學，後投身於當時馮玉祥領導的西北軍，從此開始了二十多年的戎馬生涯。他參加過首都革命和五原誓師，由於作戰勇敢，足智多謀，很快被提升爲軍官，西北軍失敗後，他在由西北軍縮編的陸軍第二十九軍三十七師一〇九旅任副旅長（旅長是「七七事變」初抗日犧牲的趙登禹將軍）。

　　「九一八」事變後，日本帝國主義侵略軍佔領了我國東三省。1932 年 1 月 1 日錦州失守，1933 年 1 月 3 日山海關陷落，同年 3 月 3 日熱河又告易幟。以後，日軍繼續南下，華北危急，平津震動。

　　當時任第三軍團總指揮的宋哲元將軍，奉命指揮第二十九軍三個師兵力防守長城一線，抗擊入侵日寇，身爲一〇九旅副旅長的何基灃身先士卒，急行軍日夜兼程 140 里，開赴喜峰口抗日最前線，配合趙登禹的近戰、夜戰、以我之長，攻敵之短的作戰方案，獲喜峰口大捷。

　　喜峰口戰役之後，因戰功卓著，任前線總指揮的一〇九旅趙登禹旅長晉升爲一三二師師長，何基灃則晉升爲一一〇旅旅長，他所率勁旅不僅有

抗日實戰經驗，並注意愛國主義教育。

1935 年 9 月下旬，何基灃率一一〇旅負責防守宛平縣城、豐臺鎮和豐臺車站，以及平漢線通道及盧溝橋一帶，與日軍的混成營只相距 400 米。何基灃立即傳令建築據點工事，嚴加戒備，多次擊退尋釁之敵。

1937 年 7 月 7 日，日軍進攻盧溝橋時，我軍奮起反擊，何基灃部下在保衛宛平縣城時浴血奮戰。

盧溝橋事變後，何基灃升任一七九師師長，在保衛大名血戰中，何基灃率部抵抗日軍三天兩夜圍攻，在彈盡援絕的情況下大名失守。何基灃悲憤已極，留下了「不能打回北平過元旦，無顏以對燕趙父老」的遺書而自戕（未遂）。之後他探訪桂軍、川軍，結果都沒有找到出路，此時遇到馮治安部下的共產黨地下黨員李蔭南，他又經西北軍故人共產黨員賴亞力介紹，在 1938 年赴西安見到周恩來，又奔赴延安會晤了毛澤東、劉少奇、朱德等共產黨的領導人，於 1939 年 1 月加入了中國共產黨。

何基灃入黨後，仍回到國民黨第七十七軍任副軍長。1939 年夏，何基灃把一批共產黨員和進步分子組成搜索隊，曾沿途護送過中共「七大」的代表並和新四軍通力合作，在八年抗戰期間堅持以抗日救國為治軍第一要任。

1948 年 11 月 8 日何基灃在解放戰爭的關鍵時刻與張克俠將軍合作，率領七十七軍與五十九軍起義並率部搶渡長江天險，直取南京，為解放全中國立了新功。

新中國成立後，他先後擔任南京警備司令部副司令、水利部副部長、農業部副部長等職，並當選為第一、二、三、四屆全國人民代表大會代表。政協第一、三屆全國委員和政協第五屆常委。「文化大革命」中受到衝擊。1980 年 1 月 20 日病逝於北京。家屬遵照何基灃的遺囑，將他的骨灰一半撒於盧溝橋畔，一半撒於當年曾揮戈作戰過的淮海戰場上。

黃維綱（1897—1943）

38 師師長的黃維綱

　　黃維綱，字震三，號雨辰，生於 1897 年，河南省項城縣人。1911 年他 16 歲時考入河南陸軍小學讀書，後入清河預備學校及保定軍官學校第七期。1919 年畢業後入伍。投入馮玉祥部，表現優異，頗爲馮氏所垂青，由排、連、營、團、旅長，第二集團軍總部少將參謀處處長，升任軍官學校校長。在團長任內曾參加北伐戰爭。1930 年西北軍失敗後，馮玉祥將部隊改編，黃維綱被編入二十九軍三十八師張自忠部的一一二旅任旅長。1933 年日寇進窺冀北，二十九軍奉命北上抗日，黃維綱參加過喜峰口抗日浴血奮戰。1934 年，宋哲元出任察哈爾省主席，黃維綱旅長隨軍進駐察哈爾省赤城龍門所，捍衛察東。

　　1935 年，宋哲元出任冀察政委會委員長，察哈爾省省長由三十八師師長張自忠兼任。後張自忠師長調任天津市市長，黃維綱旅長隨軍進駐天津小站、大沽，保衛津沽。1936 年，張自忠出訪日本進行軍事考察，黃維綱旅長隨訪。回國後，鑒於日軍訓練有素，裝備優良，侵華野心不死，他決心加強部隊訓練，改善裝備，積極備戰。

　　1937 年 7 月 7 日，盧溝橋事變爆發後，所屬官兵，無不摩拳擦掌，義憤塡膺，紛紛請命，開赴前線殺敵，以雪長城血戰之仇。黃維綱將軍在和戰未決的情況下，教育官兵：「仇要報，仗要打，我輩軍人，以服從命令爲天職。」他還囑官兵們加強軍事防禦，待命殺敵。此時，敵人以和談爲陰謀，從東北調集大批日軍，源源不斷進入關內，結集於平津各地，企圖一舉消滅二十九軍，佔據華北。7 月 26 日，敵人以查線爲名，向我廊坊駐軍一一三旅發動進攻，經激戰一晝夜，敵方以飛機助戰，廊坊失守，切斷了

平津之聯繫。宋哲元將軍見日本步步進逼，不能再忍辱受欺，於7月27日發表了「守土有責，寧做戰死鬼，不做亡國奴，全面抗敵」的誓言以後，離開北平赴保定指揮全面抗戰。7月28日拂曉，日寇集結三個聯隊，大舉圍攻南苑我軍事重地。我軍血戰竟日，二十九軍副軍長佟麟閣、一三二師師長趙登禹，在戰鬥中為國犧牲，南苑失守，廊坊被敵佔領。

當時，駐天津市三十八師副師長兼公安局局長李文田聞知上述戰況，而張自忠師長留在北平未歸，當即召集駐津部隊首長——二旅長黃維綱、獨立二十六旅長李致遠，以及保安隊和警衛部隊負責人會議，研討向駐天津的日軍發動進攻事宜。7月29日清晨，以黃維綱旅在天津外圍做為總預備隊，其餘各部分頭進攻東站、大新工廠及海光寺、飛機場等。在天津人民支援下，經過一天的激戰，擊毀敵機數架。然而，敵人憑借樓房和工事，進行瘋狂的反擊，使我方部隊雖然攻入敵人陣地據點，但傷亡很大，後來奉命撤出陣地，放棄天津。黃維綱部隊戰鬥於天津外圍。中國全面抗戰開始後，張自忠的三十八師擴編為五十九軍，黃維綱提升為三十八師師長，戰鬥於青縣、馬廠城河、唐官屯等地，阻止日敵南犯。

1938年，黃維綱率部出戰於淮北，大戰於臨沂、鄂西。張自忠將軍殉國後，黃維綱升任五十九軍軍長，於1941年5月奉命調至南陽增援。他乘敵人長途轉戰疲憊不堪之機，在一個黎明之際展開襲擊，使敵人倉皇逃去，取得豫鄂會戰第二次勝利。

自從「七七事變」抗日戰爭開始以後，黃維綱軍長追隨張自忠將軍，轉戰南北，很少離開部隊，以致積勞成疾，生活不能自理。1942年上級派專機接他到重慶就醫。馮玉祥將軍聞知後，經常攜帶食品到醫院探望，可見上級及馮玉祥將軍對黃維綱將軍的器重，當病情略有好轉時，他即刻回到前線參與軍事訓練和戰鬥。1943年8月2日，他在參加一次訓練回軍部以後，由於操勞過度，突然高燒昏迷，經搶救無效，病逝於湖北南漳抗戰前線安家集金華寺防地，享年47歲。當時國民政府曾予以褒獎並晉級為陸

軍中將。

作者　黃維銓

吉星文（1910—1958）

吉星文，字紹武，河南省扶溝縣呂譚鎮人，清宣統二年（1910）二月一日生。

吉星文在縣立初中讀書時，其族叔——在馮玉祥西北軍中任師長的吉鴻昌將軍，回過一次故鄉。當時地方上的歡迎場面非常盛大，吉將軍拿出許多錢來，爲家鄉興水利，辦學校，深受當地群眾的感戴。吉星文目睹族叔爲國爲民的貢獻，產生了好男兒應報效國家，榮耀鄉里的願望，他於初中畢業後，毅然投奔馮玉祥所部騎兵營當了學兵。

三十七師二一九團團長
吉星文

吉星文參軍時雖很年輕，但他身材偉碩，爲人篤實厚重，勤奮好學，尤擅器械操，因此博得各級官長的喜愛和旅長石敬亭的賞識。以後他歷任排長、連長、營長，對部屬非常愛護，故深受士兵擁戴。

吉星文在任騎兵連長時，有一次奉命率部隊在艱苦的甘、寧道上行軍，連續一周沒有東西吃，士兵們連累帶餓病了一半，他不顧自身的疲勞和饑餓，親自照顧、安慰和鼓勵他們，有的弟兄偶爾覓得一些野生食物，他總是讓他們煮熟了先給病號吃，有剩下的才讓無病官兵再分吃一點，他自己略嘗一兩口，表示吃過了，便轉給那些更需要食物維持生命的人，大家看在眼裡，感在心頭，紛紛掙扎著奮勇前進，結果他那一連士兵，除有兩個病死的以外，全都堅持到了目的地。

　　1929 年至 1933 年，吉星文營先後駐紮華北各地。喜峰口作戰時，他奉命馳援，於 1933 年 3 月 11 日夜，率全營官兵繞襲敵後，配合王長海團作戰。當晚吉營在董家口集合出發，繞過日軍右翼，於清晨四時，分別攻佔王家、瓦房各目標，並將在距離較遠的幾個村莊內宿營的敵人悉數殲滅，共擊斃日寇三百餘人，獲大小炮二十餘門。由於他在對日作戰中勇武過人，頗受指揮長城抗戰的二十九軍軍長宋哲元將軍嘉許，喜峰口之戰勝利結束後，年僅 23 歲的吉星文，被晉升為第二一九團團長。

1937 年 7 月宛平縣縣長王冷齋（右）看望受傷的吉星文團長（左）

　　1936 年元旦，宋哲元為了展示二十九軍的武力，在北平南苑舉行萬人閱兵大典，邀請中外貴賓數百人到場觀禮，破格選定的閱兵指揮官，即是只有上校軍銜的吉星文團長。這是因為：他受過軍事教育，有指揮大部隊的能力；年輕體壯，善於騎馬馳騁；又兼口令嫻熟，嗓音洪亮，在當時沒有擴音設備的情況下，他發號施令能夠響徹全場，調動萬人以上的軍隊一致動作。閱兵開始後，吉星文指揮若定，從閱兵式、分列式到集合聽訓，在他的口令下，整個過程井然有序。

　　1936 年 5 月，吉星文奉調軍校高級班受訓一年，於 1937 年 6 月 16 日結業返防，他以第二十九軍第三十七師第一一〇旅第二一九團團長的身份，率部駐守宛平城和盧溝橋。

　　當時，北寧鐵路沿線已為日軍所控制，位於平漢路上的盧溝橋就成了北平惟一的門戶，我軍據此，進可攻，退可守，若為敵人所佔，北平則變成一座孤立的死城，所以盧溝橋就成為敵我必爭的重要戰略據點。日本侵

略軍自從 1936 年 9 月增兵豐臺後，即時常在附近地帶進行軍事演習，由白天演習漸至夜間演習，由虛彈射擊漸至實彈射擊。其罪惡企圖是伺機佔領盧溝橋，截斷平漢路，從四面包圍北平，加深冀察的「特殊化」，然後以平津爲基地，進一步發動大規模軍事侵略。因此，吉星文團長返防時面臨的形勢是極爲險惡的。

1937 年 7 月 7 日夜 19 時 30 分，豐臺日駐軍第一聯隊第三大隊第八中隊由清水節郎率領，在龍王廟以盧溝橋作爲假想攻擊目標，進行演習。至 23 時 40 分，日軍聲稱有一人「失蹤」，要求進入宛平縣城搜查，爲我二一九團守軍堅決拒絕，日軍遂開槍進攻，我軍奮勇還擊，於是爆發了震驚世界的「七七」盧溝橋事變。

事變發生時，吉星文從電話中聽到了二十九軍司令部發出的堅決抵抗之命令。耳聞「盧溝橋即是爾等之墳墓，應與橋共存亡，不得後退」等語，不禁熱血沸騰，深受鼓舞。當他獲悉駐守橋頭堡部隊遭到日軍突然襲擊，橋頭堡已被日軍佔領的消息後，更是義憤填膺，決心收回失地。於是即將與日方交涉的事，請王冷齋專員應付，宛平城防務交由蘇桂青團副負責，自己帶隨從一人直趨金振中的第三營營部，立即召集連長以上幹部開會，向他們講清當前形勢後，接著就進行組織敢死隊的動員。由他親自在報名的三百多人中，挑選了 150 名，編爲五組，每人發給步槍一支，手榴彈兩枚和大刀一把，由郭振成營副率領，利用夜暗潛行，限 8 日凌晨 4 時進入攻擊準備位置，以白毛巾爲記號發起攻擊。同時命重機槍連佔領兩側高地，掩護敢死隊的攻擊，並適時將火力向敵後延伸，防止敵人逃竄。

日軍連做夢也未想到，吉星文的攻擊行動會來得如此快速。在日軍疏於戒備的情況下，敢死隊利用熟悉的地形和陣地交通壕，一下子摸到了敵人面前，分別用手榴彈、大刀和刺刀，在 20 分鐘內把數十名日軍全部殲滅，奪回了被敵侵佔的橋頭堡。

自 7 月 9 日起，日軍數度對盧溝橋我軍陣地施行炮擊，並曾多次進行試驗性攻擊，均被擊退。有一天夜間，日軍以坦克隊向我陣地衝來，我軍以一連兵力，冒著敵人猛烈的炮火，蜂擁迎擊，終將敵人的 9 輛坦克打退。在全國人民的熱情支援和中共所領導抗日救亡團體的積極支持下，吉星文團和隨即前來增援的二十九軍官兵，在盧溝橋頭和宛平縣城堅守二十多個晝夜，吉星文受傷不下火線，使他成為全國聞名的抗日英雄。

1937 年 9 月，吉星文升任三十七師一一〇旅旅長，調往津浦線與入侵日軍作戰。1938 年 5 月初，七十七軍三十七師升格為七十七師經過整補後，開往宿縣集結，準備迎戰向蒙城北進的敵第九機械化師團。吉旅先到宿縣，立即奉命向渦河急進，佔領趙家集、蘆溝集之線，堵截日軍北上。吉旅連夜急行軍，仍然趕不上敵機械化部隊的快速，待吉旅到達，敵軍早已搶佔了兩個集鎮。吉星文為了完成任務，決心向敵發動攻擊，他將全旅及配屬的一個團，編成兩組，全部投入戰鬥，吉星文親自指揮一個組，攻打趙家集。

日軍探知吉旅行動後，將戰車用麥草堆偽裝起來或隱蔽屋後，機槍架在屋頂和樹上，派少數前哨誘使我軍入伏。

吉星文針對敵軍部署，以營擔任正面戰鬥，班排編為可獨立作戰的戰鬥小組，盡量利用地形接近敵人，從四面八方同時向集鎮中心推進。要求所有部隊在天亮前全部進入集鎮，糾纏敵人，使其空軍及炮火無從發揮。

當我軍進入敵火力網內時，戰車上的手榴彈和埋伏的敵機槍一齊發射，使我軍遭到很大傷亡，越往裡火力越猛，前進也更困難。這時各戰鬥小組都發揮獨立作戰精神，尋找敵人的個別目標，往返衝殺，逐屋爭奪，從拂曉打到黃昏，吉星文才下令撤到預定地點集合，因天已入夜，敵人未敢追擊。

這場浴血激戰結束後，清查人數，結果營、連、排長陣亡者五十餘人，

士兵死亡一千三百多人，傷者無數。吉星文目睹慘狀，放聲大哭，突然從隨從身上拔出手槍，欲行自戕，被身旁副官雙手抱住，叫隨從把槍奪下，隨即牽過兩匹戰馬，硬把他拖上馬背離去。

吉星文既悲痛他一手訓練出來的幹部和士兵的慘重犧牲，又擔心因所部傷亡過半損失太大會受到懲處而憂心忡忡，兩天未吃東西，人也極少講話。事後意外地獲悉，由於他們的英勇戰鬥，阻延了敵機械化部隊北進，使棄城而逃的國民黨大軍從徐州撤退時，都能安全轉移。他因掩護有功，於 1938 年 6 月轉進途中，升任一七九師師長。

1939 年 7 月 8 日，吉星文因在鄂北參加對日作戰有功，調任爲實力較大的三十七師師長。抗戰勝利後，國民黨軍隊整編，於 1946 年 5 月改任整編陸軍第七十七師三十七旅旅長。1947 年 10 月，奉命入陸軍大學特八期學習，1949 年 2 月結業後，調升三十七軍軍長，5 月，又調任一二五軍軍長，7 月，因其所部在解放戰爭中潰減，他又調充獨立三六〇師師長。

未幾，大陸迅速解放，吉星文於 1949 年 9 月撤退去臺，所部改編，吉調任「東南長官公署」少將高參，及臺北「國防部」高參。1950 年 10 月，任五十軍戰鬥團長。1952 年 2 月，再入高級班受訓，10 月，調任第七戰鬥團團長。1953 年夏，他又入參謀學校將官班受訓，1954 年 1 月，調升澎湖防衛部副司令官。1957 年春，再入臺灣國防大學聯戰系深造，年終結業，擢升中將，派充金門防衛部副司令官。

吉星文在臺北受訓期間，多次受到蔣介石的接見，並與他單獨合影。1958 年 7 月，他因身上舊傷復發請假返臺北醫治，嗣因金門告急，吉星文帶疾返防。8 月 23 日，當中國人民解放軍炮擊金門時，他於巡視陣地時腰部中彈，延至 24 日，因流血過多逝世，終年 48 歲。同年 9 月，被臺灣國民黨政府追晉爲陸軍二級上將。

　　作者　李騰漢

劉汝珍（1901—2000）

劉汝珍，河北省獻縣人，1901 年出生於貧苦農民家庭，繈褓時喪父。長兄劉汝明青年時投西北軍，汝珍長大後亦隨兄加入西北軍。1930 年中原大戰結束，西北軍失敗後，劉氏兄弟亦隨宋哲元在縮編後的二十九軍中任職。劉汝珍在軍中接受愛國主義教育，對日本侵華暴行極爲憤慨。

劉汝珍

1937 年時，他擔任二十九軍下屬一三二師獨立二十七旅六七九團團長，負責守衛北平廣安門。此時日寇已大量調部隊到北平。當年 7 月 26 日中午，先是佔領了廊坊，下午又由豐臺派兵一個中隊，分乘軍車 10 輛，冒充城內日使館衛隊去野外演習歸來，企圖進入北平內。行抵廣安門時，被守城的劉汝珍六七九團所阻止，日軍急欲進城，見城門緊閉，乃準備攻城。劉汝珍急報宋哲元，宋下令：強入城者，打！劉團乃開啓城門，誘日軍進城。及進至一半，立即關閉城門，開始射擊，日軍被城門隔開爲兩部分，乃陷入混亂中，只能被動挨打，兵力遭受相當損失。日軍方稱此衝突爲「廣安門事件」，認爲是二十九軍預謀之抗日行爲。香月清司於同日晚向宋哲元提出最後通牒：限宋哲元於 28 日以前將馮治安的三十七師由北平撤走。

「廣安門事件」使劉汝珍全團士兵深感面對強敵，必須奮而抵抗。所以在 7 月 28 日，宋哲元軍長離平後，劉汝珍團仍守衛著北平城之一角——廣安門。29 日北平陷於敵手，留在北平的冀察政委會代理委員長張自忠下令城內二十九軍所留的兩個旅（阮玄武旅、石振綱旅）繳械。對於劉汝珍則令其撤走。由於北平城內只此一角尚未陷落。石振綱不願繳械而率全旅與劉汝珍團會合，於 8 月 1 日突圍離開北平，去察哈爾投奔劉汝明部下。連同當時城內殘留不願投降的散兵都集中到劉汝珍部下，共三千多人。他

們邊打邊走，上有日本飛機投擲炸彈，下有敵寇機槍坦克追堵，中途損失達千餘人。石振綱旅長行至馬廠感到前途渺茫而返回北平。劉汝珍在極端困難情況下，以大義凜然的軍人氣概，主動舉起二十七旅大旗繼續前進，從此他以二十七旅旅長身份率軍抵達察哈爾和劉汝明的一四三師會合，接受二十九軍司令部指揮。宋哲元正式任命劉汝珍爲二十七旅旅長，從此，他開始參加了八年抗戰。晚年僑居美國，99 歲逝世。

張壽齡（1888—1999）

張壽齡，字鶴舫，1888 年生於北京西郊良鄉，幼年失怙，家境清寒，在艱難中攻讀了小學和中學；因受母親和教師們的愛國雪恥教育並目睹庚子年北京及京畿被外國侵略者燒毀殘存廢墟，給了他以深刻印象。他認爲民愚國弱，因而樹立了教育救國思想，遂投考高級師範。後因鑒於外國的武力侵略，助長了軍閥混戰，他又進一步認爲要挽救國家民族的危難，還必須有真正衛國的武裝力量，遂棄文學武，考入陸軍軍官預備

二十九軍軍訓團教育長張壽齡

學校，於 1919 年初畢業，被分派到當時的邊防軍第二師，見習半年。正待升入保定軍官學校時，發生了直皖兩系軍閥戰爭，一時不克入校，應聘爲京兆農業中專教師。1920 年初秋，升入保定軍官學校。在校期間又逢直奉兩系軍閥戰爭，影響了學習進度，於 1923 年夏才畢業。他與平常最投契的同學張克俠、董振堂、邊章五、何基灃、宋邦榮等投入當時北洋陸軍最負盛名的馮玉祥將軍部隊任職。當時馮玉祥任陸軍檢閱使，統率第十一師和第七、八、二十五三個混成旅駐在北京南苑。他們初到馮軍時任學兵團教官。他於 1924 年初任教導團隊長。

　　1924 年秋，直奉兩系軍閥第二次戰爭爆發，激戰於山海關至九門口一帶。馮軍任直軍左路軍，奉令出古北口趨赤峰。因馮玉祥已傾向於孫中山的革命救國，遂聯合陝軍胡景翼、大名鎮守使孫岳推倒曹錕政權。馮玉祥趁山海關方面激戰方酣，吳佩孚已傾直軍全力增援前方，後方空虛之際，率馮軍於 10 月 20 日以一日夜三百餘里的急行軍從承德飛馳回師北京。張壽齡當時任馮軍新編第一旅參謀長，率趙席聘、張維璽兩團為先遣支隊，於午夜首先入城，佈置城防，囚禁了曹錕。馮玉祥與胡景翼、孫嶽聯合組成國民軍。馮任總司令兼第一軍軍長。胡景翼任副司令兼第二軍軍長，孫岳任副司令兼第三軍軍長。吳佩孚聞此變化，由前線抽調一部分隊伍，親自督戰，被馮軍阻擊在京奉鐵路的楊村附近。京漢路方面的曹軍第十六混成旅與孫嶽部的第十五混成旅對峙在固城鎮。孫軍勢弱不支，電傳馮增援。馮立即派孫良誠為旅長，張壽齡任參謀長，率張自忠、趙席聘兩個團馳往固城增援孫軍。他採取向固城鎮敵後迂迴與第十五混成旅協同夾擊的方案，迫使孤守固城鎮的第十六混成旅投降。這方面的戰事告捷有力地支援了楊村方面戰爭的勝利結束。

　　1925 年 1 月，他調任馮軍第二師第二十一旅參謀長，駐防包頭。是年仲秋，第二師奉命進駐甘肅。因原甘肅督辦陸鴻濤解職，由馮玉祥兼領甘肅督辦一職。馮因不能親往就任，遂特派第二師師長劉鬱芬，西北邊防督辦公署參謀長蔣鴻遇分任總副指揮，率第二師入甘，代馮行使職權。第二師於中秋節從包頭經內蒙到達蘭州後，首先遇到當地漢族駐蘭州的第一師師長李長清的忌恨，陰謀在第二師立足未穩，後繼無援之際向第二師襲擊。事為劉、蔣獲悉，計擒李長清等，化險為夷。他當時奉命代劉、蔣向第一師全體官兵做了安撫工作，隨即調任甘肅督辦公署參謀處長。

　　1926 年初，馮軍主力被奉、直兩系軍閥的聯軍壓迫在察哈爾綏遠境內，在南口一帶展開激戰。馮玉祥為了緩和內戰的衝突，引退去蘇聯。但奉直聯軍的攻勢更為激烈。在此形勢下，甘肅隴東鎮守使張兆鉀聯合隴南鎮守

使孔繁錦和其它地方漢族部隊，向蘭州進攻。劉鬱芬派第二師的梁冠英旅拒張兆鉀部於定西的清涼山，以張維璽旅扼守何幹鎮西邊的要隘關山。在此相峙的情況下，劉鬱芬召集了一次高級將領會議。由張壽齡提出縮短戰線，固守待援，攻勢防禦的方案。經大家一致同意，立即由他親自在電話上指揮梁旅撤至金家崖一帶與扼守關山的張維璽旅連接起來，並電令駐寧夏的吉鴻昌旅馳抵蘭州。先由關山方面的張旅出擊，迅即進入隴南天水。東路以孫良誠率梁、吉兩旅出擊，攻佔平涼。張兆鉀、孔繁錦均倉惶逃走，甘肅局勢得以穩定下來。於此同時，馮軍在南口的主力潰敗。馮玉祥迅即由蘇聯回國，在五原誓師，重整旗鼓，組建國民軍聯軍，馮任總司令，東出陝西。甘肅督辦公署改為國民軍聯軍駐甘肅總司令部，張壽齡任總部少將參謀處長。在他的倡議和主持下，曾於蘭州東校場舉行了一次空前未有的軍民聯合體育運動會，對打開西北多年來閉塞的風氣起了積極和推動作用。

1927 年張壽齡調任馮軍任軍事政治學校中將校長，招收三千餘名具有中學文化知識的青年，集中在蘭州訓練。他對教育很認真，與學生們共生活，經過堅實的教練，頗著成效。1929 年初，奉馮玉祥電召他率全校學生從蘭州長途行軍抵達洛陽。由於這批學生經他的嚴格教育，在長途行軍中紀律嚴明，沿途還向百姓作愛國宣傳工作，深受馮的表揚。在洛陽受馮檢閱時，馮曾集合全軍營長以上軍官參觀這批學生，樹立楷模。馮隨即頒發了畢業證書並把這批學生分派到馮軍各部任職。他調任馮軍駐甘總司令部參謀長，於 1929 年夏初，他從洛陽回到蘭州。是時，馮部的韓復榘、石友三叛馮投蔣。駐甘總司令兼省主席的劉郁芬去陝謁馮，特任他與新一軍軍長趙席聘共同負責代行甘肅軍政職權。

1930 年 1 月張壽齡調往西安，任馮軍後方總司令部參謀長。當年 5 月馮玉祥與閻錫山聯合倒蔣，掀起了為期半載的中原大戰。馮軍傾巢而出，孤注一擲，致後方成為真空地帶。為鞏固後方計，曾親自兩次謁馮請充實

後方，以防萬一，馮雖允調孫連仲部回陝，令宋哲元部固守潼關，但因吉鴻昌等在前方叛馮投蔣，導致了馮軍的瓦解。他原擬堅守西安，而劉鬱芬以身邊現無兵力，外無濟援，孤城難守，放棄西安。

　　1931 年初，張壽齡被第二十五路軍總指揮梁冠英以顧問名義聘請爲幕僚。當時二十五路軍駐防蘇北地區。是年東北發生了「九一八」事變。他曾率領一個參謀班經南通至海州把沿海地形作了詳細觀察，制訂了以南通、連雲港兩處爲防禦重點的方案，作爲二十五路軍在蘇北地區的海防依據。1931 年第二十五路軍移駐河南信陽。蔣介石爲了削減非嫡系部隊的實力召開了一次裁軍會議。會後，上官雲相、劉茂恩、梁冠英、張印湘、蕭之楚等在漢口秘密協議抗拒裁編，形成五頭聯盟。他以二十五路軍顧問身份代表二十五路軍駐在漢口與各方聯繫。因這些部隊當時均駐在武漢外圍，蔣介石顧及當時形勢，對裁編也只好擱置起來。10 月 9 日張學良適從歐洲出訪回國，任國民革命軍陸海空軍總司令部副總司令，行營設在北平。蔣介石任總司令，以張學良代行總司令職權。張壽齡被任命爲陸海空軍總司令部高級參謀，在張學良身邊工作。1934 年夏秋之間國民政府軍委會在廬山海慧寺舉辦軍官團，召集全國各部隊上校以上在職軍官輪訓，訓練內容爲準備抗日。他被推薦爲軍官團中將教育委員。當時廬山冠蓋雲集，在此期間他又結識了許多人士。1935 年國民政府開始任官時，他曾被國民政府中央政治會議通過爲陸軍少將。

　　1936 年底，張壽齡應第二十九軍宋哲元軍長邀聘爲第二十九軍辦軍事教育。二十九軍是由原西北軍僅存下來的部隊擴建的。全軍轄三十七、三十八、一三二、一四三四個師和三個獨立旅。防區爲河北、察哈爾兩省和平、津兩市。當時二十九軍處境險惡，外受日寇的窺伺，內受南京蔣政權的牽制，爲預防突然事變，充實部隊新的骨幹力量，積極培訓幹部，在南苑成立軍事訓練團，特任命張壽齡爲教育長負實際教育責任。宋哲元兼任團長，以副軍長佟麟閣權代。由平、津兩地招收了約近千名的愛國知識青

年進行訓練。團的教育主旨爲「誓雪國恥，報國雪恨」。軍訓團於 1937 年 1 月正式開學。爲深化教育主旨，他親自譜寫一首軍訓團團歌：「風雲惡，陸將沉，狂瀾挽轉在軍人。扶正氣，礪精神，誠真正平（此四字是二十九軍軍訓）樹木根。鍛煉體魄，涵養學問。胸中熱血，掌中利刃。同心同德，報國雪恨。復興民族，振國魂！」由他親自每日教全團歌唱，以激進學生的愛國熱情和意志。他和副軍長佟麟閣，副參謀長張克俠、第三十七師一一〇旅旅長何基灃經常接觸，他們對當時的形勢一致認爲：二十九軍與日寇遲早必有一戰。絕對不使「九一八」重見於華北，只要日寇挑釁，立即還擊，確立以攻代守的方略。當年的「七七事變」，何基灃部立即抗擊日寇，就是由他們這個既定方略而揭開戰幕的。7 月 28 日，當日寇大舉向南苑襲擊時，張壽齡事前已做好充分準備，督率軍訓團奮起迎擊，旋因奉軍部命令，南苑守軍全部轉移，撤離陣地。他和佟麟閣在大紅門以東地區收容二十九軍各部撤出後，最後他與佟亦分散轉移。爲期八年的抗日戰爭，即從此開始，後來他輾轉到了第五戰區。

　　張壽齡到第五戰區後任督察官，負督戰任務。1938 年春，第五戰區與日寇在徐州會戰大捷後，根據持久戰的戰略方針，在與敵寇保持接觸情況下全戰區部隊逐步向豫鄂地區轉移。是年年底，第五戰區司令長官部駐在老河口。因戰區各部經年餘不斷作戰，軍中幹部特別是初級幹部亟待補充。1939 年 1 月張壽齡奉命負責在湖北均縣章店鎮，組建戰區幹部訓練團，戰區司令長官李宗仁任團長，他任教育處長。訓練對象除招收約六百名知識青年外，另由各部隊選派初級幹部輪訓。經過一年訓練，幹訓團改爲「中央軍校第八分校」。他調任戰區司令長官部專職高級參謀，任司令長官辦公室主任。1940 年春，蔣介石電令李宗仁調查當時任七十七軍副軍長兼一七九師師長何基灃有通中共嫌疑，經他設法袒護，使何基灃解脫險境。1941 年太平洋戰爭爆發後，美國派在第五戰區的軍事顧問，由張壽齡負責聯繫。他提出由美軍派遣空軍來戰區協同作戰，使日寇飛機斂跡，保持了戰區的

制空權。

1945 年張壽齡隨同李宗仁調任漢中行營總務處長。日寇投降，李宗仁調任國民政府主席北平行轅主任，他仍任總務處長。當時何基灃任徐州綏靖區副司令適在北平奉親，黨中央令何速回防地掌握隊伍，因當時地面交通阻斷，難以成行。何基灃請張壽齡代爲設法。他立即以行轅名義爲何基灃派了一架專機，使何得以返回防地，配合淮海戰役，率所部起義，爲淮海戰役的勝利增添了有力的保證。1947 年張壽齡當選爲國民代表大會代表，翌年五月去南京參加國民代表大會會議。李宗仁當選爲副總統，北平行轅隨之撤銷，張壽齡即脫離軍職，遷居上海。

1949 年上海解放前夕，國民黨特務瘋狂地追捕進步人士。當時爲黨做地下工作的孟憲章爲逃避特務的追捕經他的掩護未遭毒手。

新中國成立後，張壽齡以民革成員身份曾參加土改工作，又擔任人民教師，退休後堅持參加社會活動，任民革中央委員會團結委員，民革上海市委會顧問，上海市文史研究館館員。他雖年逾九旬，仍不斷爲老戰友、烈士們撰寫資料和紀念詩文，表彰革命先烈，積極從事愛國主義教育宣傳活動。

本文係張壽齡自傳

王冷齋（1892—1960）

七七事變時的宛平縣長

王冷齋，福建省福州人，生於 1892 年，畢業於保定軍官學校，後棄武從文。因和二十九軍副軍長秦德純是保定軍校的同學而就職河北省。由於東三省失陷後日寇又佔熱河，在中日《塘沽停

1937 年宛平縣
縣長王冷齋

戰協定》掩護下頻頻向華北進軍，尤其是北平周圍各縣經常發生日軍挑釁。河北省政府為了便於讓北平市政府統一處理這種「外事」，於 1937 年 1 月 1 日，把宛平、大興、通縣、昌平四縣劃為第三行政區，任命王冷齋擔任督察專員兼宛平縣縣長。專員公署和宛平縣政府都設在宛平城內。王冷齋對自己臨危受命的形勢和任務是很清楚的。當時日軍的侵略氣焰十分倡狂，經常實彈演習，有時夜間也演習。王冷齋看到橋邊城外的刀光劍影，聽到敵人的馬嘶弦鳴，他所管轄之處，又與殷汝耕等偽政權控制的地方犬牙交錯，盤根錯節，矛盾非常尖銳，處理起來也十分棘手。當時駐北平四周的二十九軍三十七師將士群情激憤，準備殺敵。

1936 年 9 月 18 日，一日軍步兵中隊，在豐臺演習，衝過我方駐軍陣地，挑起衝突。後經調停，我方竟允許日方進駐豐臺，日方以營房不夠用，又以修機場為由而在豐臺與盧溝橋中間的田村一帶徵地。1937 年初，日本駐屯軍參謀桑島中佐帶著畫好的地圖到宛平縣縣政府，要求按圖割地，氣焰十分囂張。王冷齋和縣政秘書洪大中等人申明圖中土地上有河流，道路、橋梁和老百姓房屋祖墳等等，割讓土地中國人民是不會答應的。再者此事關係重大，宛平縣也無權決定，因而給予嚴詞拒絕。桑島走後，王冷齋和縣政府工作人員商定，日方以後還會來糾纏，不管什麼情況，絕不能讓日本佔去一寸土地，我們不能在歷史上留下罵名。

日本駐北平特務機關長松井看到硬找縣政府割地不成，而設宴約請王冷齋、洪大中赴宴。席上日本秘書藤齋拿出了大井村地圖和佔地協議書，被王冷齋嚴詞拒絕，旋即退席。

7 月 7 日夜間日軍在盧溝橋畔演習，謊稱丟了一名士兵，王冷齋連夜讓城中駐軍金振中營長查詢，中國士兵所發子彈無一短少，我士兵無人開槍，又搜查全城亦未發現日兵。王冷齋到日本特務機關嚴肅聲明，「槍聲是從宛平東門外響起，我方那裡沒有駐兵」。但義正辭嚴的王冷齋阻止不了日本侵華的野心，當日軍用大炮轟擊宛平縣政府衙門以致房頂陷落無法辦公

時，王冷齋毅然將書桌搬到院中辦公。他代表了中國人民不屈的精神。抗戰開始後，王冷齋到大後方參加抗戰，勝利後回到北平。新中國成立後他擔任第二屆全國政協委員、民革成員、北京市文史研究館副館長，1960年逝世。

作者　李惠蘭

過之翰（1887—1965）

二十九軍軍需
處長過之翰

過之翰，安徽省蒙城縣人。

清末畢業於安徽清潁中學，1912年投考安徽講武堂，畢業後投身於馮玉祥將軍的西北軍。後歷任北洋陸軍第十六混成旅的軍需長、軍需官等職。1924年馮玉祥發動北京政變後，段祺瑞組織臨時政府，過之翰任財政部次長兼鹽務署長。1925年任察哈爾財政廳長。1926年9月馮玉祥由蘇聯回國，帶回了蘇聯顧問烏斯馬諾夫和中國共產黨代表劉伯堅等同志，組織國民聯軍宣傳革命，五原誓師參加北伐，過之翰隨國民聯軍進駐西安，任陝西省財政廳長，在此期間他接觸革命，瞭解中國共產黨的主張，對他後半生傾向進步產生了巨大影響。1930年中原大戰馮玉祥失敗後，西北軍縮編為二十九軍，軍長宋哲元後來成為華北政權主宰。過之翰成為華北政權財政方面負責人，這為他堅持抗日和支持、保護中國共產黨人的革命活動提供了極大方便。

1931年前後，因中共河北省委受到破壞，一批中共黨員遭到逮捕，為了長期關押這批政治犯，當時控制北方的奉系軍閥在北平西城西什庫草嵐子胡同西段建立了「北平軍人反省院」（草嵐子監獄）。曾先後關押過四百多人，其中三百多人以各種情況先後離開監獄，而薄一波、安子文、劉瀾

濤、李楚離、廖魯言、馮基平、劉昭等 61 位中共黨員則在獄中一關就是四五年。他們在獄中建立了秘密黨支部，領導了解除腳鐐、改善夥食的絕食鬥爭，並對全體獄友進行反對「反省政策」和拒絕在「反共啟事」上按手印的教育，鼓舞鬥志。1936 年 4 月，劉少奇同志作為中共中央代表到天津主持北方局工作，此時中日《塘沽停戰協定》已簽訂，日本步步進逼華北，北平市雖在冀察綏靖公署主任兼二十九軍軍長宋哲元的控制下，但北平軍人反省院卻是由蔣介石的憲兵三團直接管理。為了更好地瞭解獄中情況並和獄中黨支部加強聯繫，北方局派過家和來完成此項任務。

原二十九軍軍訓團團長過家芳（左）和副大隊長朱大鵬（朱軍）（右）

過家和是過之翰的侄子，在西北軍所辦的育德中學讀書時就參加了革命，1927 年經彭雪楓介紹加入中國共產黨，李楚離擔任國民十七軍政治部主任時，過家和任十七軍政治部組織科長，後因十七軍軍長劉珍年容納的五十多名共產黨員在軍中任職，受到蔣介石注意，電令清黨。為此彭雪楓、李楚離、楊獻珍、過家和等被迫離開。過家和去投奔了叔父過之翰，先安排在商都縣，後又到了天津市政府任科長，過家和在天津和地下黨接上了關係，並參加了 1935 年營救彭真出獄的工作。由於他在天津的活動引起了注意，過之翰又將過家和調至北平。根據何梅《覺書》，蔣中央的權力必須撤出平津，憲兵三團也必須撤離，過家和積極向過之翰建議，由他的叔祖過俊偉擔任北平軍人反省院的院長。論輩分過俊偉是過之翰的叔父，但年齡僅比過之翰長十歲，他在前清時考取了秀才，未曾做過什麼工作，後來索性研究佛經，是個典型的書呆子。經過過之翰的推薦，宋哲元委派他擔任了北平軍人反省院的副院長，這就給過家和以經常給叔祖請安問候之機，出入於北平軍人反省

院，得以和在押的李楚離等見面，瞭解獄中情況，和北方局溝通消息。

　　1935 年底，全國救亡運動高漲，中共北方局認為何梅協定（覺書）後，北平很可能被日寇佔領，為了防止獄中的優秀幹部遭日寇殺害，同時為瞭解決開展抗日工作缺乏幹部問題，經黨中央同意，作出了要關押在北平軍人反省院的一批黨員履行敵人規定的手續出獄的決定。這個決定由北方局的孔祥禎寫信經過家和（此時公開身份是二十九軍軍務處中校處員）秘密通知北平軍人反省院中黨支部，另一方面柯慶施也將此決定通知了專做上層工作的中共黨員徐冰，徐冰立即找到了冀察綏靖公署的財務處處長過之翰。過之翰早在西北軍時就曾和一些共產黨人密切交往，此時接受徐冰委託，營救草嵐子監獄中的共產黨員早日出獄，感到責任重大。他認為惟一能承擔這個責任的就是冀察綏靖公署主任宋哲元，於是直接找到宋哲元商議此事。為了避開眾多耳目，過之翰親自起草了一個訓令（這就是歷史上有名的冀察綏靖主任公署法政字 2619 號訓令），請宋哲元簽了字，釋放 61 名中共黨員出獄。根據黨中央的指示，這 61 位中共黨員出獄後，除兩人叛變投敵外，他們當中絕大多數是堅強的共產主義戰士，其中 10 位在抗日戰爭和解放戰爭中做出了卓越的貢獻。而過家和則又在北方局直接領導下積極參加和組織了「一二•九」運動。

　　抗日戰爭爆發後，過之翰追隨宋哲元的二十九軍奮起抗戰。1940 年宋哲元病逝四川綿陽，過之翰在蔣政權控制下備受排擠，無奈攜第三子過家武寄居香港。在港居住期間，他根據宋哲元將軍囑托，曾救濟流亡在香港的抗日將領，如方振武等。

　　1941 年太平洋戰爭爆發，日軍攻佔香港，日軍企圖利用居港的過之翰等人的政治影響，而為他和梅蘭芳、蝴蝶等七位知名人士舉行盛宴，希望他們能效忠日本。過之翰為表明自己鮮明的愛國主義立場，在第二天即秘密離港。

　　1942 年過之翰回上海隱居，當時在汪僞漢奸政府中做事的舊友多次到家中探望，請他出任汪僞政權要職，並以發還在北京被日本沒收的家產爲誘餌，過之翰對此一律拒絕，保持了他崇高的民族氣節。

　　過家和則於 1938 年赴延安學習後，奉黨指示，回家鄉安徽蒙城開展敵後抗日工作，先後將過家聲、過超、李登山等親友共 18 人發展爲共產黨員，並把他們分別送往延安學習，其中大部分人在抗日戰爭中爲國捐軀。過家和則往來於新四軍和安徽宿縣、蒙城之間，擔任聯絡及供應各項工作。1945 年 9 月，過家和在由蚌埠赴上海與過之翰聯繫途中被國民黨特務殺害，犧牲時年僅 38 歲，新中國成立後他被追認爲烈士，薄一波親爲其墓碑題詞。

　　過之翰的長子過家芳在北平育德中學讀書時即與彭雪楓、朱大鵬、張維漢、方仲錚、過家和等立志投身於中國革命事業。1927 年經彭雪楓、過家和介紹加入中國共產黨，他畢業後長期在二十九軍中做下級軍官。1933 年二十九軍長城抗戰時，過家芳是喜峰口作戰前敵總指揮趙登禹一〇九旅的營長。他率領士兵在前線奮勇殺敵，以大刀片手榴彈夜襲敵營，在搜索敵屍時發現一挎包內裝有日軍機要地圖及進軍路線，並有二日內日寇將由羅文峪入侵北平的指令。機智而細心的過家芳立即報告副旅長何基灃，以最快速度送交在三屯營的總指揮宋哲元，宋哲元立即下令調劉汝明的暫編第二師赴羅文峪佈防，當敵人企圖趁虛搶佔羅文峪時，遭到守軍伏擊，傷亡慘重敗退而去，從而保住了古都北平。

　　盧溝橋事變以後，佟麟閣、趙登禹兩將軍殉國，過家芳放棄了在南京陸軍大學的學習，毅然回到二十九軍參戰，繼佟麟閣之後擔任了軍訓團的團長。這個團是由大批青年學生組成，其中中共黨員頗多，如一大隊的隊長就是馮玉祥將軍的長子、中共黨員馮洪國，副隊長朱大鵬同時又是中共地下黨支部書記，所以團長過家芳在進行抗擊日寇戰鬥的同時還給學員進行人生觀、世界觀的馬列主義唯物思想教育，還請了過家和與進步教授張友漁等來給學員上政治課，以鼓舞鬥志。

1938 年彭雪楓在河南確山縣以西的西竹溝附近成立地方武裝，準備發展新四軍，建立抗日根據地，但缺少武器彈藥。過家芳和朱大鵬等商議後，請示了已提升為七十七軍副軍長的何基灃之後，由朱大鵬前往與彭）楓聯繫，將部分倉庫武器秘密送交給李先念。清單上是步槍 200 支，三八式 30 支，彈藥及各種軍需品和經費，估計可裝備一個營，有力地支援了新四軍的抗日戰爭。

1948 年 11 月舉世聞名的淮海戰役剛剛打響，國民黨第三綏靖區副司令、中共黨員張克俠和七十七軍軍長何基灃奉中共中央指示，率部起義。當時過家芳是何基灃軍的師長，在人民解放軍的周密配合下，發動了著名的賈汪起義，從而開放了臺兒莊一帶運河的通道，使徐州東北大門敞開，解放大軍得以直搗徐州。隨後這支起義部隊改編為中國人民解放軍第八兵團，參加了解放南京戰役，為全國解放事業做出了貢獻。

過之翰的次子過家斌，在當時是何基灃部下的中尉軍需官，在全軍起義後，他受何基灃委派，冒著生命危險攜帶黃金到江南一帶接濟起義部隊家屬，並將部分起義軍官家屬及一批槍支隱藏於上海過之翰先生家中，過之翰為他們安排生活並協助他們安全轉移。

1949 年上海解放前夕，蔣政權面臨崩潰，窮途末路，兇相畢露，大肆逮捕民主人士。由於過之翰一貫擁護中國共產黨，又加上長子過家芳率部起義，此時的過之翰已被列入蔣特逮捕的黑名單，只好又一次出逃至香港。

1949 年中華人民共和國成立後，過之翰心向新中國，由香港回到上海，他積極參加社會公益活動，抗美援朝時主動捐獻並認購公債。曾為上海多屆政協常委。上海市民革委員，還被聘為上海市文史館館員。1965 年過之翰在上海病逝，骨灰盒安放在上海龍華革命公墓。

過家芳則始終在軍中任職，後以軍區司令員身份離休於南京紫金山腳下幹休所。朱大鵬解放後名朱軍，任海軍指揮學院院長，後離休。

作者　李惠蘭

姚景川（1887—1941）

姚景川，生於 1887 年 9 月 13 日。25 歲（1912 年）時，離開家庭，懷著「國家興亡，匹夫有責」的志向，在父兄的支持下進入「熱河中學」學習。29 歲（1916 年）進入「天津法政學堂」學習。接觸到了孫中山先生的三民主義學說。結識了楊紹宜、張伯平等倡導革命的青年。1919 年北京爆發了「五四」愛國運動，天津法政學堂積極響應，成立了學生聯合會，姚景川積極參加了遊行示威。

姚景川於 1920 年（民國 9 年）回到圍場，邀集了棋盤山的陳景春、劉樹亭、半壁山的胡介臣等人組織了三百餘人的民丁隊伍，保境安民，防匪緝盜，農時務農，農閒進行軍事訓練，有事集中。使三十餘名護院莊丁和鄉里青年成爲騎術精良槍法準確的好手。

1925 年（民國 14 年）初，姚由地方紳士李曉亭引見結識了熱河都統闞朝璽，並委姚爲警務廳處長。由於不習慣官場的傾軋腐敗，不久辭職回鄉，仍任保衛團團總。年末奉、馮兩軍開戰奉軍退卻。宋哲元率西北軍 11 月 30 日佔領承德，12 月 7 日就任熱河都統。西北軍紀律嚴明，體恤民艱，深受百姓愛戴。臂章印有「不擾民真愛民，誓死救國」的鮮明字樣。姚認爲這才是仁義之師。

不久，戰端又起，奉軍進攻西北軍，宋哲元率西北軍於 1926 年 3 月 26 日自承德退往多倫一線。4 月 5 日奉軍十二軍軍長湯玉麟佔了承德，就任熱河都統。圍場保甲被編爲兩個團，歸程海峰旅長節制，姚任團長。於 6 月 16 日晚，將隊伍集中棋盤山鎮，姚慷慨陳辭，號召部隊脫離奉軍投奔西北軍，毀家紓難，帶隊西去。全家老小，由祖父和舅父王雲五營長護送西去多倫。姚在沙坑一線與追擊的奉軍石文華、趙國增旅發生激戰。宋哲

元委姚爲騎兵旅長，據守三座山、禦道口一線。

　　姚隨西北軍參加了多倫、沽源、大灘等地的戰鬥，戰鬥異常激烈，給養缺乏，艱苦異常，圍場戰士打得英勇頑強，吃苦耐勞。姚棄家舉族追隨西北軍，使宋哲元深爲感動。9 月中旬，馮玉祥從蘇聯回國後，在包頭接見了姚，贈給灘羊皮襖等物表示慰獎。1927 年 6 月俞幼農從北京趕來綏遠，請姚營救被商震關押在綏遠監獄搞工運的楊紹宣（共產黨員）、張伯平。營救出獄後，留家休養，並掩護回天津。1930 年，蔣、馮、閻在中原開展大戰，馮玉祥失敗，姚潛回天津。

　　1931 年 1 月宋哲元部被張學良改編爲東北邊防軍第三軍，蕭振瀛任參議，來天津慰問姚，5 月姚移居北京，6 月宋部被南京政府編爲二十九軍。9 月 18 日日寇侵佔北大營，進而侵佔吉遼，覬覦熱河。宋哲元被南京政府任命爲察哈爾省主席，率部由山西陽泉赴張家口就職，宋委姚爲省府參議，並希回熱河組織騎兵抗日。10 月孫殿英四十一軍由晉開入熱西，邀姚回熱抗日，委姚騎兵師長。姚派孫連貴、姚銘超先回圍場聯絡保衛團和地方武裝孫鶴齡、紀祥和黑龍江退下來圍場韓風山等部。1933 年 1 月姚踏著臘月的風雪返回圍場編成一旅騎兵：有三個團，一團團長是韓風山，二團團長是陶漢選，三團團長是王祥。2 月末隨四十一軍赴赤峰抗擊日寇。3 月 1 日晚孫部急行軍奔赤峰佈置未定，日軍已從東面高地發起進攻，僞軍夾擊，孫部浴血苦戰，打退日寇的進攻。2 日日軍以坦克、大炮、十餘架飛機助戰，並派來騎兵，孫部以 3 個團奮勇拼殺，激戰竟日斃敵四百餘人，撤出赤峰，退回圍場。姚部經多倫到赤城、獨石口一線。

　　1933 年 5 月 26 日姚景川參加了馮玉祥的察哈爾民眾抗日同盟軍，馮委姚爲騎四師師長。同盟軍出師大捷，佔康保、克寶昌、收沽源，7 月初直指塞外重鎮多倫。6 日姚率長子銘超、副官孫連貴奉令乘夜入多倫策反投敵李守信部僞軍，吉鴻昌指揮同盟軍已向多倫發起進攻，經五晝夜激戰攻克多倫。1933 年 8 月，宋委姚爲寶昌警備司令，縮編爲兩個團與僞軍李

守信、陳景春對峙。

　　12月原歸降同盟軍、後被宋哲元改編的慣匪劉桂堂部叛變，宋派兵追擊，姚的騎兵追至豐寧邊境，日軍誣宋部為「侵入」，出兵沽源幾釀衝突。經宋電北平政委會委員長黃郛和秦德純赴北平親訪日本武官，情勢始告緩和。

　　1934年11月據偽軍陳景和密報，日本駐軍已授意巨匪李景存組建皇協軍，聚眾千人於壩下。姚受令派副官孫連貴、紀福二人投靠熟人李景存的二當家郝麻子。轉年1月，孫連貴乘李吸大煙時，將李擊斃，李部眾聞槍聲闖進屋內將孫槍殺，紀福逃回。姚撫恤孫妻女。

　　1934年10月27日，日寇一手製造了「張北事件」，1935年1月日寇又發動了「察東事件」，北平軍分會代委員長何應欽深恐事態鬧大，影響中日「親善」，壓制宋不許抵抗，於2月2日在大灘與日軍口頭約定了《大灘和約》，察東宋部退入長城。8月5日日寇悍然派李守信偽軍三千餘人，在日本的飛機、大炮與日本軍官指揮下，侵佔了沽源、寶昌等察東六縣。同年李守信、德王（德穆楚克棟魯普）在日本侵略軍策動下，成立了「蒙疆自治政府」，5月德王任政府總裁，充當日本帝國主義的傀儡。

　　1935年8月28日，國民政府任命宋哲元為平津衛戍司令，10月姚部奉命撤入長城駐守龍關、赤城，後移宣化、懷來編為騎十三旅，任旅長。轉年5月姚令劉樹亭去河南招募新兵千餘人，派人去寶昌購軍馬千餘匹，姚親自督練，加強龍關、赤城至南口的防務。

　　1937年7月7日盧溝橋的炮聲揭開了抗日的序幕。姚率所部於9日一舉收復崇禮山城，殲敵數百。長子銘超負重傷。8月24日（一說26日）南口失守，26日（一說27日）放棄張家口。姚部已孤懸塞外，德王、李守信乘機拉姚參加蒙疆自治政府，被姚嚴辭拒絕，率隊撤至懷來。二十九軍經過殊死戰鬥，7月29日北平失守，姚部退至桑乾河一線狙擊日軍，殲

敵一部繳小炮二門。後退易縣、保定，並牽制日軍，使任丘、交河、獻縣二十九軍撤退。

二十九軍擴編爲第一集團軍以後，以宋哲元爲司令。蔣令宋東擊安陽以解太原商震之圍，宋縱觀華北戰局，建議出擊邢臺策應山西之戰。11月1日進軍，兵未到邢臺，後方大名於10日被日寇佔領，計劃落空，只好退回濮陽。姚部退至湯陰七國村與日軍遭遇，激戰一日，殲敵百餘。姚臂負重傷，送去鄭州治療，馮玉祥將軍派李炘慰問，贈奧米卡手錶和法幣二千元。

1938年1月11日蔣在開封召開北方抗日將領會議，將宋部劉汝明六十八軍歸第一戰區程潛指揮，張自忠五十九軍歸調第五戰區。姚部隨五十九軍準備參加徐州會戰，由白狼渡過黃河，在澠池整訓。後增援山東臨沂與三十八師黃維綱並肩作戰，參加了臺兒莊會戰，狙擊日寇板垣師團的進犯。戰鬥激烈，輪番肉搏，馬文達連長以下犧牲二百餘名，是役從3月3日至4月7日歷時30天，斃敵約兩萬名，使板垣、磯穀師團潰敗。圍場戰士以鮮血染紅了臺兒莊勝利的旗幟。

5月19日徐州失守，姚部奉命在膠濟路沿線遊擊，12月張自忠就任三十三集團軍司令，調姚由山東回湖北荊門整訓，駐防當陽，任騎九師師長，隨之參加了鐘祥、隨棗等戰役，長子銘超調軍校深造。此時馬匹病老戰死減員嚴重，騎兵成了步兵。

1940年，姚在陝壩與李守信、朱恩五、郭秀珠、朱子文、丁其昌等取得聯繫。經過一番工作後，7月朱子文率一部反正投傅作義將軍。

1941年應馬鴻逵邀請赴寧夏，馬曾在民國16年任西北軍旅長，與姚友好，到銀川受到熱情款待。應酬頻繁，宿疾復發，一病未起，與世長辭，年僅54歲。

作者　姚銘樞

劉家鸞（1894—1982）

劉家鸞，字幼生，1894 年出生於天津東郊
於明莊（現天津市東麗區）。是劉氏家族中明德
堂創始人劉景琛之長孫。20 世紀初遷入市區，
後長期住在南開區城隍廟街。其姑丈是曹錕時代
的陸軍總長陸錦。經他介紹在保定陸軍軍官學校
就讀，第六期肄業後考入北京陸軍大學肄業。歷
任東北第三、第四方面軍團部參謀長、團長，東
北第二軍參謀長。1930 年任平津衛戍司令部中
將參謀長，1935 年任天津保安司令。1937 年 7
月 27 日接宋哲元自衛守土通電後，他與李文田
聯合發出通電聲明，指出：「我方爲國家民族圖

天津抗戰副總指揮
劉家鸞

生存……誓與天津共存亡，喋血抗戰，義無反顧」。7 月 28 日參加駐津三
十八師副師長李文田爲總指揮召開的抗戰部署會議，被推舉爲副總指揮領
導抗戰。29 日凌晨 2 時，三十八師向天津日軍發起猛攻，一度打到海光寺
日本華北駐屯軍司令部，後因日本援軍到來奉命令撤退，7 月 30 日天津淪
陷。劉家鸞隨李文田率三十八師赴保定參加二十九軍抗戰。後任三十三集
團軍司令部副官處總長、參謀長。參加了臺兒莊大戰和襄樊會戰。1940 年
任集團軍駐渝代表。抗戰勝利後任華北「剿總」中將高參。解放戰爭時期
任平津衛戍司令部參謀長。1949 年隨傅作義將軍起義。解放後曾任華北行
政委員會專員、北京市人民委員會專員，後被聘爲北京文史研究館員。1982
年病逝，享年 88 歲。

作者　陳德仁

金振中（1902—1985）

金振中

　　金振中，又名金靄如，河南固始縣人，生於1902年，家境貧寒，曾在商店學徒。

　　1924年，適逢馮玉祥在河南招兵，遂投軍馮部。入伍後不久，即就學於西北邊防陸軍幹部學校。1926年畢業後，歷任排、連、營長。1930年中原大戰後，被編入宋哲元領導的二十九軍三十七師一一〇旅二一九團任三營營長。

　　1933年曾參加喜峰口戰役。在旅長趙登禹、何基灃率領下，三營奮勇殺敵，金振中因作戰勇敢，身先士卒，受到師長馮治安的獎勵。

　　1937年「七七事變」時，金振中是駐守盧溝橋的前線指揮官。

　　1936年春，金振中奉命接替宛平城和盧溝橋防務。當時盧溝橋的形勢日趨緊張，日軍已佔領豐臺，並不分晝夜地在盧溝橋一帶進行所謂「演習」，時刻都想佔領盧溝橋這一交通要道。金振中率領的第三營是個加強營。計有步兵四個連、輕重迫擊炮各一連、重機槍一連，共計一千四百多人。金振中到盧溝橋後，見到日軍氣焰十分囂張，便經常向士兵進行愛國教育。要求全營官兵，在吃飯前、睡覺前，都要高呼「寧爲戰死鬼，不作亡國奴」的口號，以激勵官兵守土抗敵之志。

　　1937年7月7日夜11時左右，日軍以丟失一名日兵爲由，無理要求進宛平城搜查，被我方拒絕後，日軍便發動了軍事進攻，挑起了震驚中外的「盧溝橋事變」。

　　自7月8日晨至11日，三營全體官兵在金振中指揮下，前後擊退日軍五次進攻，保衛了盧溝橋，宛平城未被日軍佔領。11日凌晨2時，金振中

率部收回失地後，在追擊逃敵時，不料被隱匿之敵擊傷，被抬出戰場送往保定醫院救治。住院期間受到全國各界人士慰問。

三營從 7 月 7 日起至 28 日共抵抗二十餘天，城、橋始終在三營手中。金振中在震驚中外的盧溝橋事變中，不畏強敵，英勇戰鬥，爲全民族抗戰做出了卓越的貢獻，不愧爲民族英雄。

1938 年，金振中傷愈後又回到二十九軍，調任一七九師一〇六團團長，參加漢口大會戰，轉戰在抗日戰場上。到 1943 年因遭傾共疑忌，調爲軍部上校附員（閒員）作爲編餘人員處理，駐在柳泉車站。1948 年何基灃、張克俠在賈汪起義時，金振中知道後立即追趕起義部隊，被截回徐州，予以監視，直到 1949 年元月國民黨軍隊潰敗，他才被解放。解放軍安排他到華東軍區高教團學習。1949 年春回原籍參加生產。

在極左路線影響下，金振中受到了不公正的待遇。直到中共十一屆三中全會後，黨給他落實了政策。1980 年 11 月他被安置在固始縣文化館任行政幹部。1980 年 10 月任固始縣政協常委，1982 年增補爲河南省政協委員。

1985 年 3 月 1 日金振中因病逝世，終年 83 歲。遺囑要求將骨灰撒在盧溝橋畔。經北京市領導批准，於 1985 年 8 月 14 日，在紀念抗日戰爭勝利四十周年時，在盧溝橋舉行了金振中先生骨灰安葬儀式。

作者　郭景興

張俊聲（1893—1979）

張俊聲，字子英，河北省景縣大上官村人。幼年家境貧寒，生活艱苦，青少年時在本村

張俊聲

私塾間斷讀書三年，至 1912 年因生活所迫，投入警衛軍左路備補軍、馮玉祥爲營長的第二營爲士兵。由於其本人品德忠厚、正直無私、勤於學習，苦練軍事本領，進步很快，深受馮將軍的器重，後逐步由士兵到排、連、營、團長直至少將副官長、少將顧問。

1922 年在宋哲元任旅長的第二十五旅一團任副團長。

1924 年 10 月參加了馮玉祥將軍發動的北京政變，在第二十二旅旅長鹿仲麟的直接指揮下，任第四十四團第一營營長，受命親自帶領隊伍化裝成駱駝隊、大車隊，佯裝運送給養，潛入北京城內，於 10 月 22 日深夜包圍了曹錕的總統府，並切斷了電話線。把總統曹錕拘禁於中南海延慶樓達數日之久，對推翻曹錕、驅逐溥儀出宮等有歷史功勞。

1926 年任劉汝明爲師長的第十師二十八旅第八十三團上校團長。

1927 年馮玉祥任河南省主席時，張俊聲任馮的少將副長官，承上啓下，襄贊軍務，是馮將軍最相信的得力助手。後調任鄭州市公安局局長。

1933 年，抗日同盟軍在張家口成立，張俊聲全權負責馮玉祥與宋哲元將軍之間的軍務聯繫，抗日同盟軍解散後，繼任二十九軍少將參議，兼任張家口第一公安分局局長。1935 年調任天津市特三區行署主任兼特三區公安局局長。

1937 年 7 月 29 日凌晨，接宋哲元、李文田命令後，在天津東車站率領警衛隊，配合地方保安隊，參加並指揮對日本侵略軍的阻擊戰，給日軍以沉重打擊，鼓舞了當時軍民抗日救國的情緒和鬥志。

1937 年 8 月至 1945 年先後隨軍任第一集團軍總參議（宋哲元任總司令）和第三十三集團軍總部（張自忠任總司令，馮治安繼任）少將顧問，以抗日救國爲己任，往來各軍之間協調作戰關係，處理抗戰軍務，增強內部團結，以共同抗擊日寇，歷經戰亂險境，直至抗戰勝利。

1946 年 2 月他堅決反對內戰，毅然辭去軍職而退役。退役後，他無房

無產，兩袖清風，賴舊日袍澤友好援助維持生活。1951 年秋定居北京。

　　張俊聲平時生活儉樸，於 1924 年後曾幾次捐資為家鄉修路築橋，建房助學，興辦多項公益事業，造福桑梓。鄉里父老群眾於 1936 年為其樹碑留念，以頌其功德高績。此外張俊聲自己不置產，不愛財，對親友則救貧解難，對子女要求嚴厲，常訓以勤儉自強，教以忠厚謙讓。淪陷時期，他不甘當亡國奴，繞道潛行，回津變賣家私，帶領家室老小分批南下，奔赴抗日戰場（途中險遭家破人亡之禍，隨部隊轉移顛沛流離，平日積蓄丟失一空）並以身體力行教育子女愛國愛民。抗戰勝利後，其一子二女，先後投奔解放區參加革命隊伍，其次子張炳魁於 1949 年隨「重慶號」、「靈甫號」軍艦起義。

　　1956 年參加北京民革，在對臺的統戰工作和統一祖國事業上也有新貢獻。

　　1979 年 11 月 18 日在京病故，享年 86 歲，全國政協和統戰部及西北軍、北京市民革及故舊劉貫一、張克俠等參加了追悼會。

　　作者　張紹仲

孫麟（1894—1979）

　　孫麟，字伯堅，晚年用名壽仁，1894 年 12 月 22 日出生於黑龍江省呼蘭縣五站鎮（現在五站鎮歸肇東縣管轄）一個普通農民家庭。他於 1914 年考入北京清河第一陸軍預備學校，1916 年考入保定軍官學校第五期步兵科，畢業後在西北軍任教，於回鄉探親途中被郭松齡強行留用。1925 年 11 月，郭松齡倒戈反奉，孫麟沒有參加，因此受到張學

孫麟　字伯堅

良的信任，被張學良晉升爲團長。1927 年，張學良送孫麟進陸軍大學第八期深造。學習期間，與衛立煌，郭殿丞，金奎璧，馮治安，何基灃，廖安邦，劉振東，黎明八兄弟結爲金蘭之好。 1930 年孫麟在陸大畢業，由於染病，被張學良安排在北京療養。

「九一八」事變後，孫麟被派往東北軍步兵第二旅任上校參謀長，駐海滿一帶。在震驚中外的馬佔山親臨指揮的江橋抗戰中，孫麟隨同二旅第四團（團長吳德林）赴嫩江江橋作戰。

江橋抗戰後，馬佔山由江橋退到海倫，齊齊哈爾也被日寇佔領。1931年末，萬福麟下令晉升孫麟爲黑龍江省東北軍步兵第二旅少將參謀長。不久，孫麟接任駐滿洲里第四團團長後，爲做抗戰準備，他招募新兵，嚴格訓練，並時常訓話，痛斥日軍侵華暴行，激發士兵愛國熱忱。

1932 年 9 月 23 日第二旅召集會議準備通電成立「東北民眾救國軍」，大家一致同意抗日之舉，並與各地友軍約定於 10 月 1 日以後由各地自行舉義。會後蘇炳文向孫麟說明事情的原委，並任他爲少將參謀處長趕赴前線參加對日作戰。從此，孫麟以高昂的鬥志，充分利用軍事才能，在富拉爾基、朱家坎、腰庫勒、碾子山、紮蘭屯、博克圖、興安嶺等地一線陣地指揮殺敵，發揮了重要作用。

11 月 30 日，由於戰局不利，蘇炳文派孫麟出任「興安防守司令」斷後，指揮新編的一個營，到興安車站防守，扼守興安嶺山洞（山洞隧道甚長，工程艱巨，修復困難，鐵路方面要求不得破壞）。孫麟當夜出發，翌日晨到興安車站時，正值日寇大舉來犯，孫麟帶兵兩個連在興安車站抵抗。上午 10 時許，日寇鐵甲車車隊已進博克圖站。孫麟先命令在興安埋設地雷炸藥，但發現地雷炸藥並沒有準備好，於是採取「土辦法」，命令破壞盤山路軌，將裝滿石頭的車皮藏於洞內。31 日，日軍先頭的鐵甲車向興安嶺盤道上行駛，孫麟率部將裝滿石頭的車皮由高處向下急放，把日寇的鐵甲車

撞翻，更阻塞了隧道。從而，有效地阻止了日軍的追擊，給蘇炳文部隊和家屬安全撤退到蘇聯提供了保障。日軍鐵甲車的指揮官荒木大尉在此陣亡。後來得知，荒木成了日軍中的「英雄」。在日本的千葉公園修了一座紀念碑，並將那座小山命名「荒木山」，在日本《工兵之歌》裡還專門有一節，介紹這位荒木大尉，甚至，在當時的偽滿地圖中還有荒木犧牲地的地標。

　　1933 年 4 月間，蘇聯政府與中國政府交涉，先將部隊眷屬送至上海，部隊送至新疆邊境塔城附近。其餘上校以上人員共 66 人，由歐洲取道返回祖國，沿途受到留學生、廣大華僑的熱烈歡迎。1933 年 6 月 9 日，孫麟一行人抵達上海。7 月 12 日，上海各界歡迎抗日英雄歸來，申報和晨報應上海十大國貨工廠合出《歡迎東北抗日名將特刊》。蔣介石委任蘇炳文、馬佔山為軍事委員會委員，委任孫麟為國民政府參謀本部高參。孫麟不甘心虛位以待而於 1936 年投靠位於華北最前線的二十九軍，被宋哲元編入南苑軍官教導團任戰術教官。1937 年 7 月 7 日盧溝橋事變爆發了，中國人民開始了全面抗戰。在 7 月 28 日的南苑保衛戰中，軍官教導團與二十九軍官兵共同與日寇浴血奮戰。下午 4 時，南苑撤退下來的守軍在大紅門一帶落入日軍伏擊圈。孫麟率部分教導團官兵交替掩護著一些學生兵且戰且退，突出重圍退回北平。28 日夜間，宋哲元下令二十九軍全線南撤。可是，漢奸並沒有就此罷手。他們為日軍提供了詳細的黑名單。29 日晚上 7 時許孫麟抵北平家中。30 日一大早，當地派出所有良知的所長就匆匆趕來，告訴孫麟趕快撤離北平，說日軍正在全城搜捕他。在鐵路工人的幫助下，孫麟乘火車去了天津。幾天後孫麟與家人會合，他匆忙安排家人在天津法租界住下，就急匆匆追趕部隊去了。

　　孫麟被安排在長沙任陸軍大學教官。在日軍狂轟濫炸長沙時，孫麟的兒子被日本的炸彈奪去了幼小的生命。當學校撤離長沙遷往遵義後，孫麟立即申請回到抗日戰場。1939 年正當日軍要第五次大舉進犯中條山時，他來到了在晉南駐防的國民政府第四集團軍第九十六軍，任第一七七師參謀

長。孫麟率領他的一七七師在近三年的中條山保衛戰中始終戰鬥在最前線。

40 年 11 月，第九十六軍移防河南，擔任鄭州以西至洛陽以北，鐵謝以西河防任務，守備黃河以南的偃師、汜水、滎陽、廣武百餘里防線。

此時，孫麟主要抓一七七師的整訓工作。在 41 年 3 月保衛洛陽，41 年 10 月-11 月收復鄭州的對日作戰中，一七七師都做出了巨大的貢獻。

42 年初，孫麟調任陝西省政府參議，徵募處處長。後轉任西安的陸軍大學西北班兵學教官兼韋曲幹部訓練團教官直到抗戰勝利。孫麟在抗戰期間，曾三次負傷（最後一次負傷，他的左腿肚子都被打掉了），三次榮獲軍功章，其中一枚是「干城勳章」。孫麟將軍是國民黨高級將領中從「九一八事變「到 1945 年，堅持 14 年抗戰的少數將領之一。」

1946 年 5 月調任東北護路總指揮，12 月 31 日任命嫩江省政府委員，接任嫩江省保安司令部副司令，晉升中將。

1951 年在北京被捕，1966 年 10 月 22 日病故於撫順戰犯管理所。

作者　孫幼菊

後　記

　　1986 年我參加了《盧溝槍聲五十年》的電影紀錄片拍攝（擔任後勤工作），認識了前來拍攝的二十九軍上下官兵，雖然他們的政治身份已各有不同，但通過與他們的交流，我深深感到他們每人都有著一顆強烈的愛國心。他們對我所談的親身經歷事蹟使我深受感動，因此我決心編寫一部關於二十九軍抗戰的書籍。除了向這些親歷者約稿之外，我又走訪了幾位二十九軍將領（如朱軍將軍、劉汝珍將軍、過家芳將軍和張壽齡將軍），由此得到了很多珍貴的史料。在此基礎之上，我又查閱了南京、上海、重慶、北京、日本、美國等地的檔案資料以及台灣出版的史料，最終完成本書的文稿。

　　本書於 1997 年由天津人民出版社出版，編者曾攜書參加在北京召開的紀念七七事變 60 周年國際學術研討會，不料一年之後，北京抗日紀念館館長張承鈞在該館舉行的七七事變紀念會上宣佈此書有問題，主持會議的北京市政協副主席、張自忠之女張廉雲下令將存在抗日紀念館中的 1100 冊圖書（包括華僑捐贈 100 冊）全部焚毀。2005 年，我與天津人民出版社重新簽訂出版合同，打算再版，不料張廉雲又派人出面強迫出版社解除合同，從此天津市成為研究七七事變史的禁區。2007 年，本書又經中國檔案出版社出版，後參加評選並獲得全國檔案文獻史料二等獎。恰逢檔案出版社改制後解散，未能再版此書。當此海峽兩岸領導人提出紀念抗日戰爭勝利 70 周年之際，編者願衝破一切阻力，將七七事變時期的真實歷史呈現於廣大讀者面前，現承蒙蘭臺出版社將本書再次發行，呈於同胞面前，另一本《七七事變探祕》，已於 2013 年在大陸出版，是非功過後人自有評說！

　　感謝天津師範大學歷史文化學院博士生導師李學智教授的大力支持，王勇、韓明（天津師範大學圖書館）、王鐵三位老師及天津師大碩士研究生薛鳳和楊興隆等人的協助，本書得以完成修改。

　　不足之處，還望廣大讀者不吝賜教。

李惠蘭

2014 年 7 月 3 日

國家圖書館出版品預行編目資料

七七事變前後 / 李惠蘭, 明道廣主編. -- 初版. –
臺北市：蘭臺, 2015.03
　面；　公分
ISBN 978-986-5633-02-8(平裝)
1.中日戰爭 2.七七事變

628.5　　　　　　　　　　　　　　　　104001565

近代史學研究叢刊 1

七七事變前後

作　　者：李惠蘭、明道廣
編　　輯：高雅婷
美　　編：高雅婷
封面設計：謝杰融
出 版 者：蘭臺出版社
發　　行：蘭臺出版社
地　　址：台北市中正區重慶南路 1 段 121 號 8 樓之 14
電　　話：(02)2331-1675 或(02)2331-1691
傳　　真：(02)2382-6225
E—MAIL：books5w@gmail.com 或 books5w@gmail.com
網路書店：http://bookstv.com.tw/、華文網路書店、三民書局
　　　　　　http://store.pchome.com.tw/yesbooks/
　　　　　　博客來網路書店 http://www.books.com.tw
總 經 銷：成信文化事業股份有限公司
劃撥戶名：蘭臺出版社　帳號：18995335
網路書店：博客來網路書店 http://www.books.com.tw
香港代理：香港聯合零售有限公司
地　　址：香港新界大蒲汀麗路 36 號中華商務印刷大樓
　　　　　　C&C Building, 36, Ting, Lai, Road, Tai, Po, New, Territories
電　　話：(852)2150-2100　　傳真：(852)2356-0735
總 經 銷：廈門外圖集團有限公司
地　　址：廈門市湖裡區悅華路 8 號 4 樓
電　　話：86-592-2230177
傳　　真：86-592-5365089
出版日期：2015 年 3 月 初版
定　　價：新臺幣 800 元整（平裝）
ISBN：978-986-5633-02-8